抗美援朝天津

档案图集

KANGMEIYUANCHAO TIANJIN
DANG'AN TUJI

天津市档案馆 编

天津出版传媒集团
天津人民出版社

图书在版编目(CIP)数据

抗美援朝天津档案图集 / 天津市档案馆编. -- 天津 : 天津人民出版社, 2024. 10. -- ISBN 978-7-201-20746-9

Ⅰ. D651.3-64

中国国家版本馆CIP数据核字第2024QU8571号

抗美援朝天津档案图集
KANGMEIYUANCHAO TIANJIN DANG'AN TUJI

出　　版　天津人民出版社
出 版 人　刘锦泉
地　　址　天津市和平区西康路35号康岳大厦
邮政编码　300051
邮购电话　(022)23332469
电子信箱　reader@tjrmcbs.com

策划编辑　韩玉霞
责任编辑　李佩俊
装帧设计　明轩文化·王烨

印　　刷　天津海顺印业包装有限公司
经　　销　新华书店
开　　本　787毫米×1092毫米 1/12
印　　张　24
版次印次　2024年10月第1版　2024年10月第1次印刷
定　　价　280.00元

序

1950 年，新生的人民共和国百废待兴之际，朝鲜战争爆发，以美国为首的“联合国军”将战火燃至鸭绿江畔。中国共产党及中国政府做出了伟大的历史性抉择——抗美援朝、保家卫国。1950 年 10 月 19 日，中国人民志愿军雄赳赳、气昂昂，跨过鸭绿江，与武装到牙齿的敌人展开了一场惊天地泣鬼神的殊死之战，把敌人赶回三八线以南。1953 年 7 月 27 日，迫使联合国军代表在板门店签署了朝鲜停战协定。抗美援朝战争打出了中国人民和中华民族不信邪、不怕鬼的强大威势，维护了亚洲及世界的和平，捍卫了国家的独立与安全，激发了人民的爱国热情，增强了中华民族的自信心和自豪感。今天，伟大的抗美援朝精神，已经成为激励全国人民在中国共产党的领导下，夺取具有许多新的历史特点的伟大斗争新胜利、实现中华民族伟大复兴中国梦的巨大精神力量和宝贵精神财富。

在抗美援朝战争期间，天津人民积极响应党中央号召，海河儿女踊跃报名参军、入朝参战，社会各界展开劳动竞赛、捐款捐物，医疗队、慰问团、运输队奔赴前线，展现了天津人民勤劳勇敢、珍爱和平、急公好义、共御外侮的家国情怀，谱写了一曲波澜壮阔的爱国主义战歌。

“让历史说话，用史实发言”。在中国人民志愿军抗美援朝出国作战 70 多年后，天津市档案馆工作人员在卷帙浩繁的档案资料中，精心选出文书档案 110 件、照片档案 125 张、实物档案 35 件和报刊资料 28 件，编辑完成了这本《抗美援朝天津档案图集》（以下简称《图集》）。

《图集》分为九个部分：宣传教育、报名参军、社会捐献、劳动竞赛、优抚关怀、救死扶伤、赴朝慰问、彪炳史册、英雄凯旋等，力争全面、概要地呈现天津人民投身抗美援朝的伟大历史。在编辑《图集》的过程中，我们打开一卷卷尘封的档案，注目一张张泛黄的照片，细读一段段动人的故事，感受到精神的震撼和灵魂的洗礼。我们深信，广大读者也会从那段壮怀激烈的峥嵘岁月中，汲取到无穷的精神力量。

谨以此书献给在抗美援朝战争中为国捐躯的烈士，以及做出突出贡献的前辈们。

本书编委会

爱国主义和革命英雄主义的赞歌

——天津市人民支援抗美援朝战争概述

1950 年 10 月 19 日，英雄的中国人民志愿军将士肩负着民族的期望，高举保卫和平、反抗侵略的正义旗帜，雄赳赳、气昂昂，跨过鸭绿江，同朝鲜人民一道，共同反抗以美国为主的“联合国军”。抗美援朝战争，是在交战双方力量极为悬殊的条件下进行的一场现代化战争，中国人民志愿军同朝鲜人民军密切配合，首战两水洞、激战云山城、会战清川江、鏖战长津湖等，连续进行了五次战役。此后又构筑起铜墙铁壁般的纵深防御阵地，实施多次进攻战役，粉碎“绞杀战”、抵御“细菌战”、血战上甘岭，中朝军队打败了武装到牙齿的对手，迫使不可一世的侵略者，于 1953 年 7 月 27 日在停战协定上签字。历经两年零九个月舍生忘死的浴血奋战，抗美援朝战争取得了伟大胜利。

抗美援朝战争的胜利，维护了亚洲和世界和平，巩固了新生的人民政权，打破了美帝国主义不可战胜的神话，使中国的国际威望空前提高，极大地增强了中国人民的民族自信心和自豪感，为国家经济建设和社会主义改革赢得了相对稳定的和平环境。

近代以来，天津迅速崛起为中国北方最大的工商业城市，经济基础在全国城市中较为雄厚。抗美援朝战争爆发后，天津市委市政府组织发动了以政治宣传动员、发展社会生产、捐献飞机大炮、号召参军参战、提供后勤保障为中心的抗美援朝运动，充分发挥了北方经济中心城市的作用，有力地支援了抗美援朝战争。本《图集》直观、真实、完整地呈现了中国共产党领导天津人民开展抗美援朝运动波澜壮阔的历史。

强化政治宣传动员，汇聚抗美援朝的磅礴力量

抗美援朝战争是正义之战，政治宣传动员采取的重要组织形式是民族统一战线。在中国共产党的领导下，全国各人民团体、各民主党派、各界人士及海外华侨等多条战线，在爱国主义旗帜下铸成“抗美援朝、保家卫国”的铜墙铁壁。10 月 26 日，中国人民保卫世界和平反对美国侵略委员会成立，简称中国人民抗美援朝总会，统一领导全国的抗美援朝运动。在抗美援朝总会统一部署下，华北抗美援朝总分会、天津市抗美援朝分会先后成立，领导华北地区和天津市的抗美援朝运动，为开展抗美援朝运动在政治上和组织上提供了有力的保证。同日，党中央发出关于在全国进行时事宣传的指示，指出美军扩大侵朝并直接侵略台湾，严重威胁我国安全，为了使全体人民正确地认识当前的形势，确立胜利信心，消灭恐美心理，要求各地立即展开关于目前时事的宣传运动。在中共天津市委领导下，全市迅速展开了抗美援朝爱国宣传教育活动。在声势浩大的爱国宣传运动中，天津市 4 万余名工商业者给毛泽东主席致电致信，表示要肃清美帝国主义的思想影响，用实际行动支援抗美援朝。毛泽东主席给天津市工商界复电，希望一切爱国的工商业家和人民大众一道，结成一条比过去更加巩固的反对帝国主义侵略的统一战线，中国人民反对帝国主义侵略的神圣斗争一定要取得最后胜利。1951 年 11 月 1 日，天津市委书记、市长黄敬为天津市各界代表及干部 2000 余人作时事报告，11 月 12 日，4 万余名青年举行盛大集会，聆听黄敬作时事报告。11 月 30 日，天津工商业者 4.2 万人举行抗美援朝大游行。《天津日报》发挥主流媒体作用，频传朝鲜前线捷报。耀华中学等校的青年学生、国营黄骅农场的青年工人、天津市供销合作总社等单位的青年职员踊跃参军参战。工厂、街道、农村、连队和学校等基层单位，利用墙报、黑板报、报告会、座谈会等多种形式进行宣传教育，文艺界、出版界在演出和出版方面予以紧密配合，努力使每一处、每一人都受到爱国主义和国际主义教育，都能积极参加“抗美援朝、保家卫国”的伟大行动。经过政治宣传教育活动，消除了天津市百余年来遭受帝国主义特别是美帝国主义侵略造成的亲美、恐美、崇美的心理，使全市人民懂得了抗美援朝就是保家卫国，普遍提高了爱国主义和国际主义觉悟，增强了民族自尊心和自信心，坚定了夺取抗美援朝战争胜利的信念。正如周恩来总理所说：“这次动员的深入、爱国主义的发扬，超过了过去任何反帝国主义运动，这是一个空前的、大规模的、全国性的、领导与群众结合的运动，它的力量将是不可击破的。”（《巩固和加强国防力量是头等重要任务》，载中共中央文献研究室、中国人民解放军军事科学院编:《周恩来军事文选》第四卷，228— 233 页，人民出版社，1997 年）

倾尽全力支援战争，抗美援朝运动蓬勃开展

为深入开展抗美援朝运动，与中国人民志愿军在朝鲜战场的胜利作战相呼应，1951 年 2 月 2 日，中共中央发出《关于进一步开展抗美援朝爱国运动的指示》，提出了反对美国重新武装日本、争取全面公正的对日和约，慰问中国人民志愿军和朝鲜人民军，以及发起订立爱国公约、开展爱国生产竞赛运动等三项中心任务，抗美援朝运动蓬勃开展，掀起了高潮。

新中国成立后，为反对帝国主义侵略、保卫世界和平，1950 年 5 月 1 日，中国保卫世界和平大会委员会（简称“和大”）天津分会在全市各界群众欢庆五一节大会上宣告成立。和大天津分会刚成立，就立即响应世界和平理事会的决议，在全市开展了维护世界和平、在和平宣言书上签名的运动。自 5 月 15 日至 5 月 30 日仅半个月时间，全市就有 74 万人签了名。1950 年 6 月 25 日，朝鲜战争爆发，6 月 26 日，美国调动其驻日本的空军和海军部队侵入朝鲜，支援南朝鲜军队作战。7 月 2 日，和大天津分会响应中国和平大会总会的号召发表声明，痛斥美国政府武装干涉我国和朝鲜的罪行。7 月 7 日，和大天津分会会长黄松龄在纪念七七事变演讲会上作报告，抗议美帝侵略台湾和朝鲜。7 月 16 日，全市 3 万余人举行大会，决定自即日起开展宣传周活动。9 月 10 日，各界人士集会，欢迎访问朝鲜归来的代表团团长郭沫若、团员许广平作访问情况报告。10 月 19 日，中国人民志愿军带着全国人民的重托赴朝作战，更激发了全市人民热爱和平、保卫和平的热情。10 月 27 日，天津人民在和平宣言书上签名的人数猛增到 178 万余人，占全市人口的 90%。1951 年 3 月 14 日，抗美援朝总会发出通知，要求全国各人民团体响应世界和平理事会决议，反对美国武装日本，保卫世界和平，号召 4 月下旬集中举行缔结和平公约的签名。4 月 25 日，抗美援朝总会天津分会主办了“拥护缔结和平公约签名、反对武装日本投票”广播大会，市委书记、市长黄敬在广播大会上讲话，5 个小时内全市签名就达 154 万余人。5 月 1 日，以“抗美援朝反对武装日本，保卫世界和平”为主要内容，全市举行了 60 万人抗议美帝暴行大游行，坚决地表达了抗美援朝保卫世界和平的决心。

在抗美援朝运动中，订立爱国公约是广大人民群众的一大创举。每一个工人、农民都把增加生产、厉行节约、支援抗美援朝订立在爱国公约上，履行爱国义务。工商界人士把扩大生产投资、遵纪守法、接受工人阶级监督、不偷税漏税、不哄抬物价、不偷工减料，以及认真贯彻劳资两利、繁荣经济等内容订在爱国公约上。由于广大工人努力生产创造财富，工商业户得到了实惠，改善了劳资关系，推动了经济建设的恢复与发展，有力地支援了抗美援朝战争。城市居民订立的爱国公约普遍都有如下内容：响应国家号召，以实际行动支援抗美援朝，搞好拥军优属，支援前线，参加政治活动，搞好卫生，搞好邻里团结，勤俭持家等。天津工商界、各阶层群众、各行业职工，积极参加订立爱国公约活动，至 1951 年 10 月，天津市有 90% 以上的人口订立了爱国公约，使广大人民群众的爱国积极性得到持久发挥，推动抗美援朝运动更广泛更深入地发展。

在开展爱国生产竞赛运动中，工人们提出“工厂就是战场，机器就是枪炮，多出一件产品就是增强一分杀敌力量，减少一件废品，就是消灭一个敌人”的口号，不断创造生产新纪录。天津市自来水公司在 8 月份创造了15项纪录，成本比原来降低1/8。至1952年9月，全市工业生产水平超过解放前最高水平的74.84%。广泛开展拥军优属活动，人民群众主动帮助志愿军的烈军属解决生产生活困难，安排好他们的生活。1951年春节期间，天津市举行了热烈隆重的慰问烈军属的活动，广大烈军属不仅积极参加各项政治活动和做好本职工作，还写信鼓励朝鲜前线的亲人英勇作战，杀敌立功。为了表达对志愿军的尊敬和爱戴之情，在全市掀起了募集慰问品、慰问金，写慰问信等慰问志愿军的热潮。人民群众还自发地拿着慰问品到医院看望在津治疗和休养的志愿军伤病员，给予他们无微不至的关怀和照顾。

广大工商业者、人民群众踊跃参加“千元劳军运动”，还把捐献飞机大炮也写在爱国公约上。1951年1月6日，天津各界发起“千元劳军运动”。至2月15日，共捐款23亿余元。工商界同业公会加班加点，提前超额完成军工产品的生产任务，积极组织各行业捐献慰劳品；妇女们夜以继日地为志愿军缝制慰问袋。1951年，赴朝慰问团回国后，反映了志愿军在作战中武器装备的困难。1951年6月1日，抗美援朝总会发出推行爱国公约、捐献飞机大炮的号召，天津迅速掀起了增加生产、增加收入、捐献武器的热潮。天津人民共捐献3亿余元，可购买战斗机137架，充分体现了天津作为中国北方最大工商业城市的责任担当。捐献飞机大炮运动，是抗美援朝保家卫国运动的深入普及，极大地激发了人民群众的爱国热忱，给予前线的中国人民志愿军以巨大的精神鼓舞和物质支援，志愿军的武器装备得到明显改善和加强。

1951年至1953年，抗美援朝总会组织了三届中国人民赴朝慰问团，慰问在朝鲜前线英勇作战的中国人民志愿军、朝鲜人民军及朝鲜人民。第三届慰问团规模最大，总人数达到5448人，包括了全国各民族、各民主党派、各人民团体和人民解放军的代表，以及战斗英雄、工农业劳动模范、革命烈士家属和革命军人家属、社会知名人士、科学工作者、文教工作者的代表。慰问团还有由全国40个剧团组成的文艺工作团，几乎包括了全国著名的剧种和最负盛名的演员。慰问团在朝期间召开慰问会、座谈会和慰问演出共7600余次，受到慰问的人数达500万人以上，胜利完成了慰问任务。1951年4月，天津市组成了赴朝慰问团及文工团参加第一届慰问团，赴朝鲜慰问中朝部队，在前线演出文艺节目，受到志愿军和朝鲜人民军的欢迎。著名相声演员常宝堃和曲艺弦师程树棠，在4月23日敌机轰炸中牺牲。抗美援朝总会、天津市委市政府为两位烈士举行了隆重的追悼仪式，赴朝慰问团总团长廖承志，天津市委书记、市长黄敬亲自护送灵车，天津各界群众参加悼念，更加激起了广大群众抗美援朝打败美帝的决心。在赴朝慰问期间，全国特等劳动模范、天津造纸厂第一分厂副厂长宋春化带病跋涉泥滩登上海岛慰问海防战士；天津铁路管理局王省三等人冒雨步行十余里，到铁道部队慰问；天津评剧演员小白玉霜把精彩的节目送到了前沿阵地，受到指战员们的热烈欢迎。慰问团还带去了大批慰问品，仅第二届慰问团的慰问品，其总重量即达6000吨，慰问品上印着“赠给最可爱的人”的醒目字样和抗美援朝纪念章图案。1951年5月19日，天津市各界群众集会欢迎第一届赴朝慰问归国代表团廖承志等来津作报告，他号召深入开展抗美援朝运动，加紧支援前线。代表团30余人作报告156次，听众30余万人。志愿军为了表达对祖国人民支援的感谢，组织了多批归国代表团向祖国人民汇报，同时朝鲜人民也组织了访华代表团，为巩固中朝友谊作出了贡献。从1951年2月到1952年9月，先后有6批次志愿军归国代表团、朝鲜人民访华团来津。他们的报告和演出，生动地介绍了中国人民志愿军、朝鲜人民军打击敌人的英勇顽强精神和对生活的乐观主义精神，深深打动了听众的心。1953年2月4日，在天津第一工人文化宫举办了抗美援朝战绩及志愿军英雄事迹图片及实物展览，使参观者深受感动。这些慰问宣传活动，进一步巩固和加强了中朝两国人民的团结和友谊，密切了祖国人民与志愿军的血肉联系，极大地鼓舞了志愿军战士的革命斗志，天津人民也深深地受到爱国主义与革命英雄主义的教育。

踊跃参军支前，舍生忘死英模辈出

1950年11月，天津广大医务工作者通过座谈会、报告会等形式，提出组织抗美援朝医疗队支援前线，许多医学界专家、名医都争先恐后报名参加，11月22日，赴朝志愿医疗队第一大队成立，共80人，由外科专家万福恩任队长。医务界在11月23日成立了抗美援朝救护委员会。11月25日，天津市委书记、市长黄敬邀请全市各医疗单位的主任医师召开座谈会欢送抗美援朝志愿医疗队。会上，黄敬阐述了抗美援朝的意义，并请与会者就抗美援朝形势各抒己见，座谈会从下午一直开到晚上，气氛非常热烈。11月26日，抗美援朝志愿医疗队第一大队出发，全市各界代表1000余人到车站欢送，30多家药厂捐献了大量药品，由第一大队携往前线。之后天津又组织了20多批医疗队、救护队。医疗队员大多是著名的专家、外科主任。骨科医生张化新坚决响应国家号召，参加了志愿医疗大队，任骨科组总住院医师。他以忘我的工作、精湛的医术，使伤病员迅速地恢复健康，受到了志愿军战士的爱戴。1950年，张化新在战场上加入中国共产党，后当选1951年度天津市特等劳动模范。天津市的医疗志愿队被周恩来总理誉为“模范医疗队”，为抗美援朝战争后勤保障工作作出了突出贡献，为天津人民赢得了荣誉。

随着抗美援朝运动的蓬勃开展，在全国范围内掀起了参军参战的热潮。1950年12月1日，中央人民政府人民革命军事委员会和政务院作出关于招收青年学生、青年工人参加各种军事干部学校的决定，天津市掀起了积极参军参战支前的热潮。广大青年学生、青年工人踊跃报考军干校，他们认为这是继承光荣革命传统、抗美援朝、报效祖国的最好方式。在1950年12月第一批报名时，不到两周，报考者达6300余人，1951年6月第二批报名的第一天，就有5000余名学生报考。全市先后有17,000多名青年报名参加军干校，4000多人光荣地走上了国防建设岗位。1951年初，全市欢送第一批军干校学员大会在民园体育场举行。天津市委书记、市长黄敬在大会上满怀激情地祝贺，他谆谆的教诲、亲切的嘱托，句句话语，深入人心。欢送大会后举行了盛大游行，军干校学员方阵最引人注目，近万人的游行队伍浩浩荡荡地行进在天津街道的主干线上，接受全市人民的检阅。

在朝鲜战场上，英勇的海河儿女屡建奇功。杨连第，天津北仓人，1949年2月受聘解放军铁道纵队随军职工，8月因抢修陇海路八号桥贡献突出，被授予“特等登高英雄”称号，1950年8月加入中国人民解放军，10月参加中国人民志愿军赴朝作战，1951年3月加入中国共产党。1952年5月15日，在抢修清川江大桥时，被敌机投掷的定时炸弹弹片击中头部，不幸牺牲，志愿军领导机关追记他为特等功臣、追授一级战斗英雄，授予他生前所在连为“杨连第连”。朝鲜民主主义人民共和国追认他为共和国英雄，授予金星奖章和一级国旗勋章，他成为历经解放战争和抗美援朝战争的两战英雄。田正贵，天津南郊人，在朝鲜战场上接受了使用冷枪杀敌的命令，他勇敢沉着、机智灵活，创造了3个月内以498发子弹在250米~800米距离中冷枪杀敌164名的纪录，并培养了6名狙击手，为部队开展冷枪杀敌树立了榜样，荣立一等功。杨连第、田正贵是天津人民的骄傲，是朝鲜战场上海河儿女的典型代表，他们的爱国主义、国际主义和革命英雄主义精神将永载史册，激励后人。

中国人民抗美援朝运动的开展，有力地支援了中国人民志愿军在朝鲜作战的胜利。在中国人民志愿军和朝鲜人民军的打击下，美国被迫在停战协定上签字，抗美援朝战争胜利结束。1953年7月28日，抗美援朝总会向志愿军司令员兼政治委员彭德怀及志愿军全体指战员发去致敬电，7月31日，志愿军领导机关向抗美援朝总会发来贺电，祝贺祖国人民抗美援朝运动的伟大胜利。至此，全国大规模抗美援朝运动告一段落。此后志愿军又进行了维护朝鲜停战协定的斗争和帮助朝鲜人民重建家园的工作，直至1958年10月全部撤出朝鲜回国，中国人民取得了抗美援朝战争的伟大胜利。以支援抗美援朝战争为中心任务的抗美援朝运动，一切服从战争需要，一切为了保证战争的胜利，有力地支援了抗美援朝战争和保证了国家各项建设的恢复。

习近平总书记在纪念中国人民志愿军抗美援朝出国作战70周年大会上讲话指出：“在波澜壮阔的抗美援

朝战争中，英雄的中国人民志愿军始终发扬祖国和人民利益高于一切、为了祖国和民族的尊严而奋不顾身的爱国主义精神，英勇顽强、舍生忘死的革命英雄主义精神，不畏艰难困苦、始终保持高昂士气的革命乐观主义精神，为完成祖国和人民赋予的使命、慷慨奉献自己一切的革命忠诚精神，为了人类和平与正义事业而奋斗的国际主义精神，锻造了伟大抗美援朝精神。”（《习近平：在纪念中国人民志愿军抗美援朝出国作战 70 周年大会上的讲话》，2020 年 10 月 23 日，新华网，www.xinhuanet.com/politics/2020-10/23/c_1126649916.htm）伟大的抗美援朝精神，是中国共产党带领中国人民创造的伟大时代精神，已经成为中华民族精神家园中宝贵的财富，必将激励我们加快建设天津社会主义现代化大都市，为实现中华民族的伟大复兴而不懈奋斗。

目录

CONTENTS

一、宣传教育

1950年6月25日，朝鲜爆发大规模战争，美国立即进行武装干涉，将战火烧至鸭绿江畔，新生的中华人民共和国受到严重威胁。唇亡而齿寒，户破则堂危。为此，中共中央发出了“抗美援朝、保家卫国”的号召，并于10月19日组织中国人民志愿军跨过鸭绿江，与朝鲜人民军并肩作战，英勇抗击敌军。10月25日，志愿军进行入朝后的第一次战役，由此拉开了抗美援朝的帷幕。而在国内，各地积极响应，迅速掀起了一场轰轰烈烈的抗美援朝、保家卫国的爱国运动。

早在朝鲜战争爆发前，1950年5月1日，天津市各界就举行了五一劳动节庆祝大会，中国人民保卫世界和平大会委员会天津分会发动了响应世界保卫和平大会《斯德哥尔摩和平宣言》的签名运动，至10月10日，签名人数达到170万，占全市人口的86%。朝鲜战争爆发后，天津市委抽调了742名机关干部分赴11个区进行宣讲。全市各机关、工厂、学校、群众团体、民主党派及工商界、医务界、工程界等均组织讨论、座谈。《天津日报》发挥主流媒体作用，全市所有宣传栏、黑板报、文化娱乐活动，均以宣传抗美援朝为中心，发动群众结合亲身经历控诉美帝罪行。同年11月1日，天津各界代表及干部2000余人在中国大戏院听取黄敬市长传达周恩来总理作的时事报告。全市各行业、各系统组织了讨论会、座谈会、读报会等，认真传达了朝鲜战场形势，清除了社会上部分人的亲美、恐美、崇美的心理，树立起不畏强权、捍卫和平的斗争精神，鼓舞了士气，坚定了信心，进一步将思想认识统一到党中央决策部署上来。各界群众纷纷走上街头，开展了多场声势浩大的示威游行活动。

同年11月30日，天津市工商业联合会的144个行业、4.2万人举行了抗美援朝、保家卫国大游行。市工商联主任委员李烛尘，副主任委员毕鸣岐、朱继圣等参加游行，市长黄敬、副市长周叔弢等应邀检阅。

此后，市工商联致电毛泽东主席。12月2日，毛泽东主席复电表示欢迎，希望全中国一切爱国工商业家和人民大众一道，结成一条比过去更加巩固的反对帝国主义侵略的统一战线。

中国人民志愿军跨过鸭绿江赴朝作战

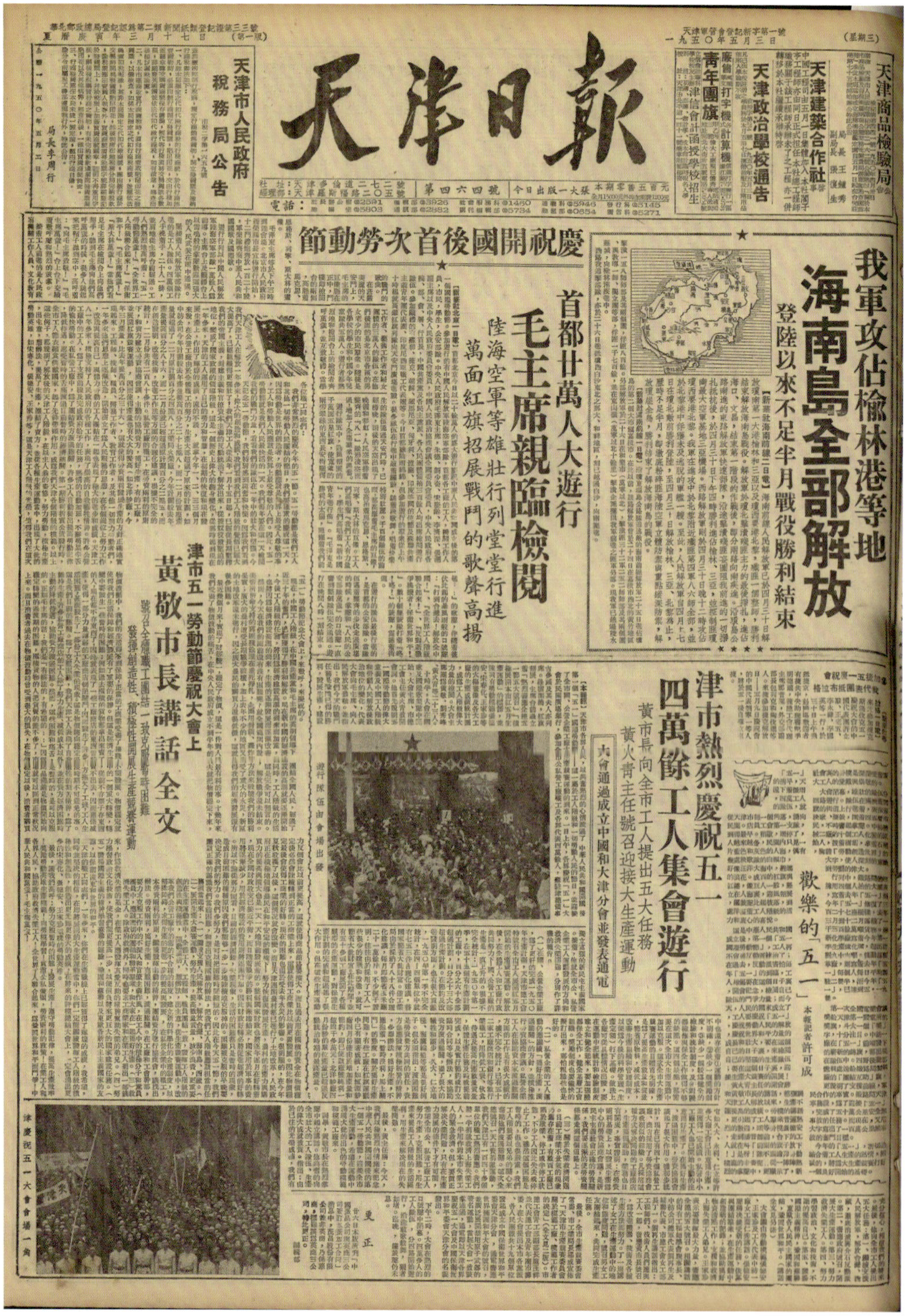
天津日報

天津市人民政府稅務局公告

天津商品檢驗局

天津建築合作社

天津政治學校通告

慶祝開國後首次勞動節

我軍攻佔榆林港等地 海南島全部解放

登陸以來不足半月戰役勝利結束

首都廿萬人大遊行 毛主席親臨檢閱

陸海空軍等雄壯行列堂堂行進 萬面紅旗招展戰鬥的歌聲高揚

津市熱烈慶祝五一 四萬餘工人集會遊行

黃市長向全市工人提出五大任務 黃火青主任號召迎接大生產運動

大會通過成立中國和天津分會並發表通電

津市五一勞動節慶祝大會上 黃敬市長講話全文

歡樂的「五一」 本報記者 許可成

天津市庆祝五一劳动节工人游行大会报道（1950年5月3日《天津日报》）

天津市市长黄敬在1950年五一庆祝大会上讲话

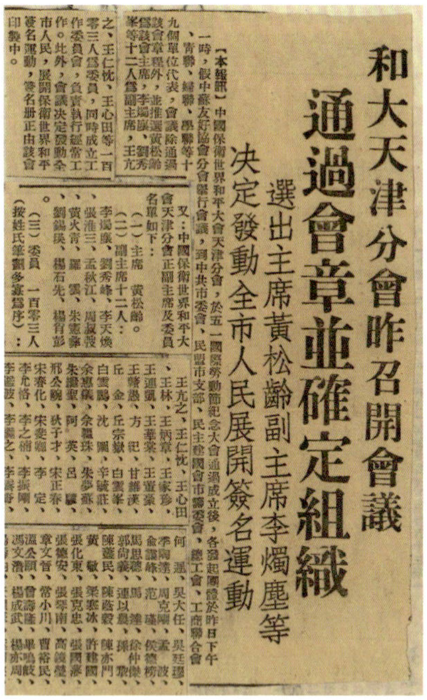

和大天津分會昨召開會議
通過會章並確定組織
選出主席黃松齡副主席李燭塵等
決定發動全市人民展開簽名運動

【本報訊】中國保衛世界和平大會天津分會，於五一國際勞動節紀念大會通過成立後，各發起團體於昨日下午一時，假中蘇友好協會分會舉行會議，到中共市委會、民盟市支部、民主建國會市籌委會、總工會、工商聯合會、青聯、婦聯、學聯等十九個單位代表，會議除通過該會會章程外，並推選黃松齡為該會主席，李燭塵、劉秀峯等十二人為副主席，王亢之、王仁忱、王心田等一百零三人為委員，同時成立工作委員會，負責執行經常工作。此外，會議決定發動全市人民，展開保衛世界和平簽名運動，簽名冊正由該會印製中。

又：中國保衛世界和平大會天津分會正副主席及委員名單如下：

（一）主席 黃松齡。

（二）副主席十二人：李燭塵、劉秀峯、李天煥、張淮三、孟秋江、周叔弢、黃火青、羅雲、朱憲彝、劉錫瑛、楊石先、楊宥彭。

（三）委員 一百零三人（按姓氏筆劃多寡為序）：

王亢之、王仁忱、王心田、王林、王炳章、王家珍、王通凱、王華棠、王靈源、王贊愚、方鉅、甘雒溪、丘金、丘宗嶽、白雲峯、白雲鵬、沈圖、辛毓莊、余塞儀、余彊珠、朱夢蘇、朱繼聖、阿英、呂驥、邢公畹、狄子才、宋正春、宋春化、宋斐卿、李定、李允修、李之楠、李振剛、李鑑波、李耀之、李壽甫、何遲、吳大任、吳廷璆、李陶墀、周克剛、孟波、金寶峰、范瑾、侯德榜、馬思聰、馬達、徐仲衡、郭尙義、連以農、孫……

津各民主黨派人民團體聯合發出號召
開展和平簽名運動

【本報訊】天津市各民主黨派、各人民團體，頃聯合發出號召，要求各團體有組織的人民，首先在保衛世界和平宣言上簽字，並宣傳與組織各界人民，展開廣泛的簽名運動。號召全文如下：

世界擁護和平大會常設委員會所發表的無條件的禁止原子武器、和宣佈首先使用原子武器進行侵略戰爭的政府為戰爭罪犯的一宣言，代表了全世界一切善良人們的願望，中國、擁護世界和平大會的號召，中國人民在這一宣言上簽字，來表示中國人民反對原子武器、反對侵略戰爭的決心和力量。我們天津人民，竭誠擁護這一宣言，要求各黨派、各團體一切有組織的人民，首先在這一宣言上簽字，並宣傳和組織各界人民發起和平簽名運動週，展開廣泛的簽名運動。

我們堅決反對使用原子武器進行侵略戰爭。我們堅信：只有人民的覺醒和團結，才是決定世界和平命運的力量，我們要反對戰爭終不可免的頹廢恐懼心理；也反對戰爭已不可能一原子戰爭的麻痺輕敵的思想，要警惕起來，團結起來，揭露帝國主義、打擊戰爭販子的挑撥陰謀；用加緊生產、加強學習、緊密團結、壯大自己，來保衛世界和平、保衛我們的和平建設。

中國共產黨天津市委會
中國人民解放軍駐津某兵團
中國新民主主義青年團天津工作委員會
中國民主同盟天津支部臨時工作委員會
中國民主建國會天津分會籌委會
天津市總工會
天津市民主青年聯合會
天津市民主婦女聯合會
天津市學生聯合會
天津市大學教職員聯合會
天津市中小學教職員聯合會
天津市文學藝術工作者聯合會籌委會
天津市工程師學會
天津市米丘林學會
天津市文學工作者協會
天津市音樂工作者協會
天津市美術工作者協會
天津市戲劇曲藝工作者協會
天津市新聞工作者協會
天津市中蘇友好協會
中國保衛世界和平大會天津分會

【又訊】本市保衛世界和平簽名運動週，定於今日開始，和大天津分會，已向各團體發出五十萬人的簽名書，並於各報刊載和平簽名書式樣，凡擁護和大宣言者，皆可簽名於後，剪寄本市重慶道五十五號和大天津分會。

短評

展開和平簽名運動

10/10

帝國主義敢於發動戰爭就消滅它

津和平簽名運動勝利結束
簽名者逾百七十萬人
一致表示決為保衛世界和平而鬥爭

和大津分會關於進行本市和平簽名運動總結的通知

发起成立中国保卫世界和平大会委员会天津分会及天津市开展和平签名运动报道（1950 年 5 月 11 日—1950 年 10 月 9 日《天津日报》）

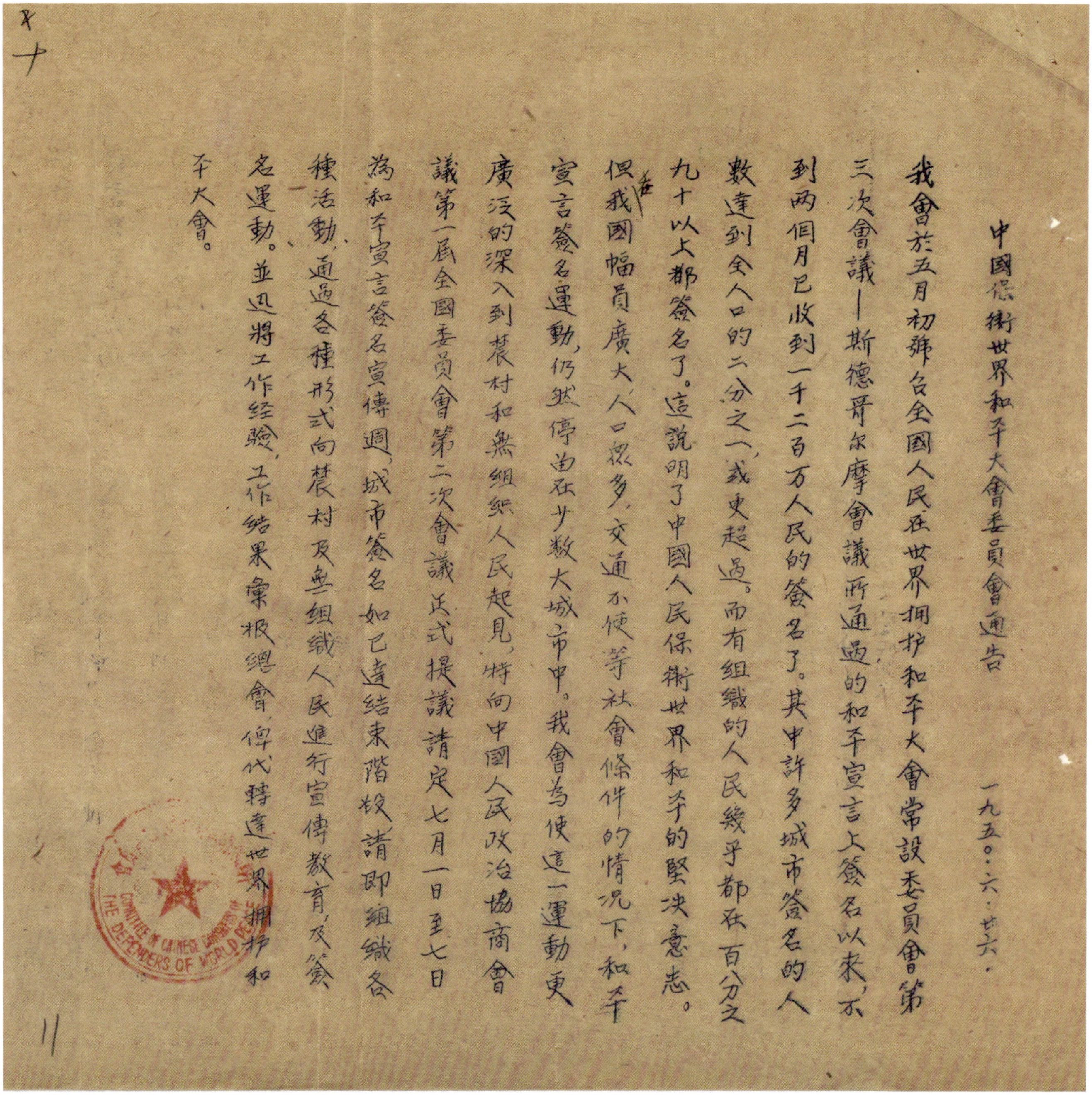

中國保衛世界和平大會委員會通告

一九五〇・六・廿六・

我會於五月初號召全國人民在世界擁護和平大會常設委員會第三次會議——斯德哥尔摩會議所通過的和平宣言上簽名以來，不到两個月已收到一千二百万人民的簽名了。其中許多城市簽名的人數達到全人口的二分之一，或更超過。而有組織的人民幾乎都在百分之九十以上都簽名了。這說明了中國人民保衛世界和平的堅決意志。但在我國幅員廣大，人口衆多，交通不便等社會條件的情況下，和平宣言簽名運動，仍然停留在少數大城市中。我會為使這一運動更廣泛的深入到農村和無組織人民起見，特向中國人民政治協商會議第一屆全國委員會第二次會議正式提議請定七月一日至七日為和平宣言簽名宣傳週，城市簽名如已達結束階段，請即組織各種活動，通過各種形式向農村及無組織人民進行宣傳教育，及簽名運動。並迅將工作經驗，工作結果彙報總會，俾代轉達世界擁護和平大會。

1950 年 6 月 26 日，中国保卫世界和平大会委员会通告

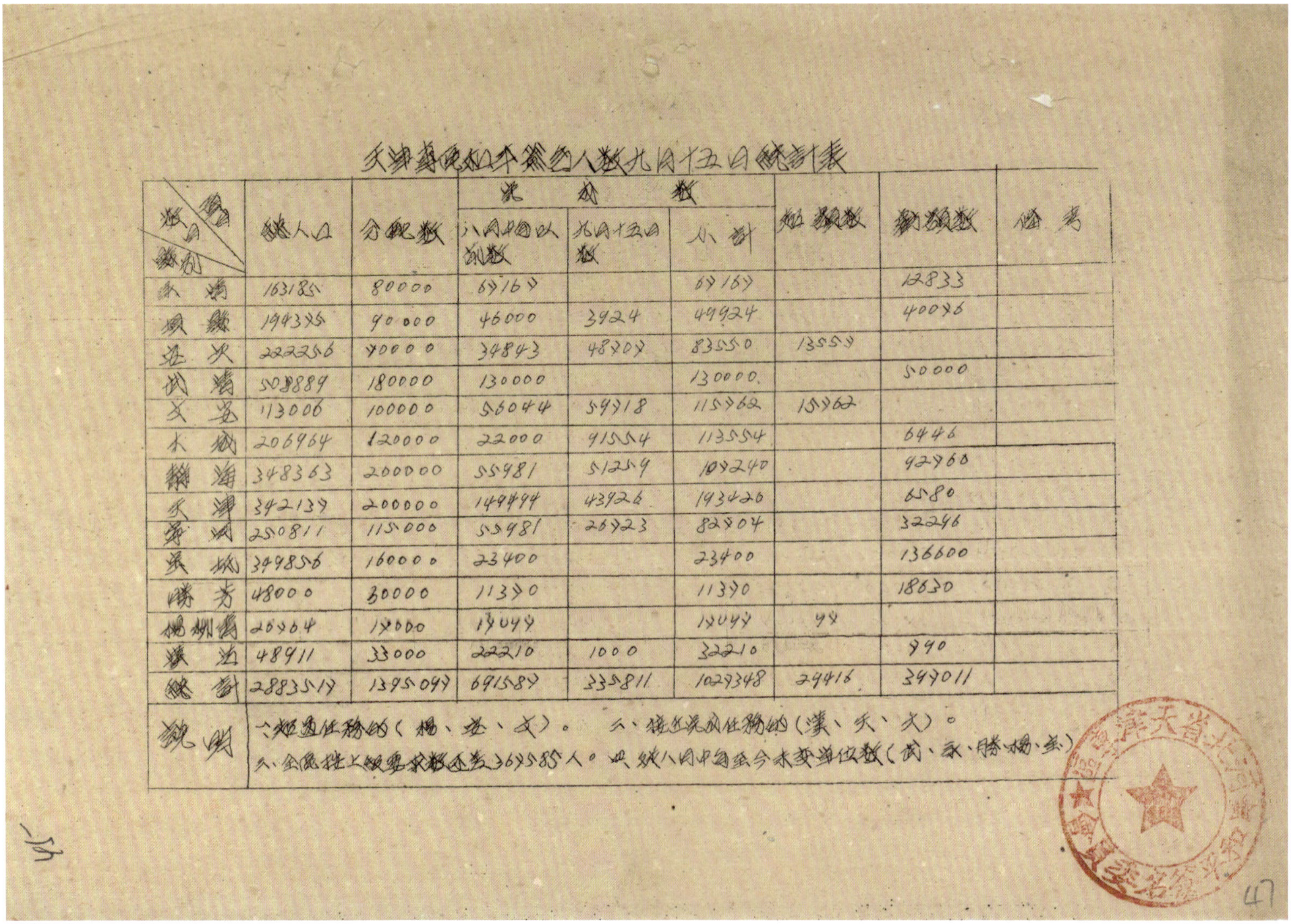

天津专区和平签名人数九月十五日统计表

数目 / 县别	总人口	分配数	完成数			超额数	剩额数	备考
			八月中旬以前数	九月十五日数	小计			
永清	163185	80000	67167		67167		12833	
霸县	194375	90000	46000	3924	49924		40076	
安次	222256	70000	34843	48707	83550	13557		
武清	508889	180000	130000		130000.		50000	
文安	113006	100000	56044	59718	115762	15762		
大城	206464	120000	22000	91554	113554		6446	
静海	348363	200000	55481	51259	107240		92760	
天津	342137	200000	149494	43926	193420		6580	
宁河	250811	115000	55481	26723	82704		32246	
宝坻	349856	160000	23400		23400		136600	
胜芳	48000	30000	11370		11370		18630	
杨柳青	20764	19000	19044		19044	44		
汉沽	48911	33000	22210	1000	32210		790	
总计	2883517	1395097	691587	335811	1029348	29416	347011	
说明	一、超过任务的（杨、安、文）。 二、接近完成任务的（汉、天、大）。 三、全区按上级要求数应为369585人。 四、统八月中旬至今未变单位数（武、永、胜、杨、宝）							

1950年9月15日，河北省天津专区和平签名人数统计表

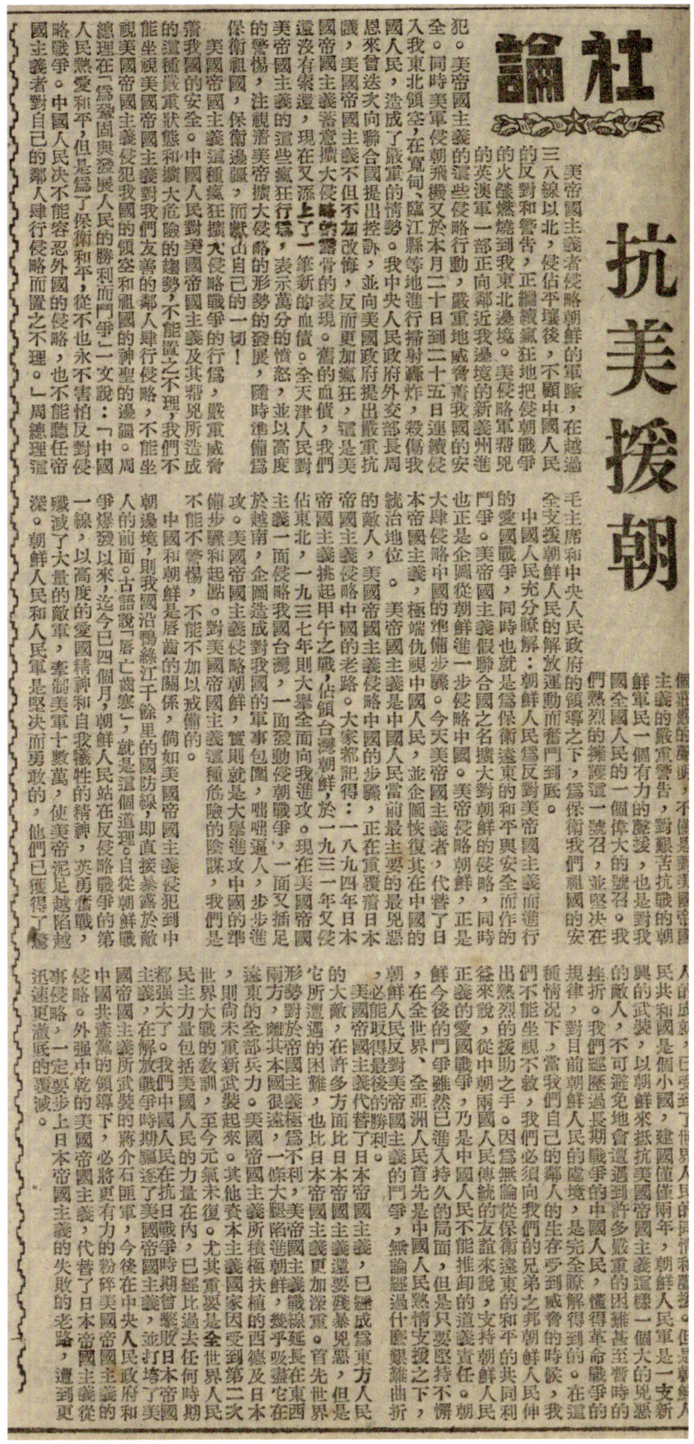

社論

抗美援朝

美帝國主義者侵略朝鮮的軍隊，在越過三八線以北，侵佔平壤後，不顧中國人民的反對和警告，正繼續瘋狂地把侵朝戰爭的火燄燃燒到我東北邊境。美侵略軍帮兇的英澳軍一部正向鄰近我邊境的新義州進犯。美帝國主義的這些侵略行動，嚴重地威脅着我國的安全。同時美軍侵朝飛機又於本月二十日到二十五日連續侵入我東北領空，在寬甸、臨江縣等地進行掃射轟炸，殺傷我國人民，造成了嚴重的情勢。我中央人民政府外交部長周恩來曾迭次向聯合國提出控訴，並向美國政府提出嚴重抗議，美國帝國主義不但不加改悔，反而更加瘋狂，這是美國帝國主義蓄意擴大侵略的露骨的表現。舊的血債，我們還沒有索還，現在又添上了一筆新的血債。全天津人民對美帝國主義的這些瘋狂行爲，表示萬分的憤怒，並以高度的警惕，注視着美帝擴大侵略的形勢的發展，隨時準備爲保衛祖國，保衛邊疆，而獻出自己的一切！

美國帝國主義這種瘋狂擴大侵略戰爭的行爲，嚴重威脅着我國的安全。中國人民對美國帝國主義及其帮兇所造成的這種嚴重狀態和擴大危險的趨勢，不能置之不理，我們不能坐視美國帝國主義對我們友善的鄰人肆行侵略，不能坐視美國帝國主義侵犯我國的領空和祖國的神聖的邊疆。周總理在「爲鞏固與發展人民的勝利而鬥爭」一文說：「中國人民熱愛和平，但是爲了保衛和平，從不也永不害怕反對侵略戰爭。中國人民決不能容忍外國的侵略，也不能聽任帝國主義者對自己的鄰人肆行侵略而置之不理。」周總理這個莊嚴的聲明，不僅是對美國帝國主義的嚴重警告，對艱苦抗戰的朝鮮軍民一個有力的聲援，也是對我國全國人民的一個偉大的號召。我們熱烈的擁護這一號召，並堅決在毛主席和中央人民政府的領導之下，爲保衛我們祖國的安全支援朝鮮人民的解放運動而奮鬥到底。

中國人民充分瞭解：朝鮮人民爲反對美帝國主義而進行的愛國戰爭，同時也就是爲保衛遠東的和平與安全而作的鬥爭。美帝國主義假聯合國之名擴大對朝鮮的侵略，同時也正是企圖從朝鮮進一步侵略中國。美帝侵略朝鮮，正是大肆侵略中國的準備步驟。今天美帝國主義者，代替了日本帝國主義，極端仇視中國人民，並企圖恢復其在中國的統治地位。美帝國主義是中國人民當前最主要的最兇惡的敵人，美國帝國主義侵略中國的步驟，正在重覆着日本帝國主義侵略中國的老路。大家都記得：一八九四年日本帝國主義挑起甲午之戰，佔領台灣朝鮮，於一九三一年又侵佔東北，一九三七年則大舉全面向我進攻。現在美國帝國主義一面侵略我國台灣，一面發動侵朝戰爭，一面又插足於越南，企圖造成對我國的軍事包圍，咄咄逼人，步步進攻。美國帝國主義侵略朝鮮，實則就是大舉進攻中國的準備步驟和起點。對美國帝國主義這種危險的陰謀，我們是不能不警惕，不能不加以戒備的。

中國和朝鮮是唇齒的關係，倘如美國帝國主義侵犯到中朝邊境，則我國沿鴨綠江千餘里的國防線，即直接暴露於敵人的前面。古語說「唇亡齒寒」，就是這個道理。自從朝鮮戰爭爆發以來，迄今已四個月，朝鮮人民站在反侵略戰爭的第一線，以高度的愛國精神和自我犧牲的精神，英勇奮戰，殲滅了大量的敵軍，牽制美軍十數萬，使美帝泥足越陷越深。朝鮮人民和人民軍是堅決而勇敢的，他們已獲得了偉大的成就，已受到了世界人民的同情和讚揚。但是朝鮮人民共和國是個小國，建國僅僅兩年，朝鮮人民軍是一支新興的武裝，以朝鮮來抵抗美國帝國主義這樣一個大的兇惡的敵人，不可避免地會遭遇到許多嚴重的困難甚至暫時的挫折。我們經歷過長期戰爭的中國人民，懂得革命戰爭的規律，對目前朝鮮人民的處境，是完全瞭解得到的。在這種情況下，當我們自己的鄰人的生存受到威脅的時候，我們不能坐視不救，我們必須向我們的兄弟之邦朝鮮人民伸出熱烈的援助之手。因爲無論從保衛遠東的和平的共同利益來說，從中朝兩國人民傳統的友誼來說，支持朝鮮人民正義的愛國戰爭，乃是中國人民不能推卸的道義責任。朝鮮今後的鬥爭雖然已進入持久的局面，但是只要堅持不懈，在全世界、全亞洲人民首先是中國人民熱情支援之下，朝鮮人民反對美帝國主義的鬥爭，無論經過什麼艱難曲折，必能取得最後的勝利。

美國帝國主義代替了日本帝國主義，已經成爲東方人民的大敵，在許多方面比日本帝國主義還要殘暴兇惡，但是它所遭遇的困難，也比日本帝國主義更加深重。首先世界形勢，對於帝國主義極爲不利，美帝國主義戰線延長在東西兩方，離其本國很遠，一條大腿陷進朝鮮，幾乎吸盡它在遠東的全部兵力。美國帝國主義所積極扶植的西德及日本，則尚未重新武裝起來。其他資本主義國家因受到第二次世界大戰的教訓，至今元氣未復。尤其重要是全世界人民民主力量包括美國人民的力量在內，已經比過去任何時期都强大了。我們中國人民在抗日戰爭時期曾擊敗日本帝國主義，在解放戰爭時期驅逐了美國帝國主義，並打垮了美國帝國主義所武裝的蔣介石匪軍，今後在中央人民政府和中國共產黨的領導下，必將更有力的粉碎美國帝國主義的侵略。外强中乾的美國帝國主義，代替了日本帝國主義從事侵略，一定要步上日本帝國主義的失敗的老路，遭到更迅速更澈底的覆滅。

社论《抗美援朝》（1950 年 10 月 27 日《天津日报》）

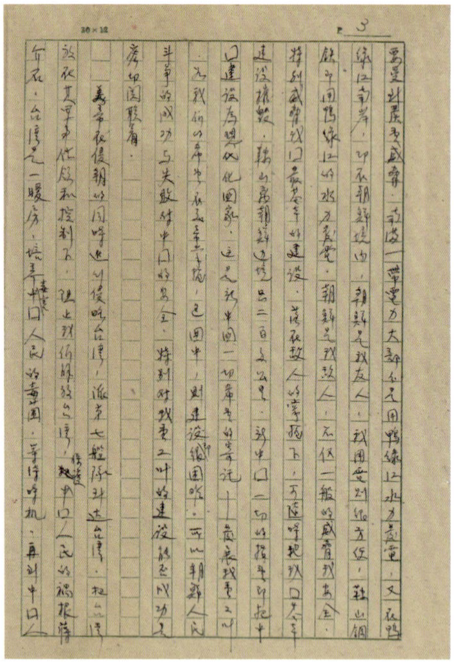
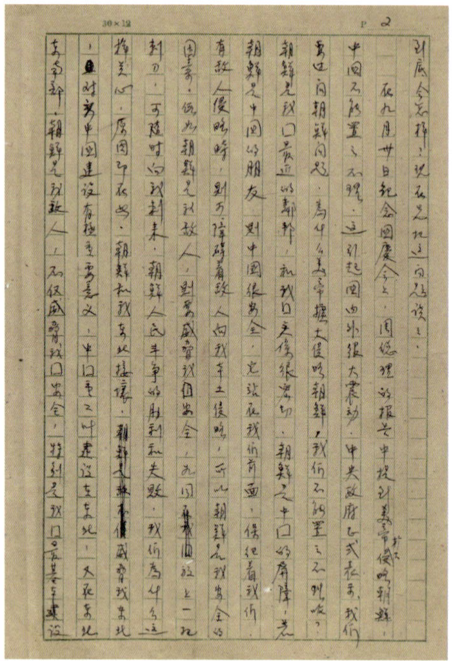
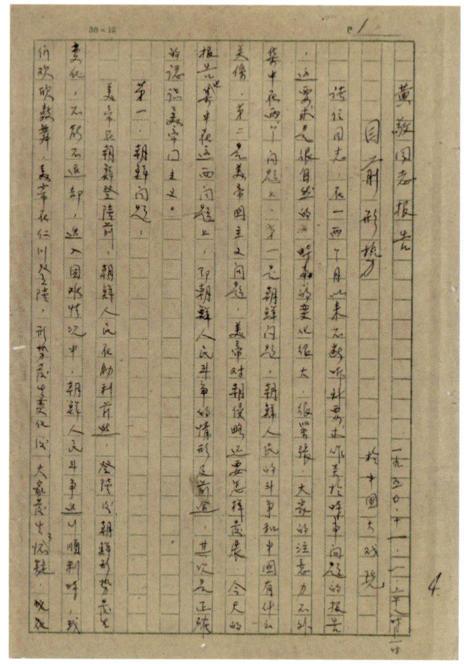
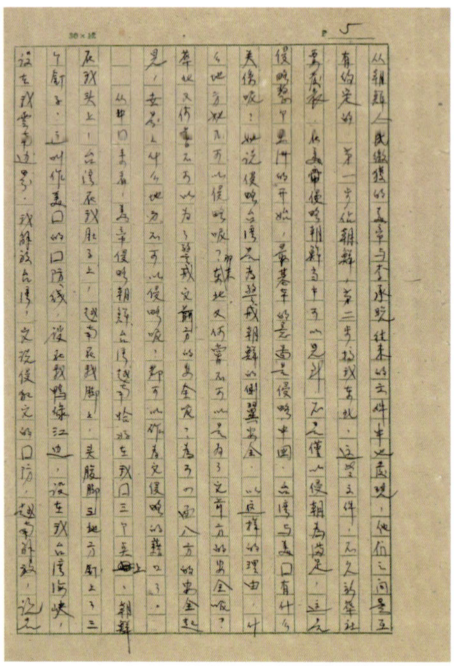
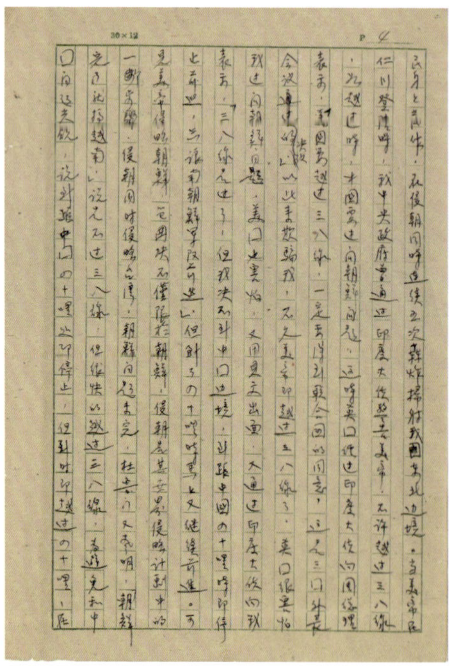

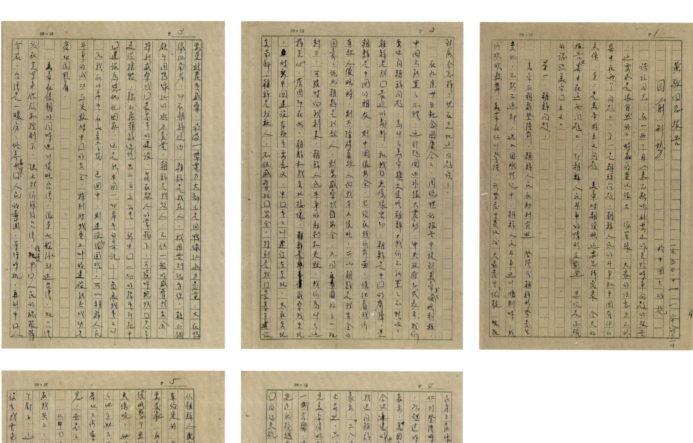

1950年11月1日，天津市各界代表2000余人在中国大戏院集会，听取黄敬市长作时事报告。图为报告的部分手稿

天津日報

一九五〇年十一月二日 星期四

紀念十月革命節
中蘇友協總會發出通知

今日本報新聞提要

關內國營煤礦減低煤價後
市場一般煤價已降低

絕不能容忍美帝擴大侵朝暴行！
津市各界人士堅決表示
支援朝鮮人民保衛祖國

津各界代表及幹部二千餘人集會
黃市長作時事報告
號召全市人民展開抗美援朝時事宣傳運動
加緊生產，工作，學習，積極援助朝鮮人民，保衛祖國的和平建設。

津反侵略委會定今日集會
研討開展時事宣傳計劃

1950 年 11 月 2 日，《天津日报》刊发的《津市各界人士坚决表示支援朝鲜人民保卫祖国》《黄市长作时事报告》等新闻报道

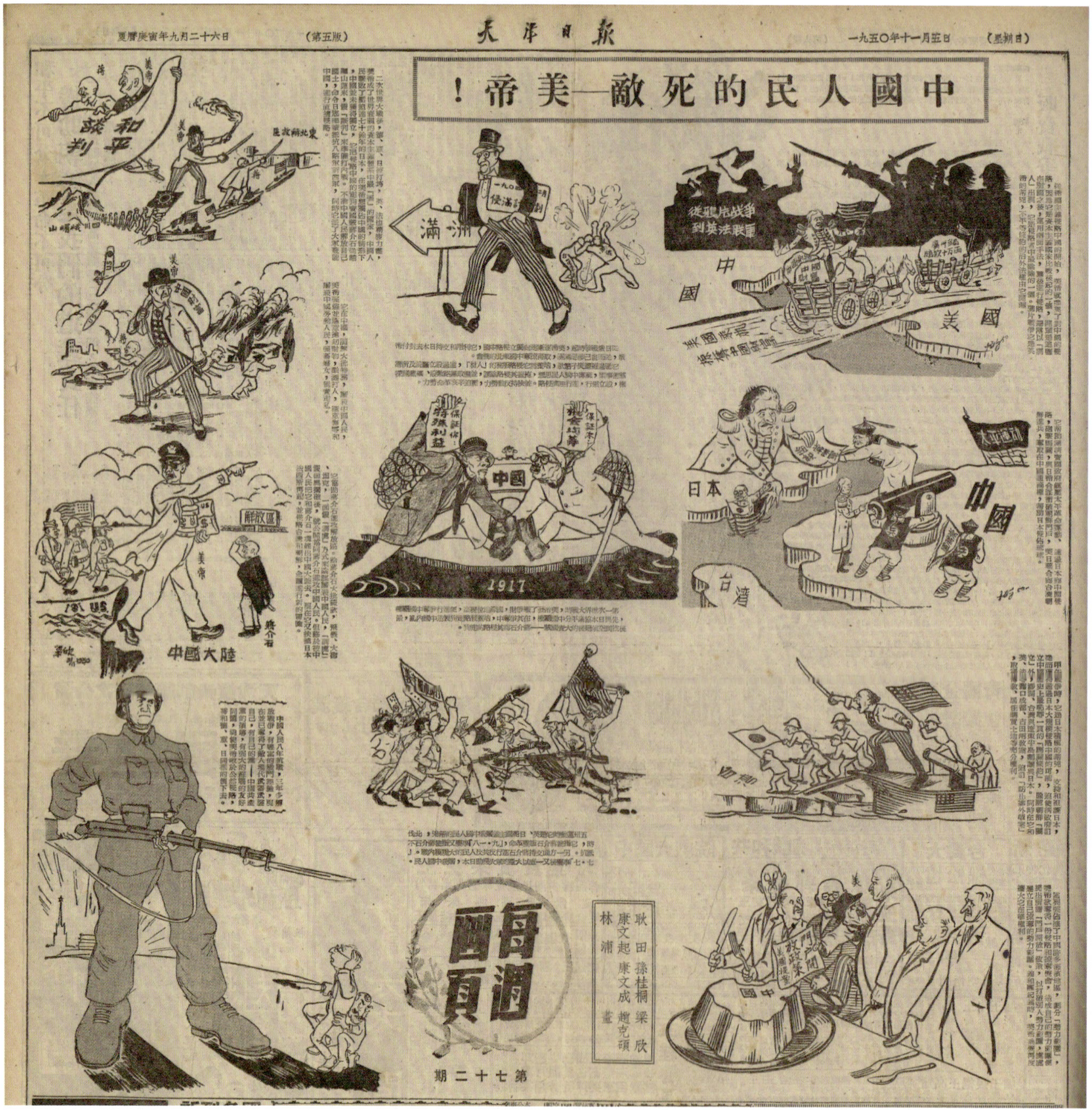

1950年11月5日，《天津日报》刊登的抗美援朝宣传漫画《中国人民的死敌——美帝！》

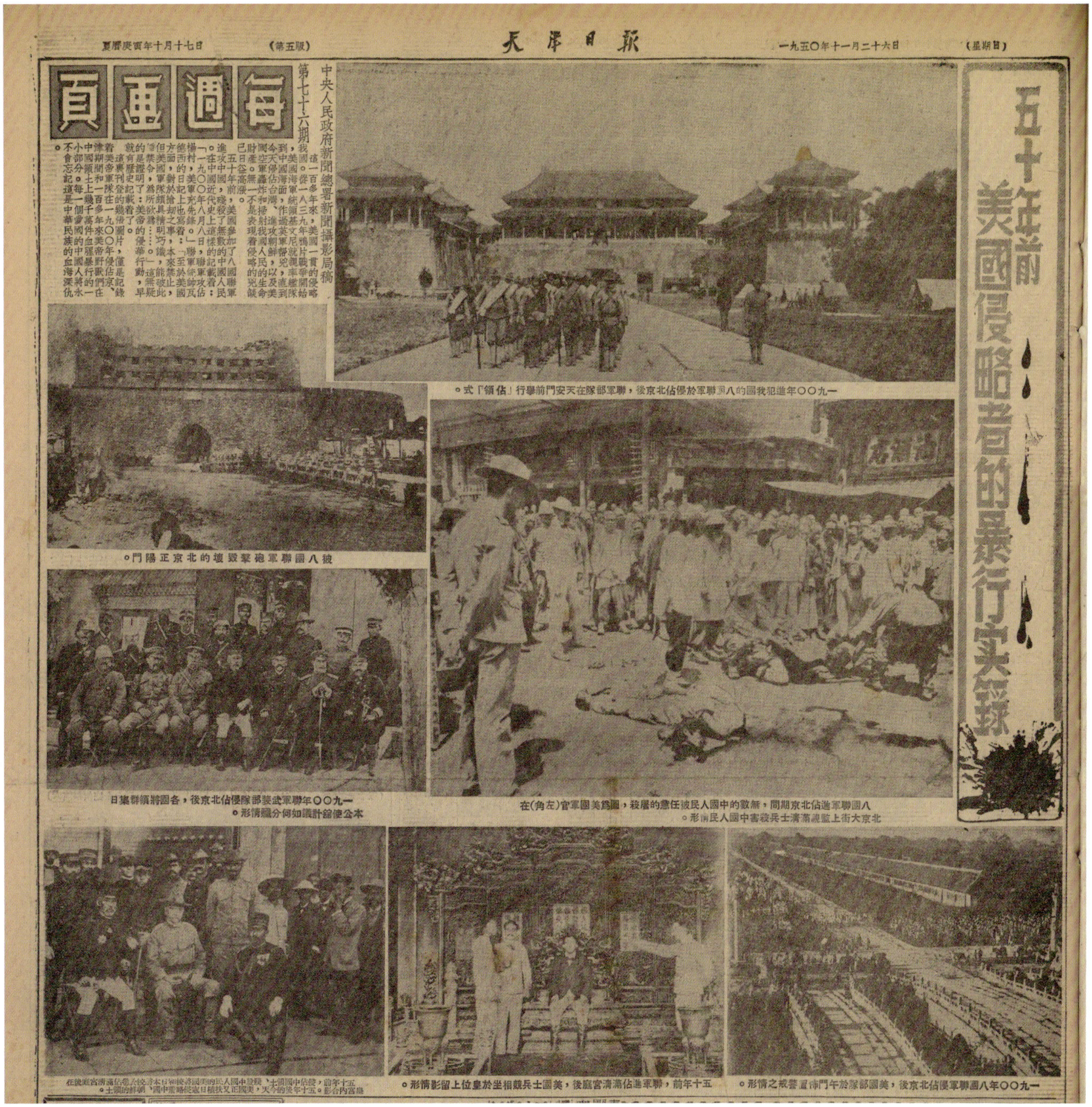

（星期日） 一九五〇年十一月二十六日 天津日報 （第五版） 夏曆庚寅年十月十七日

每週畫頁

第七十六期

中央人民政府新聞總署新聞攝影局稿

這一百多年來，美國一貫的侵略我國。從一八三九年鴉片戰爭開始，美國海軍統領基文尼就親率艦隊到中國海面，作過英軍幫兇，直到今天侵佔台灣、進攻朝鮮，以及美國空軍轟炸和掃射我國人民的生命財產。無一不是表現着侵略的兇殘已日益高漲。

五十年前，美國參加了八國聯軍進攻中國，殘殺了無數的中國人民。在中國近代史上這樣的記載着：「一九〇〇年八月八日，聯軍攻佔楊村，美軍充先鋒。」聯軍統帥瓦德西的日記上也寫着：「至於美國方面，對於搶劫之事，本來禁止，但美國軍隊頗具精明巧識，能破此禁令，為所欲爲……。」這無疑的是證明了：美帝的侵華行動，早就有歷史記載着了。

這裏刊登的幾張圖片，僅是記錄着美帝軍隊在一九〇〇年侵佔京、津期間和一百多年來美帝野獸們在中國領土上幾千萬件血腥暴行的一小部分。每一個愛國的中國人將永不會忘記這是中華民族的血海深仇。

五十年前美國侵略者的暴行实録

一九〇〇年進犯我國的八國聯軍於侵佔北京後，聯軍部隊在天安門前舉行「佔領」式。

被八國聯軍砲擊毀壞的北京正陽門。

八國聯軍進佔北京期間，無數的中國人民被任意的屠殺，圖為美國軍官(左角)在北京大街上監視清兵士殺害中國人民情形。

一九〇〇年聯軍武裝部隊侵佔北京後，各國將領群集日本公使館計議如何分贓情形。

五十年前，侵佔中國領土、殘殺中國人民的美國侵略者和日本帝國主義侵略者，侵佔滿清宮庭後在皇宮內合影。五十年後的今天，美國正又扶植日本侵略中國、朝鮮的領土。

五十年前，聯軍進佔滿清宮庭後，美國士兵競相坐於皇位上留影情形。

一九〇〇年八國聯軍侵佔北京後，美國部隊於午門前置警戒之情形。

1950年11月26日，《天津日报》刊载组图，揭露了1900年八国联军侵华中美军的暴行

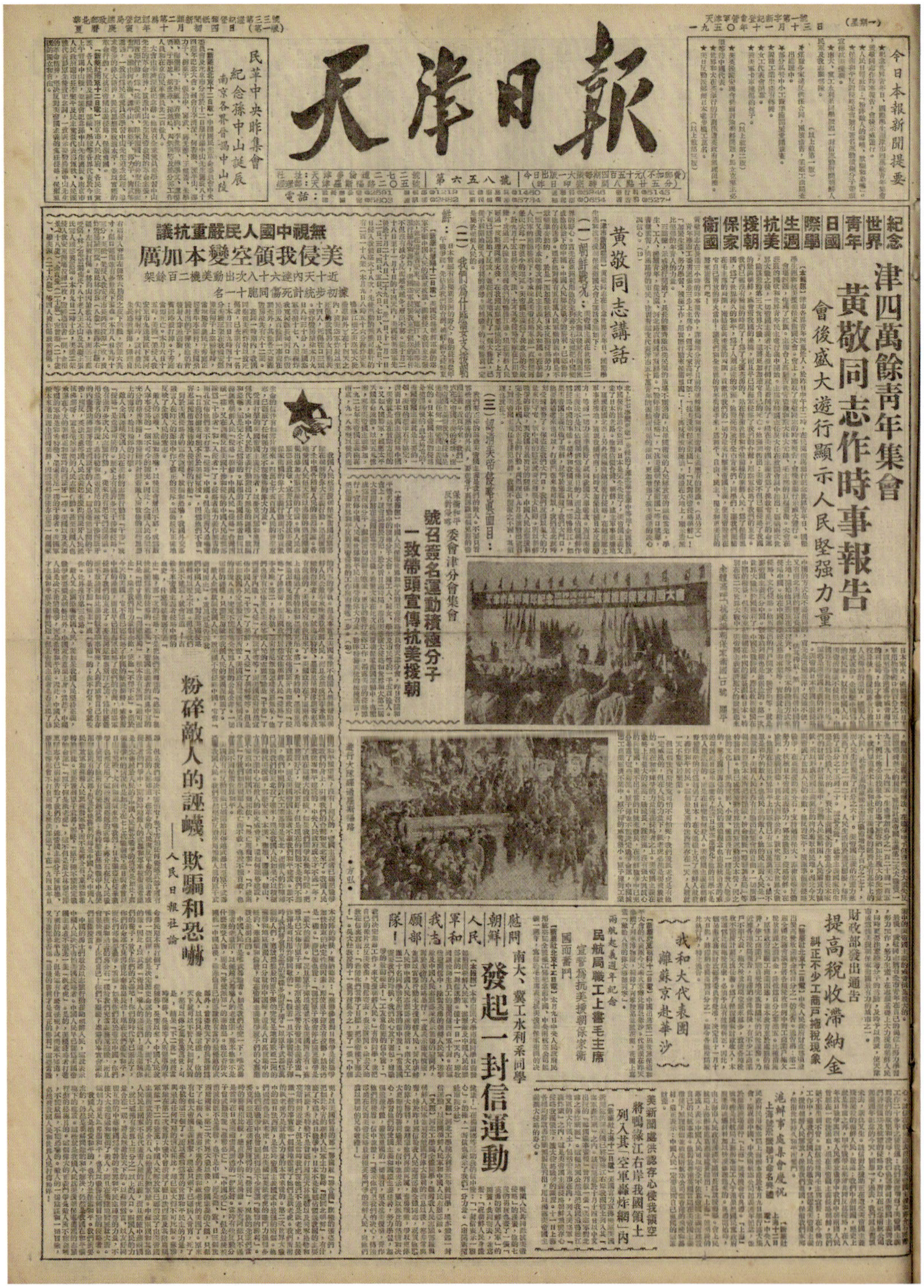

1950 年 11 月 12 日，天津 4 万余名青年集会，黄敬市长作时事报告（1950 年 11 月 13 日《天津日报》）

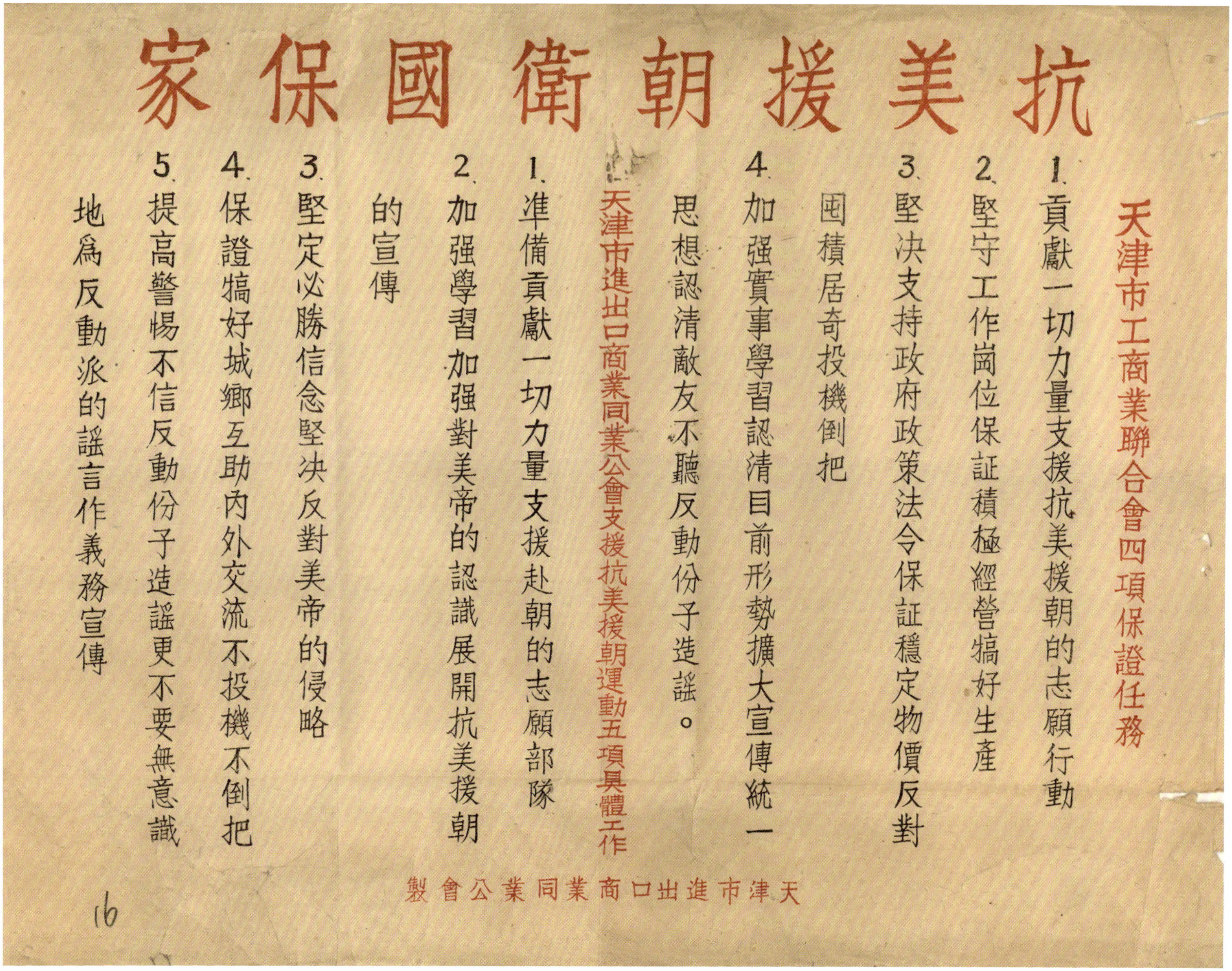

抗美援朝衛國保家

天津市工商業聯合會四項保證任務

1. 貢獻一切力量支援抗美援朝的志願行動
2. 堅守工作崗位保証積極經營搞好生產
3. 堅決支持政府政策法令保証穩定物價反對囤積居奇投機倒把
4. 加强實事學習認清目前形勢擴大宣傳統一思想認清敵友不聽反動份子造謠。

天津市進出口商業同業公會支援抗美援朝運動五項具體工作

1. 準備貢獻一切力量支援赴朝的志願部隊
2. 加强學習加强對美帝的認識展開抗美援朝的宣傳
3. 堅定必勝信念堅決反對美帝的侵略
4. 保證搞好城鄉互助內外交流不投機不倒把
5. 提高警惕不信反動份子造謠更不要無意識地爲反動派的謠言作義務宣傳

天津市進出口商業同業公會製

1950 年 11 月，天津市工商业联合会四项保证任务书和天津市进出口商业同业公会支援抗美援朝运动五项具体工作

天津市市长黄敬（左三）检阅工商界抗美援朝大游行队伍

1950 年 11 月 30 日，天津工商界抗美援朝卫国保家示威大游行检阅

工商界大游行中走在最前面的锣鼓队

抗美援朝大游行中群众高举的标语和漫画

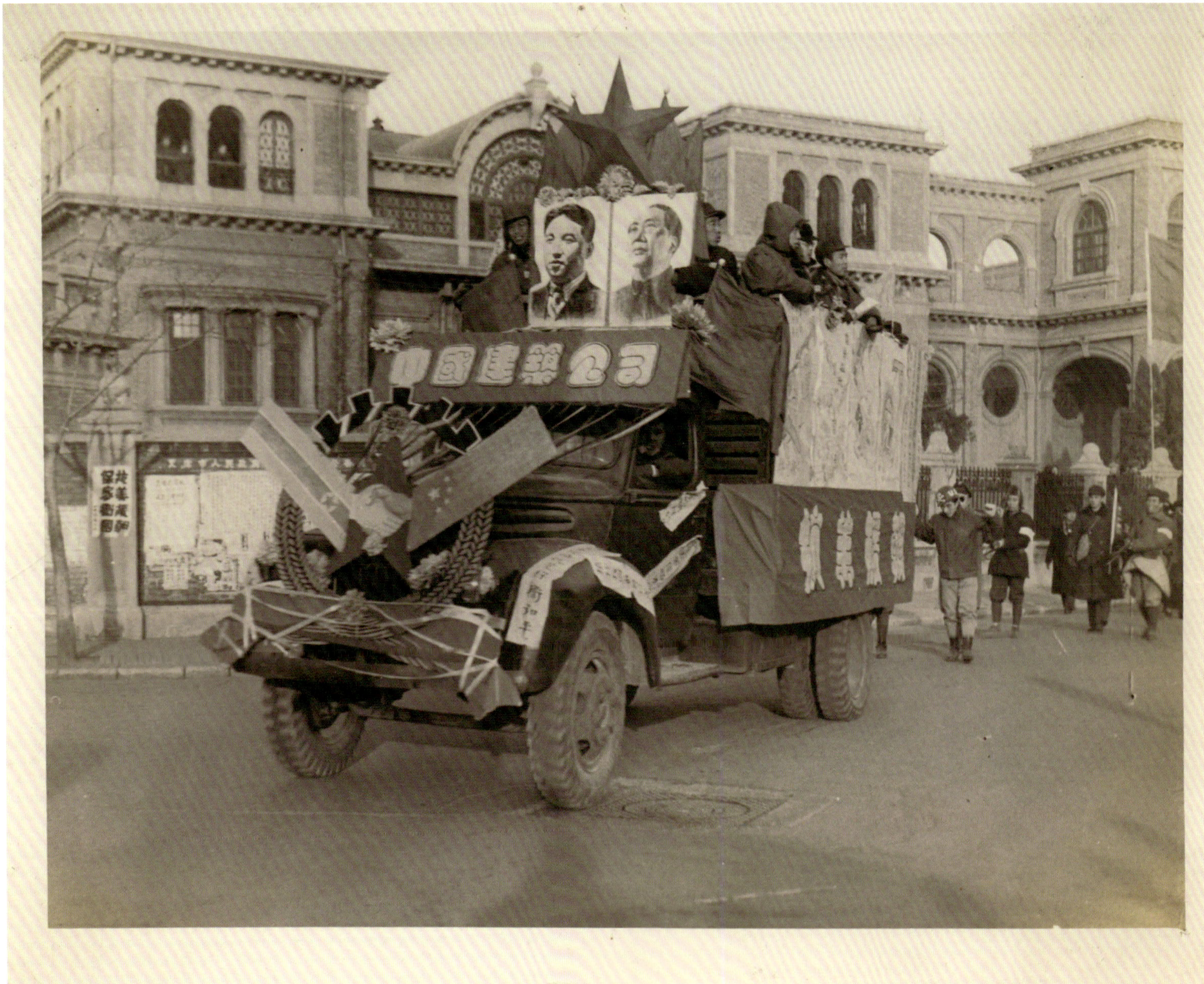

在抗美援朝大游行中的中国建筑公司彩车

天津进出口同业公会的游行队伍

工商界大游行队伍行至和平区中心公园花园路一带

渤海大楼前的妇女演出队

游行队伍中的表演大队

中纺五厂、装具三厂在抗美援朝宣传活动中排演的街头宣传剧

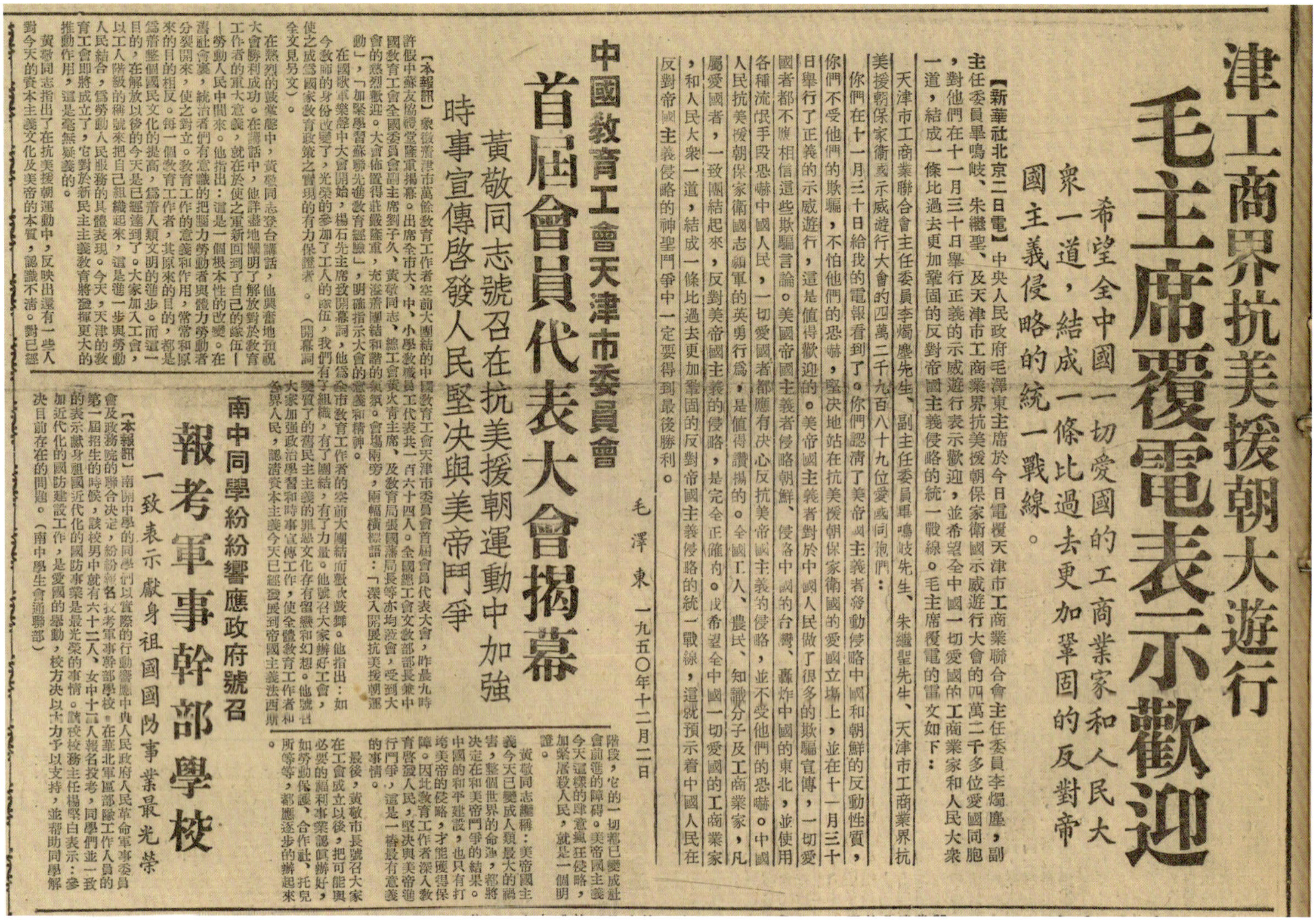

津工商界抗美援朝大遊行
毛主席覆電表示歡迎

希望全中國一切愛國的工商業家和人民大衆一道，結成一條比過去更加鞏固的反對帝國主義侵略的統一戰線。

【新華社北京二日電】中央人民政府毛澤東主席於今日電覆天津市工商業聯合會主任委員李燭塵，副主任委員畢鳴岐、朱繼聖、及天津市工商業界抗美援朝保家衛國示威遊行大會的四萬二千多位愛國同胞，對他們在十一月三十日舉行正義的示威遊行表示歡迎，並希望全中國一切愛國的工商業家和人民大衆一道，結成一條比過去更加鞏固的反對帝國主義侵略的統一戰線。毛主席覆電的電文如下：

天津市工商業聯合會主任委員李燭塵先生、副主任委員畢鳴岐先生、朱繼聖先生、天津市工商業界抗美援朝保家衛國示威遊行大會的四萬二千九百八十九位愛國同胞們：

你們在十一月三十日給我的電報看到了。你們認清了美帝國主義者發動侵略中國和朝鮮的反動性質，你們不受他們的欺騙，不怕他們的恐嚇，堅决地站在抗美援朝保家衛國的愛國立場上，並在十一月三十日舉行了正義的示威遊行，這是值得歡迎的。美帝國主義者對於中國人民做了很多的欺騙宣傳，一切愛國者都不應相信這些欺騙言論。美國帝國主義者侵略朝鮮、侵略中國的台灣、轟炸中國的東北，並使用各種流氓手段恐嚇中國人民，一切愛國者都應有决心反抗美帝國主義的侵略，並不受他們的恐嚇。中國人民抗美援朝保家衛國志願軍的英勇行爲，是值得讚揚的。全國工人、農民、知識分子及工商業家，凡屬愛國者，一致團結起來，反對美帝國主義的侵略，是完全正確的。我希望全中國一切愛國的工商業家，和人民大衆一道，結成一條比過去更加鞏固的反對帝國主義侵略的統一戰線，這就預示着中國人民在反對帝國主義侵略的神聖鬥爭中一定要得到最後勝利。

毛澤東 一九五〇年十二月二日

中國教育工會天津市委員會
首屆會員代表大會揭幕
黃敬同志號召在抗美援朝運動中加強時事宣傳啓發人民堅决與美帝鬥爭

【本報訊】象徵着津市萬餘教育工作者空前大團結的中國教育工會天津市委員會首屆會員代表大會，昨晨九時許假中蘇友協禮堂隆重揭幕。出席全市大、中、小學教職員工代表共一百六十四人。全國總工會文教部部長兼中國教育工會全國委員會副主席劉子久、黃敬同志、總工會黃火青主席、及教育局張國藩局長等亦均蒞會，受到大會的熱烈歡迎。大會佈置得莊嚴隆重，充溢着團結和諧的氣氛。會場兩旁，兩幅橫標語：「深入開展抗美援朝運動」，「加緊學習蘇聯先進教育經驗」，明確指示大會的意義和精神。

在國歌軍樂聲中大會開始，楊石先主席致開幕詞，他爲全市教育工作者的空前大團結而歡欣鼓舞。他指出：如今教師的身份改變了，光榮的參加了工人的隊伍，我們有了組織，有了團結，有了力量。他號召大家辦好工會，使之成爲國家教育政策之實現的有力保證者。（開幕詞全文見另文）。

在熱烈的鼓掌聲中，黃敬同志登台講話，他興奮地預祝大會勝利成功。在講話中，他詳盡地闡明了解放對於教育工作者的重大意義，就在於使之重新回到了自己的隊伍——勞動人民中間來。他指出：這是一個根本性的改變。在舊社會裏，統治者們有意識的把腦力勞動者與體力勞動者分裂開來，使之對立。教育工作的意義和作用，常常和原來的目的相反。每一個教育工作者，其原來的目的，都是爲着整個國民文化的提高，爲着人類文明的進步。而這一目的，在解放以後的今天是已經達到了。大家加入工會，以工人階級的稱號來把自己組織起來，這是進一步與勞動人民結合，爲勞動人民服務的具體表現。今天，天津的教育工會即將成立了，它對於新民主主義教育將發揮更大的推動作用，這是毫無疑義的。

黃敬同志指出了在抗美援朝運動中，反映出還有一些人對今天的資本主義文化及美帝的本質，認識不清。對已經變質了的舊民主主義的罪惡文化存有留戀和幻想。他號召大家加強政治學習和時事宣傳工作，使全體教育工作者和各界人民，認清資本主義今天已經發展到帝國主義法西斯階段，它的一切都已變成社會前進的障碍。美帝國主義今天這樣的肆意瘋狂侵略，加緊屠殺人民，就是一個明證。

黃敬同志繼稱：美帝國主義今天已變成人類最大的禍害，整個世界的命運，都將决定在和美帝鬥爭的結果。中國的和平建設，也只有打垮美帝的侵略，才能獲得保障。因此教育工作者深入教育啓發人民，堅决與美帝進行鬥爭，這是一樁最有意義的事情。

最後，黃敬市長號召大家在工會成立以後，把可能與必要的福利事業認眞辦好，如勞動保護、合作社、托兒所等等，都應逐步的辦起來。

南中同學紛紛響應政府號召
報考軍事幹部學校
一致表示獻身祖國國防事業最光榮

【本報訊】南開中學的同學們以實際的行動響應中央人民政府人民革命軍事委員會及政務院的聯合决定，紛紛報名投考軍事幹部學校。在華北軍區部隊工作人員的第一屆招生的時候，該校男中就有六十二人、女中十三人報名投考，同學們並一致的表示獻身祖國近代化的國防事業是最光榮的事情。該校校務主任楊堅白表示：參加近代化的國防建設工作，是愛國的舉動，校方决以大力予以支持，並幫助同學解决目前存在的問題。（南中學生會通聯部）

1950 年 12 月 2 日《天津日报》刊登了毛泽东主席给天津市工商界的复电

天津日報

全世界青年爲爭取人民民主爭取持久和平而鬥爭！

每週畫頁

第七十四期

《天津日报》有关抗美援朝运动的新闻报道发挥了主流媒体的宣传引导作用

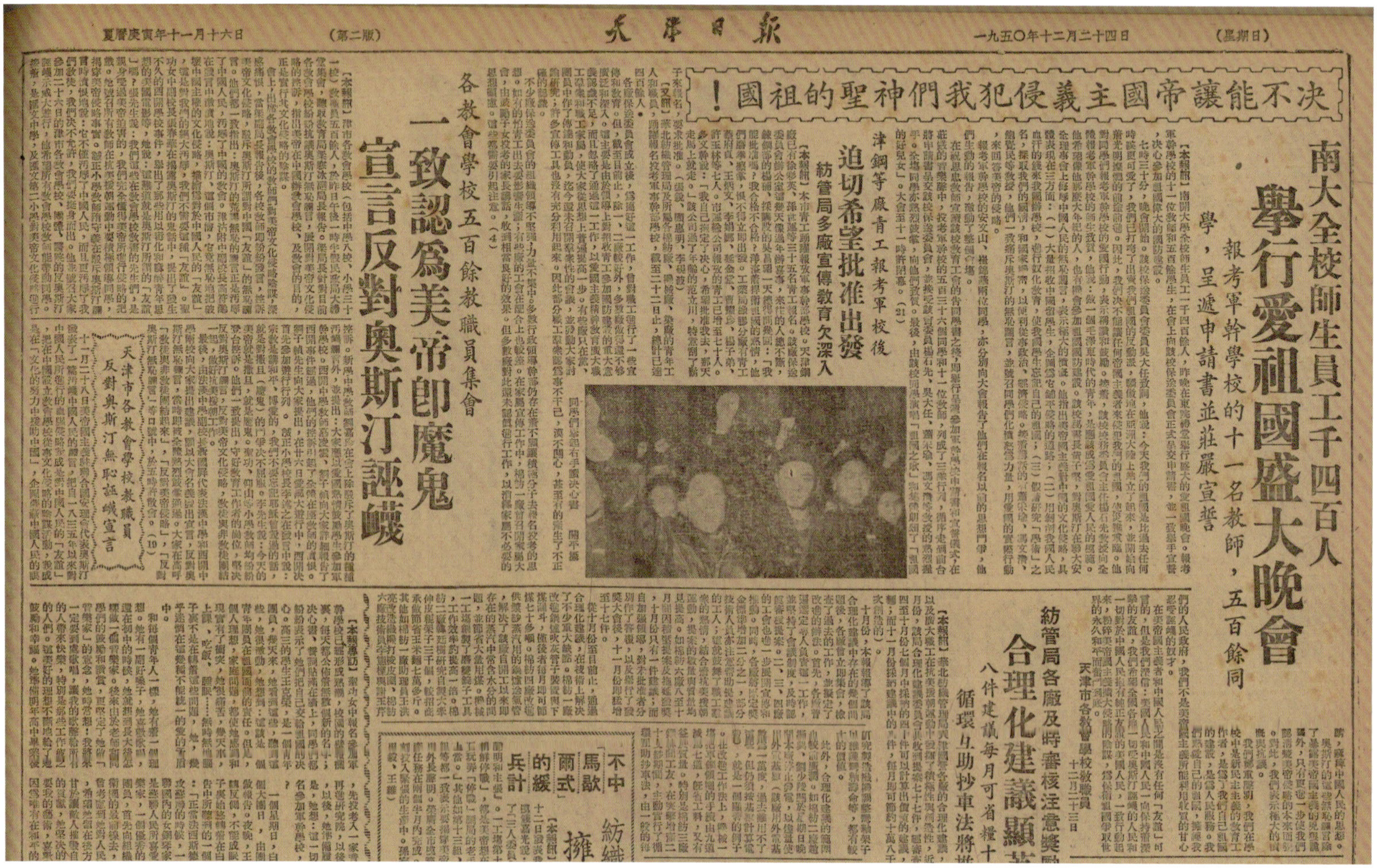

(星期日)　一九五〇年十二月二十四日　天津日報　（第二版）　夏曆庚寅年十一月十六日

決不能讓帝國主義侵犯我們神聖的祖國！

南大全校師生員工千四百人
舉行愛祖國盛大晚會
報考軍幹學校的十一名教師，五百餘同學，呈遞申請書並莊嚴宣誓

津鋼等廠青工報考軍校後
迫切希望批准出發
紡管局多廠宣傳教育欠深入

各教會學校五百餘教職員集會
一致認為美帝即魔鬼
宣言反對奧斯汀誣衊

天津市各教會學校教職員
反對奧斯汀無恥誣衊宣言

紡管局各廠及時審核注意獎勵
合理化建議顯著

南开大学等学校集会反对美帝文化侵略的报道（1950 年 12 月 24 日《天津日报》）

1950 年 12 月 26 日，天津市天主教教友举行抗美援朝示威大游行

1950 年 12 月 26 日，天津市天主教界举行抗美援朝示威大会

天津市回民代表团参加庆祝平壤解放大游行

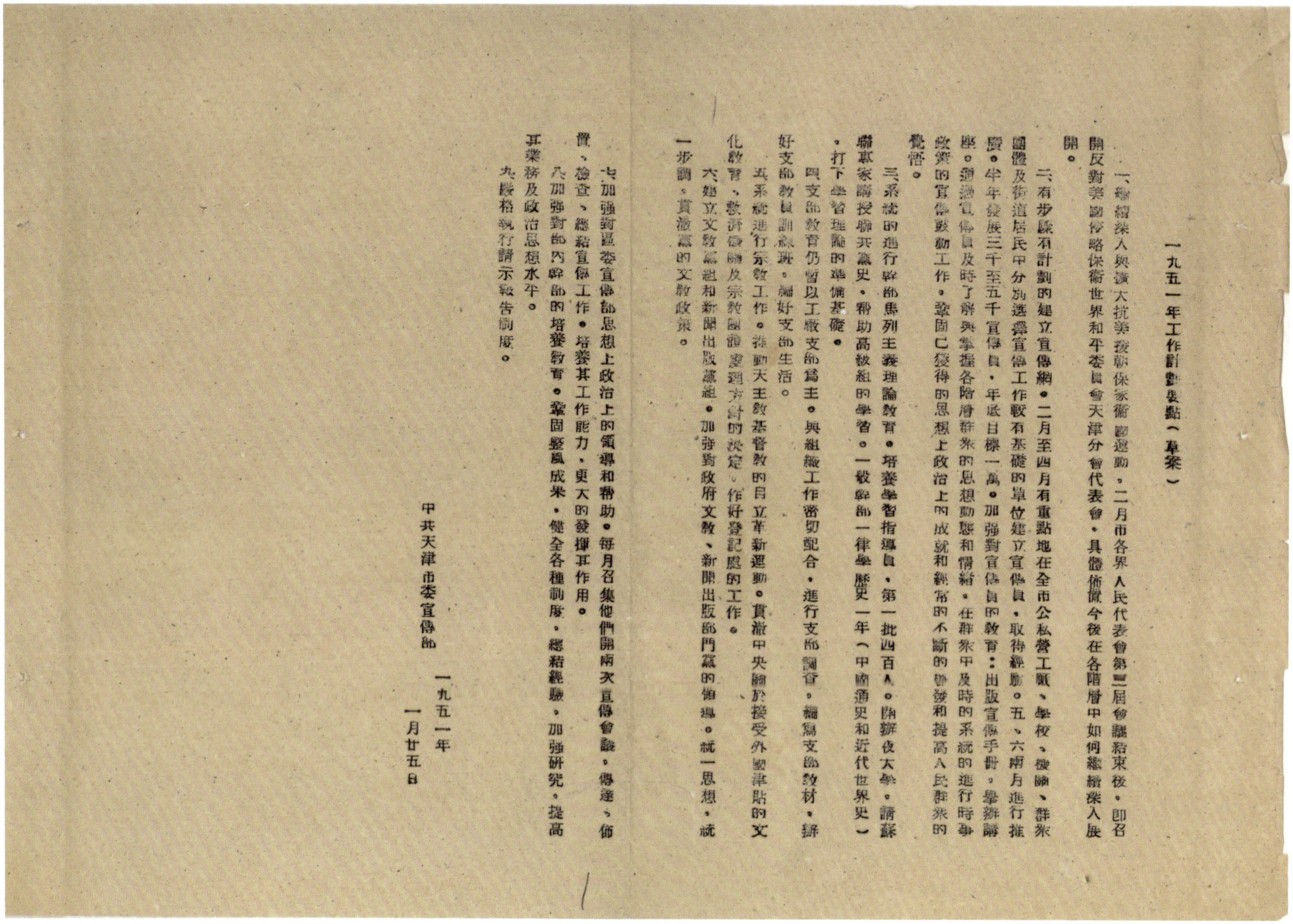

一九五一年工作計劃要點（草案）

一、繼續深入與擴大抗美援朝保家衛國運動。二月市各界人民代表會第三屆會議結束後，即召開反對美國侵略保衛世界和平委員會天津分會代表會，具體佈置今後在各階層中如何繼續深入展開。

二、有步驟有計劃的建立宣傳網。二月至四月有重點地在全市公私營工廠、學校、機關、群衆團體及街道居民中分別選擇宣傳工作較有基礎的單位建立宣傳員，取得經驗。五、六兩月進行推廣。半年發展三千至五千宣傳員，年底目標一萬。加強對宣傳員的教育：出版宣傳手冊，舉辦講座。通過宣傳員及時了解與掌握各階層群衆的思想動態和情緒，在群衆中及時的系統的進行時事政策的宣傳鼓動工作，鞏固已獲得的思想上政治上的成就和經常的不斷的啓發和提高人民群衆的覺悟。

三、系統的進行幹部馬列主義理論教育，培養學習指導員，第一批四百人。開辦夜大學，請蘇聯專家講授聯共黨史，幫助高級組的學習。一般幹部一律學歷史一年（中國通史和近代世界史），打下學習理論的準備基礎。

四、支部教育仍暫以工廠支部爲主，與組織工作密切配合，進行支部調查，編寫支部教材，辦好支部教員訓練班，編好支部生活。

五、系統進行宗教工作，推動天主教基督教的自立革新運動，貫徹中央關於接受外國津貼的文化教育、救濟機關及宗教團體處理方針的決定，作好登記處的工作。

六、建立文教黨組和新聞出版黨組，加強對政府文教、新聞出版部門黨的領導，統一思想，統一步調，貫徹黨的文教政策。

七、加強對區委宣傳部思想上政治上的領導和幫助，每月召集他們開兩次宣傳會議，傳達、佈置、檢查、總結宣傳工作，培養其工作能力，更大的發揮其作用。

八、加強對部內幹部的培養教育，鞏固整風成果，健全各種制度，總結經驗，加強研究，提高其業務及政治思想水平。

九、嚴格執行請示報告制度。

中共天津市委宣傳部

一九五一年一月廿五日

1951 年 1 月 25 日中共天津市委宣传部拟定的1951 年工作计划要点（草案），第一条就是关于抗美援朝的宣传

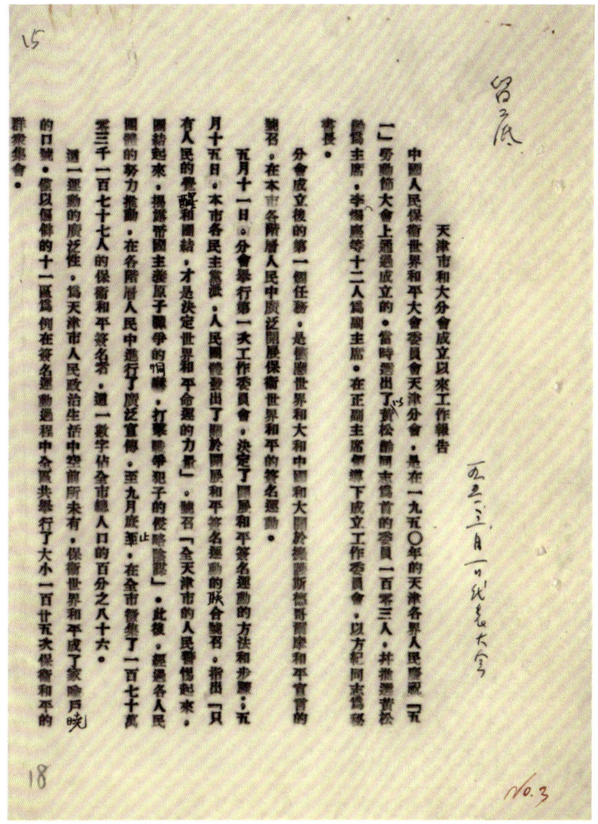

天津市和大分會成立以來工作報告

中國人民保衛世界和平大會委員會天津分會，是在一九五〇年的天津各界人民慶祝「五一」勞動節大會上通過成立的，當時選出了以黃松齡同志爲首的委員一百零三人，并推選黃松齡爲主席，李燭塵等十二人爲副主席，在正副主席領導下成立工作委員會，以方紀同志爲秘書長。

分會成立後的第一個任務，是響應世界和大和中國和大關於擁護斯德哥爾摩和平宣言的號召，在本市各階層人民中廣泛開展保衛世界和平的簽名運動。

五月十一日，分會舉行第一次工作委員會，決定了開展和平簽名運動的方法和步驟；五月十五日，本市各民主黨派、人民團體發出了關於開展和平簽名運動的聯合號召，指出「只有人民的覺醒和團結，才是決定世界和平命運的力量」，號召「全天津市的人民警惕起來，團結起來，揭穿帝國主義原子戰爭的恫嚇，打擊戰爭犯子的侵略陰謀」。此後，經過各人民團體的努力推動，在各階層人民中進行了廣泛宣傳，至九月底止，在全市徵集了一百七十萬零三千一百七十七人的保衛和平簽名者，這一數字佔全市總人口的百分之八十六。

這一運動的廣泛性，爲天津市人民政治生活中空前所未有，保衛世界和平成了家喻戶曉的口號，僅以個郤的十一區爲例在簽名運動過程中全區共舉行了大小一百廿五次保衛和平的群衆集會。

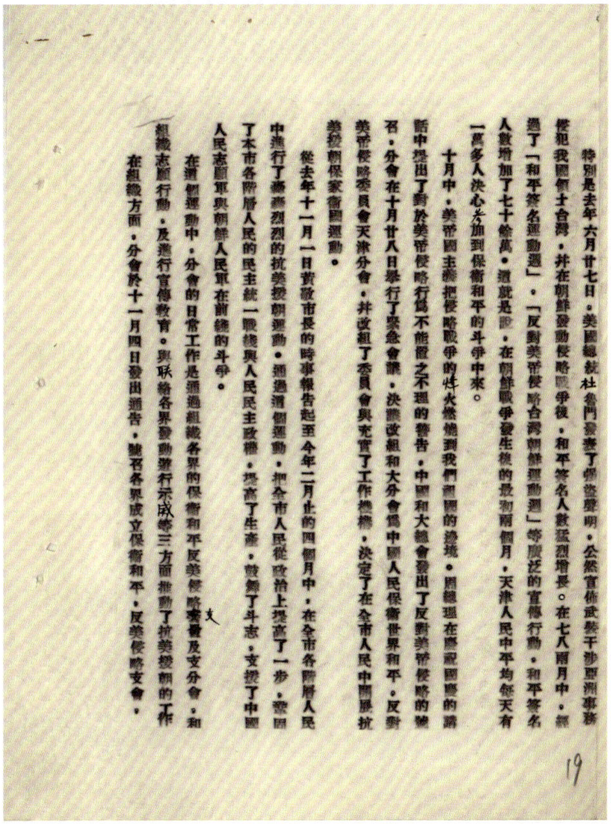

特別是去年六月廿七日，美國總統杜魯門發表了侵略聲明，公然宣佈武裝干涉亞洲事務，侵犯我國領土台灣，并在朝鮮發動侵略戰爭後，和平簽名人數猛烈增長。在七八兩月中，經過了「和平簽名運動週」、「反對美帝侵略台灣朝鮮運動週」等廣泛的宣傳行動，和平簽名人數增加了七十餘萬，這就是說，在朝鮮戰爭發生後的最初兩個月，天津人民中平均每天有一萬多人決心參加到保衛和平的斗爭中來。

十月中，美帝國主義把侵略戰爭的烽火燃燒到我們祖國的邊境，周總理在國慶節的講話中提出了對於美帝侵略行爲不能置之不理的警告，中國和大總會發出了反對美帝侵略的號召，分會在十月廿八日舉行了緊急會議，決議改組和大分會爲中國人民保衛世界和平反對美帝侵略委員會天津分會，并改組了委員會與充實了工作機構，決定了在全市人民中開展抗美援朝保家衛國運動。

從去年十一月一日黃敬市長的時事報告起至今年二月止的四個月中，在全市各階層人民中進行了轟轟烈烈的抗美援朝運動，通過這個運動，把全市人民從政治上提高了一步，鞏固了本市各階層人民的民主統一戰綫與人民民主政權，提高了生產，鼓舞了斗志，支援了中國人民志願軍與朝鮮人民軍在前綫的斗爭。

在這個運動中，分會的日常工作是通過組織各界的保衛和平反美侵略委員會及支分會，和組織志願行動，及進行宣傳教育，與聯絡各界發動遊行示威等三方面推動了抗美援朝的工作。

在組織方面，分會於十一月四日發出通告，號召各界成立保衛和平、反美侵略支會，

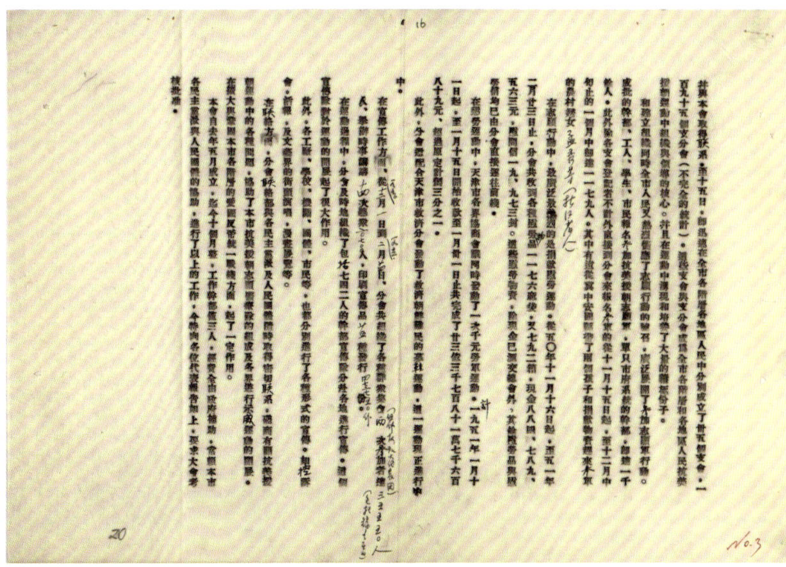

并與本會取得聯系，至十五日，即迅速在全市各階層各地區人民中分別成立了廿五個支會，一百九十五個支分會（不完全的統計），這些支會與支分會成爲全市各階層和各地區人民抗美援朝運動中組織與領導的核心。并且在運動中湧現和培養了大批的積極分子。

1951 年 3 月 1 日，中国人民保卫世界和平大会委员会天津分会成立以来工作报告

1951 年 3 月，中国人民保卫世界和平反对美国侵略委员会天津分会第一届代表大会代表证

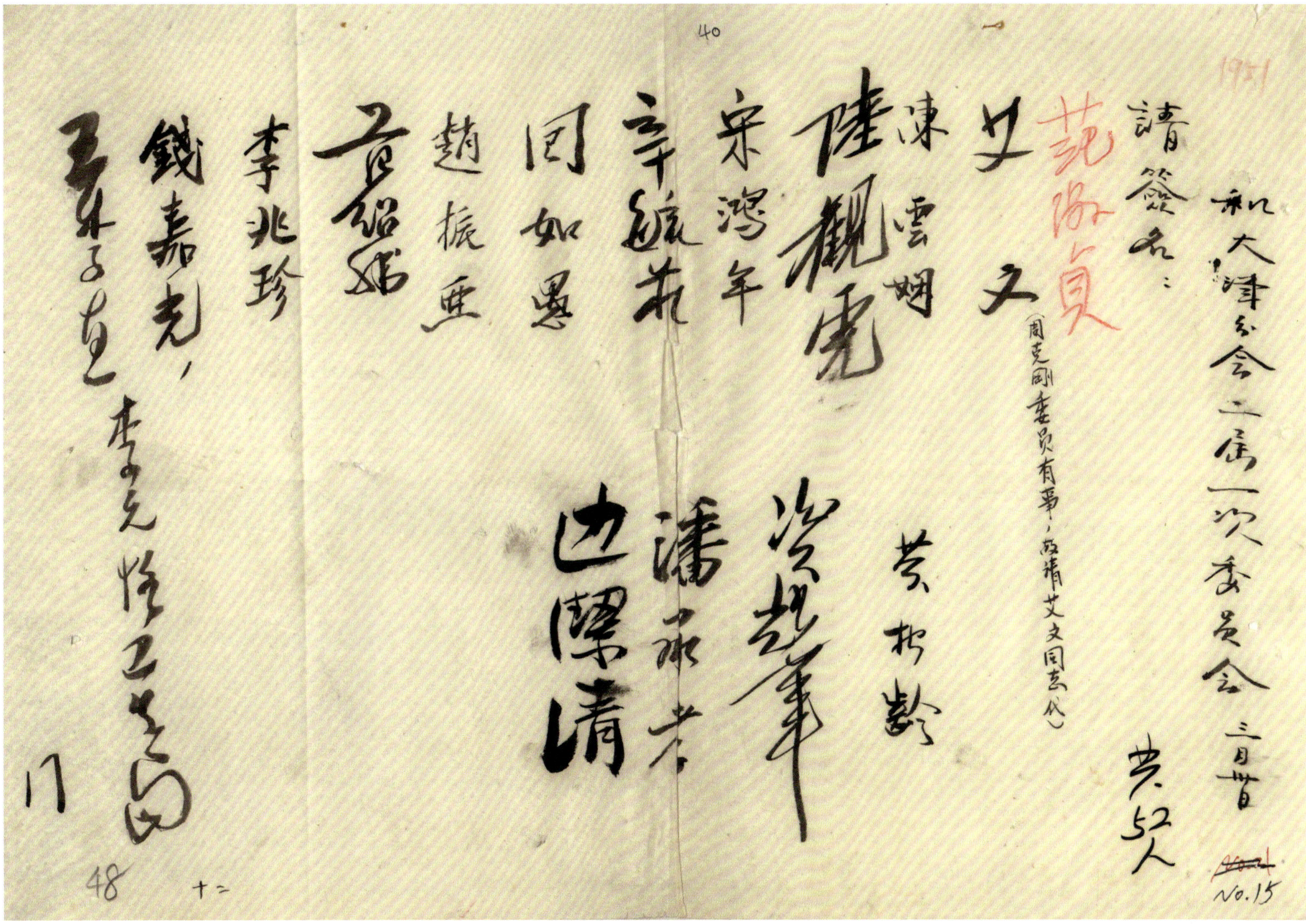

1951 年 3 月 30 日，中国人民保卫世界和平大会天津分会二届一次委员会签到本（第 1 页）

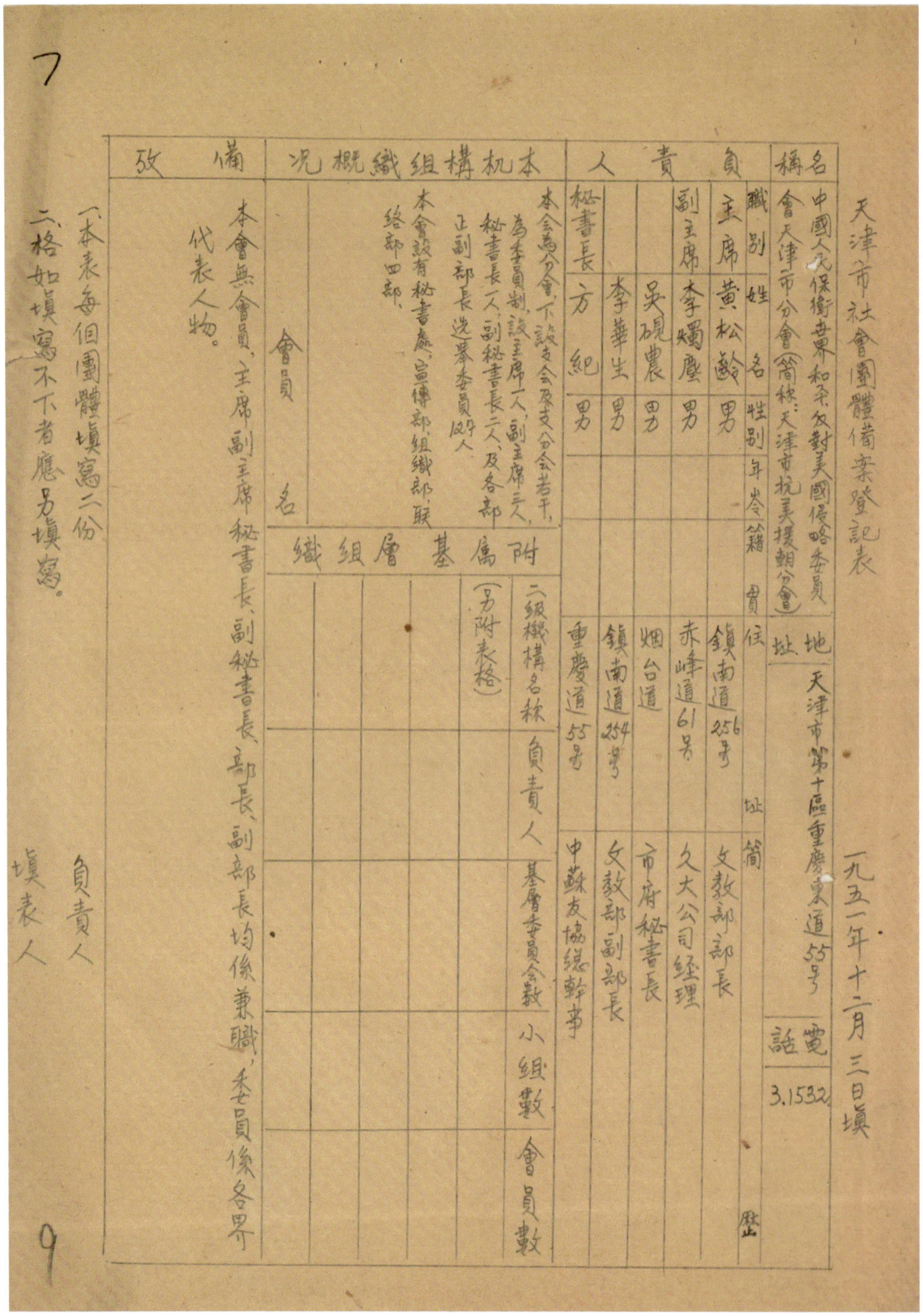

天津市社會團體備案登記表

一九五一年十二月三日填

名稱	中國人民保衛世界和平反對美國侵略委員會天津市分會（簡稱：天津市抗美援朝分會）
地址	天津市第十區重慶道55号
電話	3.1532

負責人

職別	姓名	性別	年齡	籍貫	住址	簡歷
主席	黃松齡	男			鎮南道256号	文教部部長
副主席	李燭塵	男			赤峰道61号	久大公司經理
	吳硯農	男			烟台道	市府秘書長
	李華生	男			鎮南道254号	文教部副部長
秘書長	方紀	男			重慶道55号	中蘇友協總幹事

本机構組織概况：本会為分會，不設支会及支分会若干，為委員制，設主席一人，副主席二人，秘書長一人，副秘書長二人，及各部正副部長，選舉委員169人。本會設有秘書處、宣傳部、組織部、联络部四部。

會員名：

附屬基層組織（另附表格）

二級機構名稱	負責人	基層委員會數	小組數	會員數

備攷：本會無會員，主席、副主席、秘書長、副秘書長、部長、副部長均係兼職，委員係各界代表人物。

一、本表每個團體填寫二份
二、格如填寫不下者應另填寫。

負責人
填表人

1951 年 12 月 3 日，天津市抗美援朝分会社会团体备案登记表

天津市民在树下组织读报活动

天津市第八区朱家花园群众文工团排演快板宣传抗美援朝

青年们正在绘制抗美援朝宣传漫画

抗美援朝运动宣传教育工作深入人心，大爷、大妈们围坐在一起，讨论如何为抗美援朝做贡献

老人、儿童们坐在街头聆听抗美援朝演讲

天津市各界青年纪念“世界青年日”“国际学生周” 抗美援朝、保家卫国大会

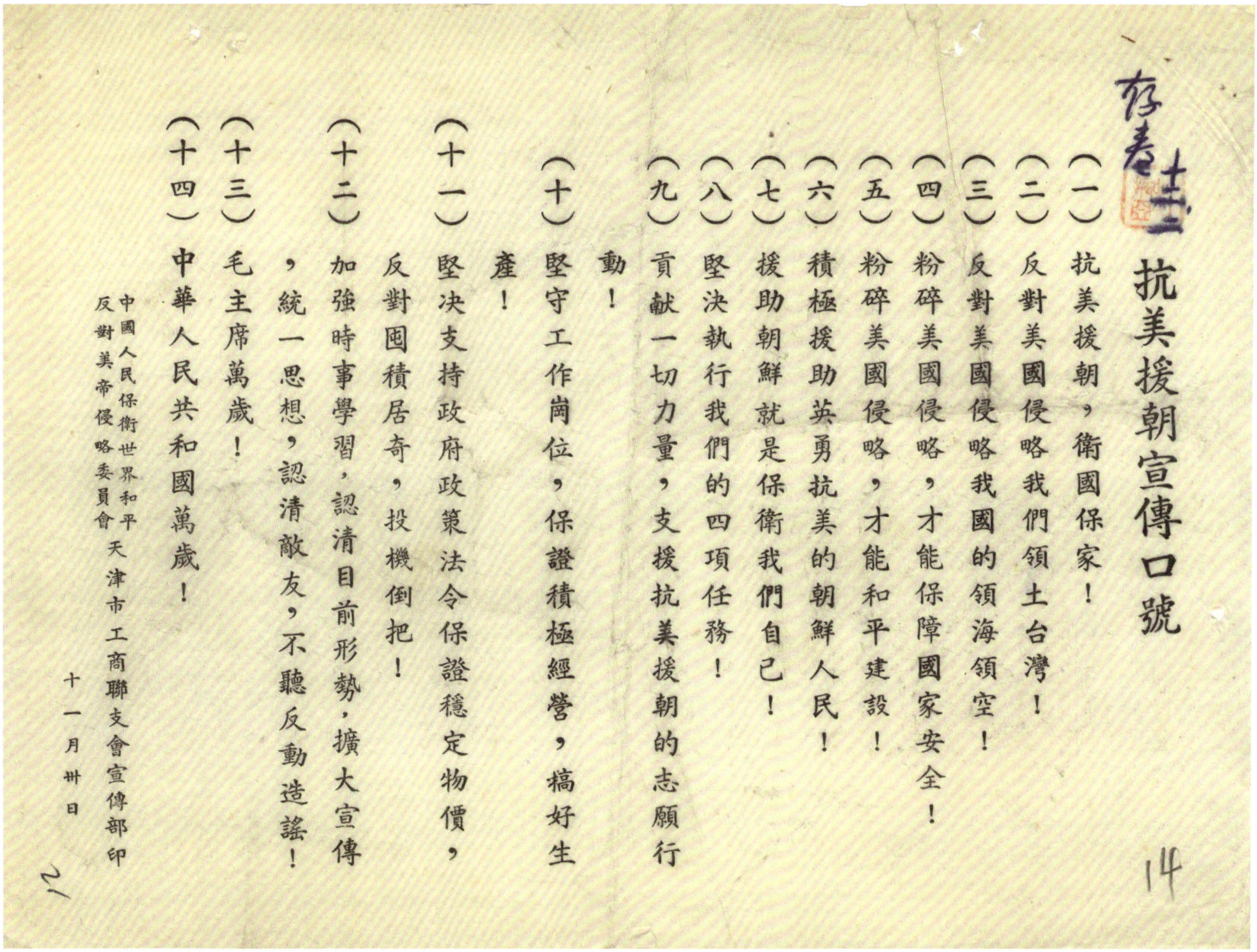

抗美援朝宣傳口號

(一)抗美援朝，衛國保家！

(二)反對美國侵略我們領土台灣！

(三)反對美國侵略我國的領海領空！

(四)粉碎美國侵略，才能保障國家安全！

(五)粉碎美國侵略，才能和平建設！

(六)積極援助英勇抗美的朝鮮人民！

(七)援助朝鮮就是保衛我們自己！

(八)堅決執行我們的四項任務！

(九)貢獻一切力量，支援抗美援朝的志願行動！

(十)堅守工作崗位，保證積極經營，搞好生產！

(十一)堅決支持政府政策法令保證穩定物價，反對囤積居奇，投機倒把！

(十二)加強時事學習，認清目前形勢，擴大宣傳，統一思想，認清敵友，不聽反動造謠！

(十三)毛主席萬歲！

(十四)中華人民共和國萬歲！

中國人民保衛世界和平反對美帝侵略委員會天津市工商聯支會宣傳部印

十一月卅日

抗美援朝宣传口号（1951 年 11 月 30 日）

1951 年 8 月 4 日，天津市广告商业同业公会抗美援朝保家卫国工业产品巡回宣传展览会在张家口市开幕。图为开幕纪念合影

天津市广告商业同业公会抗美援朝工业产品巡回展览会会场大门

群众在第一工人文化宫观看抗美援朝图片展

二、报名参军

朝鲜战争爆发时，中国西南部一些地区尚未解放，美国又企图侵占台湾。为加强国防建设，加快培养专业技术人才，确保海军、空军等技术兵种快速组建，1950年12月1日，中央军委与政务院两次发出《关于招收青年学生工人参加各种军事干部学校的联合决定》，在全国组织各种军事干部学校统一招生，招生对象为大学一、二年级学生，年满17岁的高、初中毕业生和高小毕业生，以及部分具有相当文化程度的青年工人与政治上纯洁可靠的社会青年。

1950年12月13日，天津市总工会坚决执行中央的决定，发出《告天津市青年工人书》，号召全市青年工人、学生踊跃报名。美帝国主义在朝鲜的暴行和志愿军的英雄事迹，深深地触动着青年人的心，面对祖国的召唤，天津各界青年踊跃报名。少先队员王颖华等3人，因年龄不足，曾经20余次跑到天津市工作委员会请求破格批准，他们说："红领巾是五星红旗的一角，保卫祖国也有少年儿童的责任。"他们坚定的决心和报效祖国的热情，深深地打动了招兵部门领导，使他们最终实现了愿望。

至1950年底，全市报名青年达10，275人，其中青工3148人（女工占22%）、大学生1819人、中学生4925人、失学青年311人、机关青年72人，政府最终批准2396人。1951年1月15日，市政府举行了欢送大会，送走了第一批光荣参加军事干校的卫国战士。

随着抗美援朝宣传教育运动的不断深入，1951年6月，天津青年再次掀起了一个报名参军的热潮。全市各校纷纷成立保送委员会，报名学生达6388人，政府批准1403人。与此同时，大批青年工人、学生应征入伍，奔赴朝鲜前线。同年下半年，仅天津铁路局就有3000余人分14批先后志愿赴朝鲜参战，其中百余人在前线建立功勋。同年9月3日，天津志愿运输队起程奔赴朝鲜战场。他们英勇顽强，不畏牺牲，为志愿军和朝鲜人民军的后勤保障做出了突出贡献。

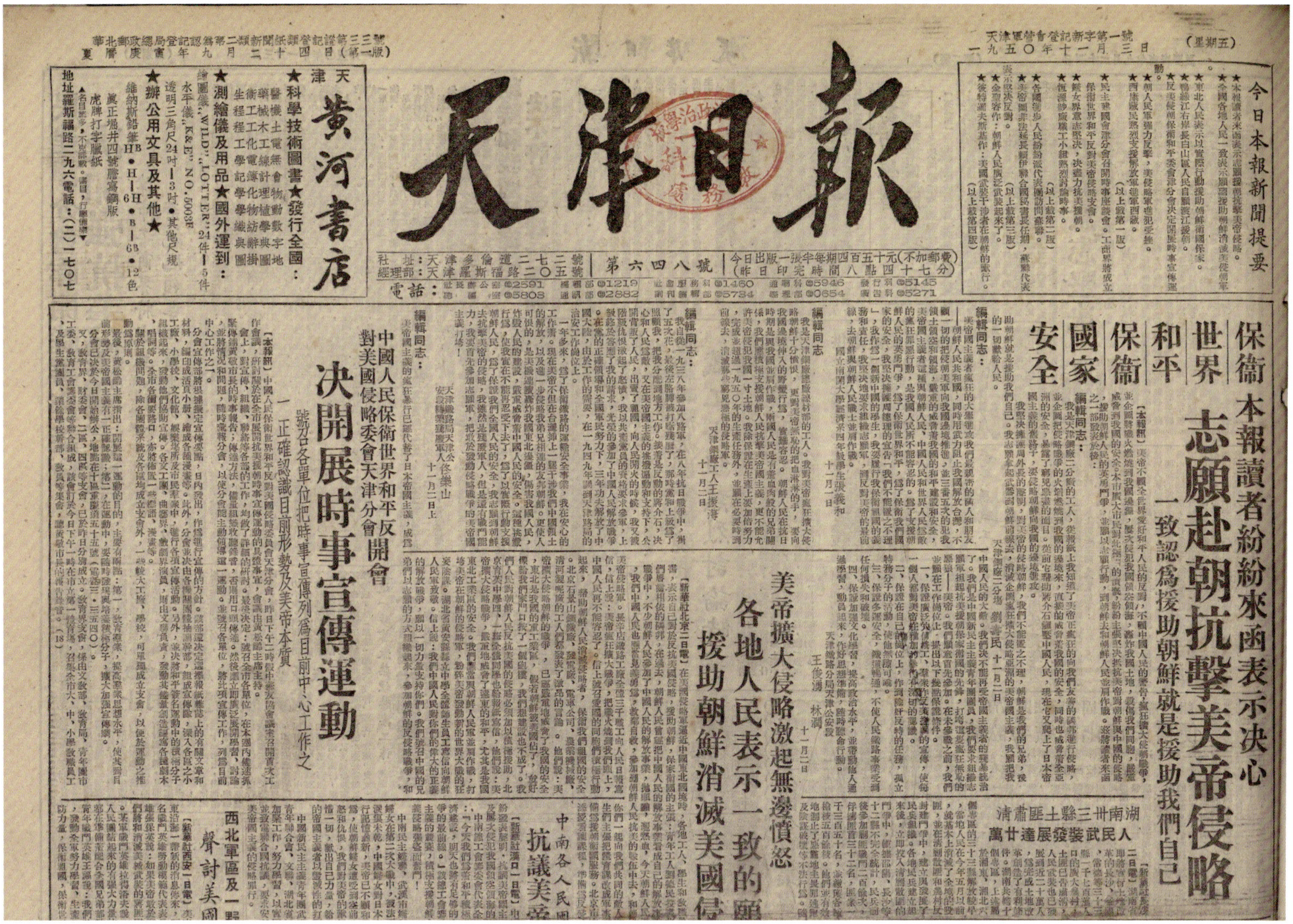
天津日報

今日本報新聞提要

保衛世界和平 保衛國家安全

本報讀者紛紛來函表示決心

志願赴朝抗擊美帝侵略

一致認爲援助朝鮮就是援助我們自己

美帝擴大侵略激起無邊憤怒

各地人民表示一致的願

援助朝鮮消滅美國侵

中國人民保衛世界和平反對美國侵略委會天津分會開會

號召各單位把時事宣傳列爲目前中心工作之一

正確認識目前形勢及美帝本質

決開展時事宣傳運動

天津 黄河書店

《天津日报》读者来函，决心志愿赴朝抗击美帝侵略（1950 年 11 月 3 日《天津日报》）

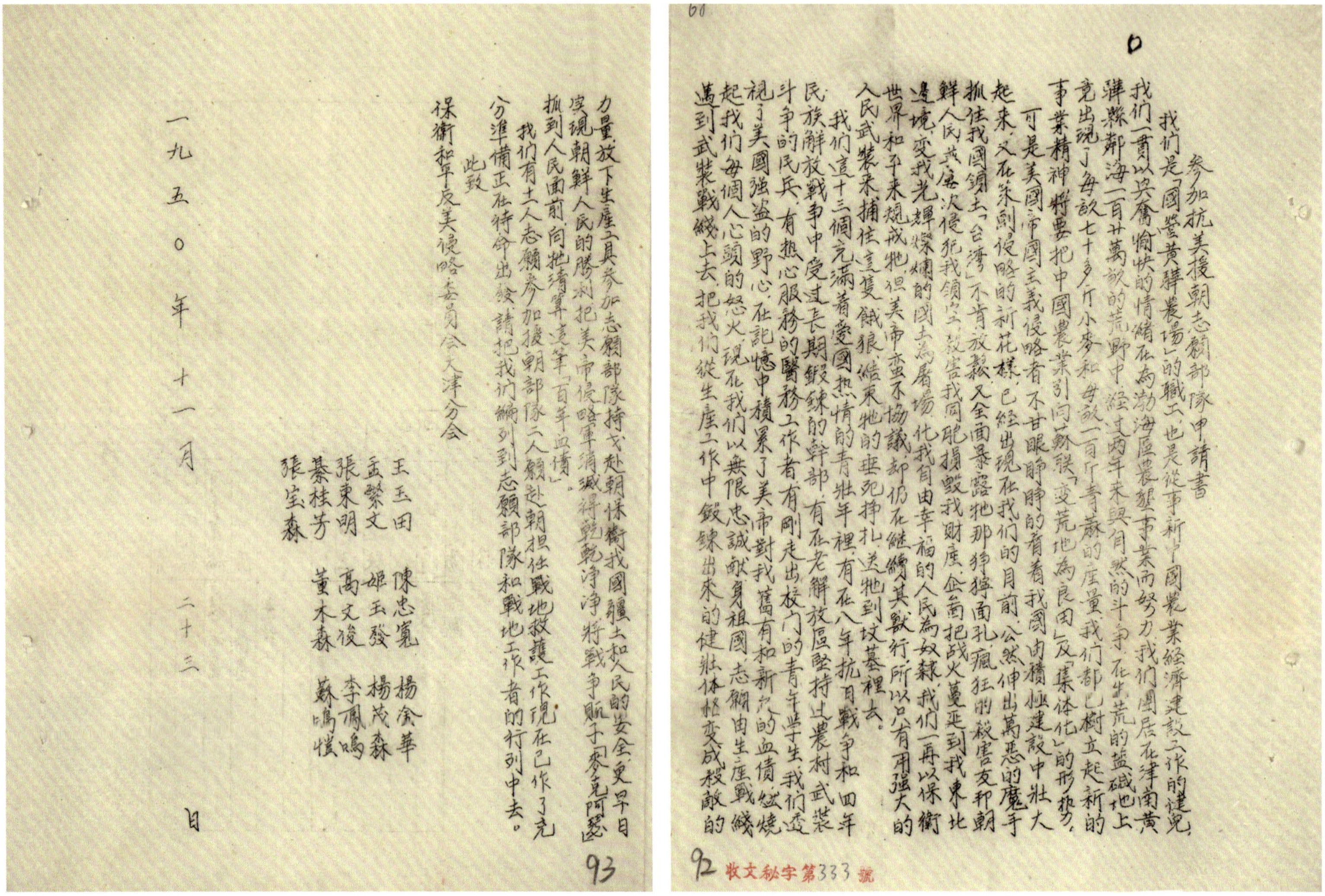

参加抗美援朝志願部隊申請書

我们是「國營黃驊農場」的職工，也是從事新中國農業經濟建設工作的健兒，我们一貫以興奮愉快的情緒在為渤海區農墾事業而努力。我们團居在津南黃驊縣鄰海一百廿萬畝的荒野中，經过兩年来與自然的斗爭，在生荒的鹽碱地上竟出現了每畝七十多斤小麥和每畝一百斤青蔴的産量。我们都已樹立起新的事業精神，將要把中國農業引向蘇联「变荒地為良田」及「集体化」的形势。

可是美國帝國主義侵略者不甘眼睁睁的看着我國内積極建設中壯大起来，又在策劃侵略的新花樣，已經出現在我们的目前，公然伸出萬惡的魔手抓住我國領土「台灣」不肯放鬆，又全面暴露牠那猙獰面孔，瘋狂的殺害友邦朝鮮人民，並屡次侵犯我領空，殺害我同胞，損毁我財産，企圖把战火蔓延到我東北邊境，变我光輝燦爛的國土為屠場，化我自由幸福的人民為奴隸。我们一再以保衛世界和平来規戒牠，但美帝蛮不協議，却仍在繼續其獸行，所以只有用強大的人民武裝来捕住這隻餓狼，結束牠的垂死挣扎，送牠到坟墓裡去。

我们這十三個充滿着愛國熱情的青壯年裡，有在八年抗日戰爭和四年民族解放戰爭中受过長期鍛鍊的幹部，有在老解放區堅持过農村武裝斗爭的民兵，有熱心服務的醫務工作者，有剛走出校门的青年學生。我们透視了美國強盜的野心，在記憶中積累了美帝對我舊有和新欠的血債，燃燒起我们每個人心頭的怒火，現在我们以無限忠誠獻身祖國，志願由生産戰綫邁到武裝戰綫上去，把我们從生産工作中鍛鍊出来的健壯体格变成殺敵的

92 收文秘字第333號

力量，放下生産工具参加志願部隊，持戈赴朝，保衛我國疆土和人民的安全，更早日實現朝鮮人民的勝利，把美帝侵略軍清滅得乾乾淨淨，將戰爭販子「麥克阿瑟」抓到人民面前，向牠清算這筆「百年血債」。

我们有十三人志願参加援朝部隊，二人願赴朝担任戰地救護工作，現在已作了充分準備，正在待命出發，請把我们編列到志願部隊和戰地工作者的行列中去。

此致

保衛和平反美侵略委員会天津分会

王玉田　陳忠寬　楊金華

孟繁文　姬玉發　楊茂森

張東明　高文俊　李鳳鳴

綦桂芳　董木森　蘇鳴愷

張宝森

一九五〇年十一月二十三日

93

1950 年 11 月 23 日，国营黄骅农场职工参加抗美援朝志愿部队申请书

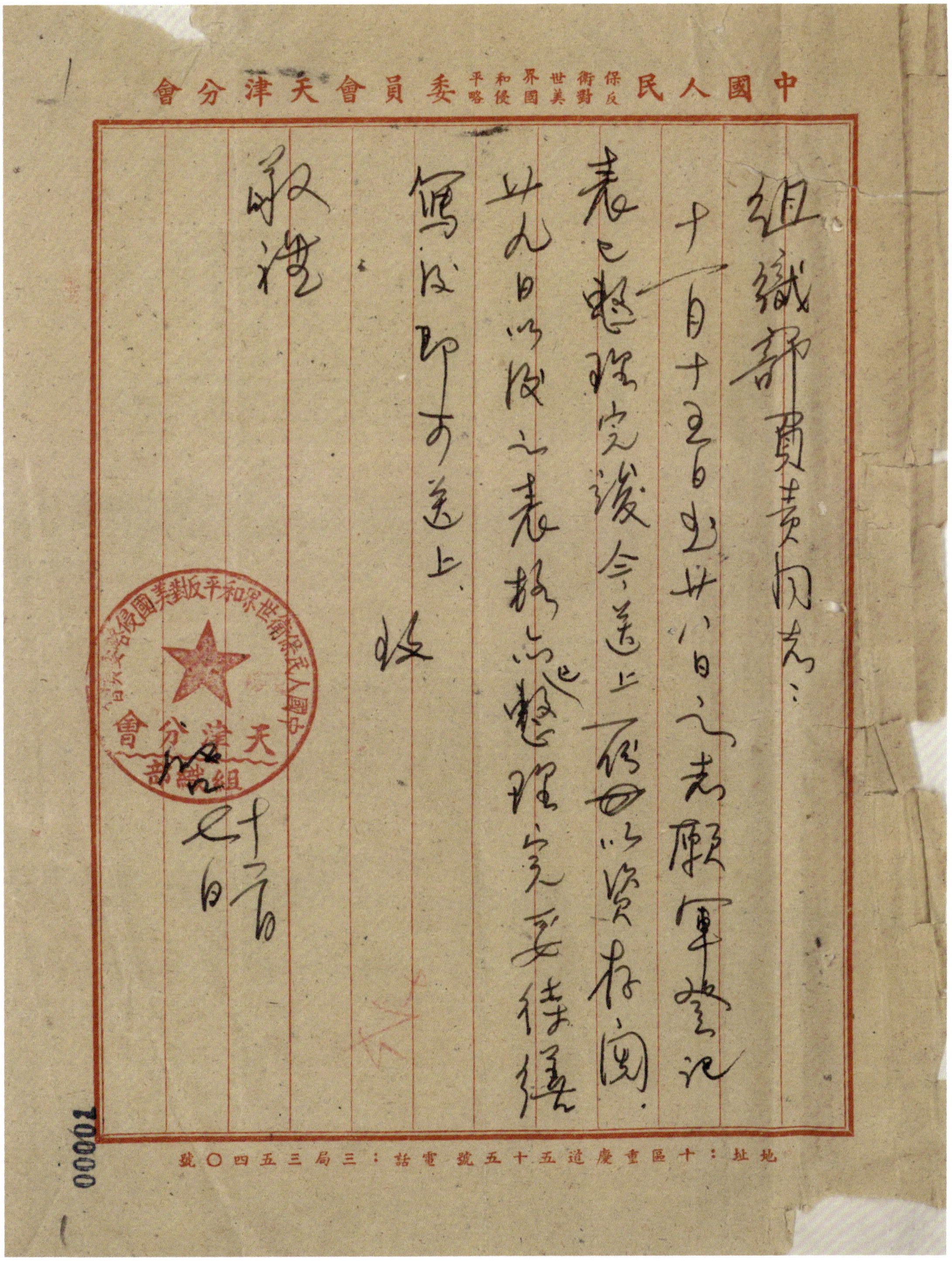
中國人民保衛世界和平反對美國侵略委員會天津分會

組織部負責同志：

十一月十日至廿八日之志願軍登記表已整理完竣，今送上，你處以資存閱。廿九日以後之表格亦整理完妥繼續寫成即可送上。

此致

敬禮

十二月七日

地址：十區重慶道五十五號 電話：三局三五四〇號

1950年12月7日，抗美援朝天津分会组织部为函送志愿军登记表事致组织部负责同志函

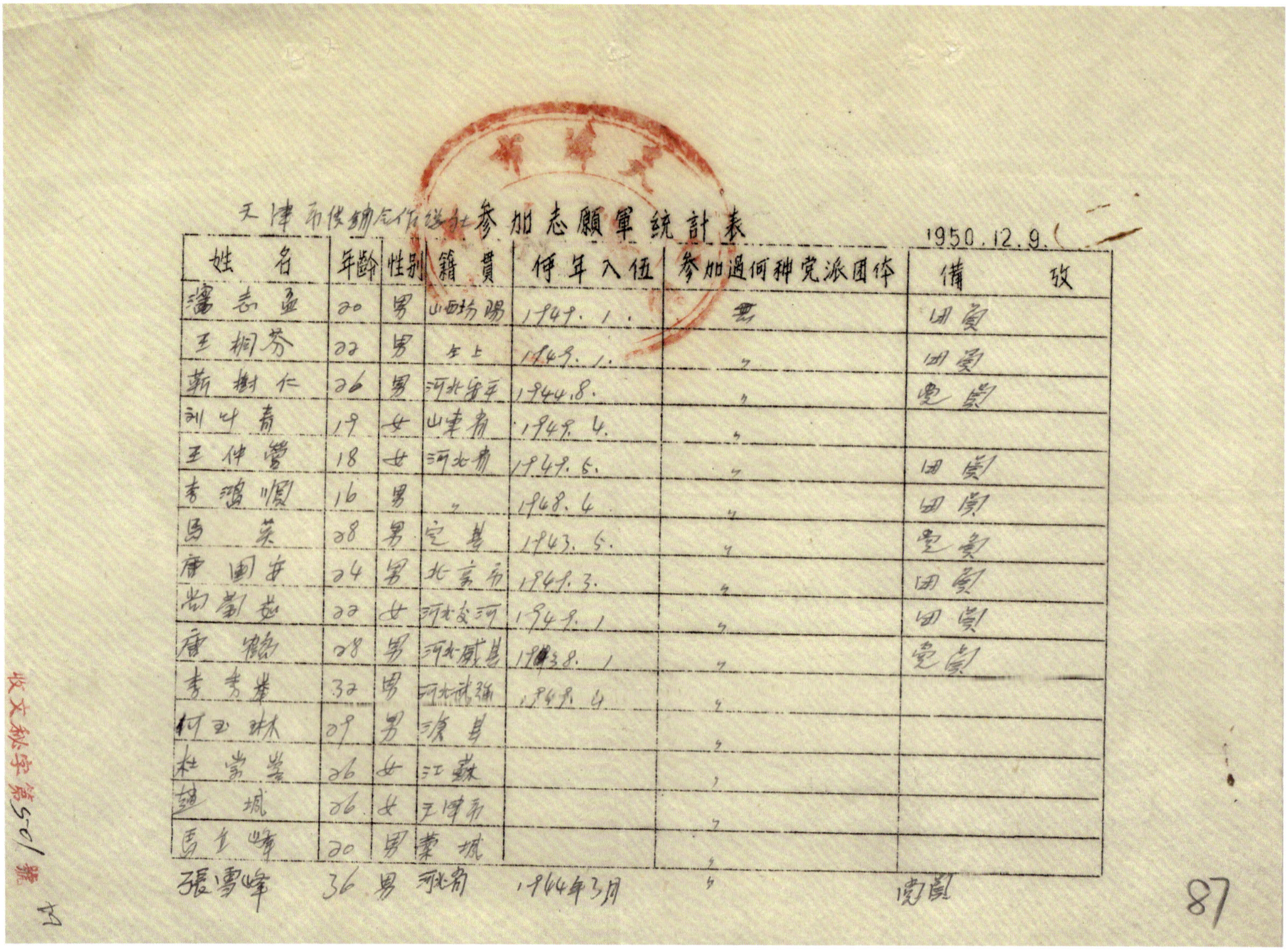

天津市供銷合作總社參加志願軍統計表　1950.12.9.

姓名	年齡	性別	籍貫	何年入伍	參加過何种党派团体	備考
潘志孟	20	男	山西汾陽	1949.1.	無	团員
王桐芬	22	男	仝上	1949.1.	〃	团員
靳樹仁	26	男	河北安平	1944.8.	〃	党員
刘少青	19	女	山東省	1949.4.	〃	
王仲萱	18	女	河北省	1949.5.	〃	团員
李鸿恩	16	男	〃	1948.4	〃	团員
馬英	28	男	定县	1943.5.	〃	党員
唐國安	24	男	北京市	1948.3.	〃	团員
尚劍燕	22	女	河北交河	1949.1	〃	团員
唐鶴	28	男	河北威县	1938.1	〃	党員
李秀峰	32	男	河北武强	1949.4	〃	
柯玉林	29	男	滦县		〃	
杜崇棠	26	女	江蘇		〃	
趙城	26	女	天津市		〃	
賈玉峰	20	男	藁城		〃	
張雪峰	36	男	河北省	1944年3月	〃	党員

收文秘字第5501號

87

1950 年 12 月 9 日，天津市供销合作总社参加志愿军统计表

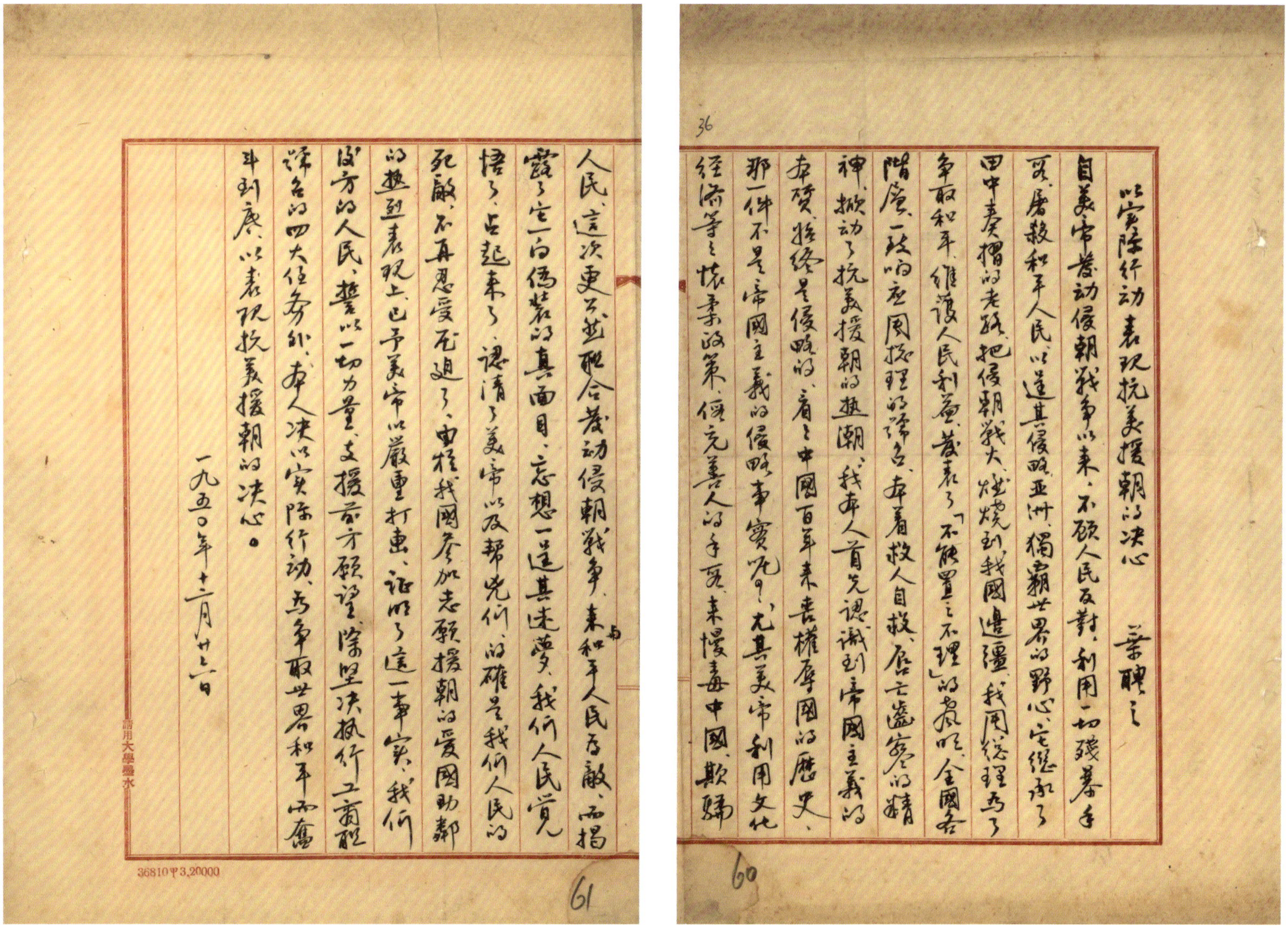

以實際行動表現抗美援朝的決心

葉聘之

自美帝發動侵朝戰爭以來，不顧人民反對，利用一切殘暴手段，屠殺和平人民，以遂其侵略亞洲，獨霸世界的野心，它繼承了田中奏摺的老路，把侵朝戰火燃燒到我國邊疆，我國總理為了爭取和平，維護人民利益，發表了「不能置之不理」的聲明，全國各階層一致响应周總理的號召，本着救人自救，唇亡齒寒的精神，掀動了抗美援朝的熱潮，我本人首先認識到帝國主義的本質，始終是侵略的，看之中國百年來喪權辱國的歷史，那一件不是帝國主義的侵略事實呢？尤其美帝利用文化經濟等之懷柔政策，偽充善人的手段，來慢毒中國，欺騙人民，這次更公然配合發動侵朝戰爭，來與和平人民為敵，而揭露了它一向偽裝的真面目，忘想一逞其迷夢，我們人民覺悟了，站起來了，認清了美帝以及幫兇們的確是我們人民的死敵，不再忍受壓迫了，由於我國參加志願援朝的愛國助鄰的熱烈表現上已予美帝以嚴重打擊，証明了這一事實，我們後方的人民，盡以一切力量，支援前方願望，堅決執行工商聯號召的四大任務外，本人決以實際行動，為爭取世界和平而奮鬥到底，以表現抗美援朝的決心。

一九五〇年十二月廿六日

1950 年 12 月 26 日，天津市工商联代表叶聘之的抗美援朝决心书

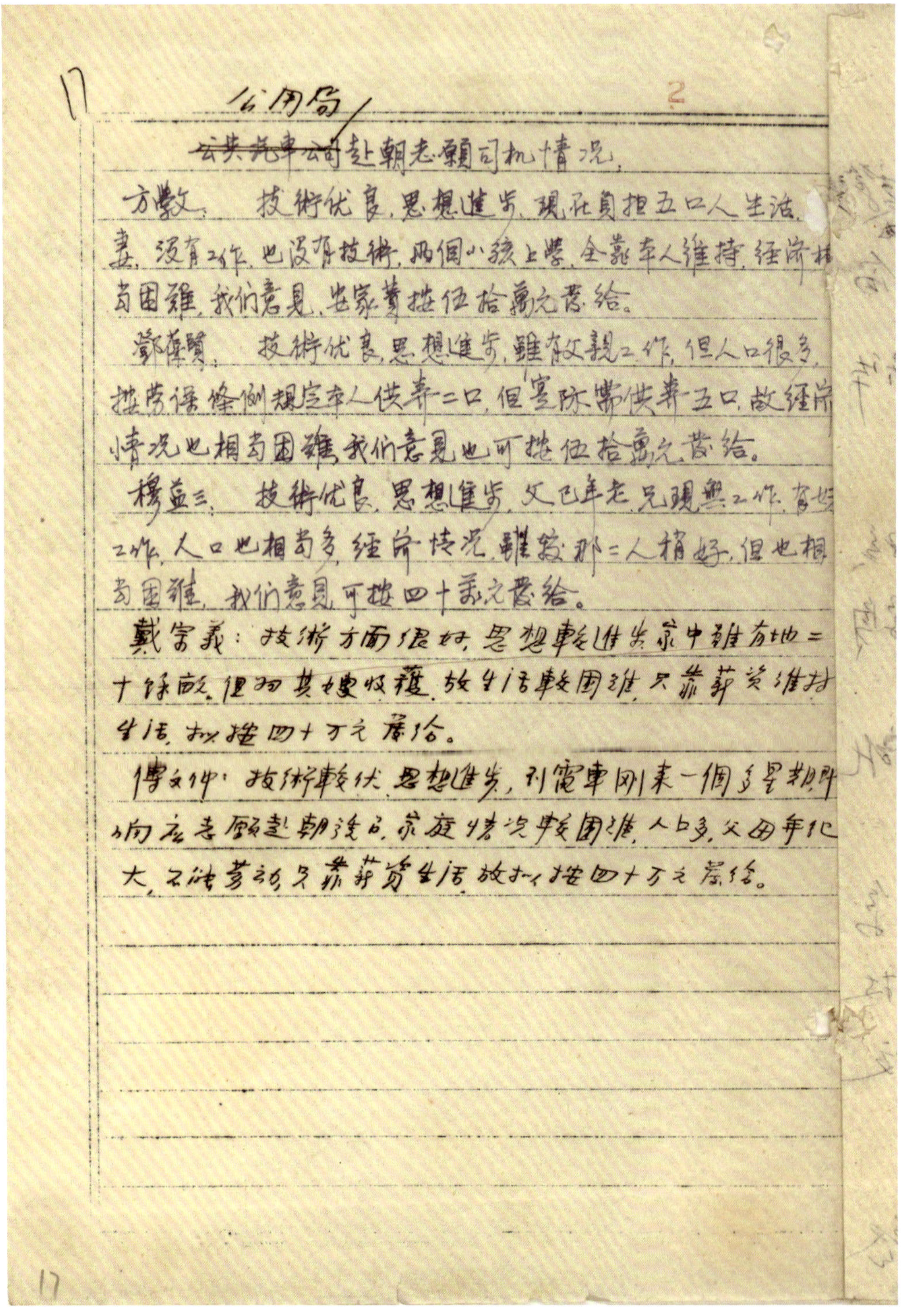

公用局

~~公共汽车公司~~赴朝志愿司机情况

方敩：技術优良，思想進步，現在負担五口人生活，妻没有工作，也没有技術，兩個小孩上學，全靠本人維持，经济相當困難，我们意見，安家費按伍拾萬元發給。

鄧葆賢：技術优良，思想進步，雖有父親工作，但人口很多，按劳保條例規定本人供养二口，但實际常供养五口，故经济情况也相當困難，我们意見也可按伍拾萬元發給。

穆益三：技術优良，思想進步，父已年老，兄現無工作，嫂好工作，人口也相當多，经济情况雖較那二人稍好，但也相當困難，我们意見可按四十萬元發給。

戴宗義：技術方面很好，思想較進步，家中雖有地二十餘畝，但因其嫂收穫，故生活較困難，只靠薪资維持生活，拟按四十万元發給。

傅文仲：技術較优，思想進步，到電車刚来一個多星期即响应志愿赴朝後，家庭情况較困難，人口多，父母年紀大，不能劳动，只靠薪资生活，故拟按四十万元發給。

1951年8月，天津市公用局赴朝志愿司机情况

1951 年 9 月 3 日，天津市人民政府热烈欢送抗美援朝运输队离津赴朝

抗美援朝运输队的英雄行进在和平路上

欢送志愿抗美援朝运输队的游行队伍

天津市各界代表欢送志愿抗美援朝运输队，并向赴朝的英雄们献花

天津市总工会在天津火车站欢送抗美援朝人员

1951 年，耀华中学的同学们踊跃参加军事干部学校。图为同学们把参干同学高高举起

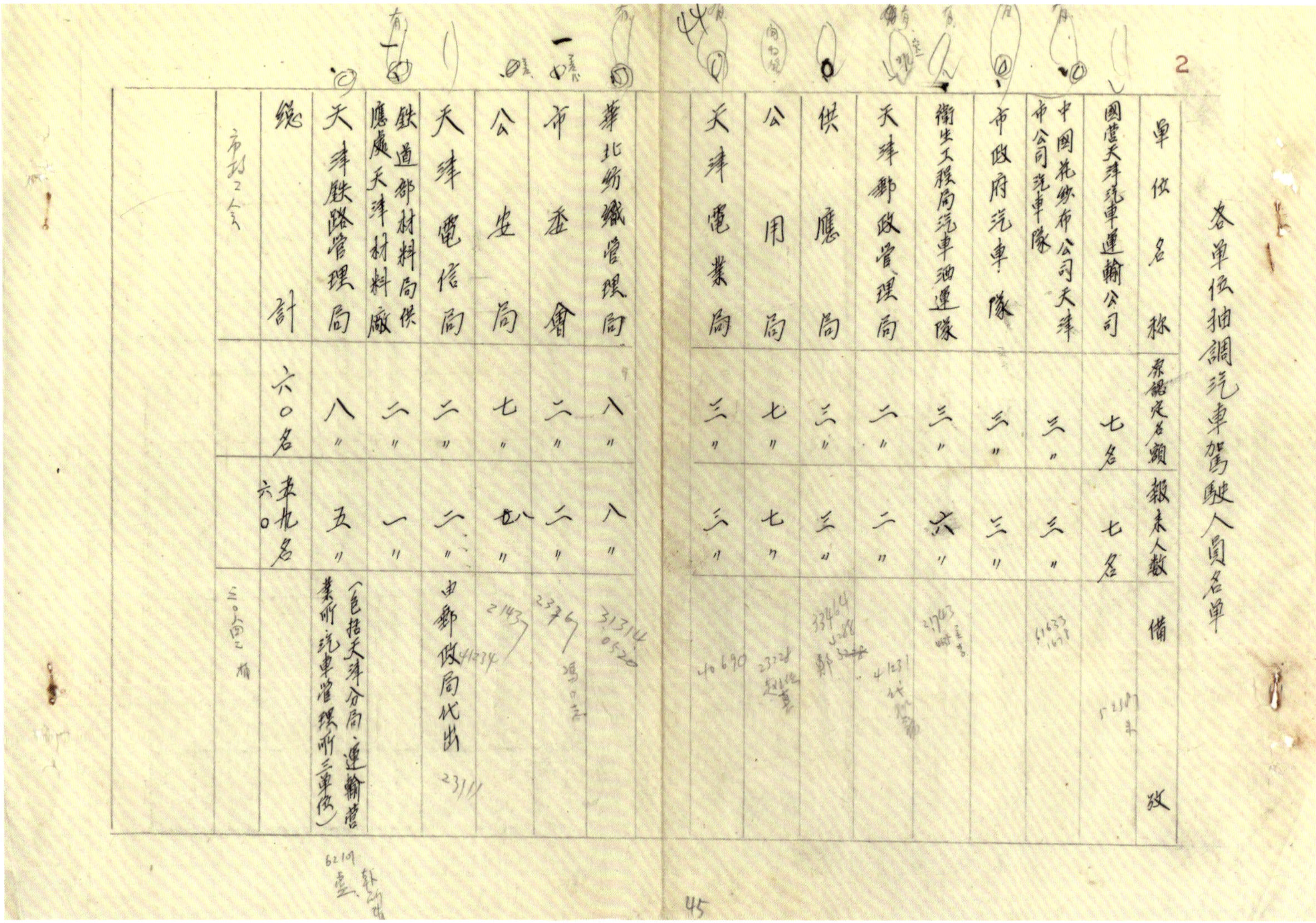

各单位抽調汽車駕駛人員名单

單位名称	原確定名額	報來人數	備攷
國营天津汽車運輸公司	七名	七名	
中国花紗布公司天津市公司汽車隊	三〃	三〃	
市政府汽車隊	三〃	三〃	
衛生工程局汽車短運隊	三〃	六〃	
天津郵政管理局	二〃	二〃	
供應局	三〃	三〃	
公用局	七〃	七〃	
天津電業局	三〃	三〃	
華北紡織管理局	八〃	八〃	
市委會	二〃	二〃	
公安局	七〃	七八〃	
天津電信局	二〃	二〃	由郵政局代出
鐵道部材料局供應處天津材料廠	二〃	一〃	
天津鐵路管理局	八〃	五〃	（包括天津分局、運輸營業所、汽車管理所三單位）
總計	六〇名	共九名 六〇	

1951 年 8 月 24 日，天津市各单位抽调汽车驾驶人员赴朝名单

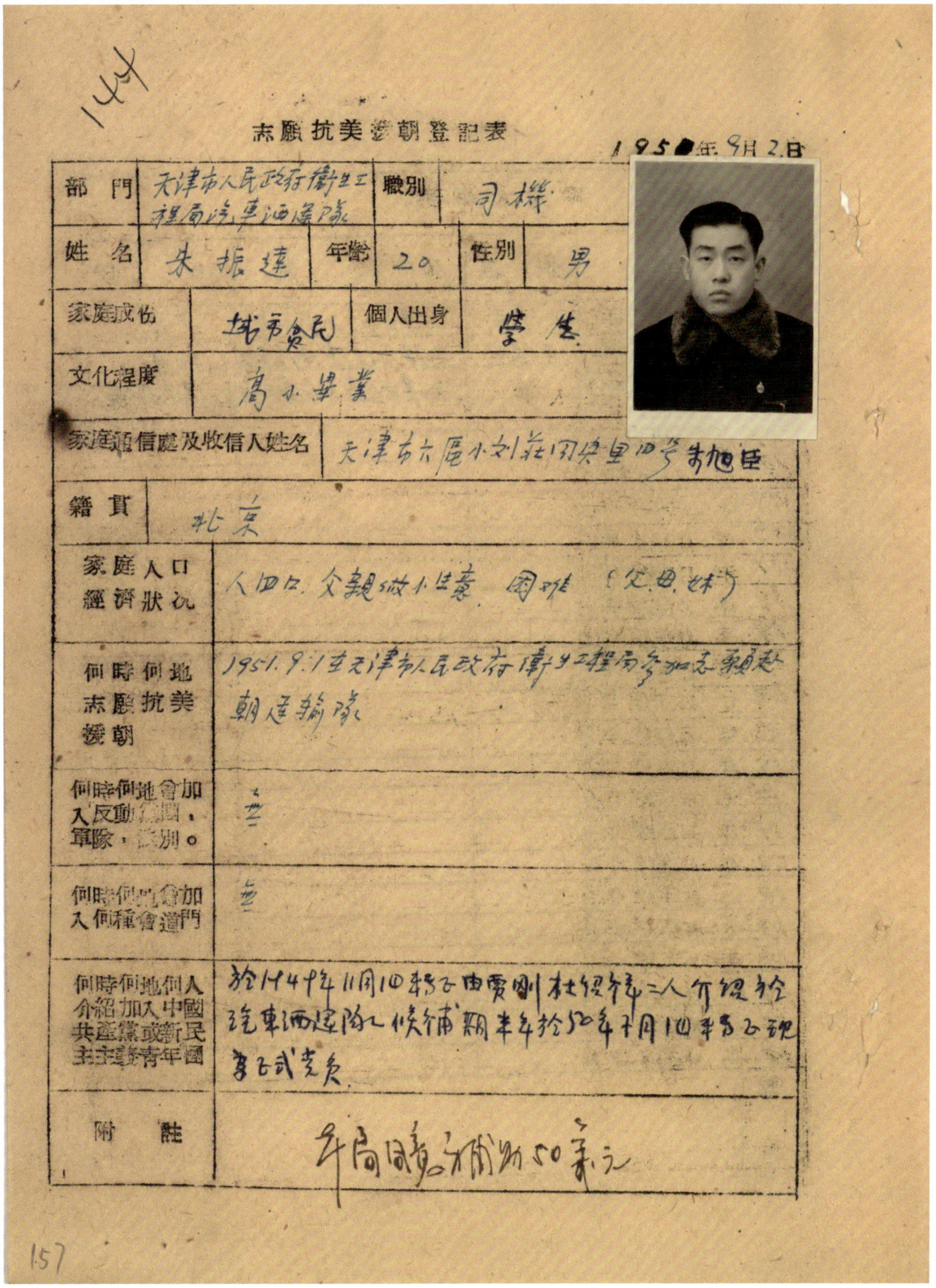

志願抗美援朝登記表　1951年9月2日

部門	天津市人民政府衛生工程局汽車洒運隊	職別	司機		
姓名	朱振達	年齡	20	性別	男
家庭成份	城市貧民	個人出身	學生		
文化程度	高小畢業				
家庭通信處及收信人姓名	天津市六區小劉莊同興里四号朱旭臣				
籍貫	北京				
家庭人口經濟狀況	人四口，父親做小生意，困难（父母妹）				
何時何地志願抗美援朝	1951.9.1在天津市人民政府衛生工程局參加志願赴朝運輸隊				
何時何地曾加入反動組織，軍隊，派別。	無				
何時何地曾加入何種會道門	無				
何時何地何人介紹加入中國共產黨或新民主主義青年團	於1949年11月4日[illegible]由[illegible]二人介紹於汽車洒運隊入候補期，本年於50年[illegible]月4日[illegible]正式党员				
附註	[illegible]50萬元				

1951年9月2日，天津市人民政府卫生工程局汽车洒运队司机朱振达同志志愿抗美援朝登记表

1953 年 1 月 5 日，中国人民志愿军政治部给志愿军战士秦佩琳颁发的革命军人证明书

三、社会捐献

入朝之初，中国人民志愿军装备落后、给养不足，在“一口炒面一口雪”的艰苦条件下，以伟大的国际主义和爱国主义精神，与穷凶极恶的美帝国主义浴血奋战，保卫了朝鲜人民和祖国人民的生命安全与经济建设。为了表达对志愿军的热爱和支持，1951年1月6日，天津市总工会、团市委、妇联、工商联等十余个单位发起了“千元劳军运动”，劳军热潮迅速遍及全市。1月7日《天津日报》刊发消息后，天津铁路机务段职工当天就募捐985万元。3周的“千元劳军运动”胜利结束时，社会各界捐款达23亿余元，超过计划捐资5亿余元。

1951年3月，中国人民志愿军归国代表团抵津，天津各界人士1万余人在民园体育场集会，聆听志愿军代表作报告。他们高度颂扬了志愿军在朝鲜战场上不畏牺牲、英勇作战的精神，同时也讲述了志愿军战士们艰苦的作战、生活条件和朝鲜人民缺衣少食的情况。为此，保卫世界和平委员会天津分会发出募集救济物品的号召。在天津救济分会的配合下，天津人民迅速募集到6.9亿余元捐款，133,827双鞋，6976件衣服，10,084件帽子、被子和70多件首饰。工商界的各个同业公会加班加点，提前、超额完成军工产品的生产任务，依据行业特点捐献各种慰问品。天津妇女举行了抗美援朝反对美国武装日本的5万余人大游行，这是天津历史上前所未有的一次妇女活动，就连从未出门的老太太也兴奋地加入了游行队伍。游行结束后，她们夜以继日地为志愿军缝制慰问袋，不到一个月的时间就做成了5万余个，上面绣着“抗美援朝”“勇敢杀敌”字样。

6月1日，中国抗美援朝总会发出了关于推行爱国公约、捐献飞机大炮和优待烈军属的号召后，天津又掀起了增加生产、增加收入、捐献武器的热潮。恒大烟草厂职工在一天之内就捐款6000余万元，仁立实业股份有限公司最先认捐了一架“仁立”号喷气式战斗机，成为全国第一家捐献战斗机的企业，推动了全市的捐献活动，“天津纺织工人号”“天津店员号”等飞机大炮紧随其后。职工们争先恐后地捐出自己的工资、奖金，十区妇女刘凤英将给女儿作陪嫁的120两银子也拿了出来，十一区陈老太太捐出自己准备百年后购买寿衣的15块银元。至武器捐献活动结束时，除实物之外，天津人民共捐献3亿余元，可购买战斗机137架，极大地改善了前线志愿军的作战条件。这是天津人民又一次以实际行动支援抗美援朝的具体表现，充分显示了天津人民的爱国主义与国际主义精神。

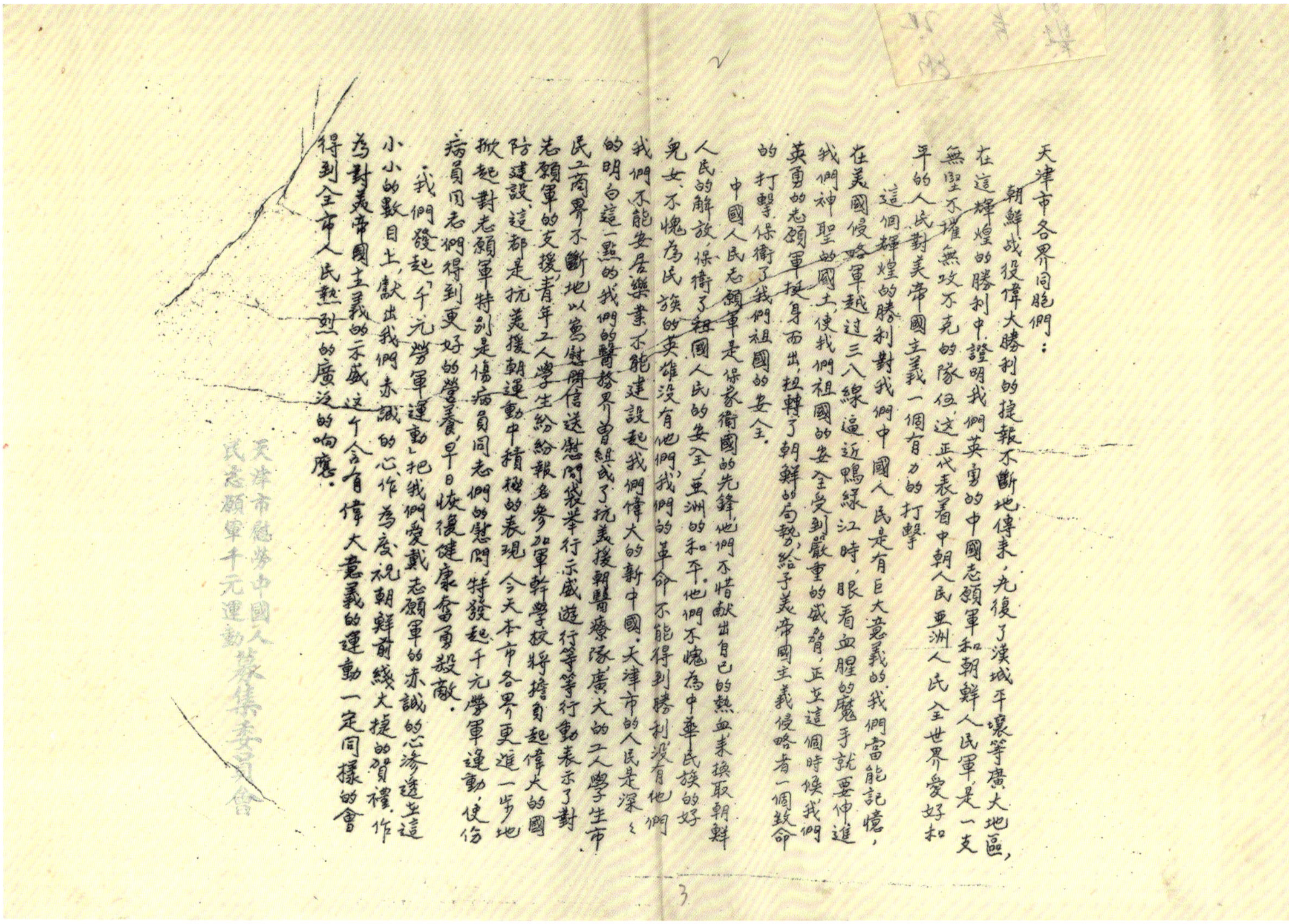

天津市各界同胞們：

朝鮮戰役偉大勝利的捷報不斷地傳來，光復了漢城平壤等廣大地區，在這輝煌的勝利中證明我們英勇的中國志願軍和朝鮮人民軍，是一支無堅不摧無攻不克的隊伍，這正代表着中朝人民亞洲人民全世界愛好和平的人民對美帝國主義一個有力的打擊

這個輝煌的勝利對我們中國人民是有巨大意義的，我們當能記憶，在美國侵略軍越過三八線逼近鴨綠江時，眼看血腥的魔手就要伸進我們神聖的國土，使我們祖國的安全受到嚴重的威脅，正在這個時候我們英勇的志願軍挺身而出，扭轉了朝鮮的局勢，給予美帝國主義侵略者一個致命的打擊，保衛了我們祖國的安全。

中國人民志願軍是保家衛國的先鋒，他們不惜獻出自己的熱血來換取朝鮮人民的解放，保衛了祖國人民的安全，亞洲的和平，他們不愧為中華民族的好兒女，不愧為民族的英雄，沒有他們我們的革命不能得到勝利，沒有他們我們不能安居樂業，不能建設起我們偉大的新中國，天津市的人民是深深的明白這一點的，我們的醫務界曾組織了抗美援朝醫療隊，廣大的工人學生市民工商界不斷地以寫慰問信送慰問袋舉行示威遊行等等行動表示了對志願軍的支援，青年工人學生紛紛報名參加軍幹學校，將擔負起偉大的國防建設，這都是抗美援朝運動中積極的表現，今天本市各界更進一步地掀起對志願軍特別是傷病員同志們的慰問，特發起千元勞軍運動，使傷病員同志們得到更好的營養，早日恢復健康奮勇殺敵。

我們發起「千元勞軍運動」把我們愛戴志願軍的赤誠的心滲透在這小小的數目上，獻出我們赤誠的心，作為慶祝朝鮮前綫大捷的賀禮，作為對美帝國主義的示威，這個含有偉大意義的運動一定同樣的會得到全市人民熱烈的廣泛的响應。

天津市慰勞中國人民志願軍千元運動募集委員會

1951 年 1 月 18 日，天津市慰劳中国人民志愿军千元运动募集委员会的号召书

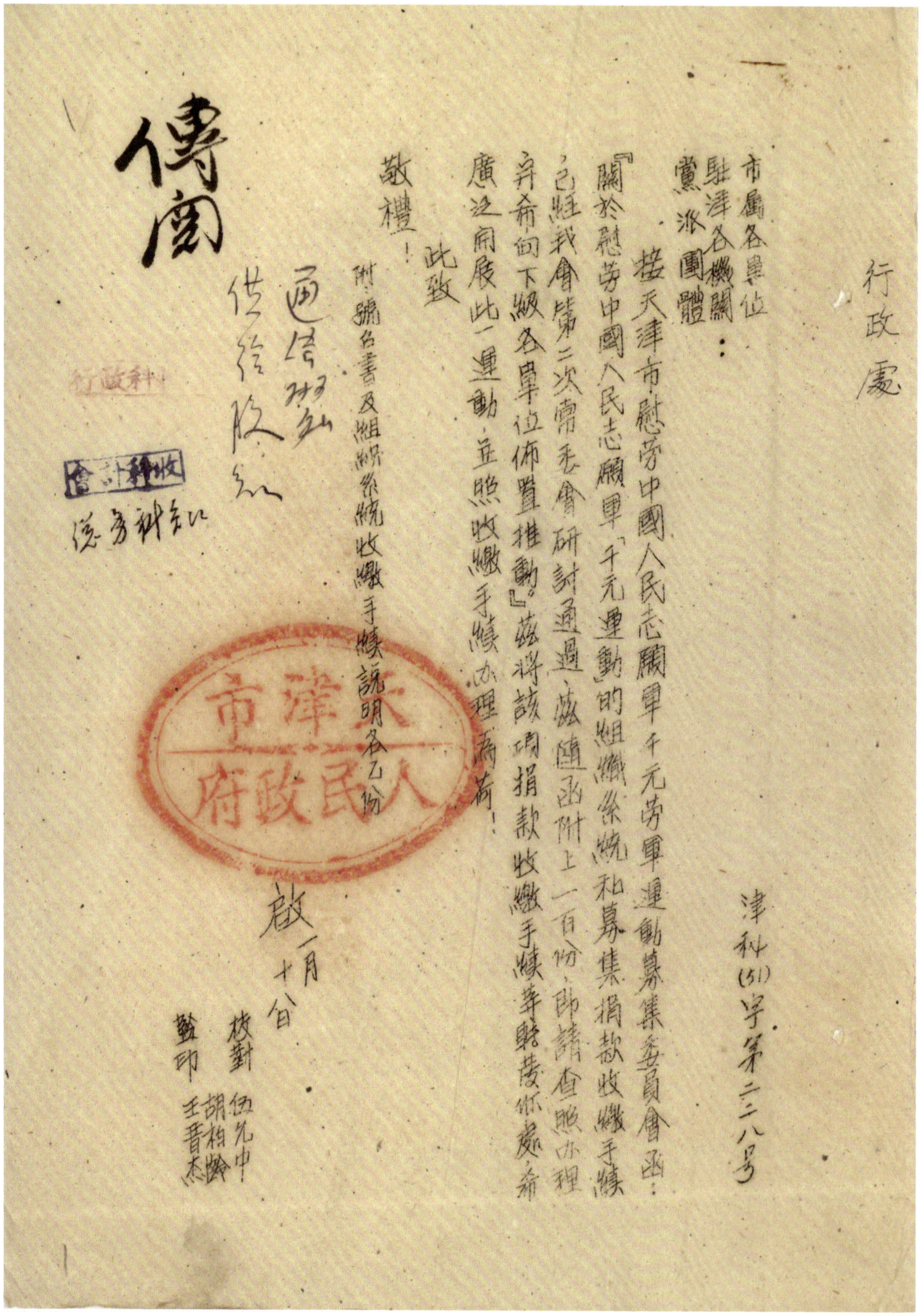

行政處

津秘(51)字第二二八号

市屬各單位
駐津各機關
黨派團體：

接天津市慰勞中國人民志願軍千元勞軍運動募集委員會函：『關於慰勞中國人民志願軍「千元運動」的組織系統和募集捐款收繳手續已經我會第二次常委會研討通過，茲隨函附上一百份，即請查照辦理并希向下級各單位佈置推動』茲將該項捐款收繳手續等轉發你處，希廣泛開展此一運動，並照收繳手續辦理爲荷！

此致

敬禮！

附：號召書及組織系統收繳手續說明各乙份

天津市人民政府

啟 一月十八日

校對 伍允中 胡柏齡

監印 王青杰

1951 年 1 月 18 日，天津市人民政府为慰劳中国人民志愿军千元运动募集捐款事致市属各单位、驻津各机关、党派团体函

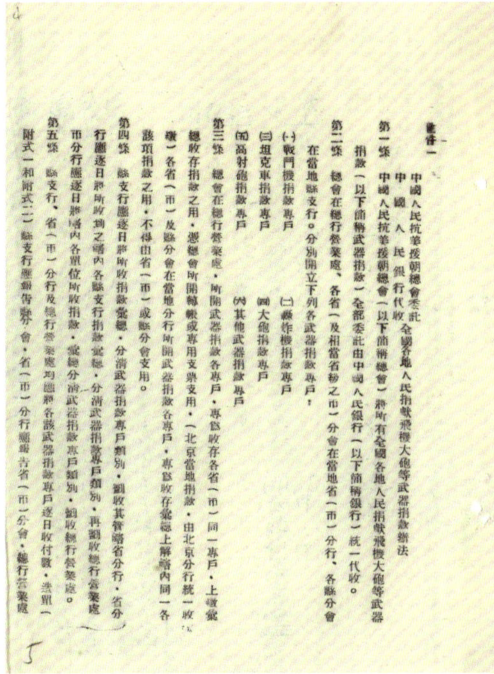

附件一

中國人民抗美援朝總會委託
中國人民銀行代收全國各地人民捐獻飛機大砲等武器捐款辦法

第一條 中國人民抗美援朝總會（以下簡稱總會）將所有全國各地人民捐獻飛機大砲等武器捐款（以下簡稱武器捐款）全部委託由中國人民銀行（以下簡稱銀行）統一代收。

第二條 總會在總行營業處、各省（及相當省級之市）分會在當地省（市）分行、各縣分會在當地縣支行。分別開立下列各武器捐款專戶：

㈠戰鬥機捐款專戶 ㈡轟炸機捐款專戶
㈢坦克車捐款專戶 ㈣大砲捐款專戶
㈤高射砲捐款專戶 ㈥其他武器捐款專戶

第三條 總會在總行營業處，所開武器捐款各專戶，專為收存各省（市）同一專戶，上繳彙總收存捐款之用，憑總會所開轉帳或專用支票支用，（北京當地捐款，由北京分行統一收繳）各省（市）及縣分會在當地分行所開武器捐款各專戶，專為收存彙總上解轄內同一各該項捐款之用，不得由省（市）或縣分會支用。

第四條 縣支行應逐日將所收捐款彙總，分清武器捐款專戶類別，劃收其管轄省分行，省分行應逐日將所收到之轄內各縣支行捐款彙總，分清武器捐款專戶類別，再劃收總行營業處，市分行應逐日將轄內各單位所收捐款，彙總分清武器捐款專戶類別，劃收總行營業處。

第五條 縣支行、省（市）分行及總行營業處均應將各該武器捐款專戶逐日收付數，造單（附式一和附式二）縣支行應報告縣分會，省（市）分行應報告省（市）分會，總行營業處

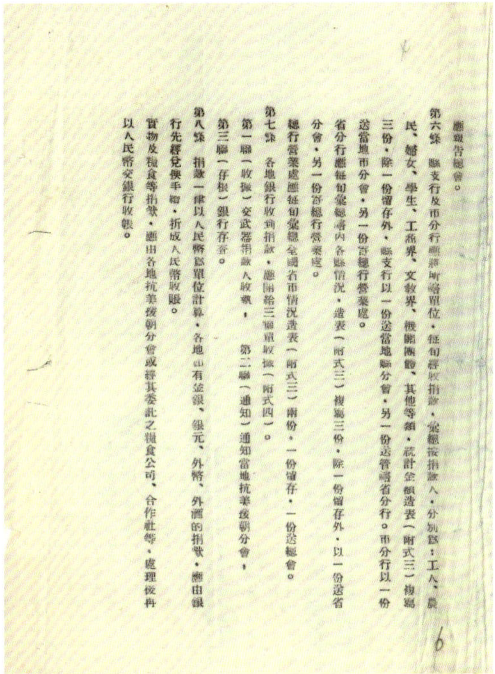

應報告總會。

第六條 縣支行及市分行應將所轄單位，每旬將收捐款，彙總後捐款人，分別為：工人、農民、婦女、學生、工商界、文教界、機關團體、其他等類，統計金額造表（附式三）複寫三份，除一份留存外，縣支行以一份送當地縣分會，另一份送管轄省分行。市分行以一份送當地市分會，另一份寄總行營業處。

省分行應每旬彙總轄內各縣情況，造表（附式三）複寫三份，除一份留存外，以一份送省分會，另一份寄總行營業處。

總行營業處應每旬彙總全國各市情況造表（附式三）兩份，一份留存，一份送總會。

第七條 各地銀行收到捐款，應開給三聯單收據（附式四）。第一聯（收據）交武器捐款人收執，第二聯（通知）通知當地抗美援朝分會，第三聯（存根）銀行存查。

第八條 捐款一律以人民幣為單位計算，各地如有金銀、銀元、外幣、外匯的捐獻，應由銀行先經兌換手續，折成人民幣收賬。實物及糧食等捐獻，應由各地抗美援朝分會或經其委託之糧食公司、合作社等，處理後再以人民幣交銀行收帳。

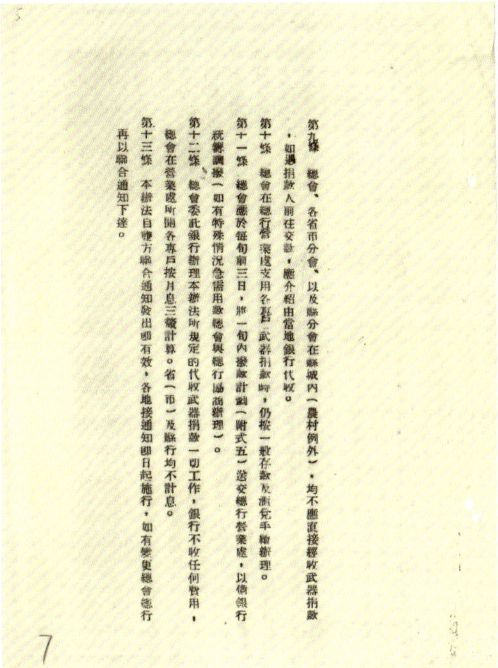

第九條 總會、各省市分會、以及縣分會在縣城內（農村例外），均不應直接經收武器捐款，如遇捐款人前往交款，應介紹由當地銀行代收。

第十條 總會在總行營業處支用各該武器捐款時，仍按一般存款及匯兌手續辦理。

第十一條 總會應於每旬前三日，將一旬內撥款計劃（附式五）送交總行營業處，以備銀行統籌調撥（如有特殊情況急需用款總會與總行協商辦理）。

第十二條 總會委託銀行辦理本辦法所規定的代收武器捐款一切工作，銀行不收任何費用，總會在營業處所開各專戶按月息三厘計算。省（市）及縣行均不計息。

第十三條 本辦法自雙方聯合通知發出即有效，各地接通知即日起施行，如有變更總會總行再以聯合通知下達。

1951 年，中国人民抗美援朝总会委托中国人民银行代收全国各地人民捐献飞机大炮等武器捐款办法

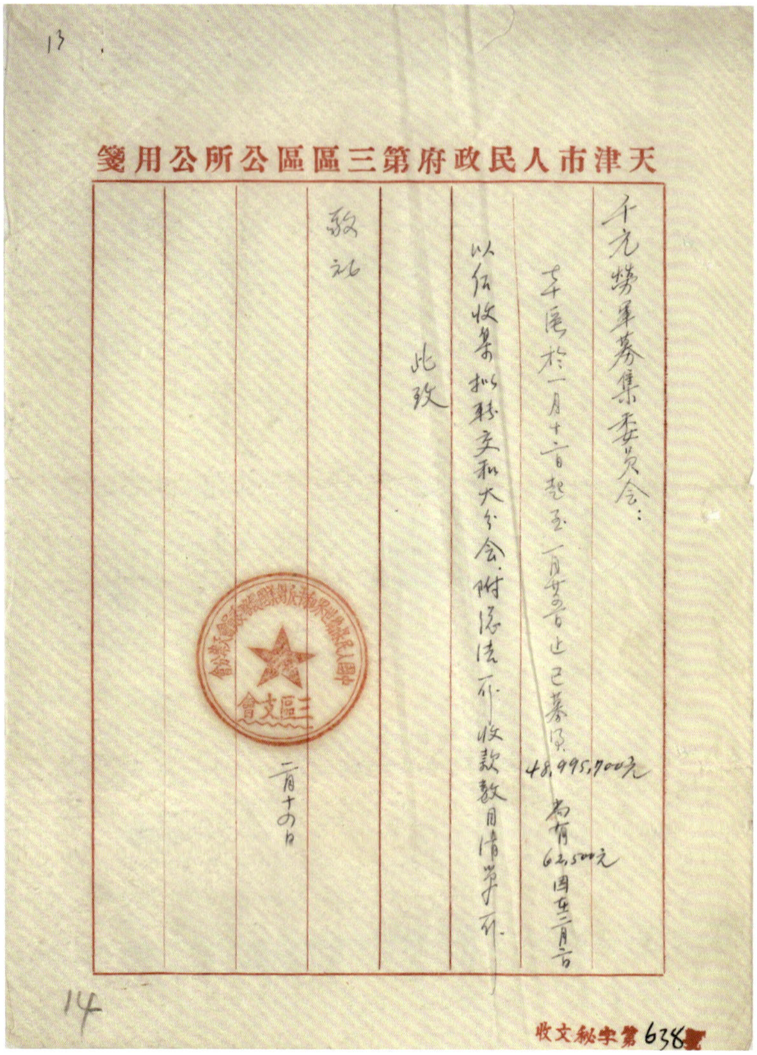

天津市人民政府第三區區公所公用箋

千元劳军募集委员会：

本区于一月十二日起至一月廿二日止已募得48,995,700元，尚有62,500元因在二月十日以后收集，拟移交和大分会。附派出所收款数目清单乙份。

此致

敬礼

中国人民保卫世界和平反对美国侵略委员会天津分会三区支会（印）

二月十四日

收文秘字第638號

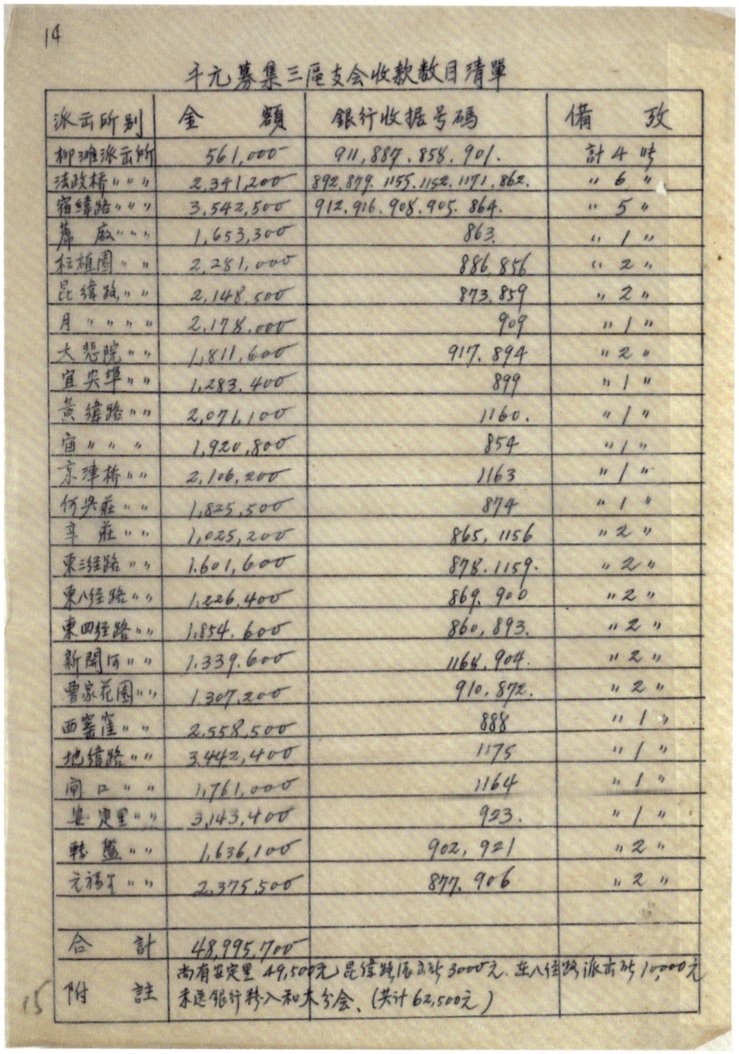

千元募集三區支会收款数目清單

派出所别	金額	銀行收据号碼	備攷
柳滩派出所	561,000	911,887.858.901.	計4張
法政桥〃〃〃	2,341,200	892.879.1155.1152.1171.862.	〃6〃
宿纬路〃〃〃	3,542,500	912.916.908.905.864.	〃5〃
芦廠〃〃〃	1,653,300	863.	〃1〃
種植園〃〃	2,281,000	886.856	〃2〃
昆纬路〃〃	2,148,500	873.859	〃2〃
月〃〃〃〃	2,178,000	909	〃1〃
大悲院〃〃	1,811,600	917.894	〃2〃
宜兴埠〃〃	1,283,400	899	〃1〃
黄纬路〃〃	2,071,100	1160.	〃1〃
宙〃〃〃	1,920,800	854	〃1〃
京津桥〃〃	2,106,200	1163	〃1〃
何兴莊〃〃	1,825,500	874	〃1〃
辛莊〃〃	1,025,200	865,1156	〃2〃
東三经路〃〃	1,601,600	878.1159.	〃2〃
東八经路〃〃	1,226,400	869.900	〃2〃
東四经路〃〃	1,854,600	860,893.	〃2〃
新開河〃〃	1,339,600	1168.904.	〃2〃
曹家花園〃〃	1,307,200	910,872.	〃2〃
西窑窪〃〃	2,558,500	888	〃1〃
地纬路〃〃	3,442,400	1175	〃1〃
南口〃〃	1,761,000	1164	〃1〃
安定里〃〃	3,143,400	923.	〃1〃
轉盤〃〃	1,636,100	902,921	〃2〃
元福里〃〃	2,375,500	877,906	〃2〃
合計	48,995,700		
附註	尚有安定里49,500元，昆纬路派出所3000元，东八经路派出所10,000元未送银行转入和大分会。（共计62,500元）		

1951年2月14日，中国人民保卫世界和平反对美国侵略委员会天津分会三区支会为转交收款数目清单等事致天津市慰劳中国人民志愿军千元运动募集委员会函（附：清单）

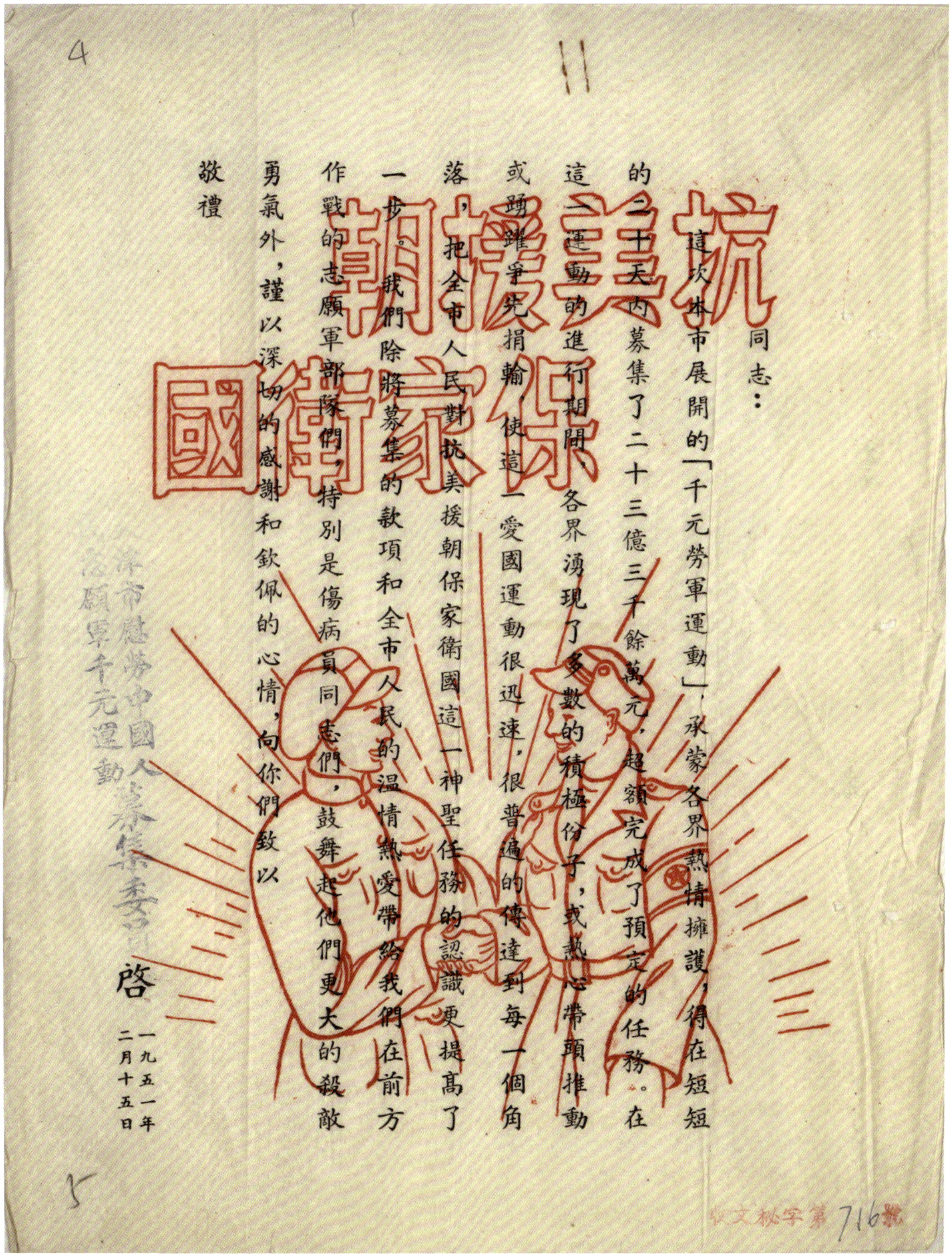

同志：

這次本市展開的「千元勞軍運動」，承蒙各界熱情擁護，得在短短的二十天內募集了二十三億三千餘萬元，超額完成了預定的任務。在這一運動的進行期間，各界湧現了多數的積極份子，或熱心帶頭推動或踴躍爭先捐輸，使這一愛國運動很迅速，很普遍的傳達到每一個角落，把全市人民對抗美援朝保家衛國這一神聖任務的認識更提高了一步。我們除將募集的款項和全市人民的溫情熱愛帶給我們在前方作戰的志願軍部隊們，特別是傷病員同志們，鼓舞起他們更大的殺敵勇氣外，謹以深切的感謝和欽佩的心情，向你們致以

敬禮

天津市慰勞中國人民志願軍千元運動募集委員會 啓

一九五一年二月十五日

文秘字第716號

1951 年 2 月 15 日，天津市慰劳中国人民志愿军千元运动募集委员会感谢信

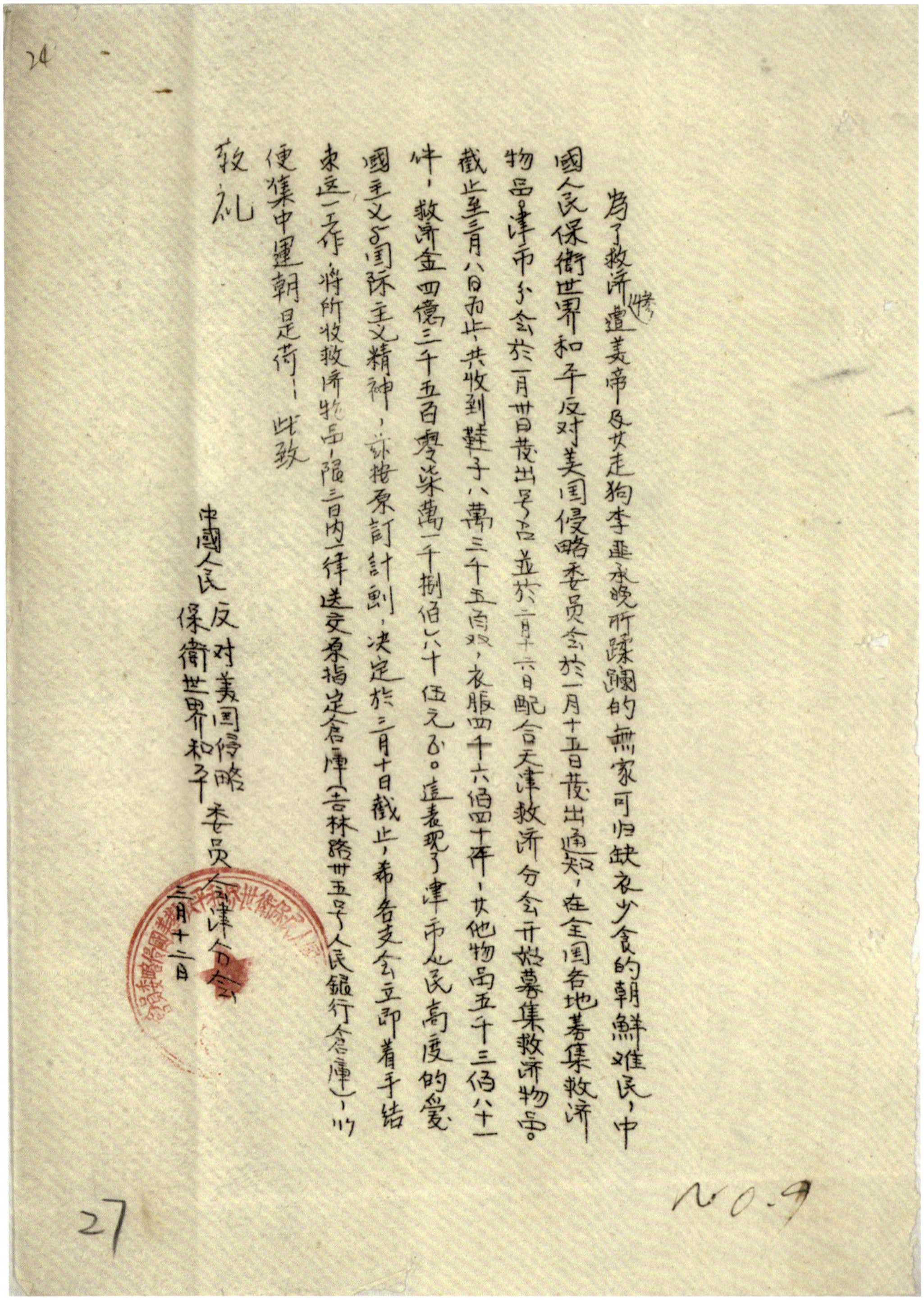

24

为了救济(惨)遭美帝及其走狗李承晚所蹂躏的無家可归缺衣少食的朝鮮难民，中國人民保衛世界和平反对美国侵略委员会於一月十五日發出通知，在全国各地募集救济物品。津市分会於一月卅日發出号召并於二月十六日配合天津救济分会开始募集救济物品。截止至三月八日為止，共收到鞋子八萬三千五百双，衣服四千六佰四十件，其他物品五千三佰八十一件，救济金四億三千五百零柒萬一千捌佰八十伍元。這表現了津市人民高度的愛國主义与国际主义精神。並按原訂計劃，决定於三月十日截止，希各支会立即着手结束这一工作，将所收救济物品，限三日内一律送交原指定倉庫(吉林路卅五号人民銀行倉庫)，以便集中運朝是荷！此致

敬礼

中國人民保衛世界和平反对美国侵略委员会天津分会

三月十二日

27　No.9

1951年3月12日，中国人民保卫世界和平反对美国侵略委员会天津分会为通知将救济朝鲜难民物资送交指定仓库事致各支会函

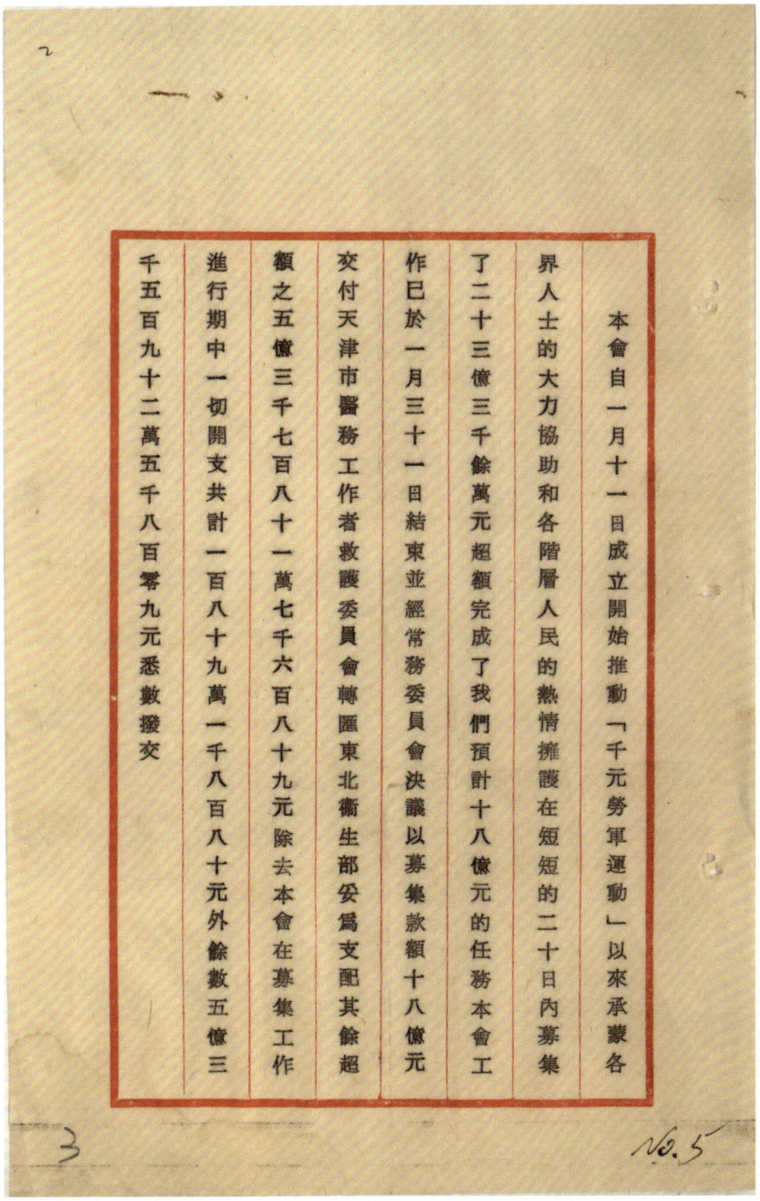

本會自一月十一日成立開始推動「千元勞軍運動」以來承蒙各界人士的大力協助和各階層人民的熱情擁護在短短的二十日內募集了二十三億三千餘萬元超額完成了我們預計十八億元的任務本會工作已於一月三十一日結束並經常務委員會決議以募集款額十八億元交付天津市醫務工作者救護委員會轉匯東北衞生部妥爲支配其餘超額之五億三千七百八十一萬七千六百八十九元除去本會在募集工作進行期中一切開支共計一百八十九萬一千八百八十元外餘數五億三千五百九十二萬五千八百零九元悉數撥交

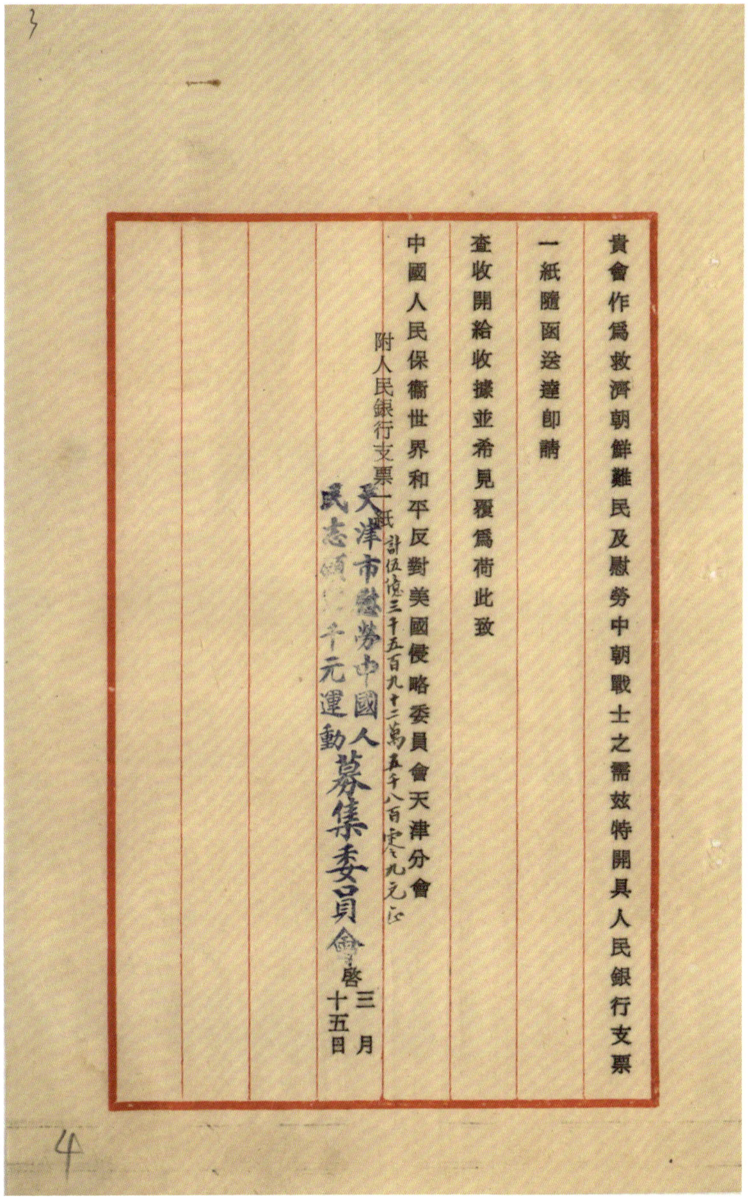

貴會作爲救濟朝鮮難民及慰勞中朝戰士之需玆特開具人民銀行支票一紙隨函送達即請
査收開給收據並希見覆爲荷此致
中國人民保衞世界和平反對美國侵略委員會天津分會

附人民銀行支票一紙 計伍億三千五百九十二萬五千八百零九元正

天津市慰勞中國人民志願軍千元運動募集委員會 啓
三月十五日

1951 年 3 月 15 日，天津市慰劳中国人民志愿军千元运动募集委员会为拨交募集款项事致中国人民保卫世界和平反对美国侵略委员会天津分会函

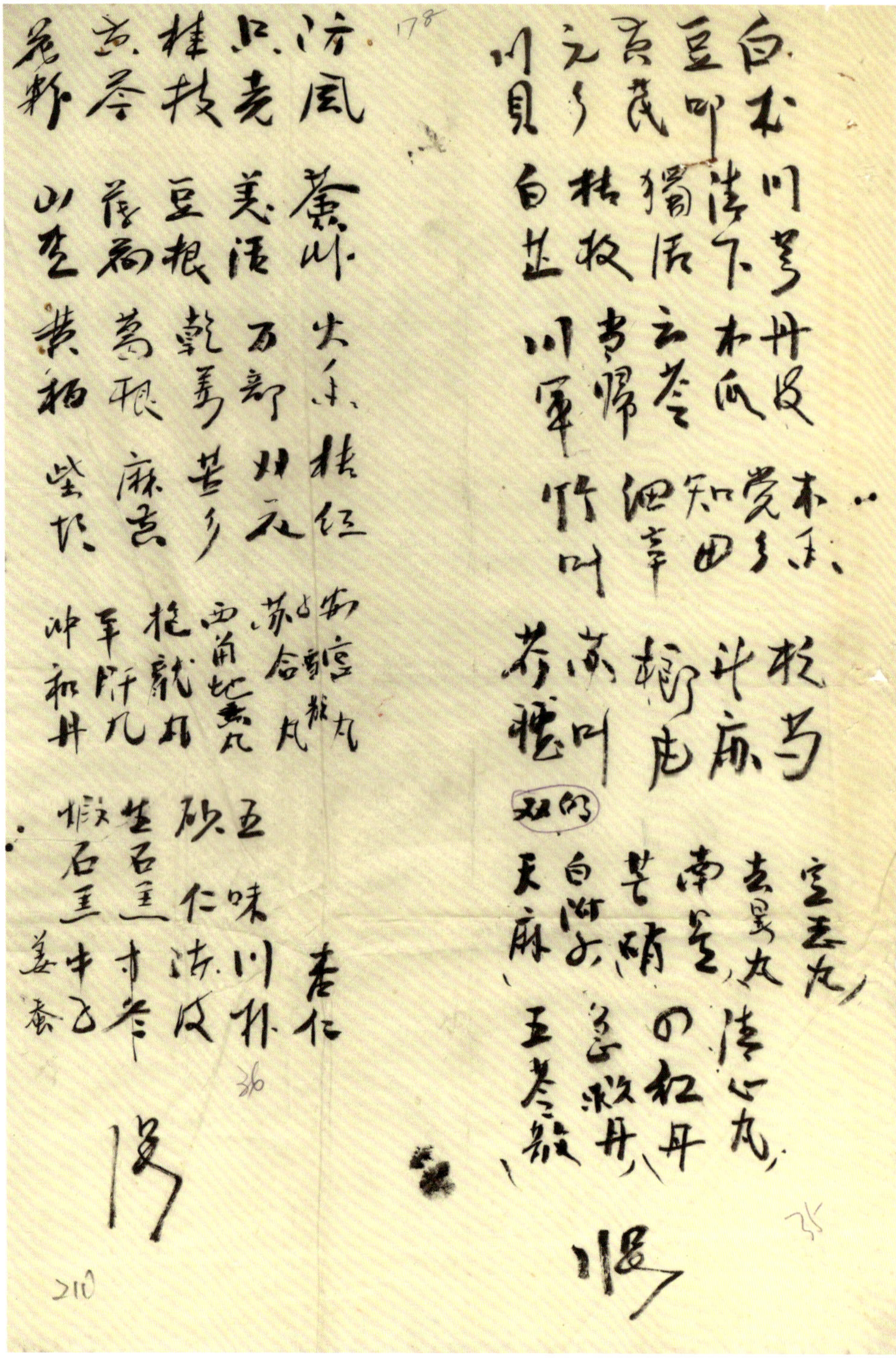

1951 年 5 月，天津市国药业公会捐献中药药单

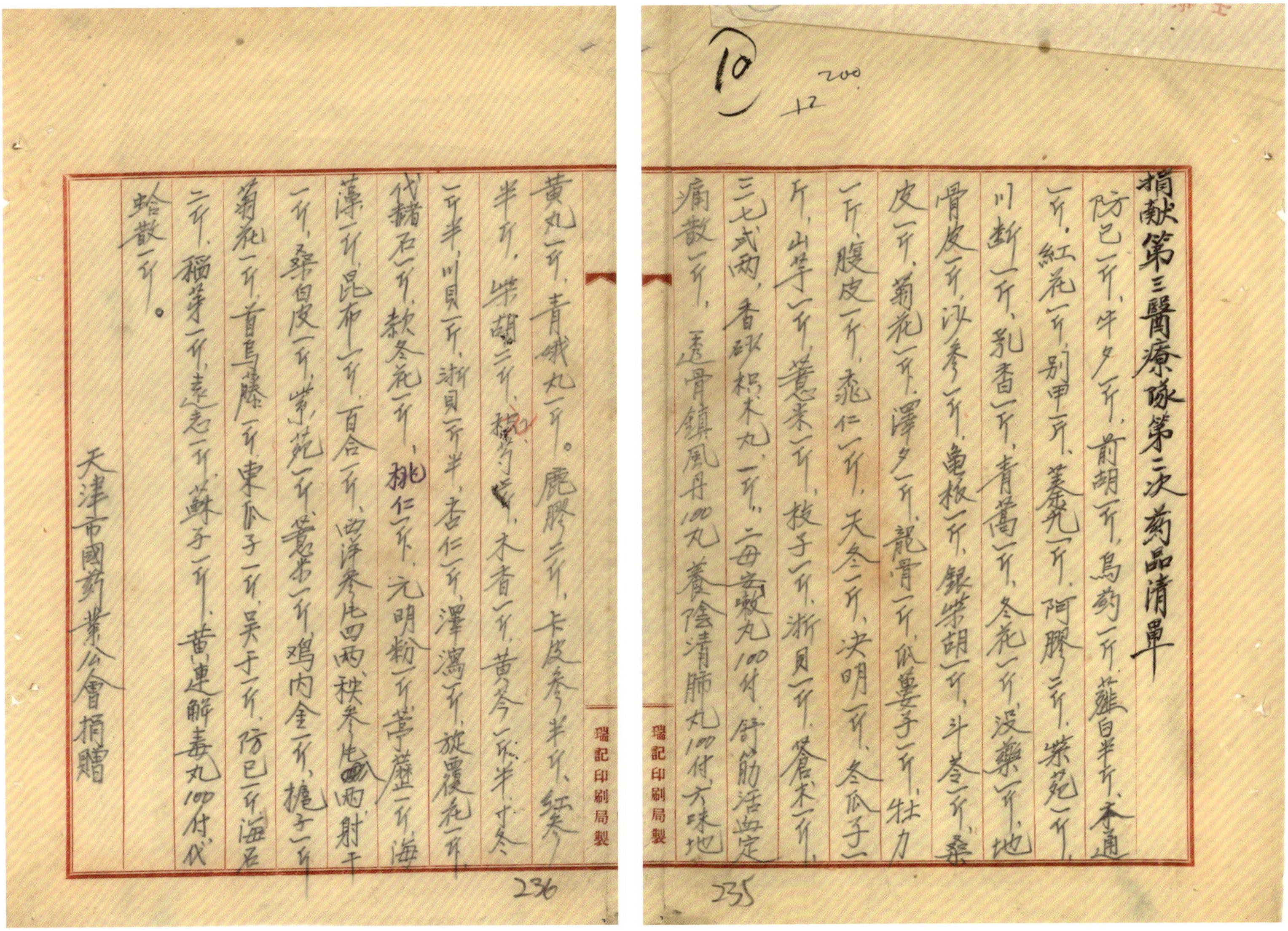

捐獻第三醫療隊第二次藥品清單

防已一斤、牛夕一斤、前胡一斤、烏藥一斤、薤白半斤、木通一斤、紅花一斤、別甲一斤、姜蚕一斤、阿膠二斤、紫菀一斤、川斷一斤、乳香一斤、青蒿一斤、冬花一斤、沒藥一斤、地骨皮一斤、沙參一斤、龜板一斤、銀柴胡一斤、斗苓一斤、桑皮一斤、菊花一斤、澤夕一斤、龍骨一斤、瓜蔞子一斤、牡力一斤、腹皮一斤、桃仁一斤、天冬一斤、決明一斤、冬瓜子一斤、山牙一斤、薏米一斤、枝子一斤、浙貝一斤、蒼朮一斤、三七貳兩、香砂枳朮丸一斤、二母寧嗽丸100付、舒筋活血定痛散一斤、透骨鎮風丹100丸、養陰清肺丸100付、六味地黃丸一斤、青娥丸一斤。鹿膠二斤、卡皮參半斤、紅參半斤、柴胡二斤、桔梗一斤、木香一斤、黃芩一斤半、寸冬一斤半、川貝一斤、浙貝一斤半、杏仁一斤、澤瀉一斤、旋覆花一斤、代赭石一斤、款冬花一斤、桃仁一斤、元明粉一斤、葶藶一斤、海藻一斤、昆布一斤、百合一斤、西洋參屯四兩、拱參屯四兩、射干一斤、桑白皮一斤、紫菀一斤、薏米一斤、雞內金一斤、梔子一斤、菊花一斤、首烏藤一斤、東瓜子一斤、吳于一斤、防已一斤、海石二斤、稻芽一斤、遠志一斤、蘇子一斤、黃連解毒丸100付、代蛤散一斤。

天津市國藥業公會捐贈

瑞記印刷局製

瑞記印刷局製

1951 年 6 月，天津市国药业公会第二次捐献第三医疗队药品清单

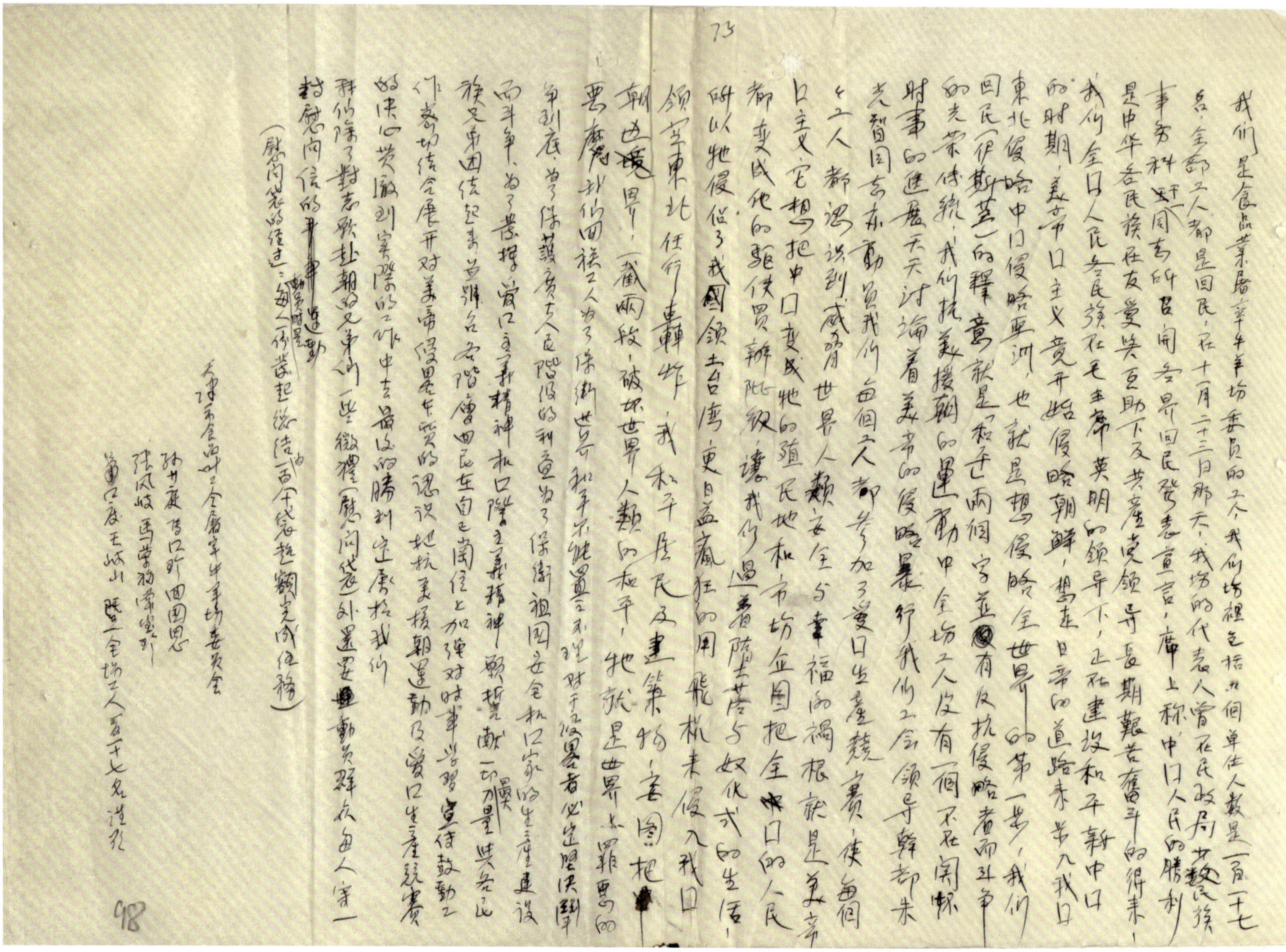

73

我们是食品業屠宰牛羊坊委员的工会，我们坊里包括九个单位，人数是一百一十七名，全部工人都是回民。在十一月二十三日那天，我坊的代表人曾在民政局少数民族事务科召开同志所召开会見回民發表宣言，席上称：中国人民的胜利是中华各民族在友爱共互助下及共产党领导长期艱苦奋斗的得来。我们全国人民各民族在毛主席英明的领导下，正在建設和平新中国的时期，美帝国主义竟开始侵略朝鲜，想走日帝的道路来步入我国東北侵略中国侵略亚洲，也就是想侵略全世界的第一步。我们回民（伊斯兰）的释意就是"和平"两个字，並没有反抗侵略者而斗争的光荣传统。我们抗美援朝的运动中，全坊工人没有一个不在关怀时事的進展，天天讨论着美帝的侵略暴行。我们工会领导干部朱光智同志亲动员我们每个工人都参加了爱国生产競赛，使每个工人都認识到，威胁着世界人类安全与幸福的祸根就是美帝国主义，它想把中国变成他的殖民地和市场，企图把全中国的人民都变成他的驱使买办阶级，让我们过着随时落与奴化式的生活。所以他侵佔了我国领土台湾，更日益疯狂的用飞机来侵入我国领空，東北任行轟炸，我和平居民及建築物，妄图把[illegible]朝鲜世界！（截兩段）破坏世界人類的和平！他就是世界上罪恶的恶魔。我们回族工人为了保卫世界和平不能置之不理，对于侵略者必定坚决斗争到底。为了保護广大人民階級的利益，为了保衛祖国安全和国家的生產建設而斗争，為了發揮爱国主義精神和國際主義精神，願貢献一切力量，與各民族兄弟团结起来，並联合各階層回民在自己崗位上加強对时事学習宣傳鼓動工作，廣泛的展开对美帝侵略本质的認識，把抗美援朝運動及爱国生產競賽的决心貫徹到实際的工作中去，爭取最後的勝利。這應[illegible]我们拜倡除了對志願赴朝的兄弟们一些微禮（慰問袋）外，還要發動员群众每人寫一封慰问信的运动。

（慰问袋的经过：每人一份發起總結[illegible]一百[illegible]完成任務）

天津市食品業工会屠宰牛羊坊委员会
孙井庭 曹以[illegible] 田国恩
陈凤岐 马崇[illegible] 常宝珍
[illegible] 王岐山 暨全坊工人一百一十七名 謹启

98

天津市食品业工会屠宰牛羊场委员会为赴朝同志送慰问袋、慰问信的倡议

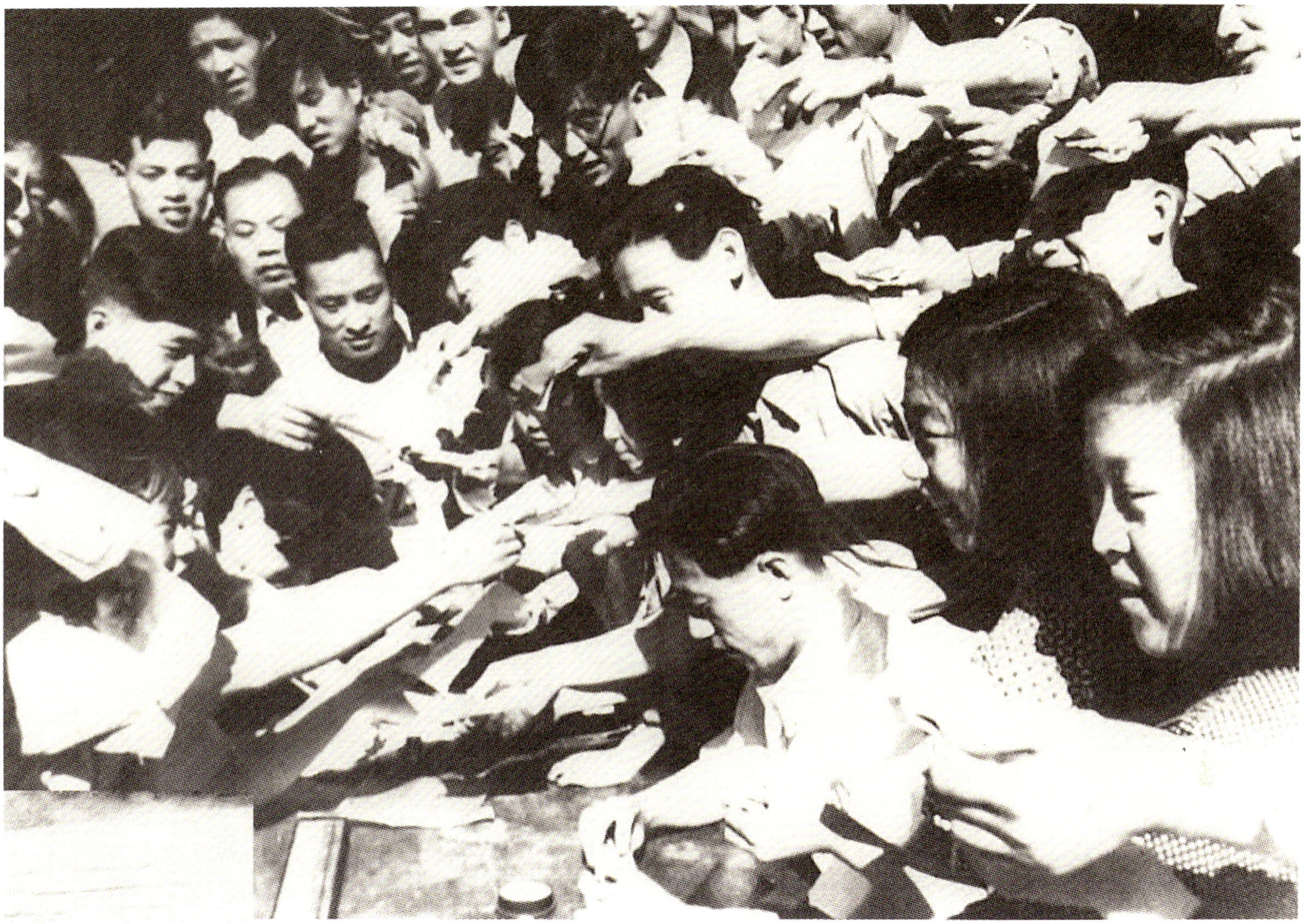

1951 年 6 月，天津市广大职工积极响应中国人民抗美援朝总会的号召，踊跃为前线捐献飞机大炮。图为被服四厂职工争先捐献的场面

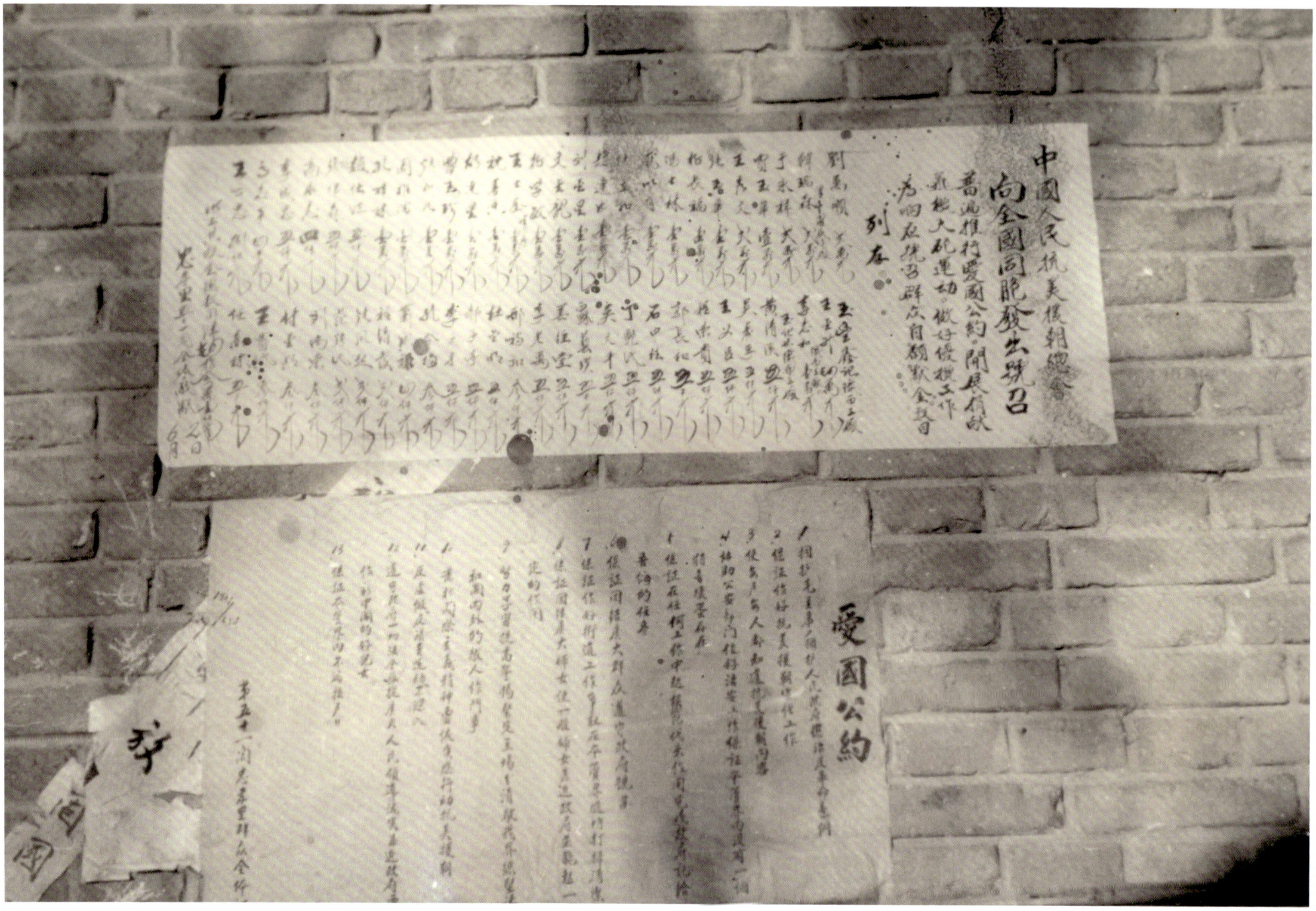

1951 年 6 月，中国人民抗美援朝总会向全国同胞发出推行爱国公约的号召

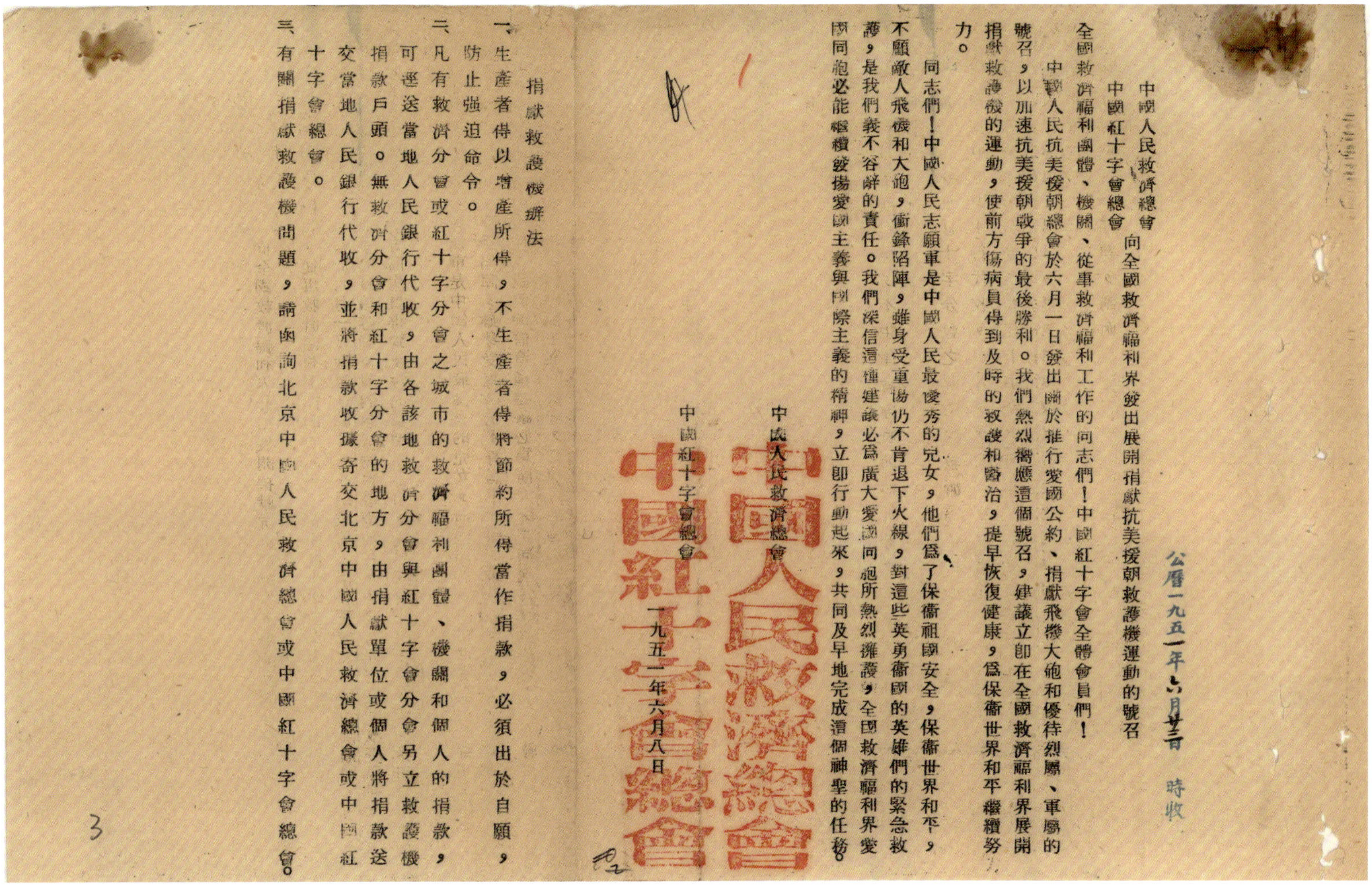

公曆一九五一年六月廿三日時收

中國人民救濟總會
中國紅十字會總會　向全國救濟福利界發出展開捐獻抗美援朝救護機運動的號召

全國救濟福利團體、機關、從事救濟福利工作的同志們！中國紅十字會全體會員們！

中國人民抗美援朝總會於六月一日發出關於推行愛國公約、捐獻飛機大砲和優待烈屬、軍屬的號召，以加速抗美援朝戰爭的最後勝利。我們熱烈響應這個號召，建議立即在全國救濟福利界展開捐獻救護機的運動，使前方傷病員得到及時的救護和醫治，提早恢復健康，爲保衛世界和平繼續努力。

同志們！中國人民志願軍是中國人民最優秀的兒女，他們爲了保衛祖國安全，保衛世界和平，不顧敵人飛機和大砲，衝鋒陷陣，雖身受重傷仍不肯退下火線，對這些英勇衛國的英雄們的緊急救護，是我們義不容辭的責任。我們深信這種建議必爲廣大愛國同胞所熱烈擁護，全國救濟福利界愛國同胞必能繼續發揚愛國主義與國際主義的精神，立即行動起來，共同及早地完成這個神聖的任務。

中國人民救濟總會
中國紅十字會總會
一九五一年六月八日

捐獻救護機辦法

一、生產者得以增產所得，不生產者得將節約所得當作捐款，必須出於自願，防止強迫命令。

二、凡有救濟分會或紅十字分會之城市的救濟福利團體、機關和個人的捐款，可逕送當地人民銀行代收，由各該地救濟分會與紅十字會分會另立救護機捐款戶頭。無救濟分會和紅十字分會的地方，由捐獻單位或個人將捐款送交當地人民銀行代收，並將捐款收據寄交北京中國人民救濟總會或中國紅十字會總會。

三、有關捐獻救護機問題，請函詢北京中國人民救濟總會或中國紅十字會總會。

1951 年 6 月 8 日，中国人民救济总会、中国红十字会总会向全国救济福利界发出展开捐献抗美援朝救护机运动的号召

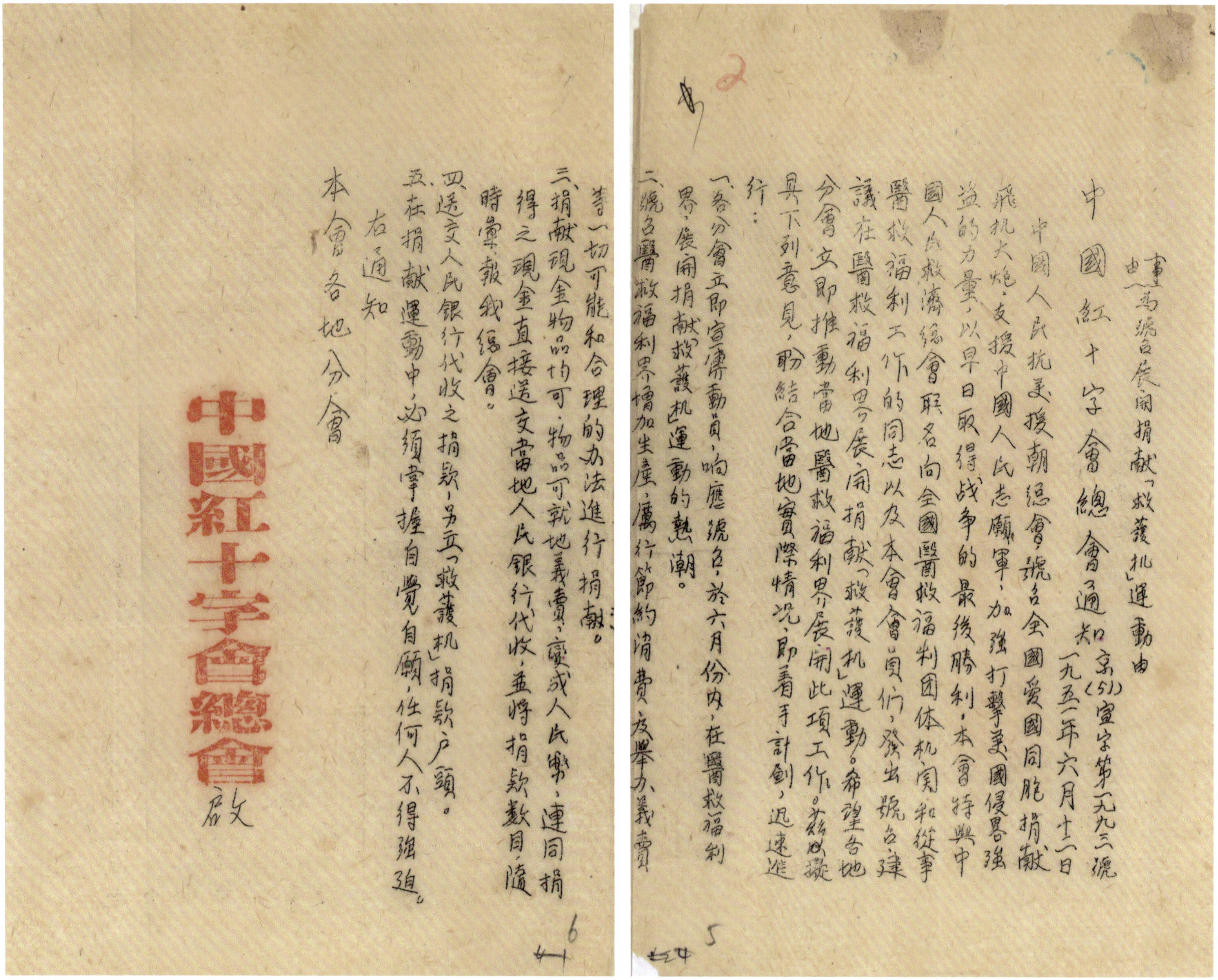

事由：為號召展開捐獻「救護机」運動由

中國紅十字會總會通知　京(51)宣字第一九九二號

一九五一年六月十二日

中國人民抗美援朝總會號召全國愛國同胞捐獻飛机大炮，支援中國人民志願軍，加強打擊美國侵略強盜的力量，以早日取得战爭的最後勝利。本會特與中國人民救濟總會聯名向全國醫藥救福利团体机関和從事醫救福利工作的同志以及本會會員们，發出號召，建議在醫救福利界展開捐獻「救護机」運動。希望各地分會立即推動當地醫救福利界展開此項工作。茲擬具下列意見，盼結合當地實際情況，即着手計劃，迅速進行：

一、各分會立即宣傳動員，響應號召，於六月份內，在醫救福利界，展開捐獻救護机運動的熱潮。

二、號召醫救福利界增加生產，厲行節約消費，及舉办義賣等一切可能和合理的办法進行捐獻。

三、捐獻現金物品均可，物品可就地義賣，變成人民幣，連同捐得之現金直接送交當地人民銀行代收，並將捐款數目隨時彙報我總會。

四、送交人民銀行代收之捐款，另立「救護机」捐款户頭。

五、在捐獻運動中，必須掌握自覺自願，任何人不得強迫。

右通知

本會各地分會

中國紅十字會總會　啟

1951 年 6 月 12 日，中国红十字会总会为展开捐献救护机运动致各分会通知

南开大学女同学集体织围巾，以该项收入为捐献“天津学生号”飞机作贡献

樊赵氏

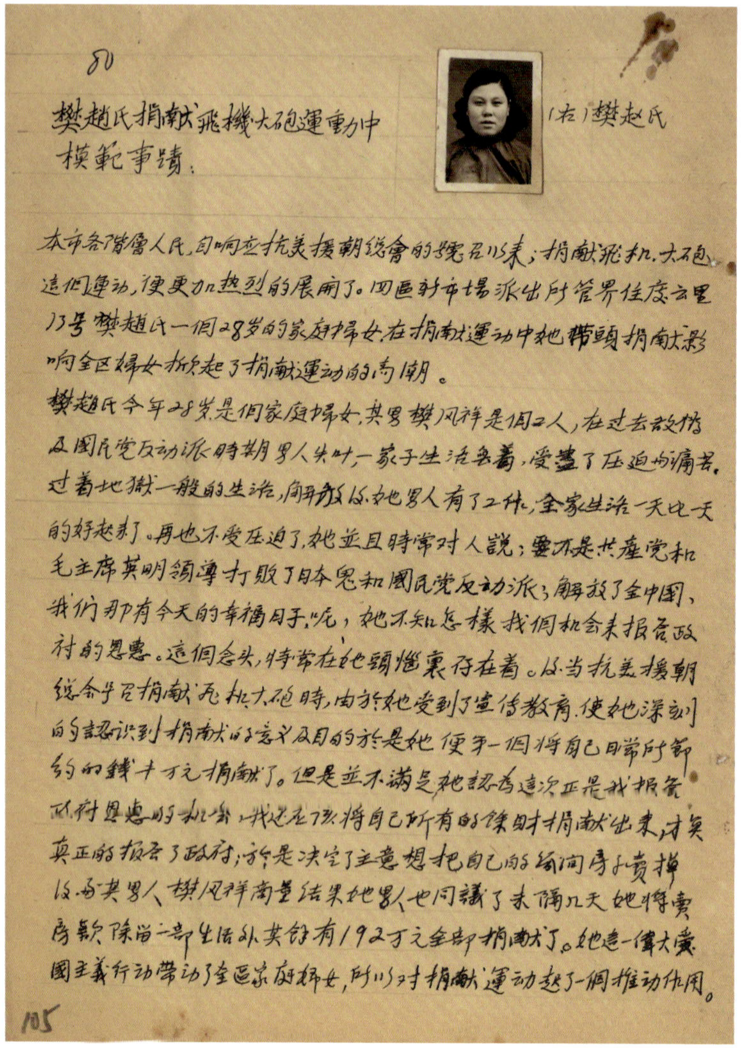

80

樊趙氏捐献飛機大砲運動中模範事蹟：

（右）樊赵氏

本市各階層人民，自响应抗美援朝總會的號召以来；捐献飛机、大砲這個運動，便更加热烈的展開了。四區新市場派出所管界住慶云里17号樊趙氏一個28岁的家庭婦女，在捐献運動中她帶頭捐献，影响全区婦女掀起了捐献運动的高潮。

樊趙氏今年28岁，是個家庭婦女，其男樊凤祥是個工人，在过去敌伪及國民党反动派時期男人失业，一家子生活無着，受盡了压迫的痛苦，过着地獄一般的生活，解放以后她男人有了工作，全家生活一天比一天的好起来了。再也不受压迫了，她並且時常对人說：要不是共產党和毛主席英明領導打敗了日本鬼和國民党反动派，解放了全中國，我们那有今天的幸福日子呢，她不知怎樣找個机会来报答政府的恩惠。這個念头，時常在她頭腦裏存在着。从当抗美援朝總会号召捐献飛机大砲時，由于她受到了宣傳教育，使她深刻的認識到捐献的意义及目的，於是她便第一個將自己日常所節约的錢十万元捐献了。但是並不满足，她認為這次正是我报答政府恩惠的机会，我还应该將自己所有的錢財捐献出来，才算真正的报答了政府；於是決定了主意，想把自己的一間房子賣掉，後与其男人樊凤祥商量，结果她男人也同意了，未隔几天她將賣房款除留一部生活外，其餘有192万元全部捐献了。她這一偉大愛國主義行动帶动了全區家庭婦女，所以对捐献運动起了一個推动作用。

105

樊赵氏在捐献飞机大炮活动中的模范事迹

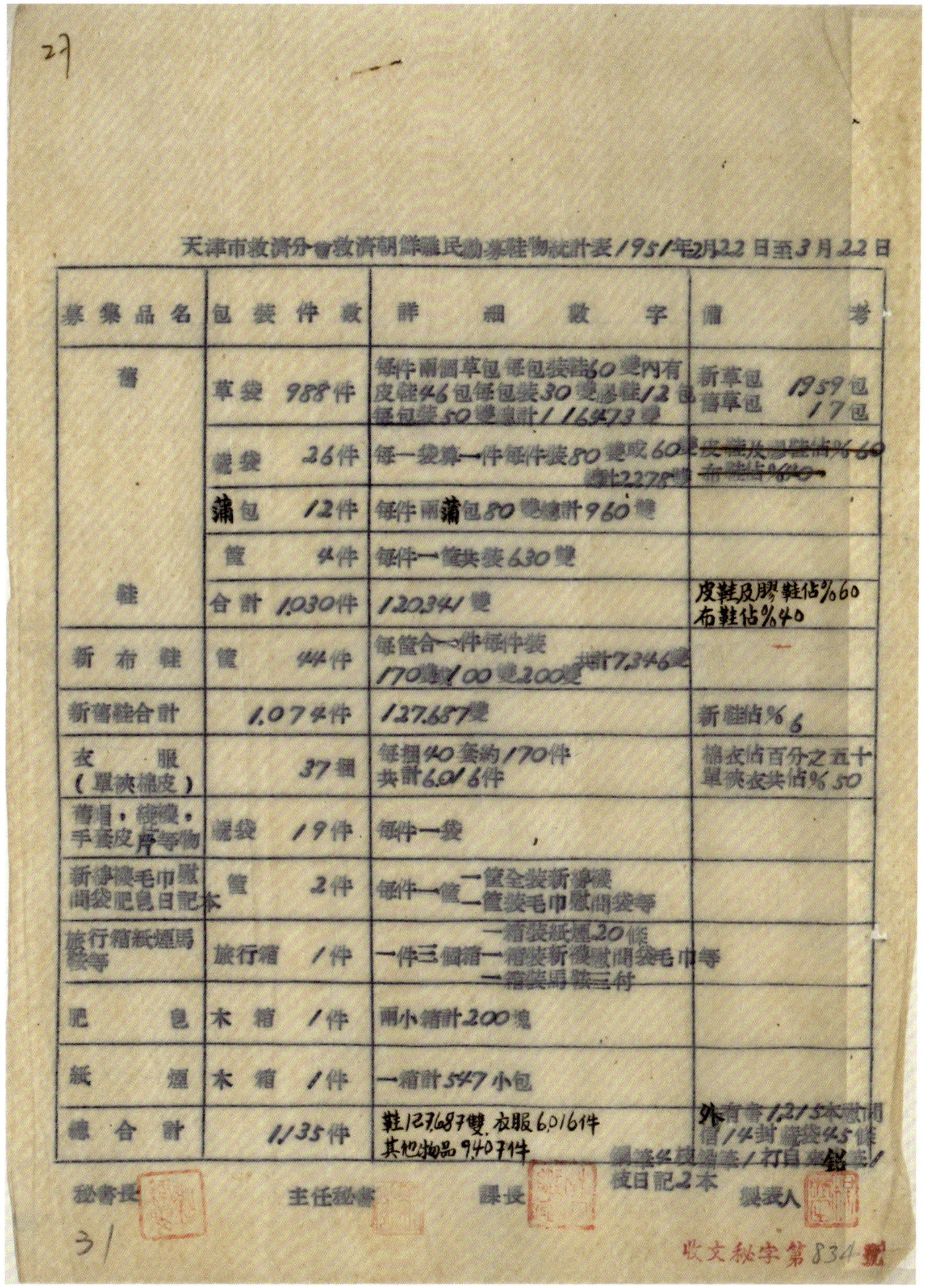

27

天津市救濟分會救濟朝鮮難民勸募鞋物統計表1951年2月22日至3月22日

募集品名	包裝件數	詳細數字	備考
舊鞋	草袋 988件	每件兩個草包每包裝鞋60雙內有皮鞋46包每包裝30雙膠鞋12包每包裝50雙總計116473雙	新草包 1959包 舊草包 17包
	麻袋 26件	每一袋算一件每件裝80雙或60雙總計2278雙	~~皮鞋及膠鞋佔%60 布鞋佔%40~~
	蒲包 12件	每件兩蒲包80雙總計960雙	
	筐 4件	每件一筐共裝630雙	
	合計 1,030件	120341雙	皮鞋及膠鞋佔%60 布鞋佔%40
新布鞋	筐 44件	每筐合一件每件裝170雙或100雙200雙 共計7,346雙	
新舊鞋合計	1,074件	127,687雙	新鞋佔%6
衣服（單夾棉皮）	37捆	每捆40套約170件 共計6,016件	棉衣佔百分之五十 單夾衣共佔%50
舊帽，絨襪，手套皮片等物	麻袋 19件	每件一袋	
新絨襪毛巾慰問袋肥皂日記本	筐 2件	每件一筐 一筐全裝新絨襪 一筐裝毛巾慰問袋等	
旅行箱紙煙馬鞍等	旅行箱 1件	一件三個箱 一箱裝紙煙20條 一箱裝新襪慰問袋毛巾等 一箱裝馬鞍三付	
肥皂	木箱 1件	兩小箱計200塊	
紙煙	木箱 1件	一箱計547小包	
總合計	1,135件	鞋127,687雙，衣服6,016件 其他物品9,407件	外有書1,215本慰問信14封 麻袋45條 鋼筆4枝 鉛筆1打 自來鉛筆1枝 日記2本

秘書長　　主任秘書　　課長　　填表人

31

收文秘字第834號

天津市救济分会救济朝鲜难民劝募鞋物统计表（1951 年 2 月 22 日—3 月 22 日）

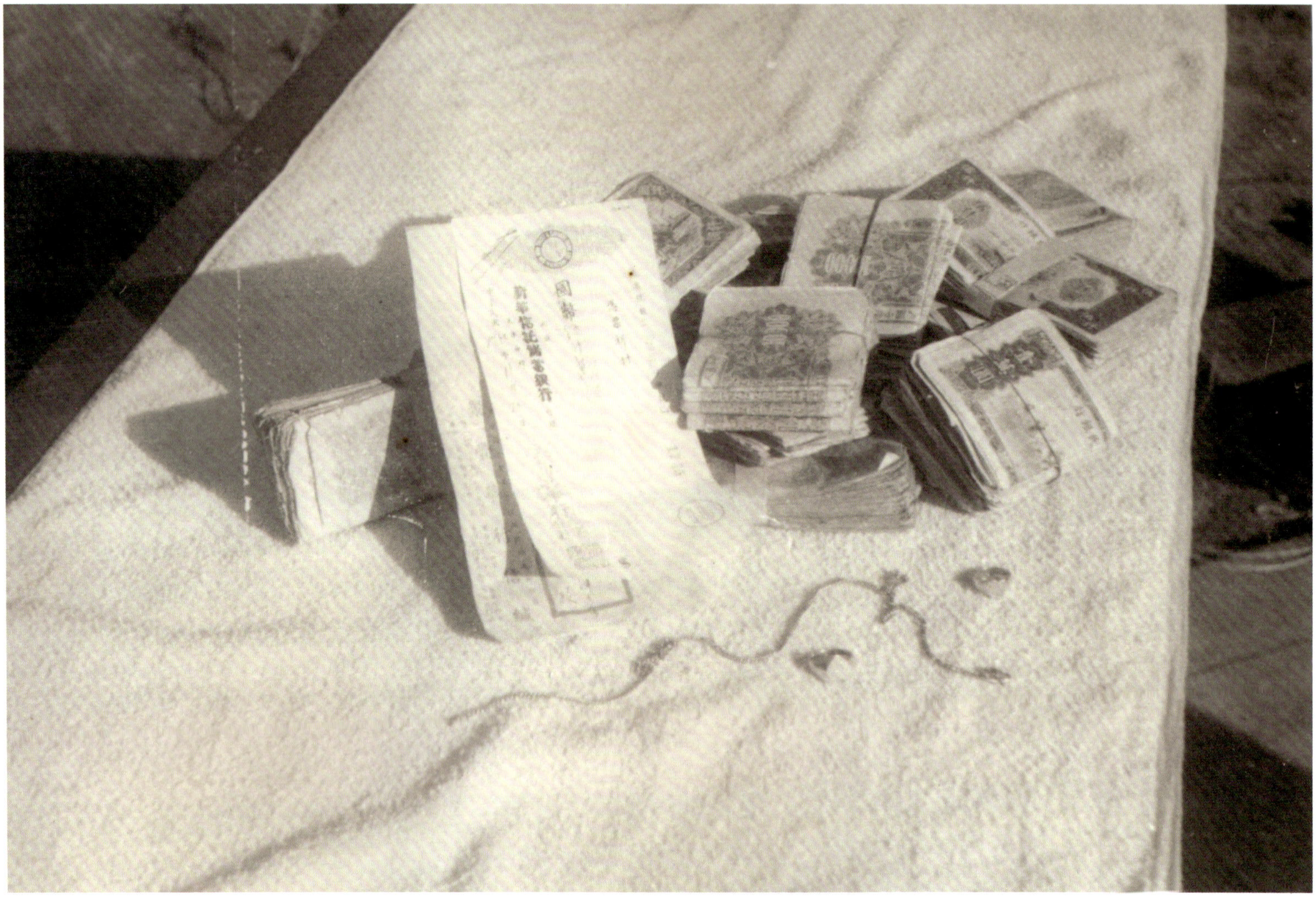

天津社会各界抗美援朝捐款

天津各行各业为志愿军战士踊跃捐款捐物

天津市工商界捐赠的物品

天津各界为志愿军战士捐献的百货日用品

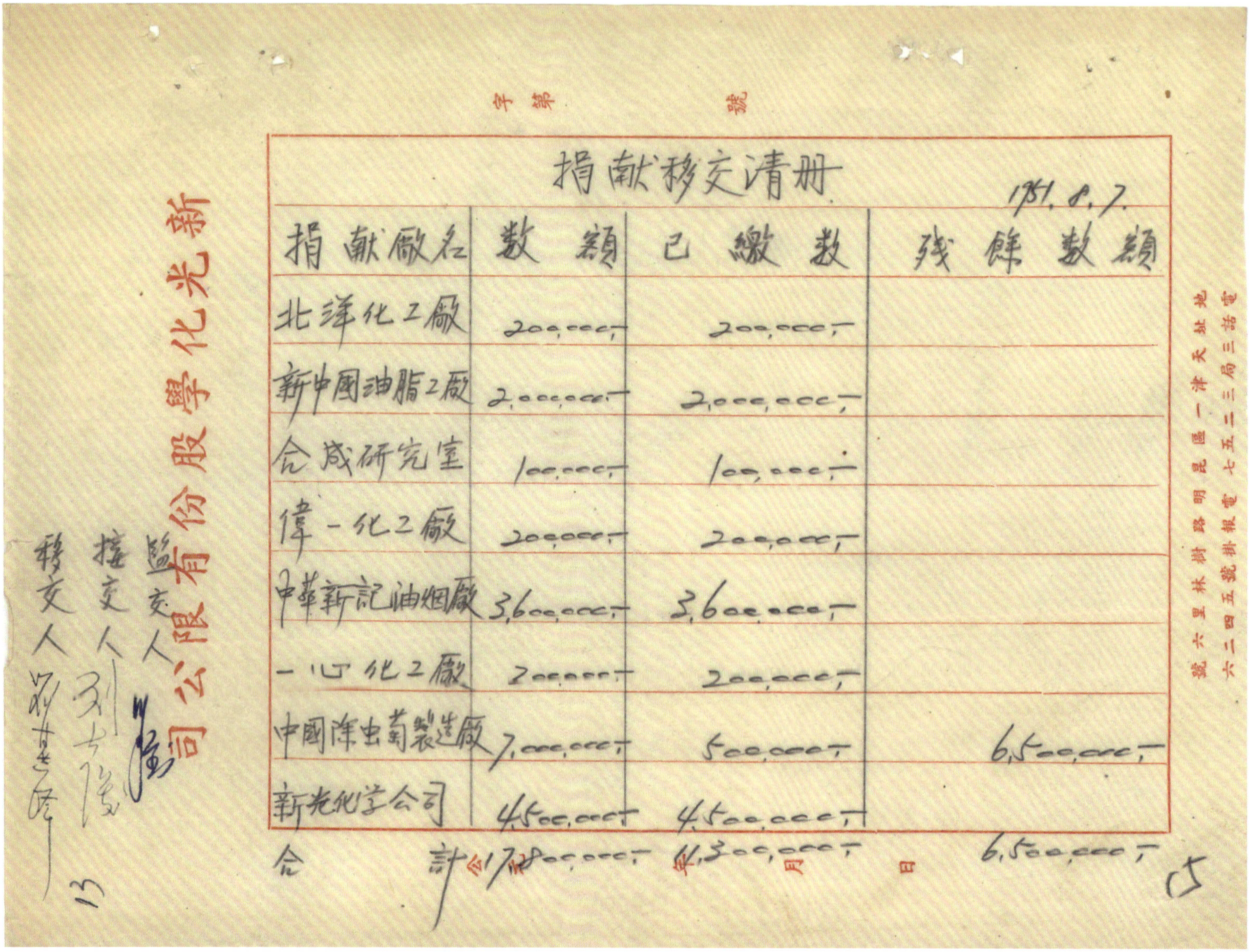

字第　號

捐献移交清册

1951.8.7.

捐献厰名	数额	已繳数	残餘数额
北洋化工厰	200,000.	200,000.	
新中国油脂工厰	2,000,000.	2,000,000.	
合成研究室	100,000.	100,000.	
偉一化工厰	200,000.	200,000.	
中華新記油烟厰	3,600,000.	3,600,000.	
一心化工厰	200,000.	200,000.	
中國除虫菊製造厰	7,000,000.	500,000.	6,500,000.
新光化学公司	4,500,000.	4,500,000.	
合計	17,800,000.	11,300,000.	6,500,000.

新光化學股份有限公司

地址天津一區昆明路樹林里六號
電話三局三二五七 電報掛號五四二六

中華民國　年　月　日

監交人
接交人
移交人

1951 年 8 月 7 日，天津市化学材料工业企业抗美援朝捐款移交清册

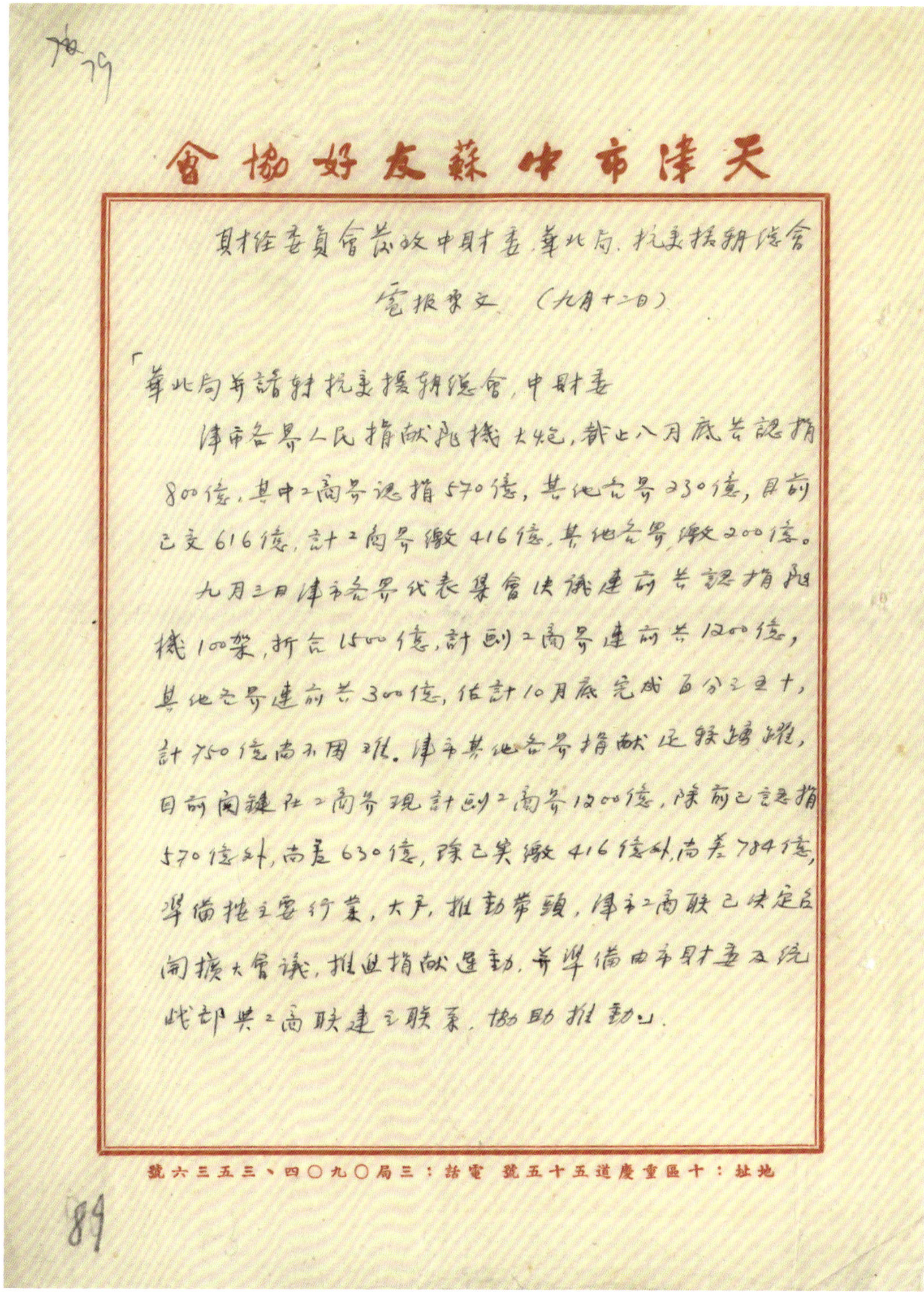

抽79

天津市中蘇友好協會

財經委員會為致中財委、華北局、抗美援朝總會

電報原文 （九月十二日）

「華北局并請轉抗美援朝總會、中財委

津市各界人民捐献飛機大炮，截止八月底共認捐800億，其中工商界認捐570億，其他各界230億，目前已交616億，計工商界繳416億，其他各界繳200億。

九月三日津市各界代表集會決議連前共認捐飛機100架，折合1500億，計劃工商界連前共1200億，其他各界連前共300億，估計10月底完成百分之五十，計750億尚不困难。津市其他各界捐献还较踊跃，目前関鍵在工商界，現計劃工商界1200億，除前已認捐570億外，尚差630億，除已实繳416億外，尚差784億，準備抓主要行業、大户，推動带頭，津市工商联已决定召開擴大會議，推进捐献運動，并準備由市財委及统战部與工商联建立联系，協助推動」

地址：十區重慶道五十五號 電話：三局〇九〇四、三五三六號

89

1951 年 9 月 12 日，天津市财经委员会为报告全市各界捐献抗美援朝飞机大炮情况致华北局并转抗美援朝总会、中财委的电报

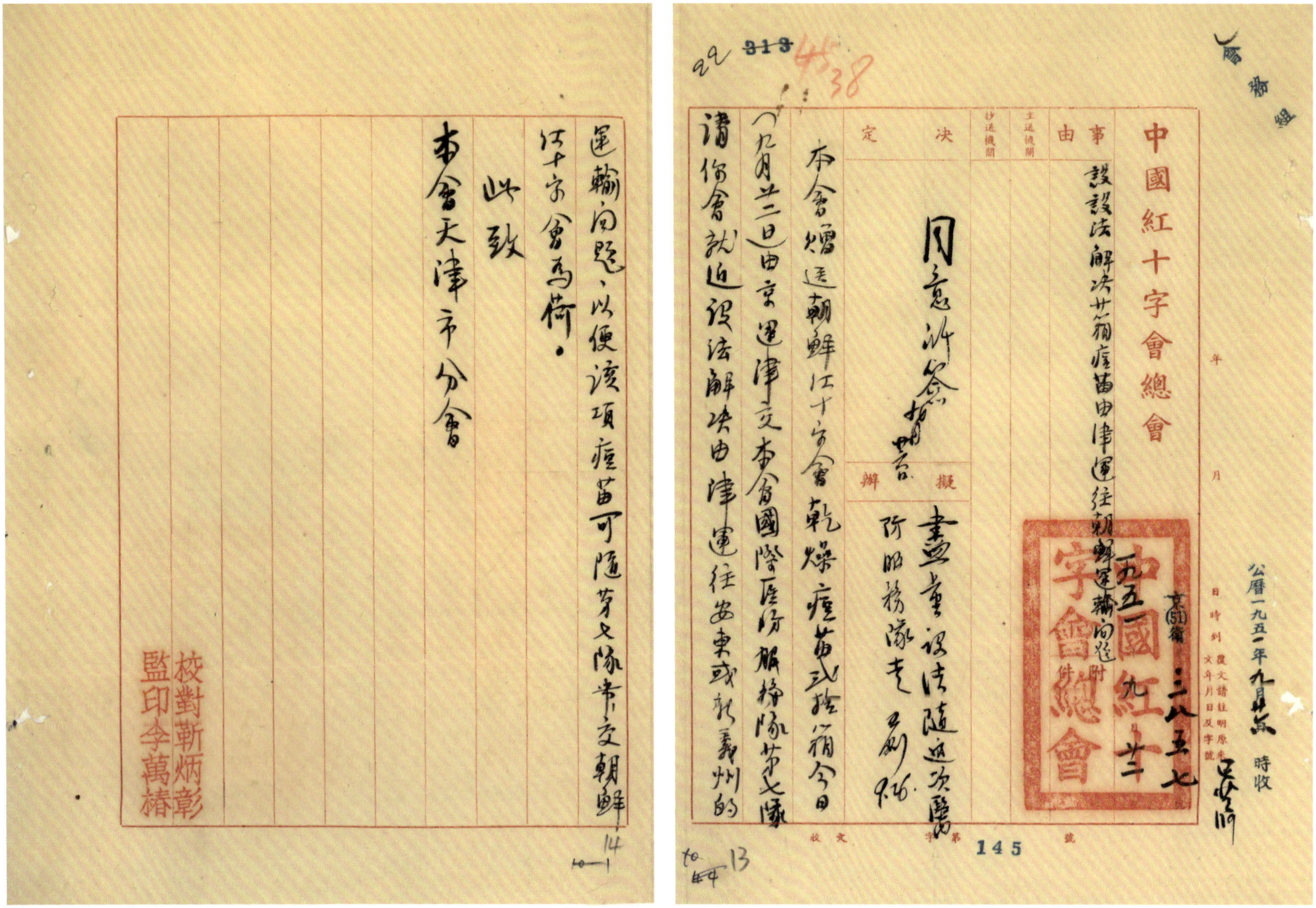

中國紅十字會總會

事由：請設法解決廿箱痘苗由津運往朝鮮運輸問題

公曆一九五一年九月廿六 時收

京(51)會 三八五七

中國紅十字會總會 一九五一 九 廿二

決定：同意

擬辦：盡量設法隨這次醫防服務隊走

本會贈送朝鮮紅十字會乾燥痘苗式拾箱今日（九月廿二日）由京運津交本會國際医防服務隊第七隊請你會就近設法解決由津運往安東或新義州的運輸問題，以便該項痘苗可隨第七隊帶交朝鮮紅十字會為荷。

此致

本會天津市分會

校對 靳炳彰
監印 李萬椿

1951年9月22日，中国红十字会总会为请设法解决20箱痘苗由天津运往朝鲜事致该会天津市分会函

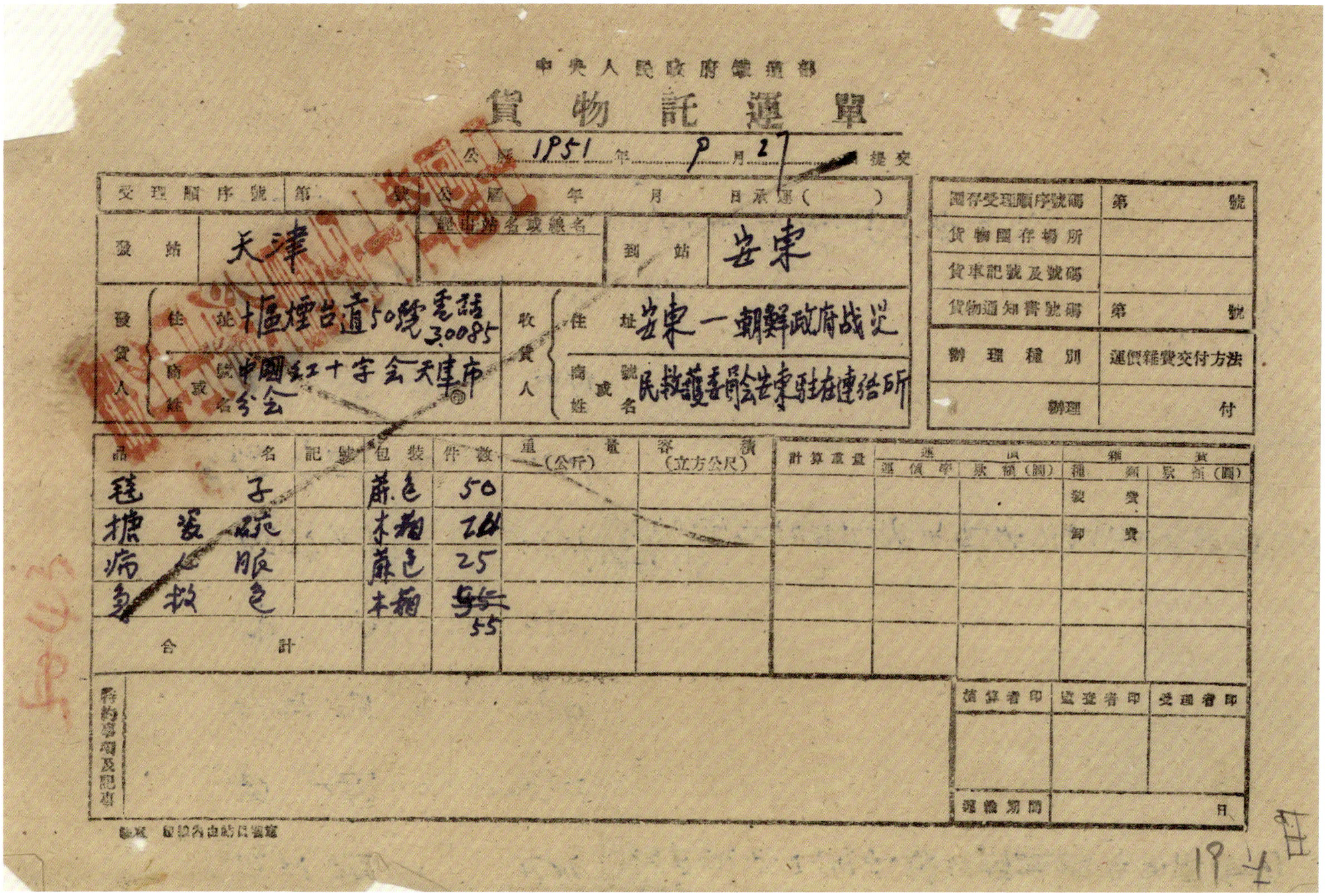

中央人民政府鐵道部

貨物託運單

公歷 1951 年 9 月 27 日提交

受理順序號 第 號 公歷 年 月 日承運（ ）

發站	天津	經由站名或線名	到站	安東

發貨人 住址：十區煙台道50號 電話 30085
商號或姓名：中國紅十字会天津市分会

收貨人 住址：安東—朝鮮政府战災
商號或姓名：民救護委員会安東駐在連络所

品名	記號	包裝	件數	重量（公斤）	容積（立方公尺）	計算重量	運價率	運費款額（圓）	雜費種類	雜費款額（圓）
毯子		蔴包	50						裝費	
搪瓷碗		木箱	[illegible]						卸費	
病人服		蔴包	25							
急救包		木箱	~~[illegible]~~ 55							
合計										

調存受理順序號碼 第 號
貨物調存場所
貨車記號及號碼
貨物通知書號碼 第 號
辦理種別 | 運價雜費交付方法
辦理 | 付

特約事項及記事

備算者印 | 審查者印 | 受理者印

運輸期間 日

1951 年 9 月 27 日，中国红十字会天津市分会发往朝鲜的货物托运单

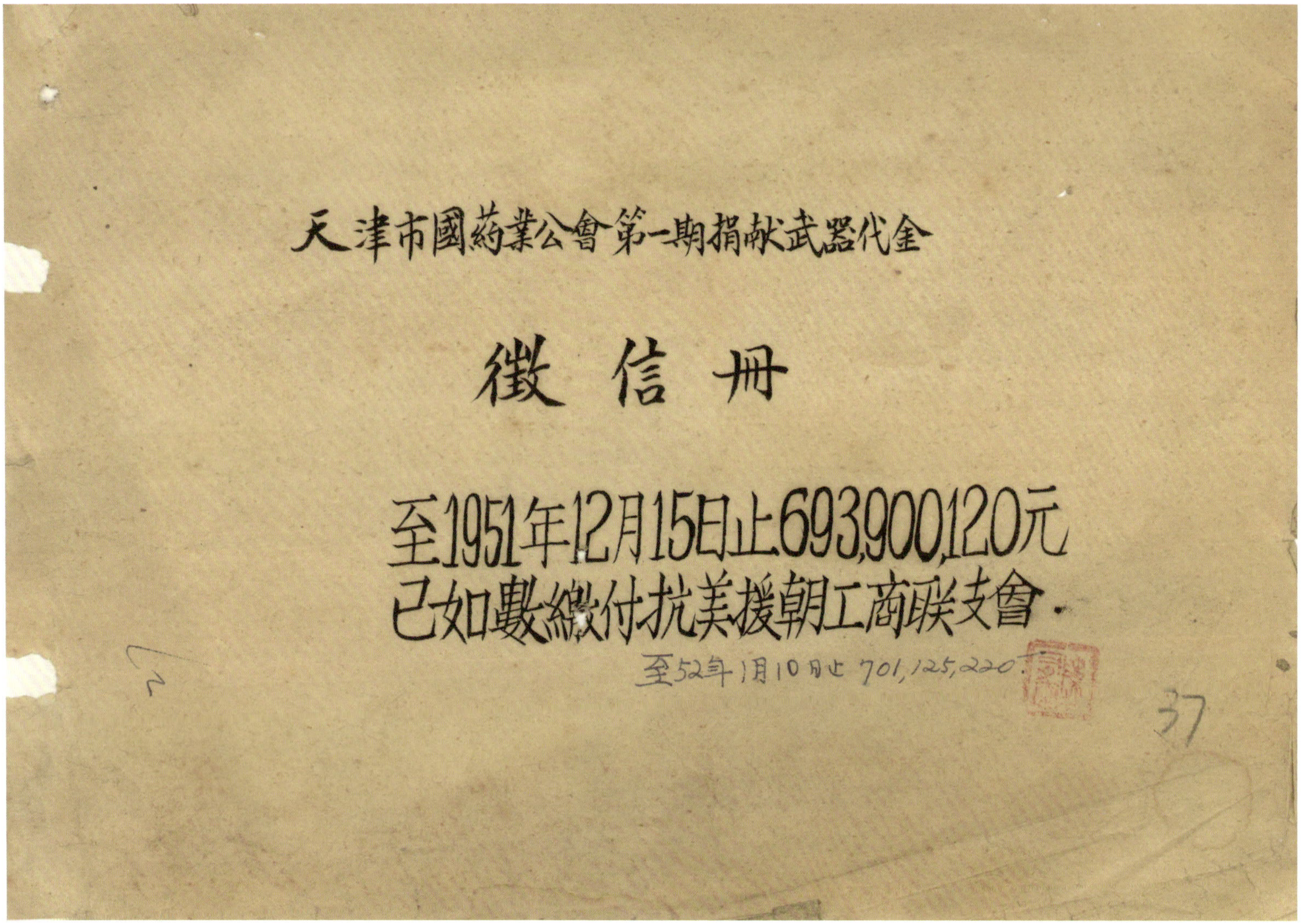
天津市國葯業公會第一期捐献武器代金

徵信冊

至1951年12月15日止693,900,120元
已如數繳付抗美援朝工商聯支會·

至52年1月10日止 701,125,220

1951 年 12 月 15 日，天津市国药业公会第一期捐献武器代金征信册

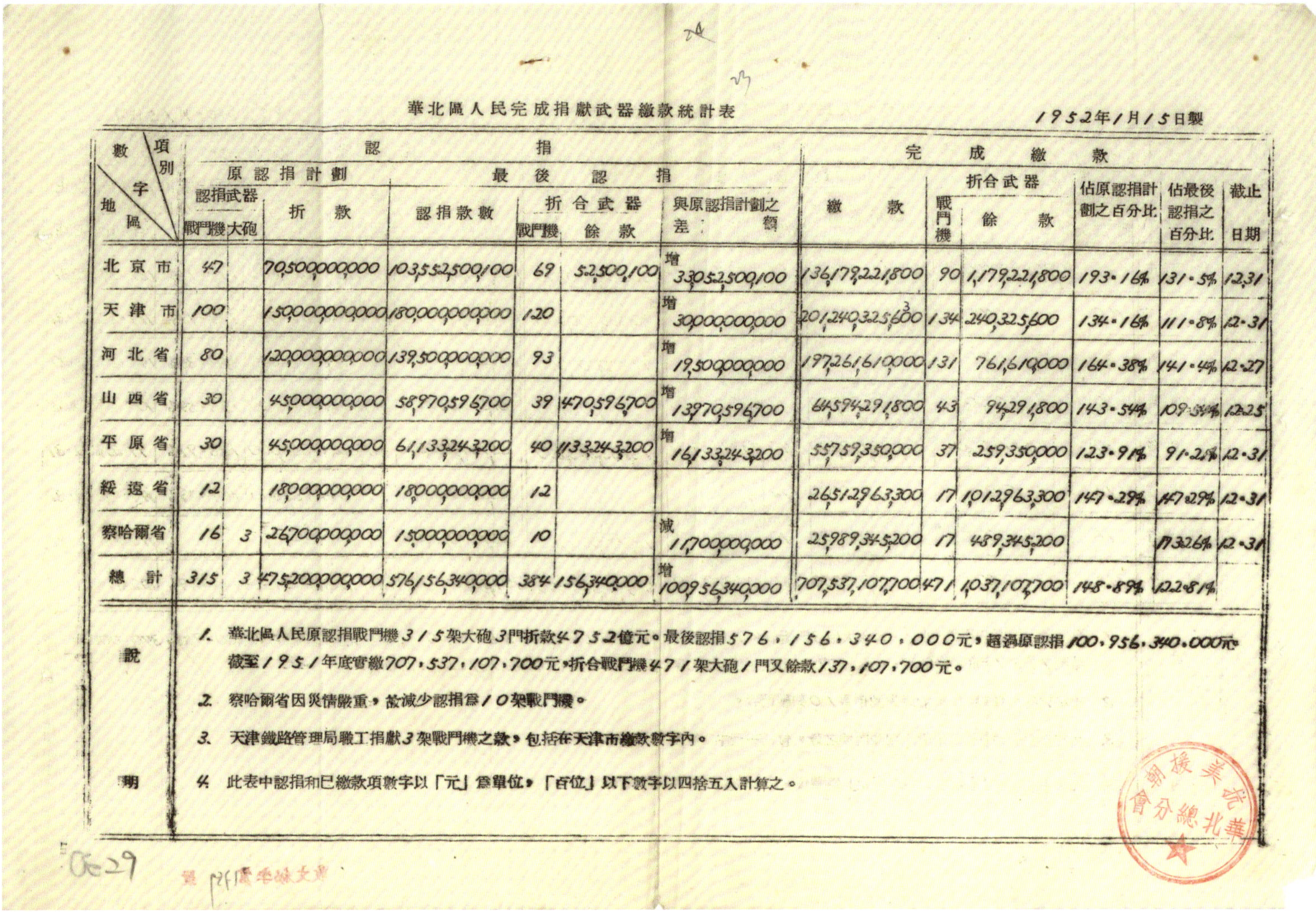

華北區人民完成捐獻武器繳款統計表

1952年1月15日製

項別 / 數字 / 地區	認捐：原認捐計劃：認捐武器：戰鬥機	大砲	折款	認捐：最後認捐：認捐款數	折合武器：戰鬥機	餘款	與原認捐計劃之差額	完成繳款：繳款	折合武器：戰鬥機	餘款	佔原認捐計劃之百分比	佔最後認捐之百分比	截止日期
北京市	47		70,500,000,000	103,552,500,100	69	52,500,100	增 33,052,500,100	136,179,221,800	90	1,179,221,800	193·16%	131·5%	12.31
天津市	100		150,000,000,000	180,000,000,000	120		增 30,000,000,000	201,240,325,600	134	240,325,600	134·16%	111·8%	12·31
河北省	80		120,000,000,000	139,500,000,000	93		增 19,500,000,000	197,261,610,000	131	761,610,000	164·38%	141·4%	12·27
山西省	30		45,000,000,000	58,970,596,700	39	470,596,700	增 13,970,596,700	64,594,291,800	43	94,291,800	143·54%	109·54%	12·25
平原省	30		45,000,000,000	61,133,243,200	40	1,133,243,200	增 16,133,243,200	55,759,350,000	37	259,350,000	123·91%	91·21%	12·31
綏遠省	12		18,000,000,000	18,000,000,000	12			26,512,963,300	17	1,012,963,300	147·29%	147·29%	12·31
察哈爾省	16	3	26,700,000,000	15,000,000,000	10		減 11,700,000,000	25,989,345,200	17	489,345,200		173·26%	12·31
總計	315	3	475,200,000,000	576,156,340,000	384	156,340,000	增 100,956,340,000	707,537,107,700	471	1,037,107,700	148·89%	122·81%	

說明

1. 華北區人民原認捐戰鬥機315架大砲3門折款4752億元。最後認捐576,156,340,000元，超過原認捐100,956,340,000元。截至1951年底實繳707,537,107,700元，折合戰鬥機471架大砲1門又餘款137,107,700元。
2. 察哈爾省因災情嚴重，故減少認捐為10架戰鬥機。
3. 天津鐵路管理局職工捐獻3架戰鬥機之款，包括在天津市繳款數字內。
4. 此表中認捐和已繳款項數字以「元」為單位，「百位」以下數字以四捨五入計算之。

抗美援朝華北總分會

1952年1月15日，华北区人民完成捐献武器缴款统计表

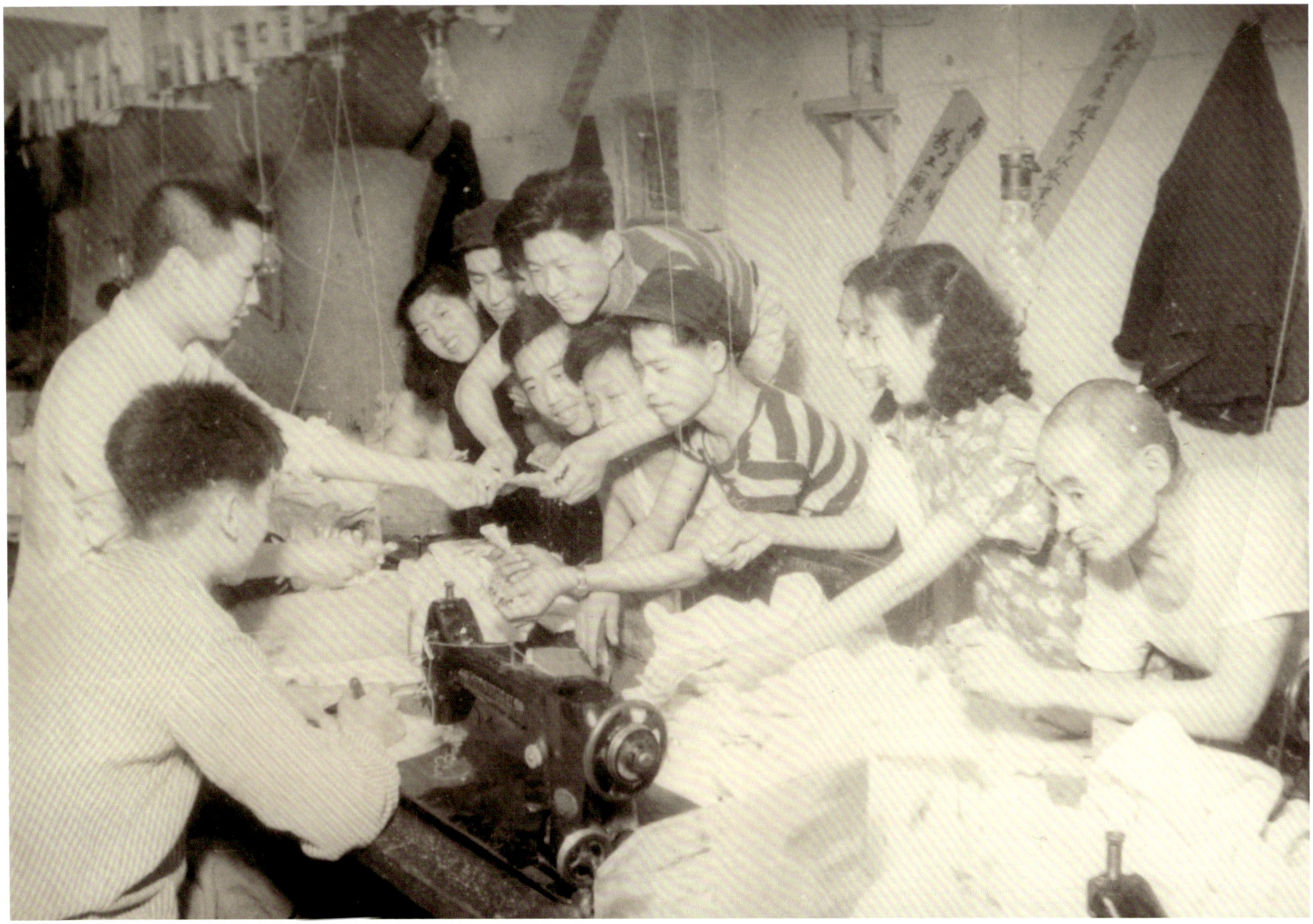

天津纺织工人争先恐后为抗美援朝捐款捐物

天津妇女缝制抗美援朝慰问袋

天津妇女为抗美援朝缝衣服做鞋

天津妇女为志愿军战士缝制了5万多个慰问袋

天津女青年正在抗美援朝捐款簿上签字

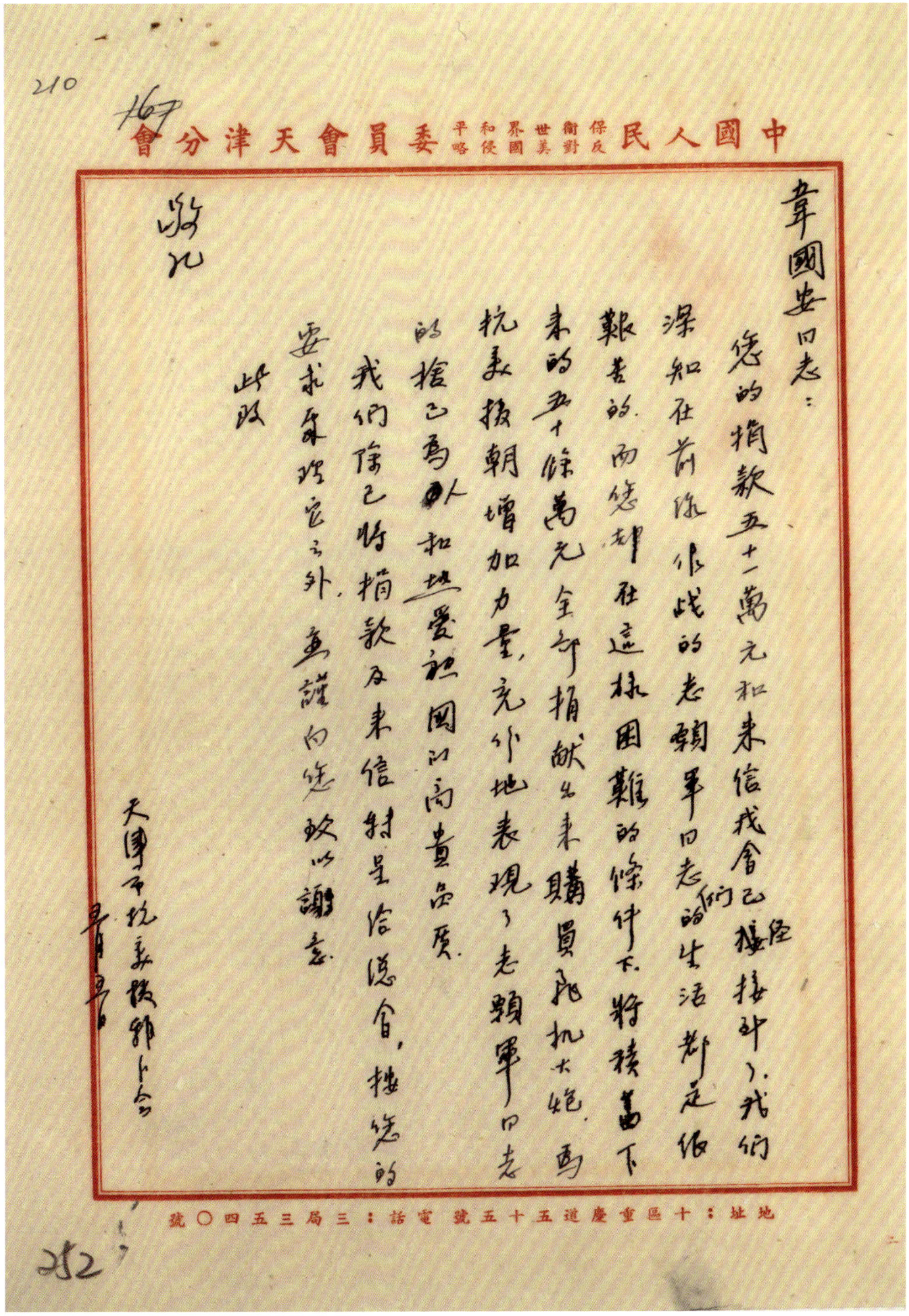

210

167

中國人民保衛世界和平反對美國侵略委員會天津分會

韋國安同志：

您的捐款五十一萬元和來信我會已經接到了，我們深知在前線作戰的志願軍同志們的生活都是很艱苦的，而您却在這樣困難的條件下，將積蓄下來的五十餘萬元全部捐獻出來購買飛機大炮，為抗美援朝增加力量，充分地表現了志願軍同志的捨己為人和熱愛祖國的高貴品質。

我們除已將捐款及來信轉呈給總會，按您的要求來辦理之外，并謹向您致以謝意。

此致

敬礼

天津市抗美援朝分會

五月五日

地址：十區重慶道五十五號　電話：三局三五四〇號

252

1952年5月5日，天津市抗美援朝分会为已将捐款及来信转呈总会事致韦国安函

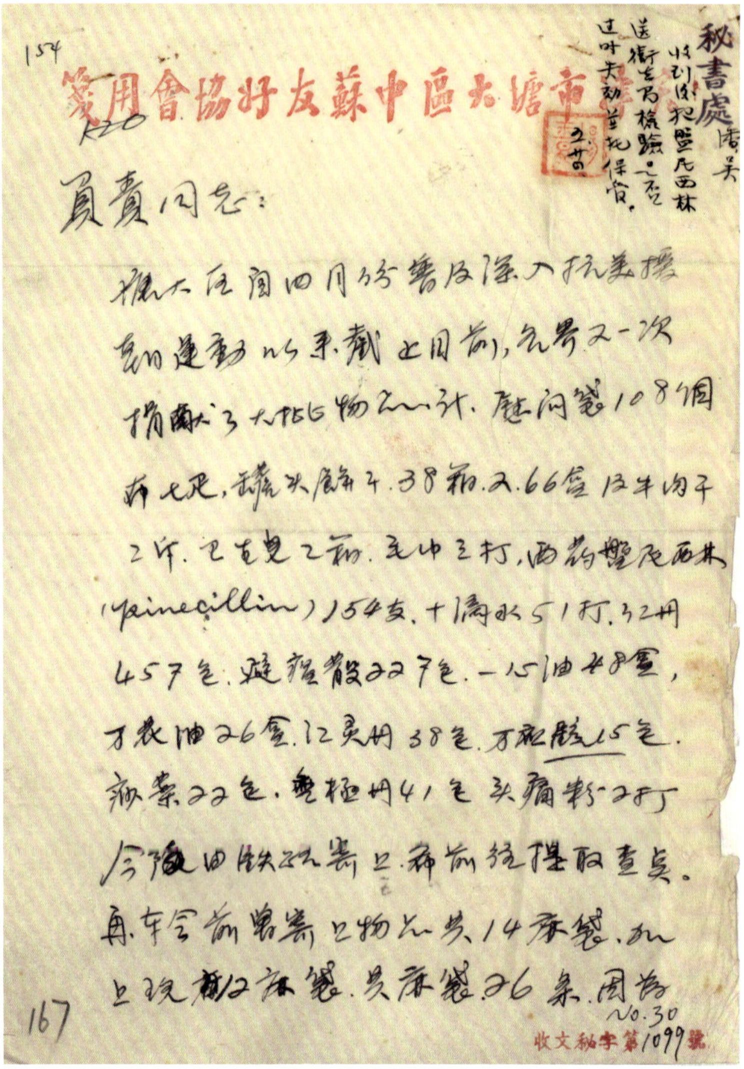

市塘大區中蘇友好協會用箋

負責同志：

據大區自四月份普及深入抗美援朝運動以來截止目前，已常又一次捐獻了大批物品，計：慰問袋108個，布七疋，罐頭餅干38箱又66盒，[illegible]牛肉干二斤，巧克力二箱，毛巾三打，西藥盤尼西林(penicillin)154支，十滴水51打，32丹457包，避瘟散227包，一心油48盒，萬金油26盒，仁丹38包，[illegible]15包，痧藥22包，[illegible]丹41包，头痛粉28打，今除由铁路寄上，希前往提取查收。再本会前曾寄上物品共14麻袋，加上現有12麻袋，共麻袋26条，因為

167 No.30 收文秘字第1099號

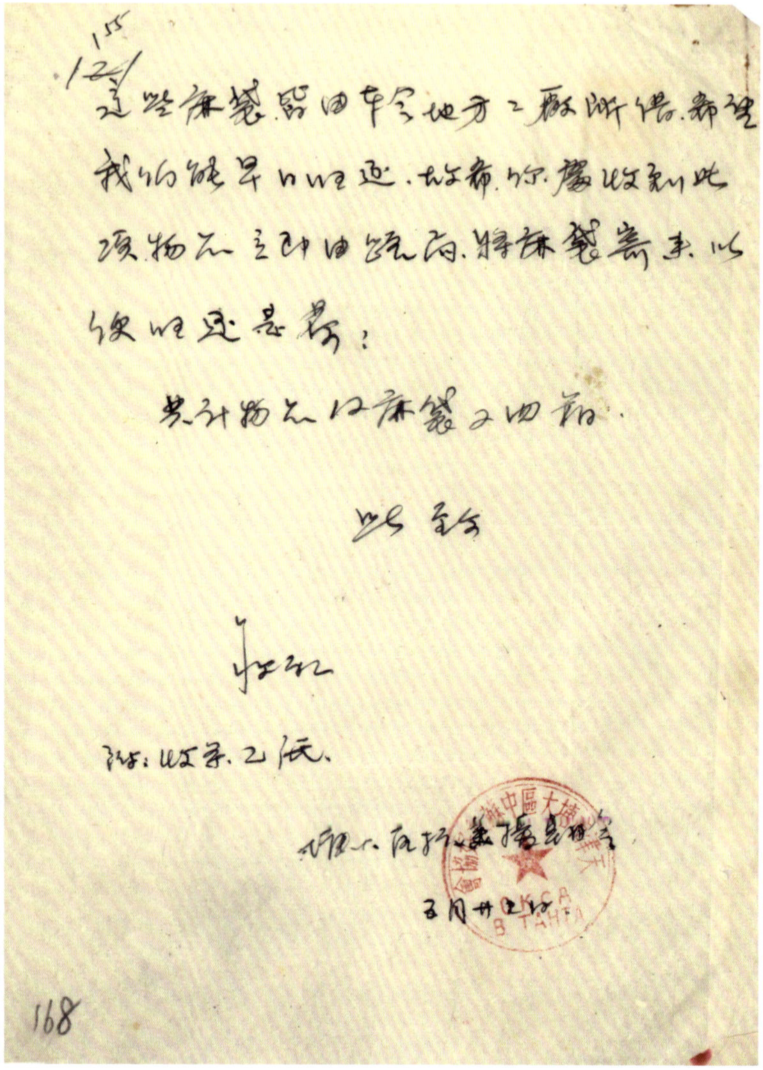

這些麻袋是由本会地方工廠所借，希望我們能早日归还，故希你處收到此項物品之即由總府將麻袋寄来以便归还是荷。

共計物品12麻袋2四箱。

此致

敬礼

附：收条二張。

塘大區抗美援朝分會

五月廿二日

168

1952 年 5 月 22 日，天津市塘大区中苏友好协会为抗美援朝捐献物品事致天津抗美援朝分会函

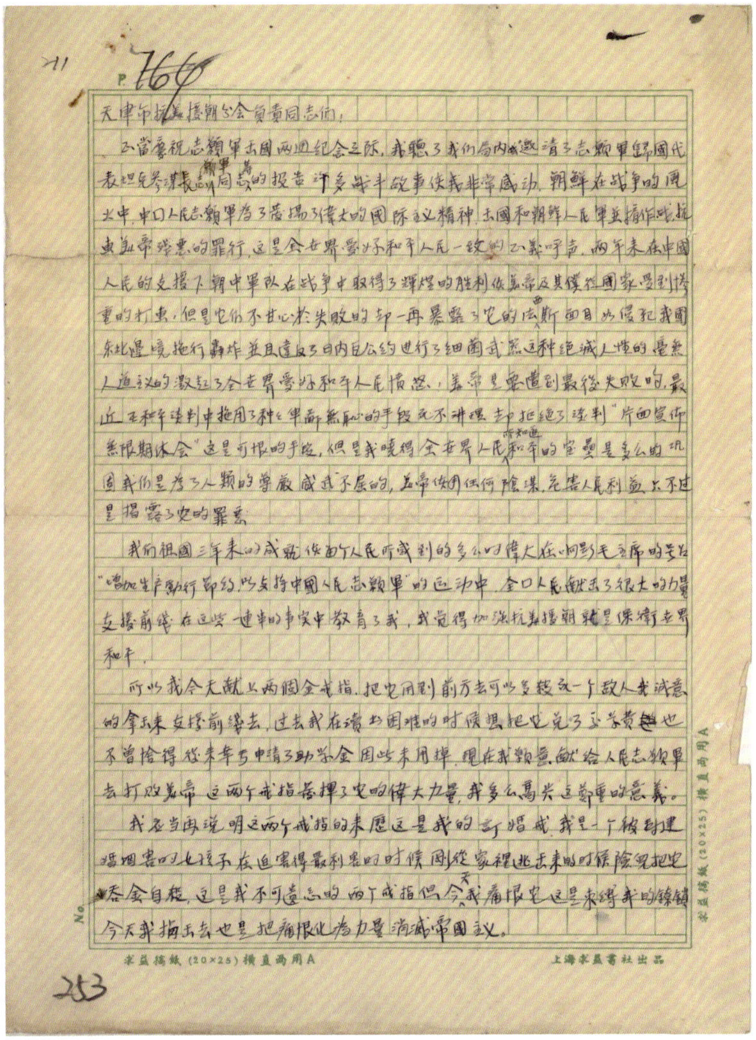

211 P.164

天津市抗美援朝分会负责同志们：

正当庆祝志愿军出国两週纪念之际，我听了我们局内邀请了志愿军归国代表烟台参谋长[illegible]同志的报告，许多战斗故事使我非常感动。朝鲜在战争的烽火中，中国人民志愿军为了发扬了伟大的国际主义精神，出国和朝鲜人民军并肩作战，抗击美帝残暴的罪行，这是全世界爱好和平人民一致的正义呼声。两年来在中国人民的支援下朝中军队在战争中取得了辉煌的胜利，使美帝及其仆从国家受到惨重的打击，但是它们不甘心于失败的，却一再暴露了它的法西斯面目，以侵犯我国东北边境施行轰炸，并且违反了日内瓦公约进行了细菌武器，这种绝灭人性的毫无人道主义的，激起了全世界爱好和平人民愤怒。美帝是要遭到最后失败的。最近在和平谈判中施用了种种卑鄙无耻的手段，就不讲理，却拒绝了谈判"片面宣布无限期休会"，这是可恨的手段，但是我晓得全世界人民所知道和平的宝贵是多么的巩固，我们是为了人类的尊严，威武不屈的，美帝使用任何阴谋危害人民利益，亦不过是揭露了它的罪恶。

我们祖国三年来的成就使每个人民所感到的多么的伟大，在响应毛主席的号召"增加生产，厉行节约，以支持中国人民志愿军"的运动中，全国人民献出了很大的力量支援前线。在这些一连串的事实中教育了我，我觉得加强抗美援朝就是保卫世界和平。

所以我今天献上两个金戒指，把它用到前方去可以多杀死一个敌人，我诚意的拿出来支援前线去。过去我在读书困难的时候想把它兑了交学费，但也不曾舍得，后来年年申请了助学金，因此未用掉。现在我愿意献给人民志愿军去打败美帝，这两个戒指发挥了它的伟大力量，我多么高兴这郑重的意义。

我应当再说明这两个戒指的来历，这是我的订婚戒。我是一个被封建婚姻害的女孩子，在迫害得最利害的时候，刚从家里逃出来的时候，险些把它吞金自杀，这是我不可遗忘的。两个戒指使今天我痛恨它，这是束缚我的锁链，今天我捐出去也是把痛恨化为力量消灭帝国主义。

求益稿纸（20×25）横直两用A　上海求益书社出品

253

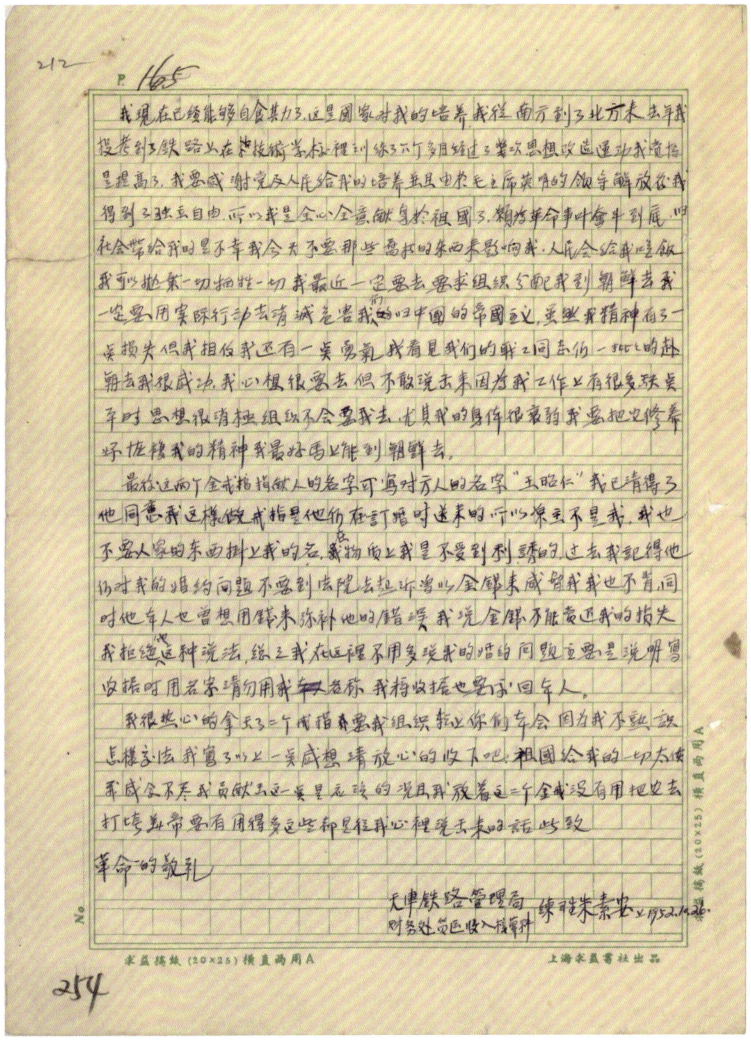

212 P.165

我现在已经能够自食其力了，这是国家对我的培养。我从南方到了北方来，去年我投考到了铁路上，在铁路技术学校里训练了六个多月，经过了几次思想改造运动，我觉悟是提高了。我要感谢党及人民给我的培养，并且由于毛主席英明的领导解放后我得到了独立自由，所以我是全心全意献身于祖国了，愿为革命事业奋斗到底。旧社会带给我的是不幸，我今天不要那些腐朽的东西来影响我。人民会给我吃饭，我可以抛弃一切，牺牲一切。我最近一定要去要求组织分配我到朝鲜去，我一定要用实际行动去消灭危害我们的旧中国的帝国主义。虽然我精神有了一点损失，但我相信我还有一点勇气。我看见我们的战斗同志们一批批的赴朝去，我很感动，我心想很要去，但不敢说出来，因为我工作上有很多缺点，平时思想很消极，组织不会要我去，尤其我的身体很衰弱，我要把它修养好，振作我的精神，我最好马上能到朝鲜去。

最后这两个金戒指捐献人的名字可写对方人的名字"王昭仁"，我已请得了他同意我这样做。戒指是他们在订婚时送来的，所以原主不是我。我也不要人家的东西挂上我的名，在物质上我是不受到利诱的。过去我记得他们对我的婚约问题不要到法院去起诉，曾以金钱来威胁我，我也不肯。同时他本人也曾想用钱来弥补他的错误，我说金钱不能赔还我的损失，我拒绝他这种说法。总之我在这里不用多说我的婚约问题，主要是说明写收据时用名字请勿用我本人名称，我将收据也要寄回本人。

我很热心的拿出了二个戒指，本要我组织转上你们本会，因为我不熟识怎样办法，我写了以上一点感想，请放心的收下吧！祖国给我的一切太使我感念不尽，我贡献出这一点是应该的，况且我放着这二个金戒没有用，把它去打垮美帝要有用得多。这些都是在我心里说出来的话。此致

革命的敬礼！

天津铁路管理局
财务处营运收入核算科　练习生朱素安 上 1952.10.26.

求益稿纸（20×25）横直两用A　上海求益书社出品

254

1952 年 10 月 26 日，天津铁路管理局练习生朱素安为抗美援朝捐献金戒指事致天津市抗美援朝分会函

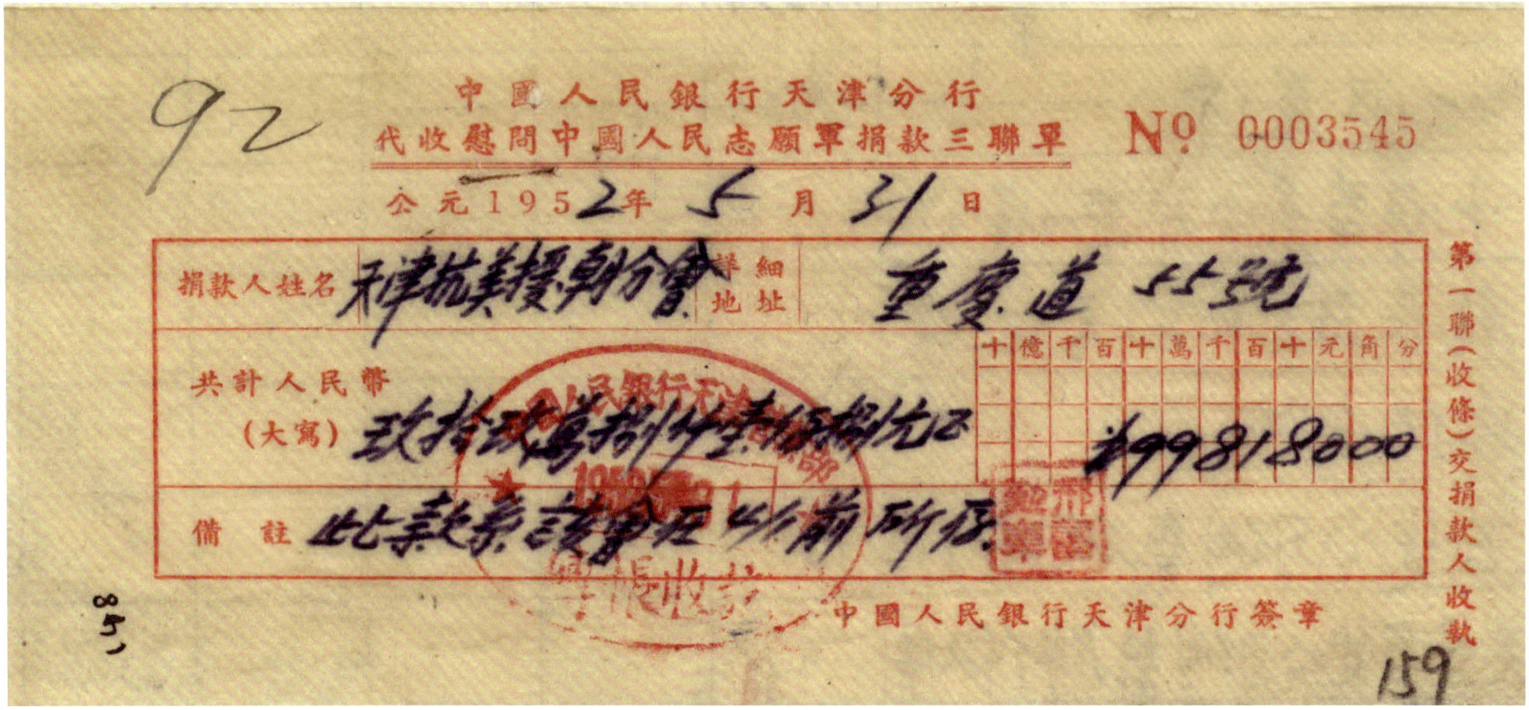
中國人民銀行天津分行
代收慰問中國人民志願軍捐款三聯單
№ 0003545
公元1952年5月31日

捐款人姓名	天津抗美援朝分會	詳細地址	重慶道55號
共計人民幣（大寫）			
備註			

第一聯（收條）交捐款人收執
中國人民銀行天津分行簽章

1952 年 5 月 31 日，中国人民银行天津分行代收天津抗美援朝分会慰问志愿军捐款三联单

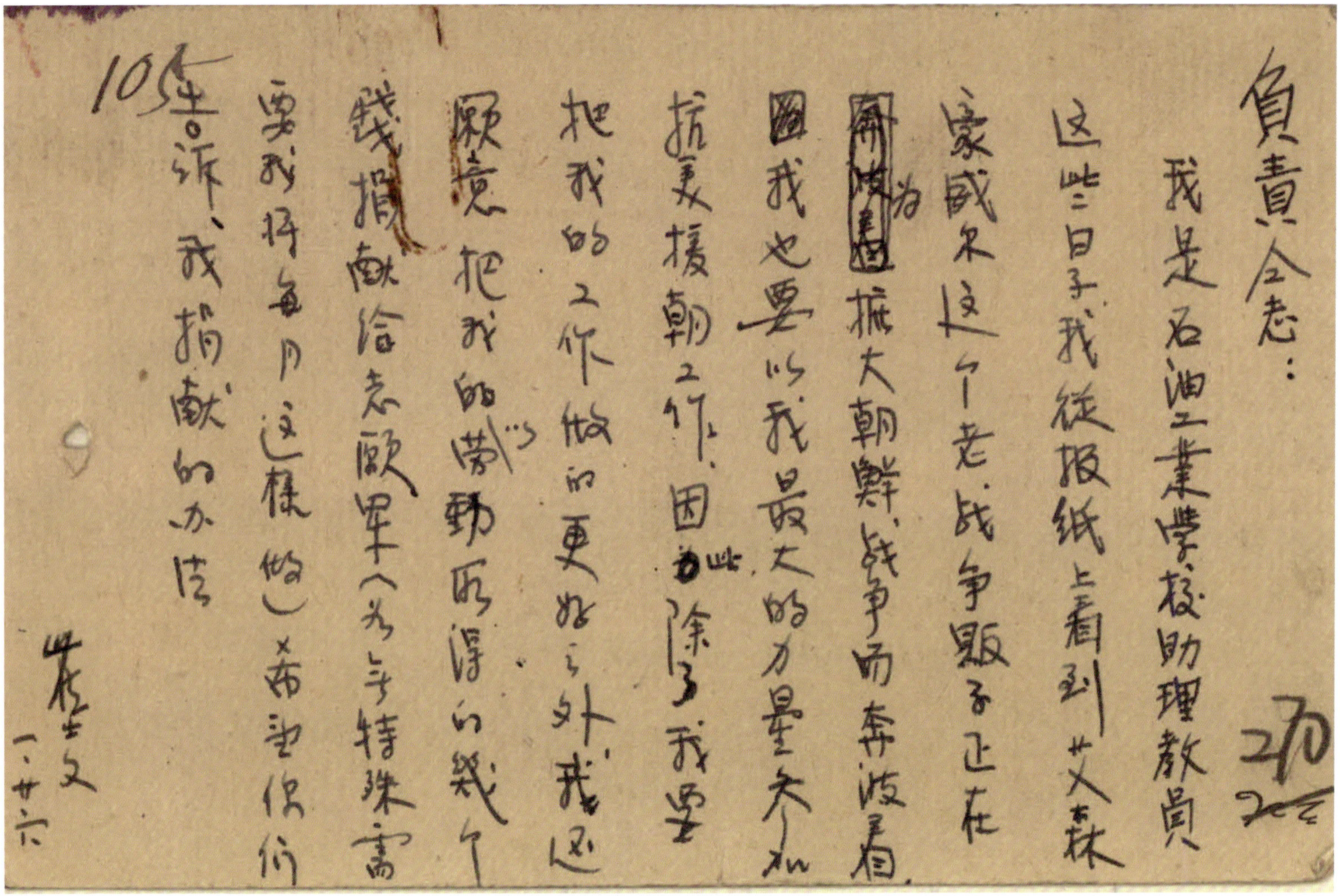
270
负责同志：
我是石油工业学校助理教员
这些日子我从报纸上看到艾森
豪威尔这个老战争贩子正在
为扩大朝鲜战争而奔波着，
因我也要以我最大的力量参加
抗美援朝工作，因此除了我要
把我的工作做的更好之外，我还
愿意把我的劳动所得的钱分
钱捐献给志愿军（为了特殊需
要我将每月这样做）希望你们
告诉我捐献的办法
崔士文
一、廿六
105

1953 年 1 月 26 日，石油工业学校助理教员崔士文为抗美援朝捐款事致天津市抗美援朝分会函

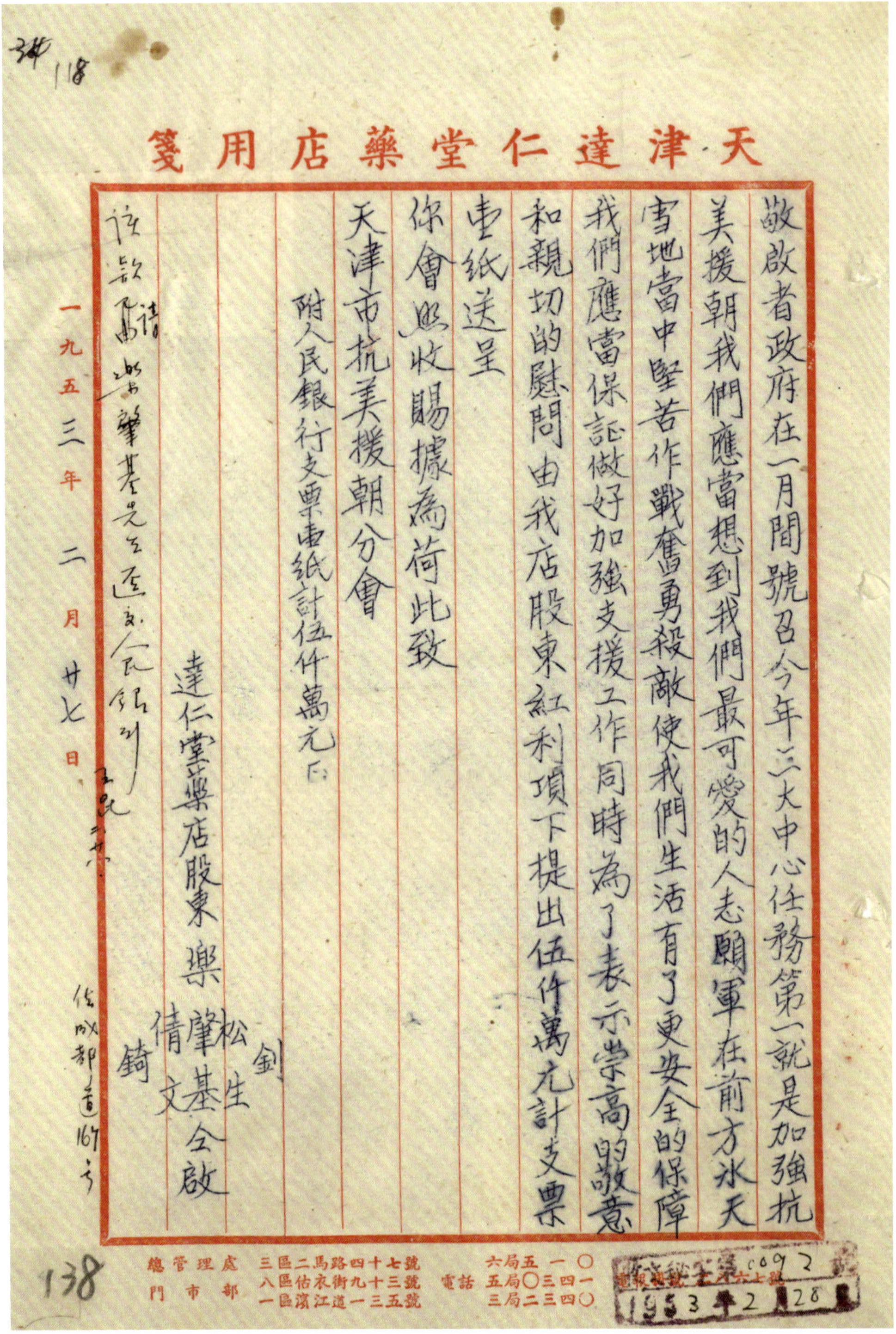

天津達仁堂藥店用箋

敬啟者政府在一月間號召今年三大中心任務第一就是加強抗美援朝我們應當想到我們最可愛的人志願軍在前方冰天雪地當中堅苦作戰奮勇殺敵使我們生活有了更安全的保障我們應當保証做好加強支援工作同時為了表示崇高的敬意和親切的慰問由我店股東紅利項下提出伍仟萬元計支票壹紙送呈

你會照收賜據為荷此致

天津市抗美援朝分會

附人民銀行支票壹紙計伍仟萬元正

達仁堂藥店股東 樂 劍 松生 肇基 倩文 錡 仝啟

一九五三年二月廿七日

總管理處 三區二馬路四十七號　門市部 八區估衣街九十三號 一區濱江道一三五號　電話 六局五一一〇 五局〇三四一 三局二三四〇

1953年2月27日，天津达仁堂药店股东为向抗美援朝前线捐款事致天津市抗美援朝分会函

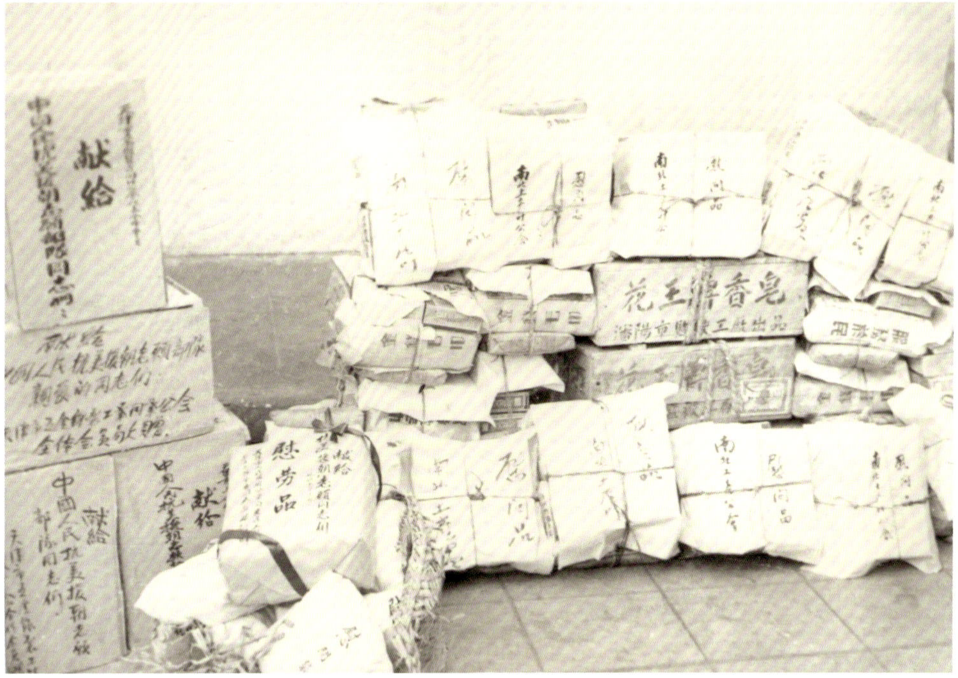

献给抗美援朝志愿军战士的慰问品

四、劳动竞赛

随着抗美援朝宣传教育活动的深入开展，天津各界以战斗的姿态掀起了轰轰烈烈的爱国主义劳动竞赛。1950 年 11 月，天津市委号召全市人民以加紧生产、工作、学习等实际行动，积极支援志愿军战士和朝鲜人民，保卫祖国的和平建设。各工厂职工积极响应，热情高涨地投入到各种生产竞赛运动之中。他们提出“工厂是战场，机器变刀枪”的口号，从国营工厂到私营企业，每天都会传出振奋人心的消息，创造出骄人的战绩。天津钢厂工人发出“工厂就是战场，多出一吨钢，多加一分打垮美帝的力量”的战斗口号，炼钢部职工在劳模潘长有的带领下，召开三次座谈会，检讨了以往工作中的缺点，贯彻交接班制度，增进了团结，凝聚了力量；电炉部有效地将长日班的职工分成黑白两班工作，提前两个月完成全年任务。电工二厂马达组职工在一天之内就创造了四项新的生产纪录，实现了历史上的最高月产量。市电业局第一发电厂全体职工给黄敬市长写信报告：“胜利完成了 1950 年的检修任务，创造了机器名牌出力 ×× 千瓦的新纪录，增加了国家财富 4800 万斤小米。”黄敬市长亲自复函勉励他们争取更大胜利。与此同时，全市各行各业涌现出一大批生产模范单位、模范车间、模范小组和模范个人。

1950 年 11 月 30 日，天津市工商界举行抗美援朝示威游行大会后，各业工人备受鼓舞，以订立爱国公约、开展爱国竞赛等实际行动支援抗美援朝运动。当时沈阳第五机械厂的马恒昌小组是我国工业领域的一面旗帜，多次受到毛主席的接见。从 1951 年 1 月至 5 月，天津市各工厂的 1861 个生产小组订立各项具体保证，提出向马恒昌小组挑战。6 月 1 日，党中央发出《中央关于推广和执行爱国公约的指示》，称：“人民群众所创造的订立爱国公约的办法，是把全国人民的爱国高潮引向深入和经常化的中心环节。”全市职工热烈响应“六一”指示，各生产单位 17 万余人投入了爱国生产竞赛运动，改进生产技术、提高生产效率，全市最大的 13 个国营工厂从 1951 年 1 月至 8 月，劳动生产率平均超过计划 21.9%，生产总值较 1949 年提高了 97.8%。参加生产竞赛的 75 个私营企业的工作效率也平均提高 20% ~ 200%。至 1952 年 9 月，全市工业生产水平已超过天津解放前最高水平 74.84%。

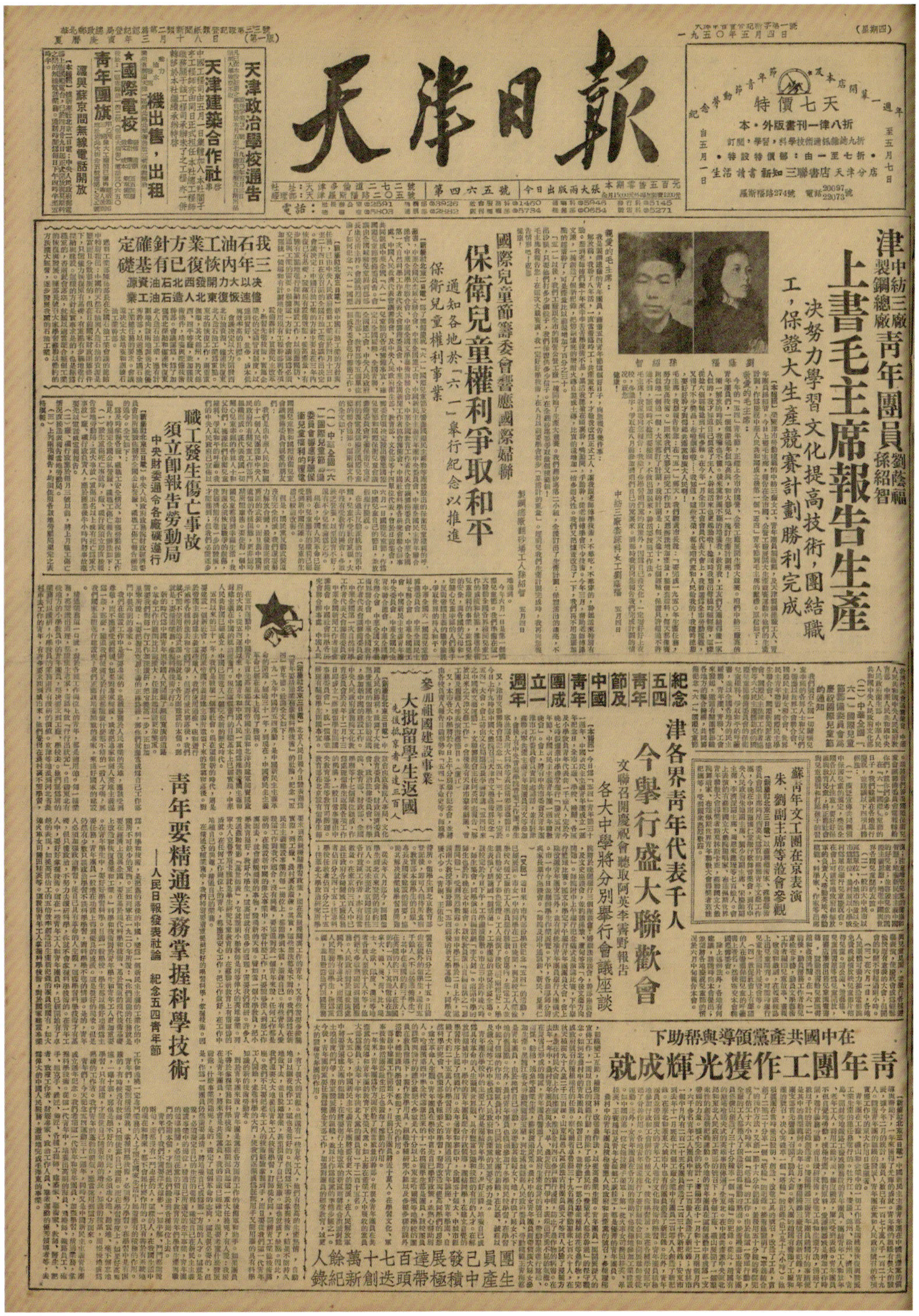

天津日報

津中紡三廠製鋼總廠青年團員劉蔭福孫紹智

上書毛主席報告生產

決努力學習文化提高技術，團結職工，保證大生產競賽計劃勝利完成

國際兒童節籌委會響應國際婦聯

保衛兒童權利爭取和平

通知各地於「六一」舉行紀念以推進保衛兒童權利事業

我石油工業方針確定 三年內恢復已有基礎

決以大力開發西北石油資源 恢復東北人造石油工業

職工發生傷亡事故 須立即報告勞動局

中央財委通令各廠礦遵行

青年要精通業務掌握科學技術

——人民日報發表社論 紀念五四青年節

紀念五四青年節及中國青年團成立一週年

津各界青年代表千人 今舉行盛大聯歡會

文聯召開慶祝會聽取阿英李霽野報告

各大中學將分別舉行會議座談

參加祖國建設事業 大批留學生返國

蘇青年文工團在京表演 朱、劉副主席等蒞會參觀

在中國共產黨領導與幫助下 青年團工作獲光輝成就

團員已發展達七十萬餘人 生產中積極帶頭迭創新紀錄

天津中纺三厂、制钢总厂青年团员上书毛主席报告生产情况（1950年5月4日《天津日报》）

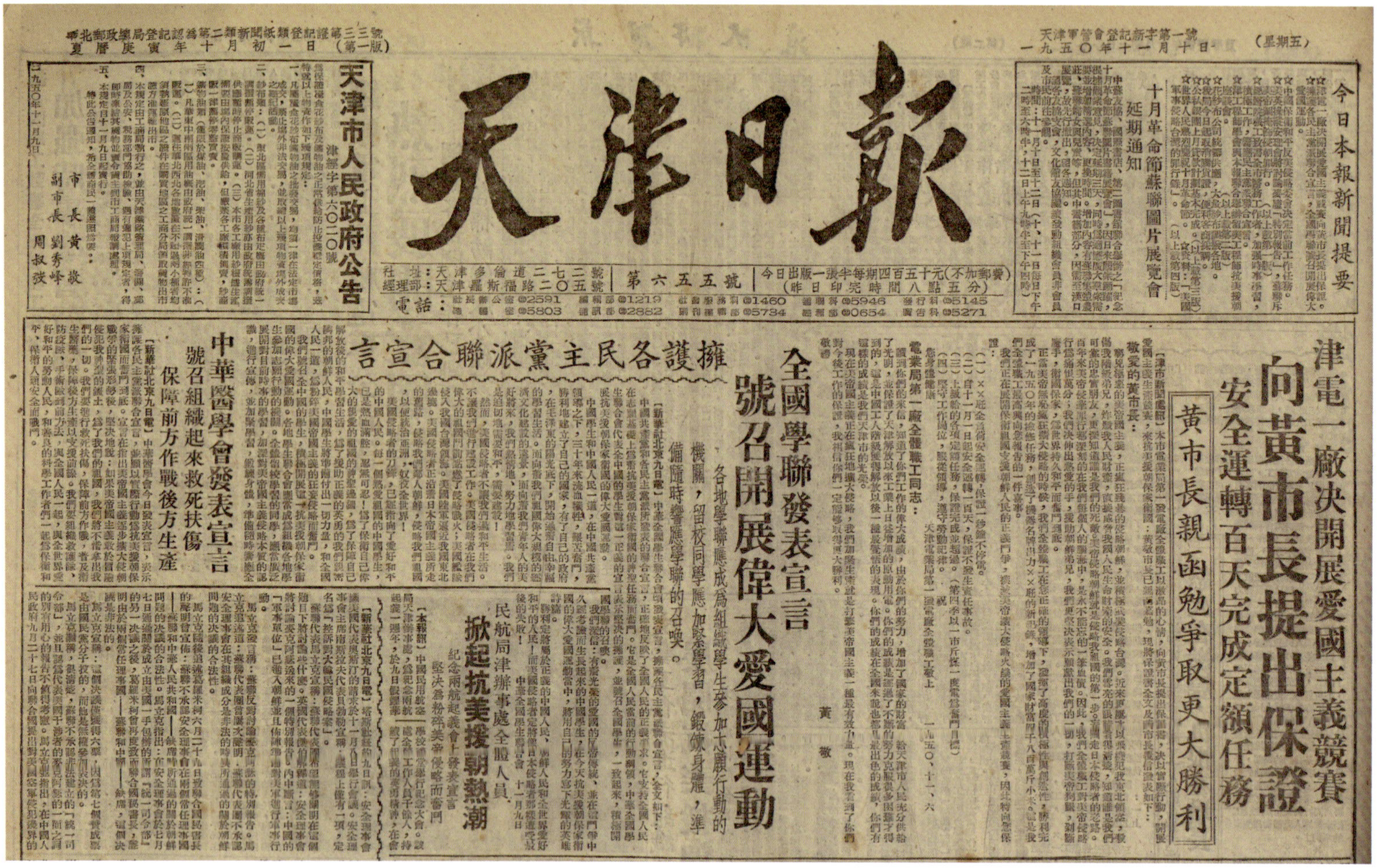

天津日報

第六五五號

天津市人民政府公告

今日本報新聞提要

十月革命節蘇聯圖片展覽會 延期通知

津電一廠決開展愛國主義競賽

向黃市長提出保證

安全運轉百天完成定額任務

黃市長親函勉爭取更大勝利

擁護各民主黨派聯合宣言

全國學聯發表宣言

號召開展偉大愛國運動

各地學聯應成為組織學生參加志願行動的機關，留校同學應加緊學習，鍛鍊身體，準備隨時響應學聯的召喚

中華醫學會發表宣言

號召組織起來救死扶傷

保障前方作戰後方生產

民航局津辦事處全體人員

掀起抗美援朝熱潮

1950 年 11 月 10 日《天津日报》有关爱国主义生产竞赛的宣传报道

天津各行各业纷纷制定爱国公约

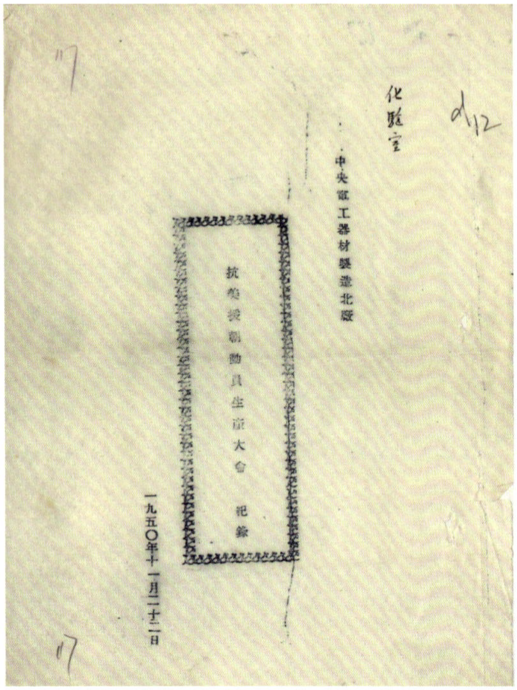

中央電工器材製造北廠

抗美援朝動員生產大會 紀錄

一九五〇年十一月二十二日

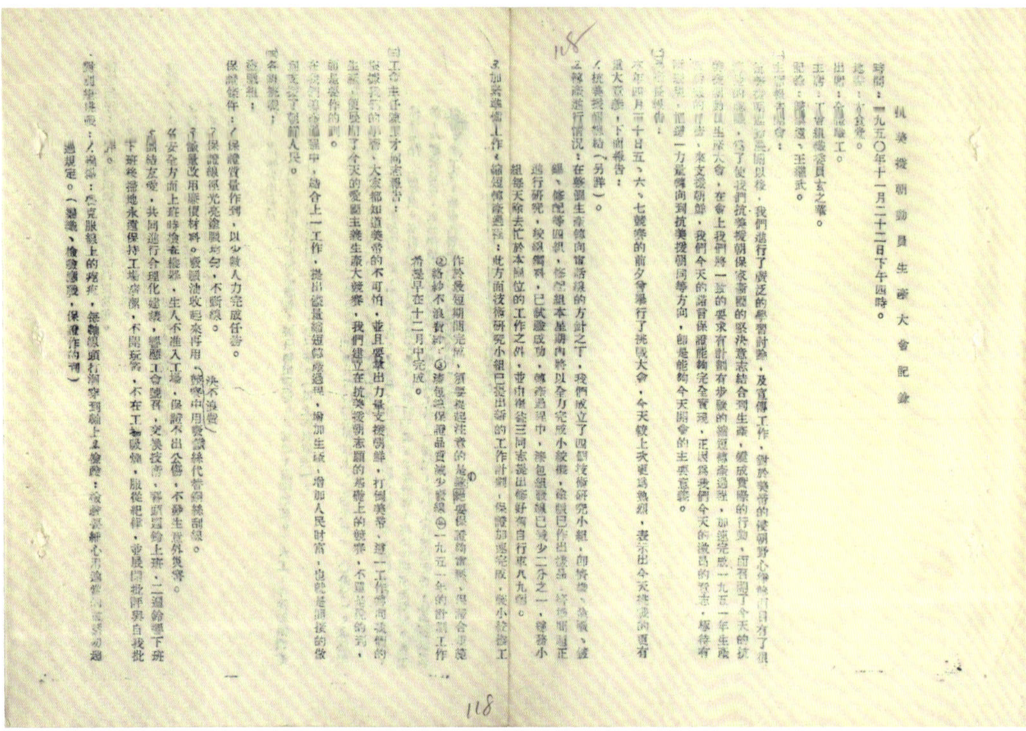

抗美援朝動員生產大會記錄

時間：一九五〇年十一月二十二日下午四時。

地點：大食堂。

出席：全體職工。

主席：工會組織委員玄之峯。

記錄：[illegible]、王積武。

1950 年 11 月 22 日，中央电工器材制造北厂抗美援朝动员生产大会记录

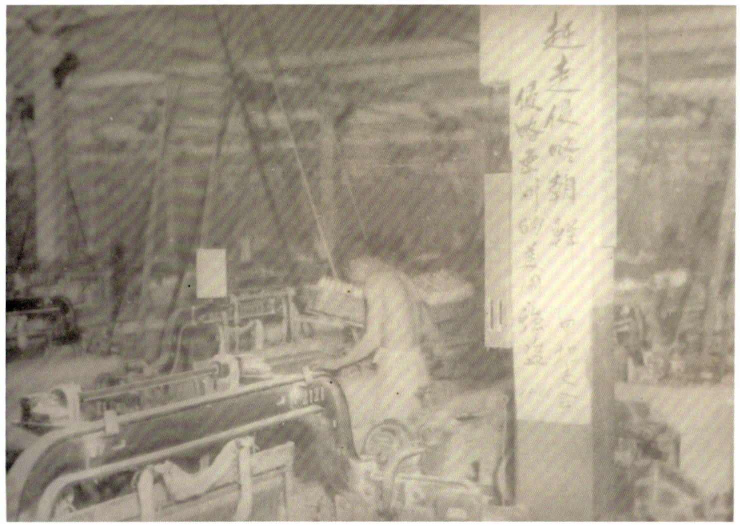

各工厂职工为支援抗美援朝积极生产

1951 年 6 月，棉纺机械三厂木梭部修订爱国公约情形

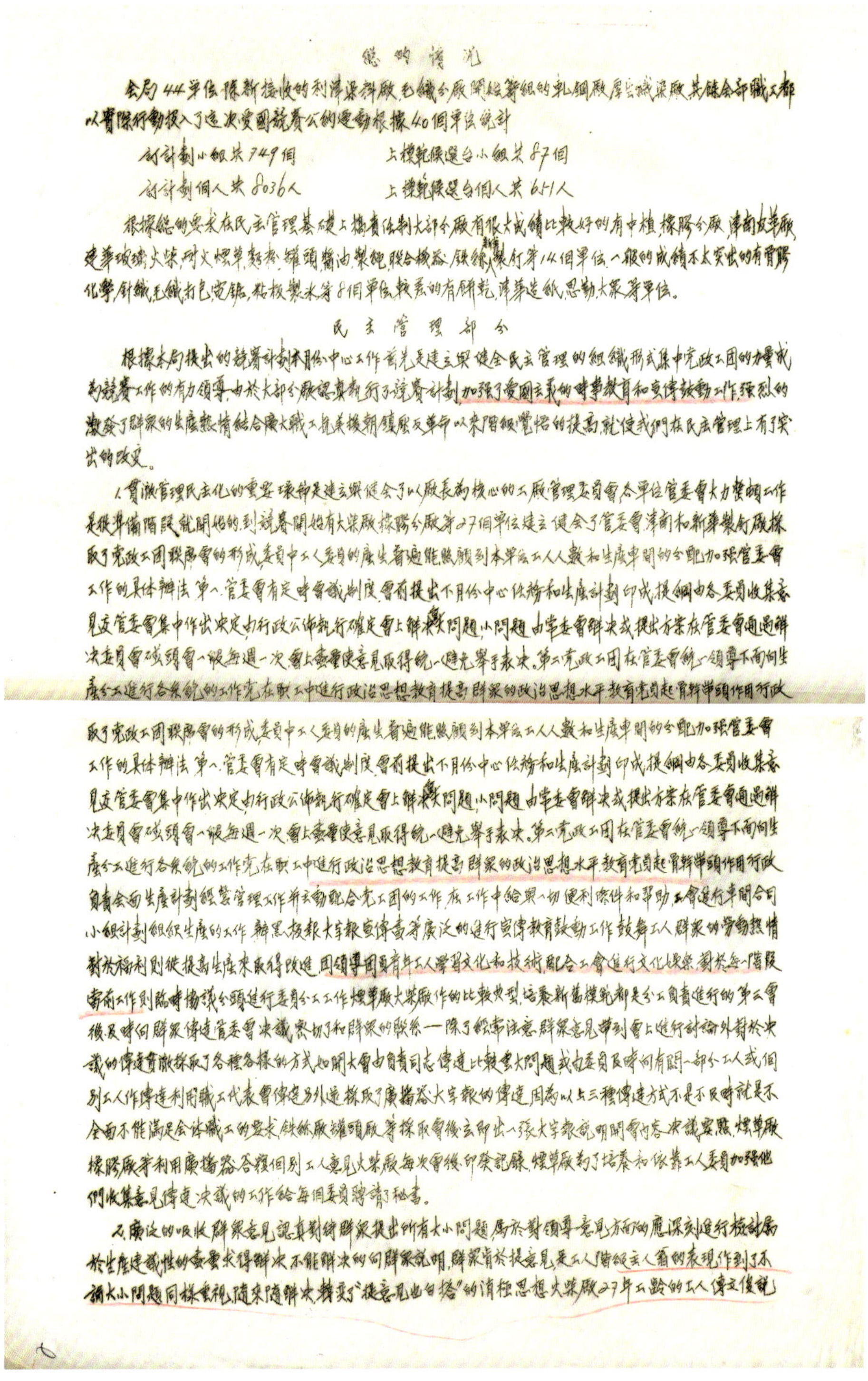

總的情況

全局44單位除新接收的利津染料廠、毛織分廠、開始籌組的軋鋼廠、厚生織染廠，其餘全部職工都以實際行動投入了這次愛國競賽公約運動。根據40個單位統計：

訂計劃小組共749個　　上標誌候選的小組共87個

訂計劃個人共8036人　　上標誌候選的個人共651人

根據總的要求在民主管理基礎上樹責任制，大部分廠有很大成績，比較好的有中植、橡膠分廠、津南皮革廠、建華玻璃、火柴、耐火、煙草、麵粉、罐頭、醬油、製純、聯合機器、鐵絲、新華製釘等14個單位，一般的成績不太突出的有膏膠、化學、針織、毛織、打包、電鍍、粘板、製冰等8個單位，較差的有餅乾、津華造紙、恩勤、大眾等單位。

民主管理部分

根據本局提出的競賽計劃本月份中心工作首先是建立與健全民主管理的組織形式，集中黨政工團的力量成為競賽工作的有力領導。由於大部分廠認真執行了競賽計劃，加強了愛國主義的時事教育和宣傳鼓動工作，強烈的激發了群眾的生產熱情，結合廣大職工抗美援朝、鎮壓反革命以來階級覺悟的提高，就使我們在民主管理上有了突出的改變。

1.貫徹管理民主化的重要環節是建立與健全了以廠長為核心的工廠管理委員會。各單位管委會大力整頓工作是從準備階段就開始的，到競賽開始有火柴廠、橡膠分廠等27個單位建立健全了管委會。津南和新華製釘廠採取了黨政工團聯席會的形式，委員中工人委員的產生都適能照顧到本單位工人人數和生產車間的分配。加強管委會工作的具体辦法：第一，管委會有定時會議制度，會前提出下月份中心任務和生產計劃，印成提綱由各委員收集意見交管委會集中作出決定，由行政公佈執行。確定會上解決大問題，小問題由常委會解決或提出方案在管委會通過解決。委員會碰頭會一般每週一次，會上盡量使意見取得統一，避免舉手表決。第二，黨政工團在管委會統一領導下，面向生產分工進行各系統的工作。黨在職工中進行政治思想教育，提高群眾的政治思想水平，教育黨員起骨幹帶頭作用。行政負責全面生產計劃、經營管理工作，并主動配合黨工團的工作，在工作中給與一切便利條件和幫助。工會進行車間合同小組計劃、組織生產的工作，辦黑板報、大字報、宣傳畫等，廣泛的進行宣傳教育鼓動工作，鼓舞工人群眾的勞動熱情，對於福利則從提高生產來取得改進。團領導團員青年工人學習文化和技術，配合工會進行文化娛樂。對於每一階段當前工作則臨時協議分頭進行。委員分工工作，煙草廠、火柴廠作的比較典型，培養新舊標範都是分工負責進行的。第三，會後及時向群眾傳達管委會決議，密切了和群眾的聯系——除了經常注意群眾意見帶到會上進行討論外，對於決議的傳達貫徹，採取了各種各樣的方式，如開大會由負責同志傳達比較重大問題，或由委員及時向有關一部分工人或個別工人作傳達，利用職工代表會傳達，另外還採取了廣播器、大字報的傳達。因為以上三種傳達方式不是不及時就是不全面，不能滿足全体職工的要求，鐵絲廠、罐頭廠等採取會後立即出一張大字報說明開會內容、決議要點。煙草廠、橡膠廠等利用廣播器答覆個別工人意見。火柴廠每次會後印發記錄。煙草廠為了培養和依靠工人委員，加強他們收集意見、傳達決議的工作，給每個委員聘請了秘書。

2.廣泛的吸收群眾意見，認真對待群眾提出所有大小問題。屬於對領導意見方面的應深刻進行檢討，屬於生產建議性的盡量求得解決，不能解決的向群眾說明。群眾肯於提意見是工人階級主人翁的表現，作到了不論大小問題同樣重視，隨來隨解決，轉變了“提意見也白搭”的消極思想。火柴廠27年工齡的工人傅文俊說

1951年6月，公营工业管理局爱国竞赛公约运动小结

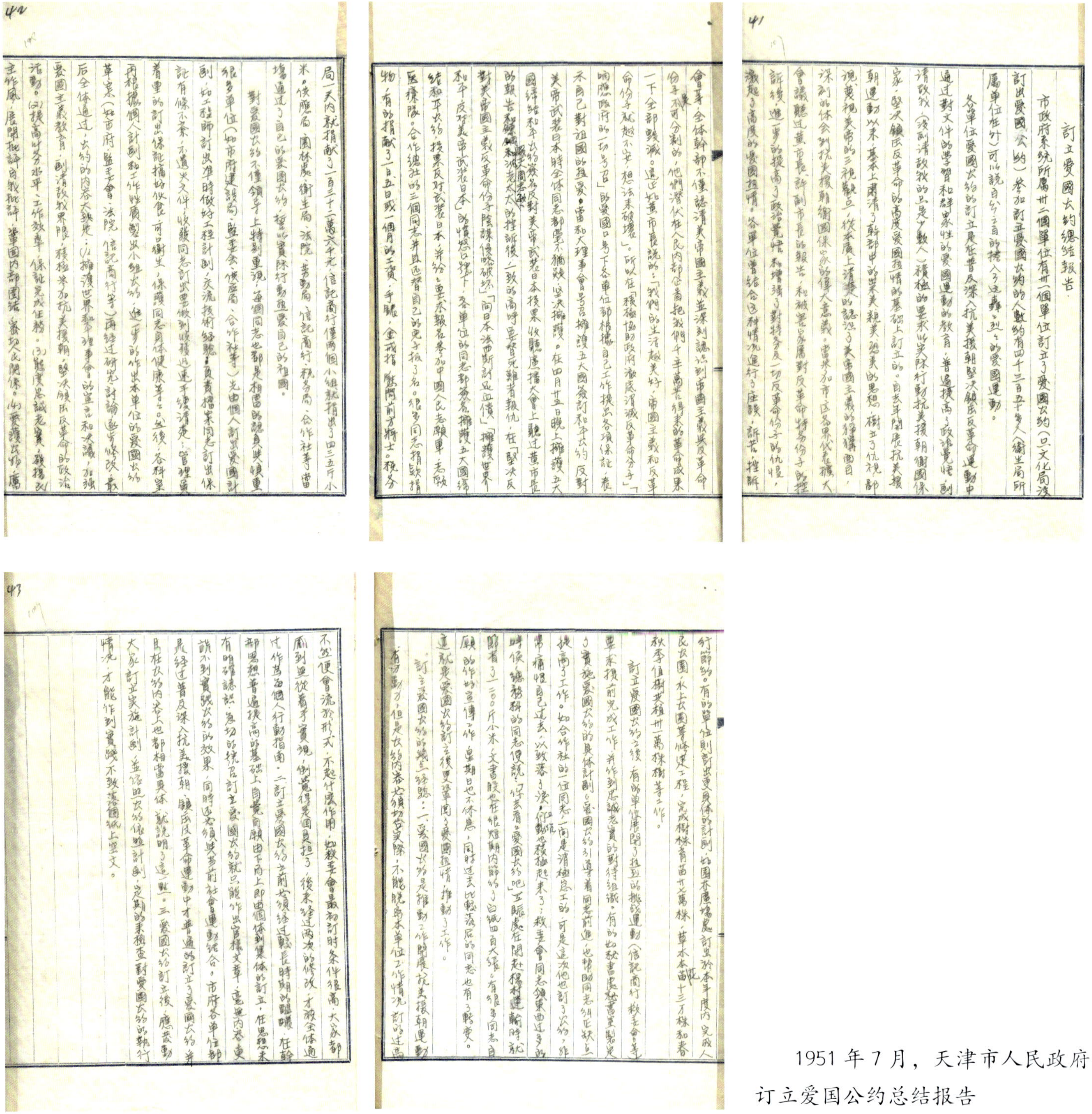

1951 年 7 月，天津市人民政府订立爱国公约总结报告

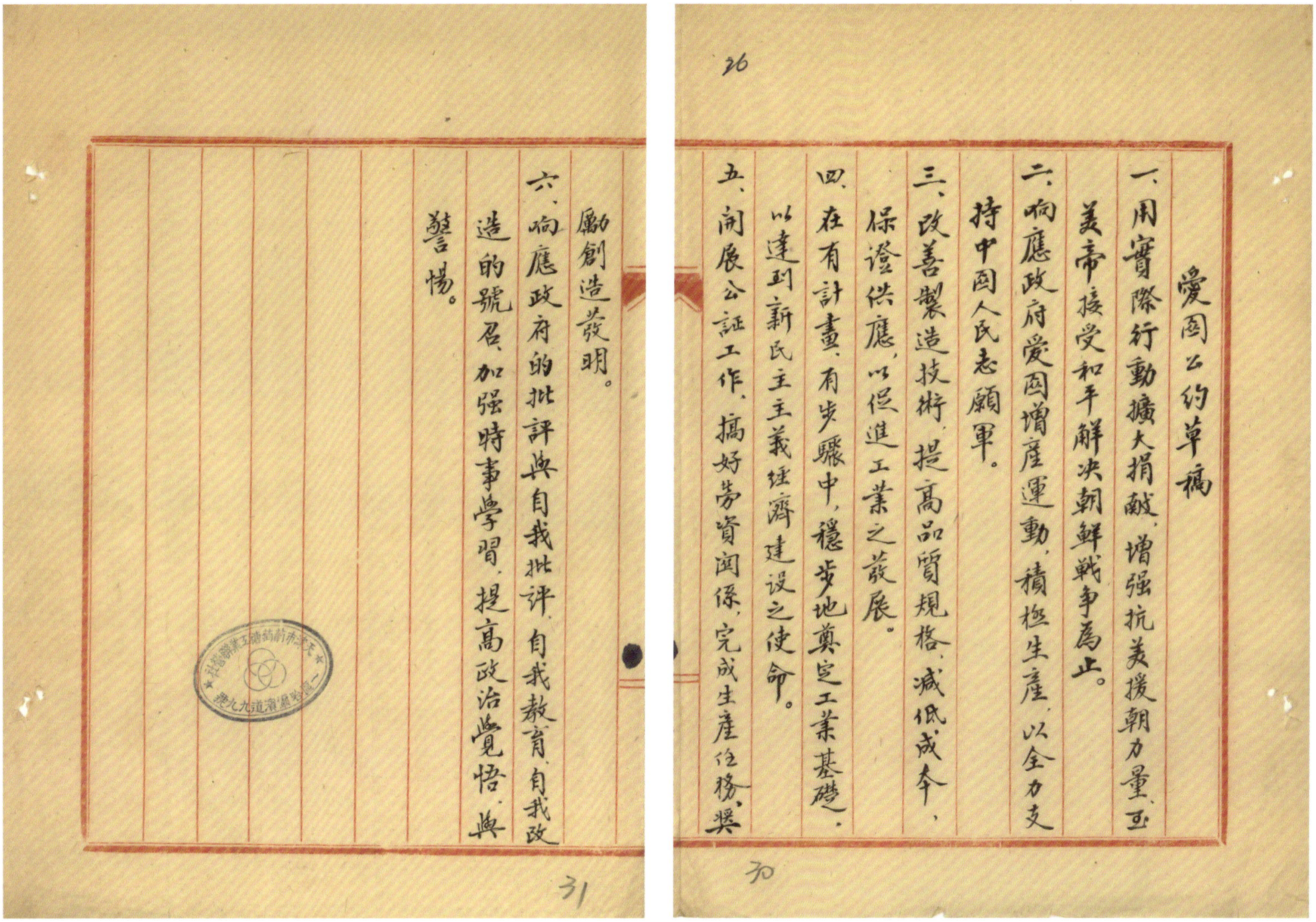

愛国公约草稿

一、用實際行動擴大捐献，增强抗美援朝力量，至美帝接受和平解决朝鲜戰争為止。

二、响應政府愛國增產運動，積極生產，以全力支持中國人民志願軍。

三、改善製造技術，提高品質規格，減低成本，保證供應，以促進工業之發展。

四、在有計畫、有步驟中，穩步地奠定工業基礎，以達到新民主主義經濟建設之使命。

五、開展公証工作，搞好勞資関係，完成生產任務，獎勵創造發明。

六、响應政府的批評與自我批評，自我教育，自我改造的號召，加强時事學習，提高政治覺悟，與警惕。

1951 年 10 月 26 日，天津市葡萄糖工业联营社爱国公约草稿

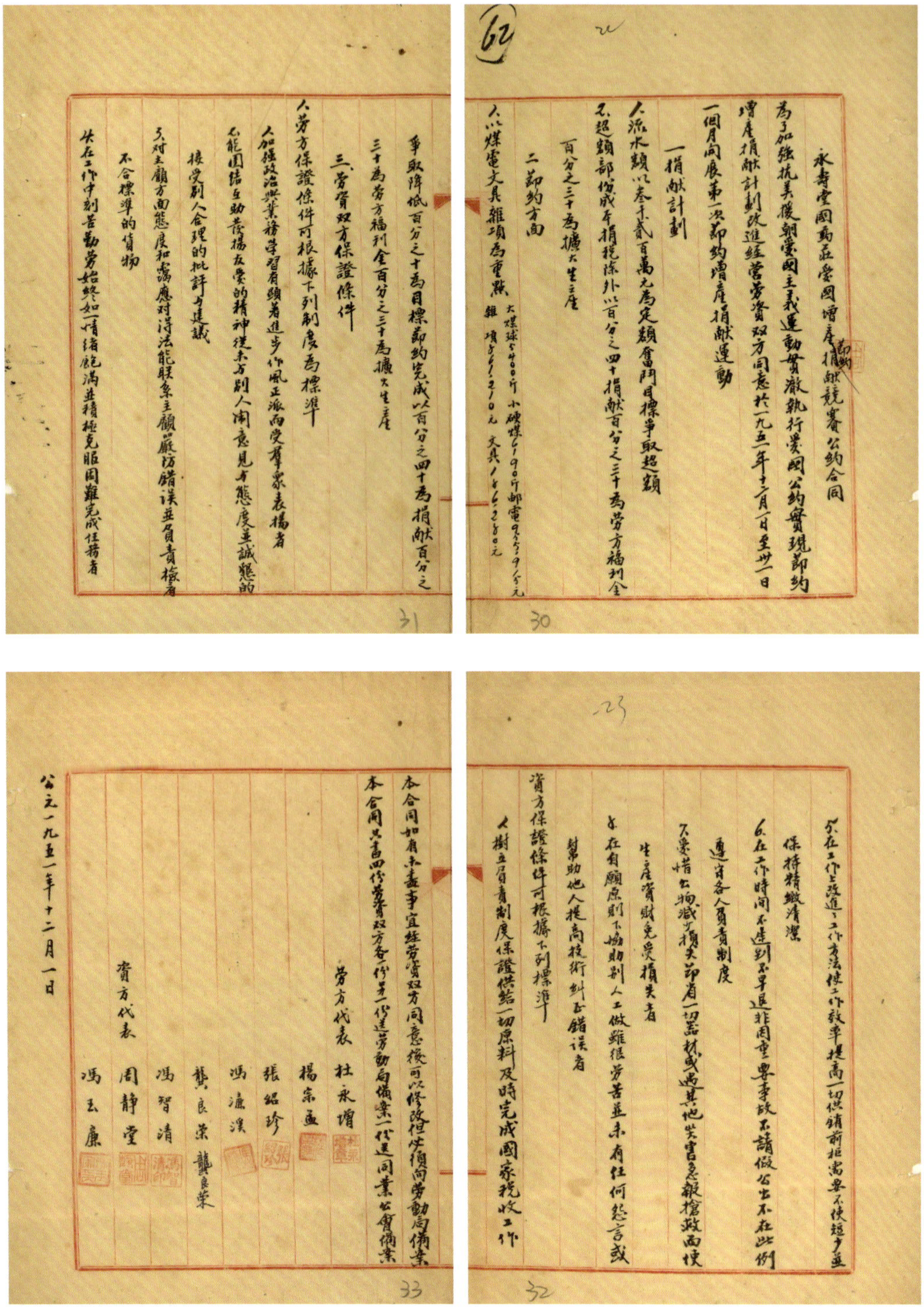
永壽堂國藥莊愛國增產節約捐獻競賽公約合同

為了加強抗美援朝愛國主義運動貫徹執行愛國公約實現節約增產捐獻計劃改進經營勞資双方同意於一九五一年十二月一日至卅一日一個月間展開第一次節約增產捐獻運動

一、捐獻計劃

1、流水額以叁千貳百萬元為定額奮鬥目標爭取超額 不超額部份除捐稅除外以百分之四十捐獻百分之三十為勞方福利金百分之三十為擴大生產

二、節約方面

1、以煤電文具雜項為重點 大煤球5400斤 小硬煤6190斤 郵電959,910元 雜項561,210元 文具146,280元
爭取降低百分之十為目標節約完成以百分之四十為捐獻百分之三十為勞方福利金百分之三十為擴大生產

三、勞資双方保證條件

1、勞方保證條件可根據下列制度為標準

1、加强政治與業務學習有顯著進步作風正派而受群衆表揚者

2、能團結互助發揚友愛的精神從未方别人闹意見和態度並誠懇的接受别人合理的批評和建議

3、对主顧方面態度和藹應对得法能联系主顧嚴防錯误並負責檢查不合標準的貨物

4、在工作中刻苦勤勞始終如一情緒飽滿並積極克服困難完成任務者

5、在工作上改進工作方法使工作效率提高一切供銷前後需要不使短少並保持精緻清潔

6、在工作時間不遲到不早退非因重要事故不請假公出不在此例遵守各人負責制度

7、愛惜公物減少損失節省一切器材或遇其他災害急報搶救而使生產資財免受損失者

8、在自願原則下協助别人工做雖很勞苦並未有任何怨言或幫助他人提高技術糾正錯误者

資方保證條件可根據下列標準

1、樹立層責制度保證供給一切原料及時完成國家税收工作

本合同如有未盡事宜經勞資双方同意後可以修改但須向勞動局備案
本合同共書四份勞資双方各一份另一份送勞動局備案一份送同業公會備案

勞方代表 杜永增 楊宗孟 張紹珍 馮濂溪 龔良棠 龔良棠

資方代表 馮智清 周静堂 馮玉康

公元一九五一年十二月一日

1951年12月1日，天津永寿堂国药庄爱国增产节约捐献竞赛公约合同

某纺织厂第二织布车间女工正在加紧生产

电车公司职工加紧赶制机车，以实际行动支援抗美援朝

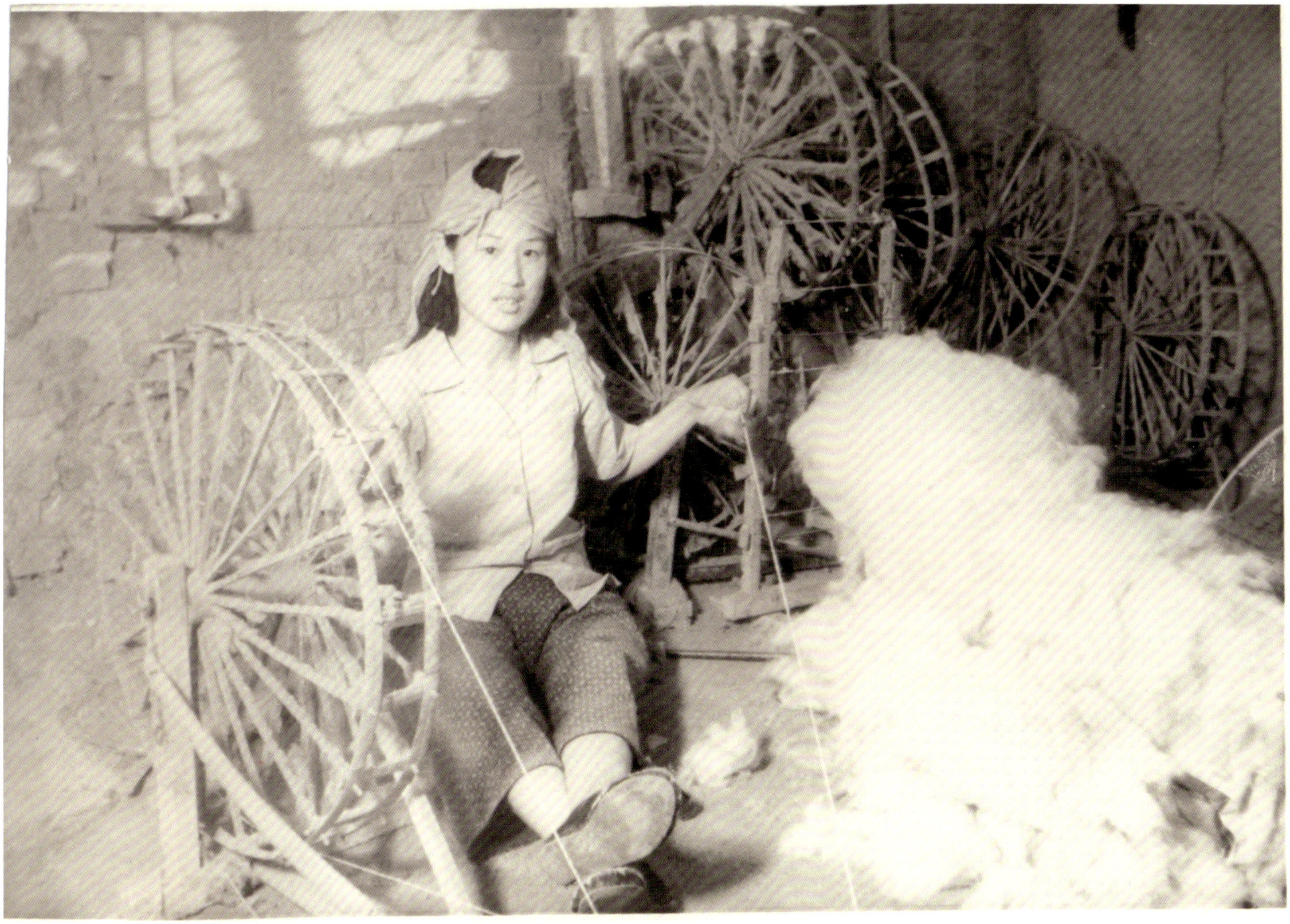

天津妇女不甘落后，为支援抗美援朝积极纺棉花

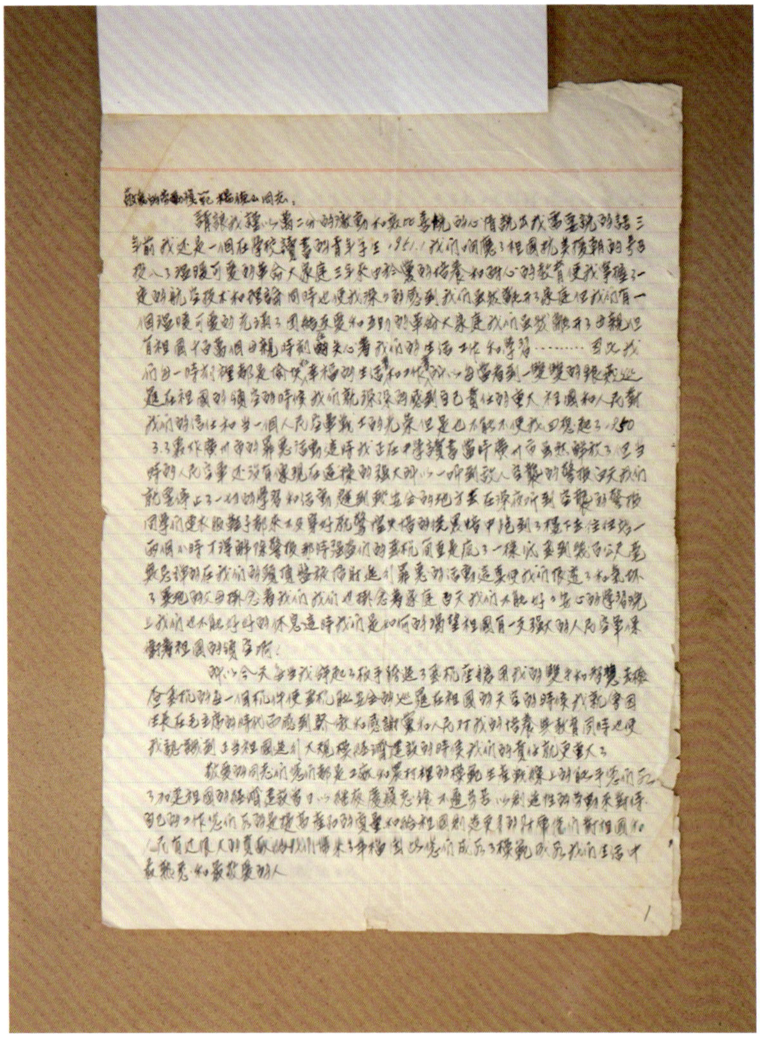

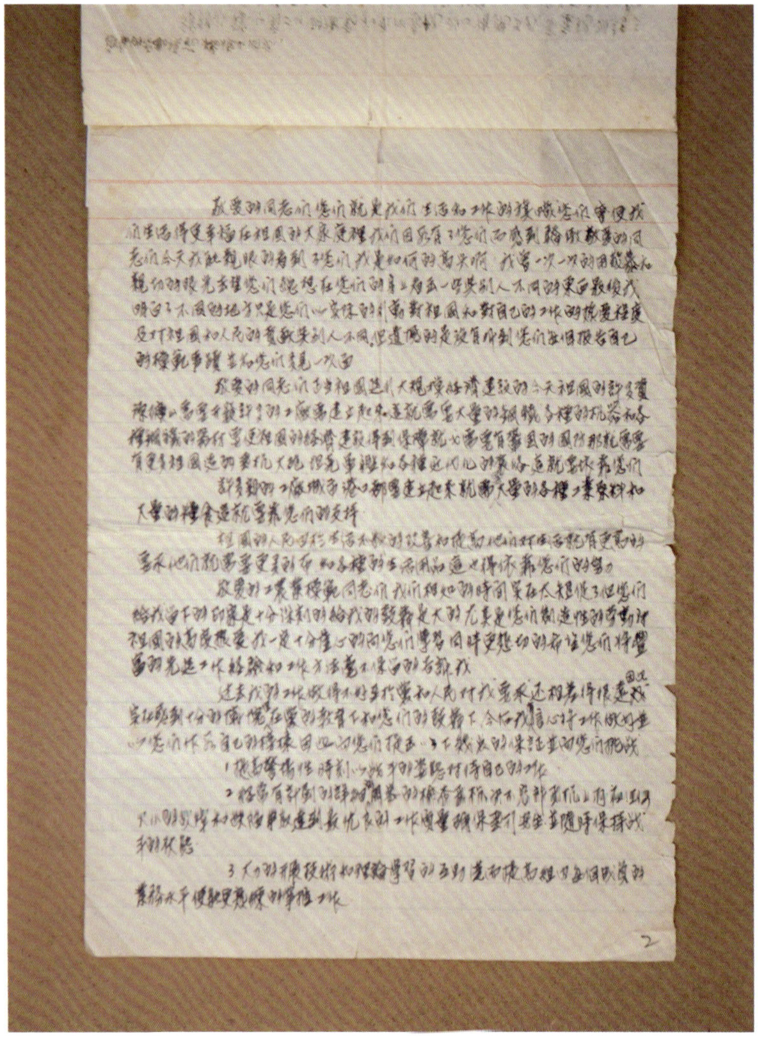

一位抗美援朝战士写给天津劳动模范杨德山的信

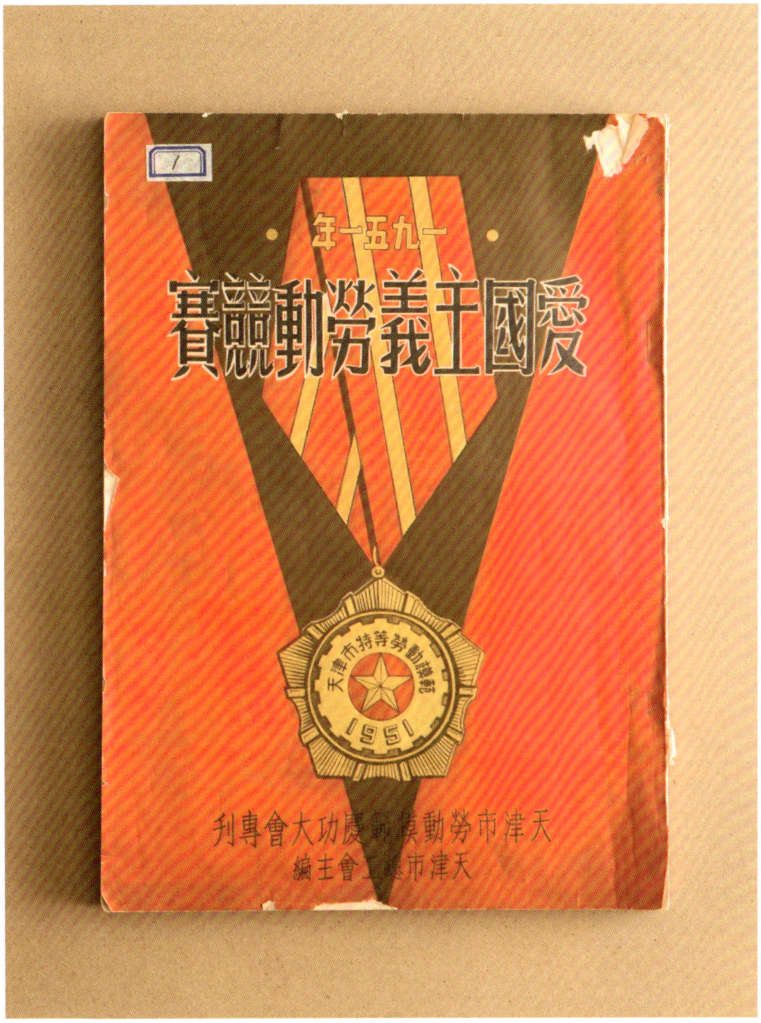

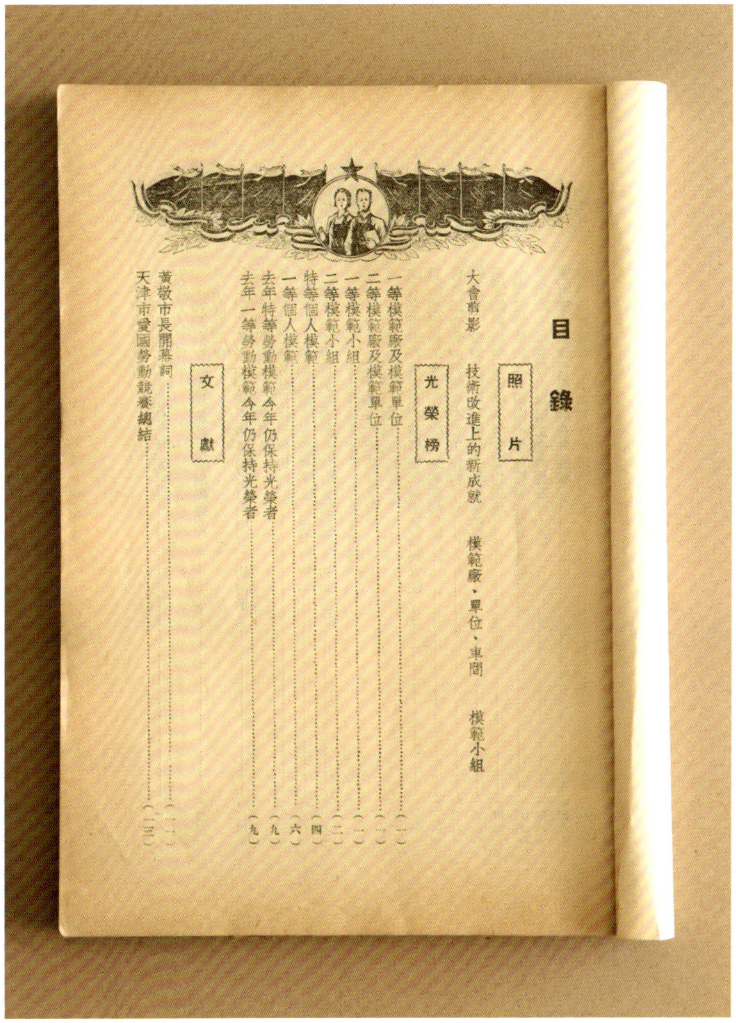

1951 年度爱国主义劳动竞赛光荣册

1953 年 8 月 24 日，天津私营光裕织布厂全体职工正在修订爱国公约

五、优抚关怀

毛泽东主席曾经说过：“没有一支人民的军队，便没有人民的一切。”拥护我们的革命军队，是广大人民群众的一项重要政治任务。而优待和抚恤革命烈士家属、军人家庭和革命伤残军人，正是人民拥护革命军队的一项重要工作。

抗美援朝战争爆发后，天津市的优抚工作也前进了一大步，成为一项群众性、经常性的工作。特别是 1951 年 6 月 1 日，中国抗美援朝总会发出了关于推行爱国公约、捐献飞机大炮和优待烈军属的号召后，对优抚工作提出了新要求。在八一建军节前夕，天津市成立了优抚工作检查组推动委员会，以抗美援朝分会全体委员为委员，逐级成立了优抚检查委员会，直接领导推动此项工作。在全市 107 个主要机关、企业、合作社中进行了对烈属军属应享受的各种优先权的检查。各区建立优抚小组，登门到军烈属家中慰问，帮助他们解决实际困难。妇女们组成服务队，到赴朝人员家中拆洗衣被、打扫卫生。各大中学校学生 97 人组成工作团，对全市 11,255 户烈军属进行访问，了解他们的疾苦，解决他们的生活困难。在 1951 年、1952 年两年中，政府协助 12,965 户烈军属解决了就业问题和烈军属子弟的失学问题。烈军属的房屋修缮、疾病医疗等问题也都得到优先解决。军属们纷纷写信给前方志愿军战士，鼓励他们在战场上英勇杀敌，答谢祖国人民的关怀。

对于从前线送回来的伤病员，天津市政府也将他们安排在最好的医院，进行最好的医疗救治，市领导和相关部门人员多次到医院慰问。对于圆满完成任务从朝鲜回来的医疗队、慰问团成员，市领导设宴为他们庆功，抗美援朝天津分会也安排他们到北京观光游览。在朝鲜战场上光荣牺牲的战斗英雄杨连弟、文艺工作者常宝堃、程树棠等人，向他们的家属发放了抚恤金。

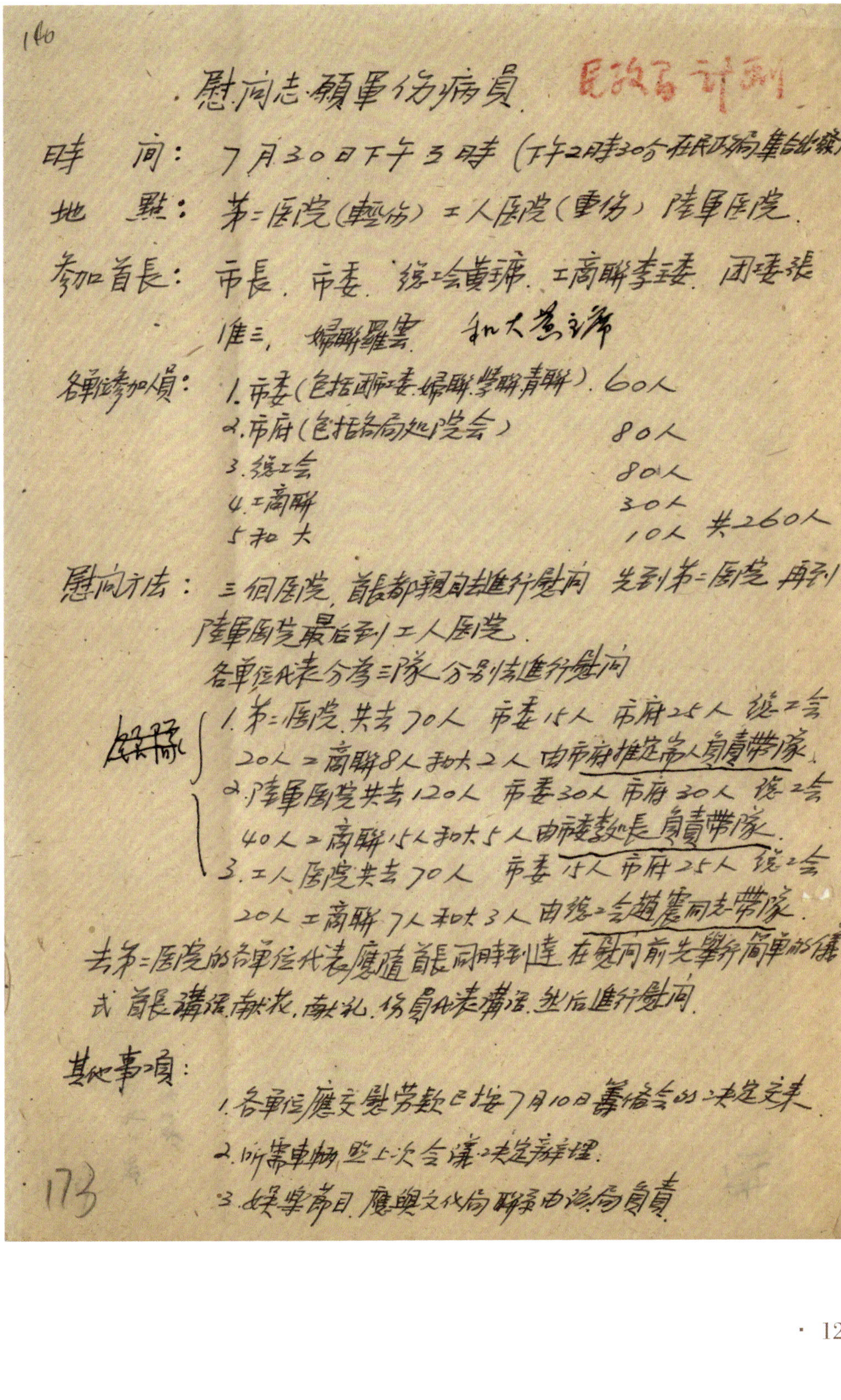

140

慰问志愿军伤病员　民政局计划

时　间：7月30日下午3时（下午2时30分在民政局集合出发）

地　点：第二医院（轻伤）工人医院（重伤）陆军医院。

参加首长：市長、市委、总工会黄主席、工商联李主委、团委张准三，妇联罗雲　和大黄主席

各单位参加員：
1. 市委（包括团市委、妇联、学联、青联）60人
2. 市府（包括各局处院会）80人
3. 总工会 80人
4. 工商联 30人
5. 和大 10人　共260人

慰问方法：三個医院，首長都親自去進行慰问，先到第二医院，再到陆军医院，最后到工人医院。

各单位代表分为三隊，分别去進行慰问

分隊
1. 第二医院共去70人　市委15人　市府25人　总工会20人　工商联8人　和大2人　由市府推定专人負責帶隊。
2. 陆军医院共去120人　市委30人　市府30人　总工会40人　工商联15人　和大5人　由[illegible]處長負責帶隊。
3. 工人医院共去70人　市委15人　市府25人　总工会20人　工商联7人　和大3人　由总工会趙震同志帶隊。

去第二医院的各单位代表應隨首長同時到達，在慰问前先舉行简单的儀式，首長講話、献花、献礼、伤員代表講話，然后進行慰问。

其他事項：
1. 各单位應交慰劳款已按7月10日筹備会的决定交来。
2. 所需車輛照上次会議决定辦理。
3. 娱樂節目，應與文化局联系由該局負責。

173

1951年7月30日，天津市民政局慰问志愿军伤病员计划

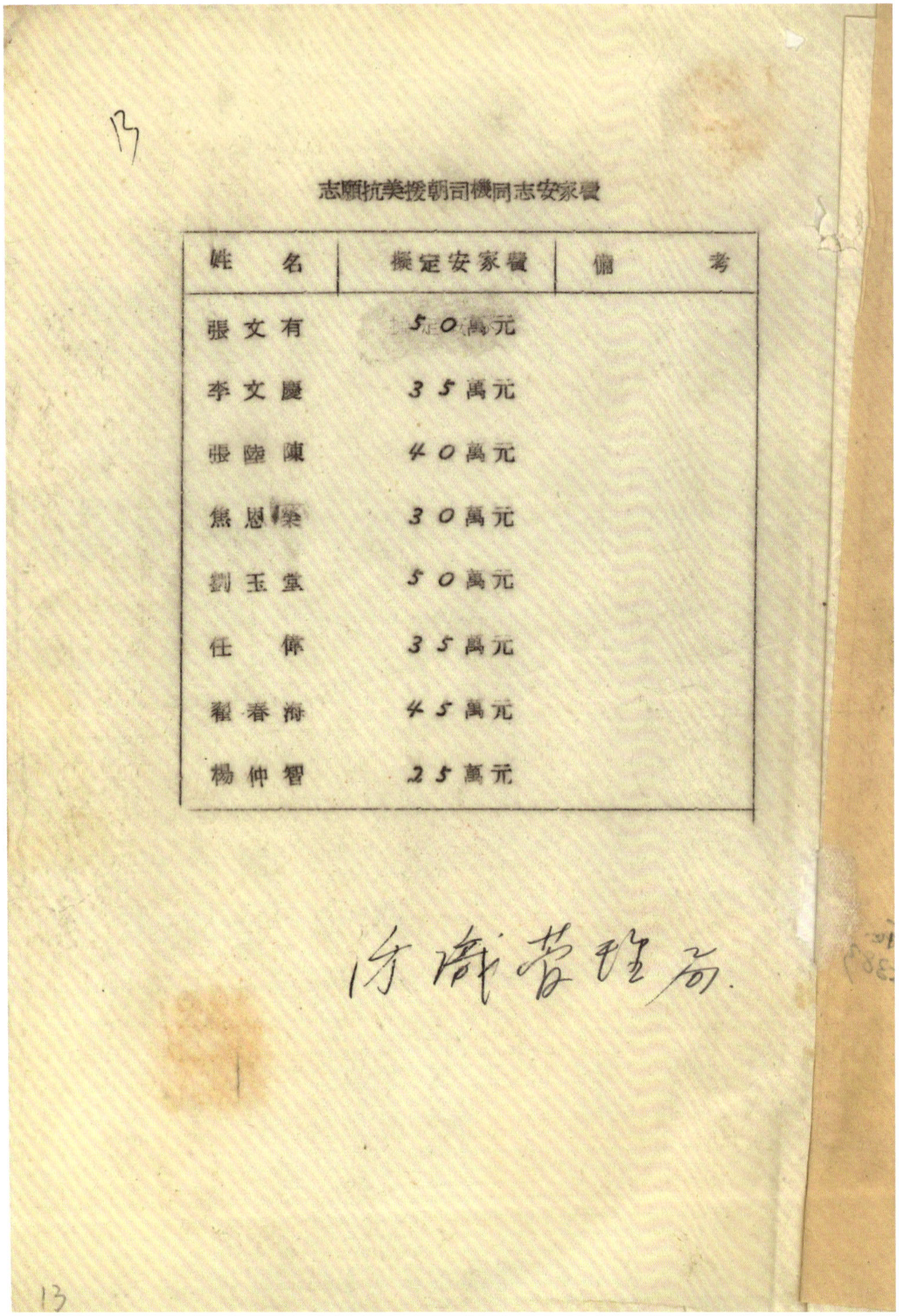

13

志願抗美援朝司機同志安家費

姓名	擬定安家費	備考
張文有	50萬元	
李文慶	35萬元	
張陸陳	40萬元	
焦恩榮	30萬元	
劉玉堂	50萬元	
任　偉	35萬元	
翟春海	45萬元	
楊仲智	25萬元	

紡織管理局

13

1951 年 8 月 24 日，中央人民政府纺织工业部华北纺织管理局志愿抗美援朝司机同志安家费名单

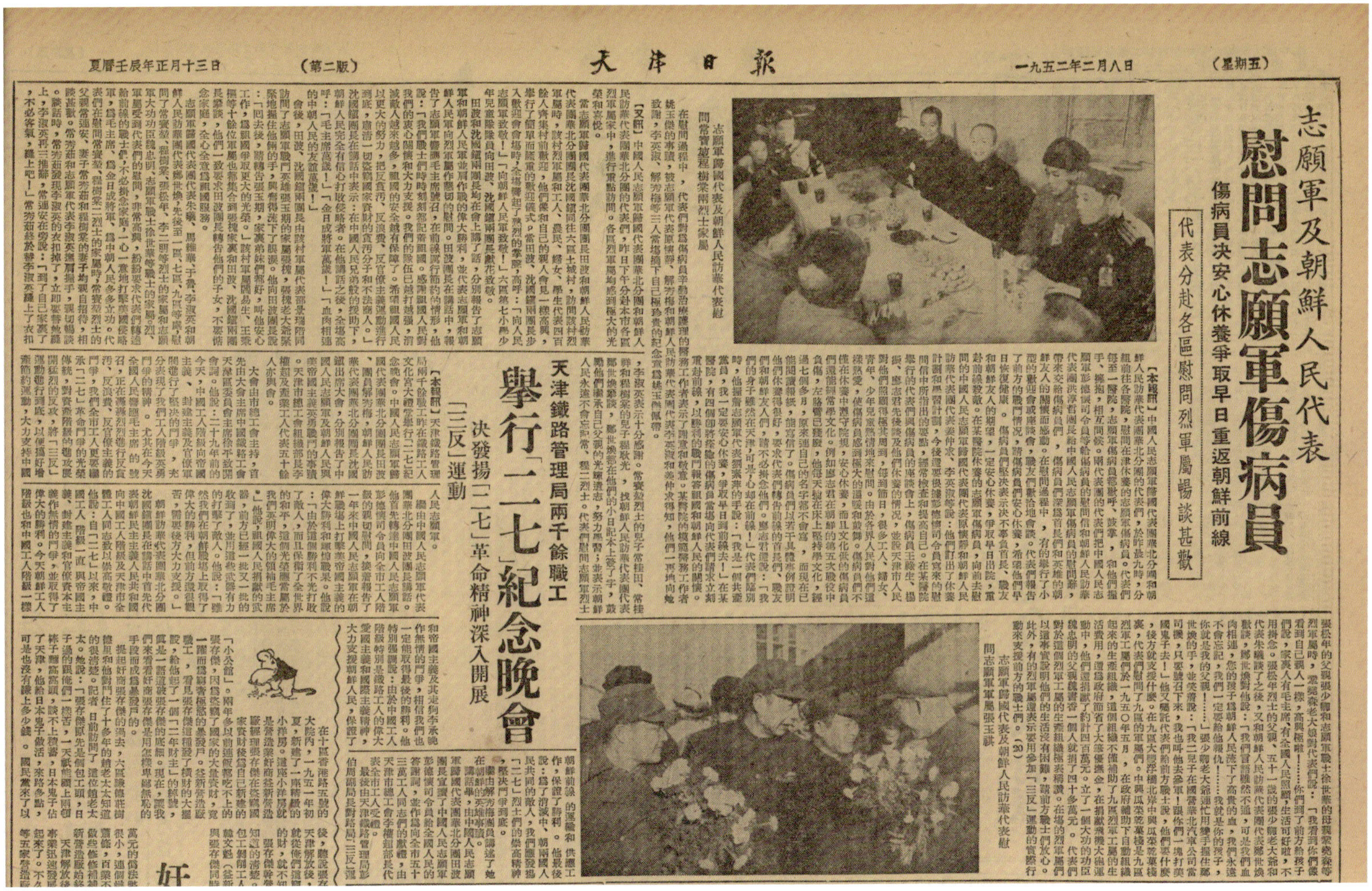

天津日報 一九五二年二月八日 （星期五） （第二版） 夏曆壬辰年正月十三日

志願軍及朝鮮人民代表
慰問志願軍傷病員
傷病員決安心休養爭取早日重返朝鮮前線
代表分赴各區慰問烈軍屬暢談甚歡

天津鐵路管理局兩千餘職工
舉行「二七」紀念晚會
決發揚「二七」革命精神深入開展「三反」運動

来津访问的志愿军及朝鲜人民代表慰问志愿军伤病员的报道（1952 年 2 月 8 日《天津日报》）

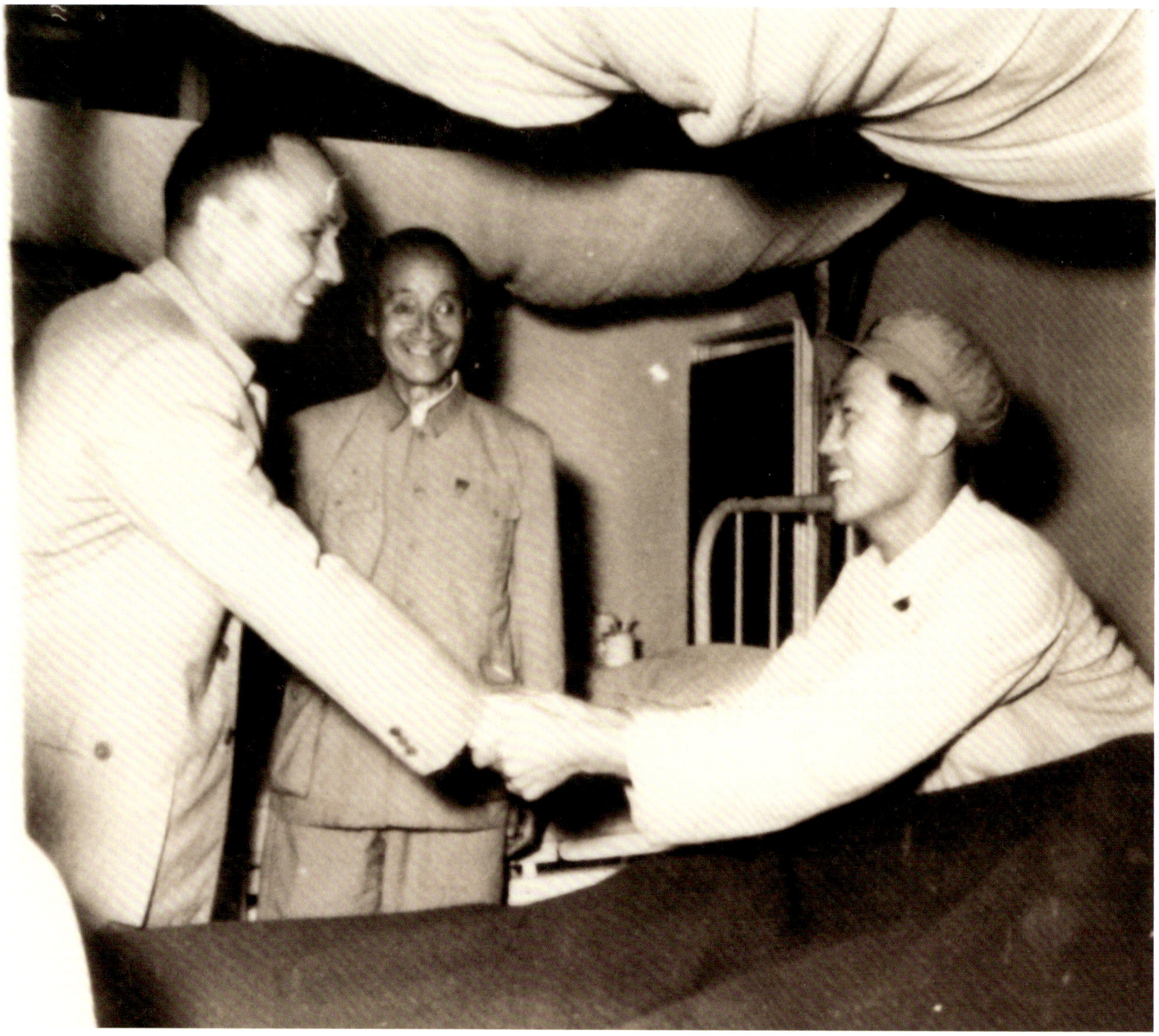

天津市委书记、市政协主席黄火青（左一）到医院慰问志愿军伤员

天津大娘为志愿军伤病员洗纱布

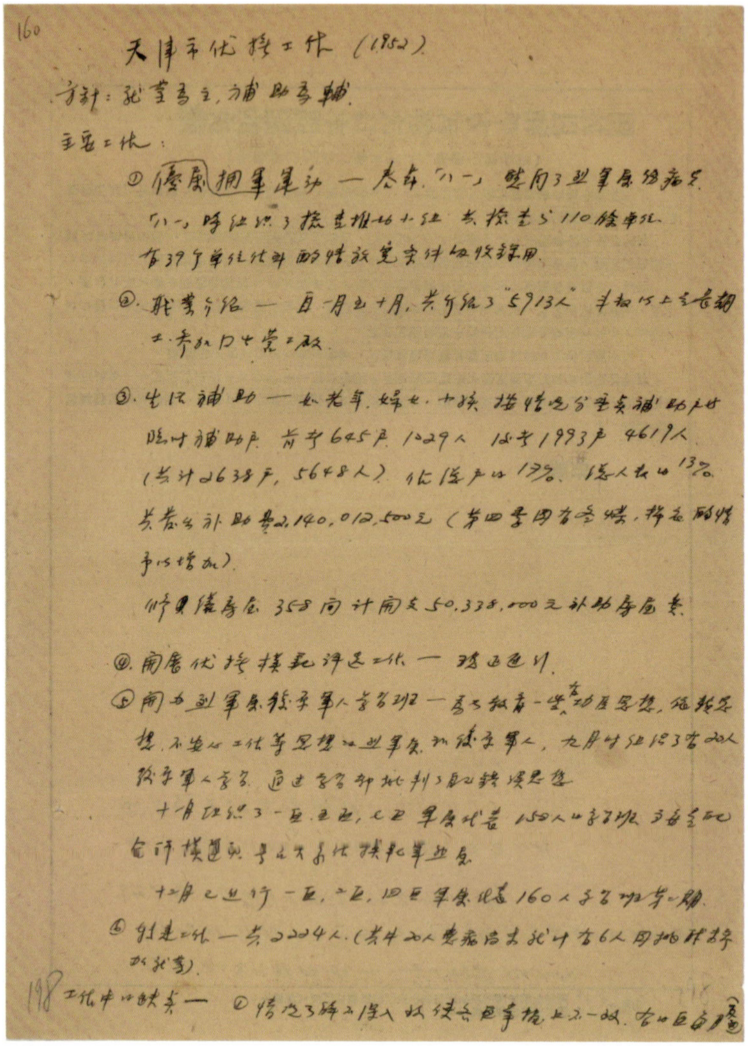

天津市优抚工作（1952）

方针：就业为主，补助为辅

主要工作：

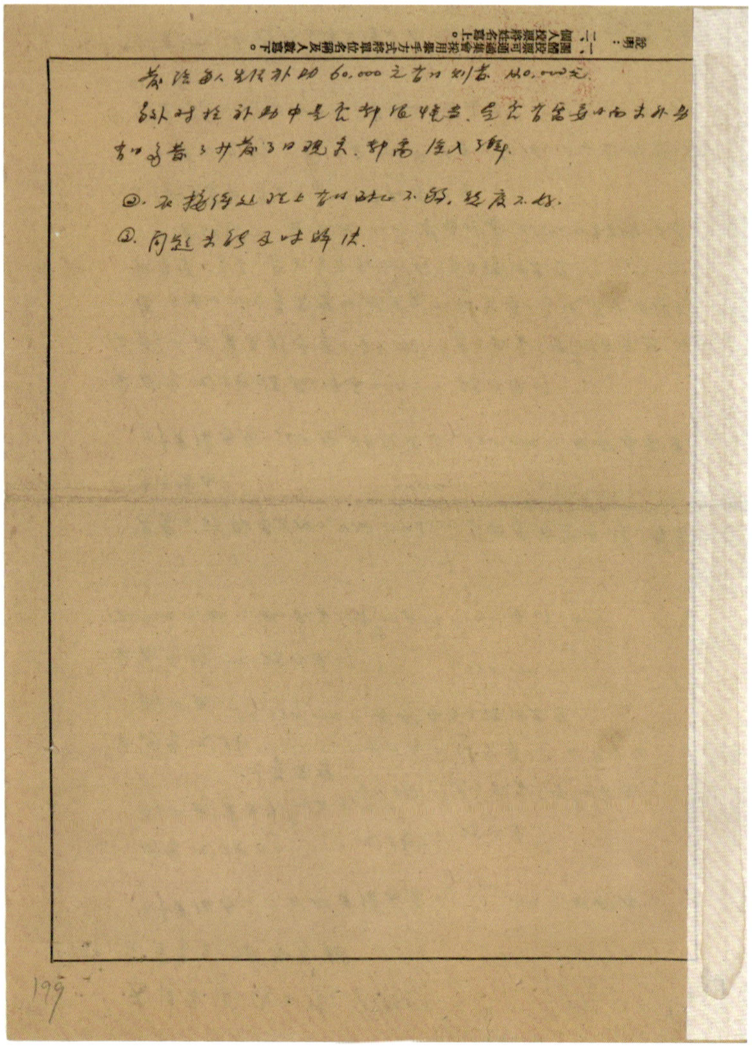

1952年天津市优抚工作总结

1953 年 1 月 30 日，烈士杨连第的家人用贷款和抚恤金买了一套胶皮大车

1953 年春节前夕，优抚干部慰问杨连第烈士父母

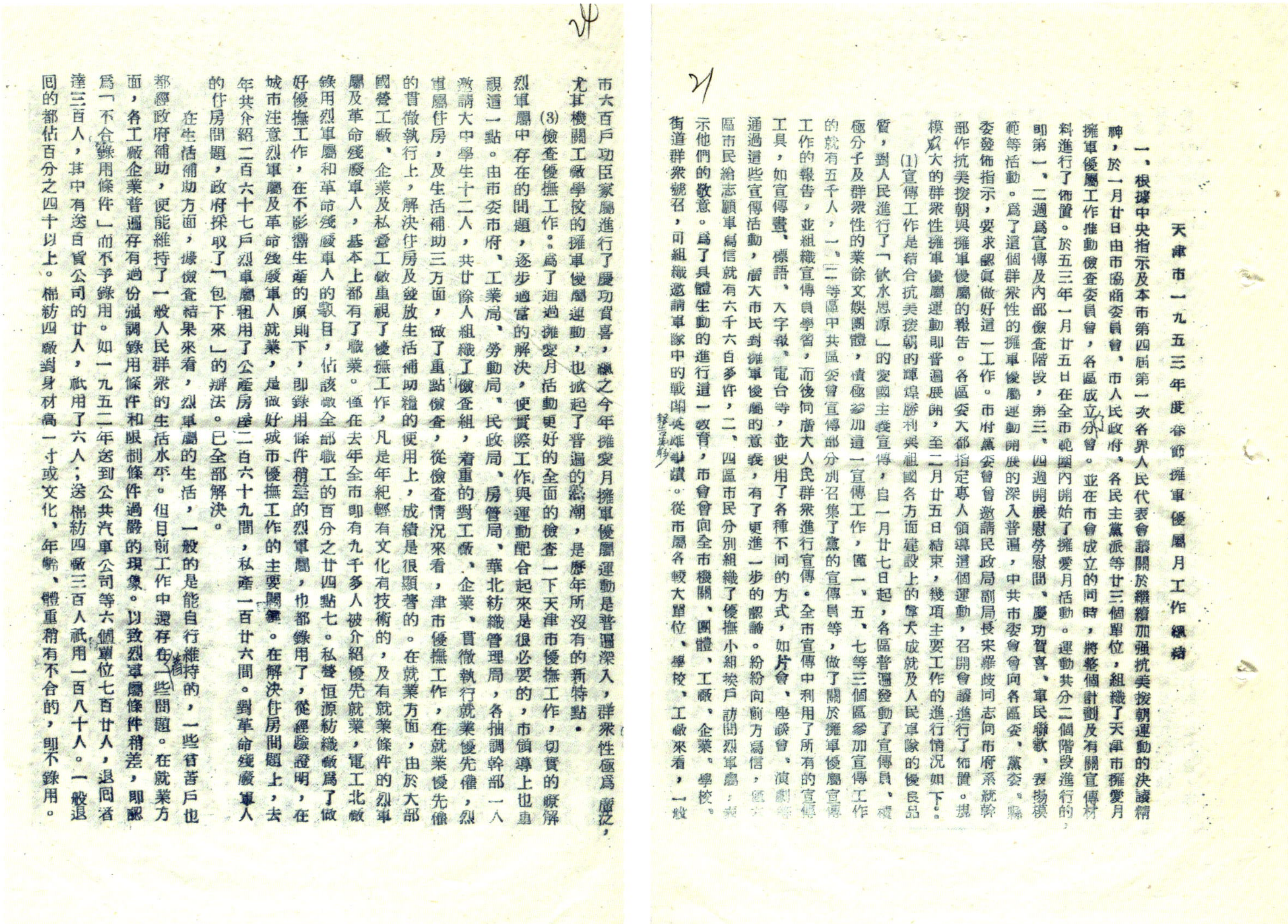

天津市一九五三年度春節擁軍優屬月工作總結

一、根據中央指示及本市第四屆第一次各界人民代表會議關於繼續加强抗美援朝運動的決議精神，於一月廿日由市協商委員會、市人民政府、各民主黨派等廿三個單位，組織了天津市擁愛月擁軍優屬工作推動檢查委員會，各區成立分會。並在市會成立的同時，將整個計劃及有關宣傳材料進行了佈置。於五三年一月廿五日在全市範圍內開始了擁愛月活動。運動共分二個階段進行的，即第一、二週爲宣傳及內部檢查階段，第三、四週開展慰勞慰問、慶功賀喜、軍民聯歡、表揚模範等活動。爲了這個群衆性的擁軍優屬運動開展的深入普遍，中共市委會向各區委、黨委、縣委發佈指示，要求認眞做好這一工作。市府黨委會曾邀請民政局副局長宋麟岐同志向市府系統幹部作抗美援朝與擁軍優屬的報告。各區委大都指定專人領導這個運動，召開會議進行了佈置。規模宏大的群衆性擁軍優屬運動即普遍展開，至二月廿五日結束，幾項主要工作的進行情況如下。

(1)宣傳工作是結合抗美援朝的輝煌勝利與祖國各方面建設上的偉大成就及人民軍隊的優良品質，對人民進行了「飲水思源」的愛國主義宣傳，自一月廿七日起，各區普遍發動了宣傳員、積極分子及群衆性的業餘文娛團體，積極參加這一宣傳工作，僅一、五、七等三個區參加宣傳工作的就有五千人，一、二等區中共區委會宣傳部分別召集了黨的宣傳員等，做了關於擁軍優屬宣傳工作的報告，並組織宣傳員學習，而後向廣大人民群衆進行宣傳。全市宣傳中利用了所有的宣傳工具，如宣傳畫、標語、大字報、電台等，並使用了各種不同的方式，如片會、座談會、演劇等，通過這些宣傳活動，廣大市民對擁軍優屬的意義，有了更進一步的認識。紛紛向前方寫信，僅六區市民給志願軍寫信就有六千六百多件，二、四區市民分別組織了優撫小組挨戶訪問烈軍屬，表示他們的敬意。爲了具體生動的進行這一教育，市會曾向全市機關、團體、工廠、企業、學校、街道群衆號召，可組織邀請軍隊中的戰鬥英雄事蹟。從市屬各較大單位、學校、工廠來看，一般

市六百戶功臣家屬進行了慶功賀喜，總之今年擁愛月擁軍優屬運動是普遍深入，群衆性極爲廣泛，尤其機關工廠學校的擁軍優屬運動，也掀起了普遍的熱潮，是歷年所沒有的新特點。

(3)檢查優撫工作。爲了通過擁愛月活動更好的全面的檢查一下天津市優撫工作，切實的瞭解烈軍屬中存在的問題，逐步適當的解決，使實際工作與運動配合起來是很必要的，市領導上也重視這一點。由市委市府、工業局、勞動局、民政局、房管局、華北紡織管理局，各抽調幹部一人邀請大中學生十二人，共廿餘人組織了檢查組，着重的對工廠、企業、貫徹執行就業優先權，烈軍屬住房，及生活補助三方面，做了重點檢查，從檢查情況來看，津市優撫工作，在就業優先權的貫徹執行上，解決住房及發放生活補助糧的使用上，成績是很顯著的。在就業方面，由於大部國營工廠、企業及私營工廠重視了優撫工作，凡是年紀輕有文化有技術的，及有就業條件的烈軍屬及革命殘廢軍人，基本上都有了職業。僅在去年全市即有九千多人被介紹優先就業，電工北廠錄用烈軍屬和革命殘廢軍人的數目，佔該廠全部職工的百分之廿四點七。私營恒源紡織廠爲了做好優撫工作，在不影響生產的原則下，即錄用條件稍差的烈軍屬，也都錄用了，從經驗證明，在城市注意烈軍屬及革命殘廢軍人就業，是做好城市優撫工作的主要關鍵。在解決住房問題上，去年共介紹二百六十七戶烈軍屬租用了公產房屋二百六十九間，私產一百廿六間。對革命殘廢軍人的住房問題，政府採取了「包下來」的辦法。已全部解決。

在生活補助方面，據檢查結果來看，烈軍屬的生活，一般的是能自行維持的，一些貧苦戶也都經政府補助，使能維持了一般人民群衆的生活水平。但目前工作中還存在着一些問題。在就業方面，各工廠企業普遍存有過份强調錄用條件和限制條件過嚴的現象。以致烈軍屬條件稍差，即認爲「不合錄用條件」而不予錄用。如一九五二年送到公共汽車公司等六個單位七百廿人，退回者達三百人，其中有送百貨公司的廿人，祇用了六人；送棉紡四廠三百人祇用一百八十人。一般退回的都佔百分之四十以上。棉紡四廠對身材高一寸或文化、年齡、體重稍有不合的，即不錄用。

1953年度春节拥军优属月工作总结（部分）

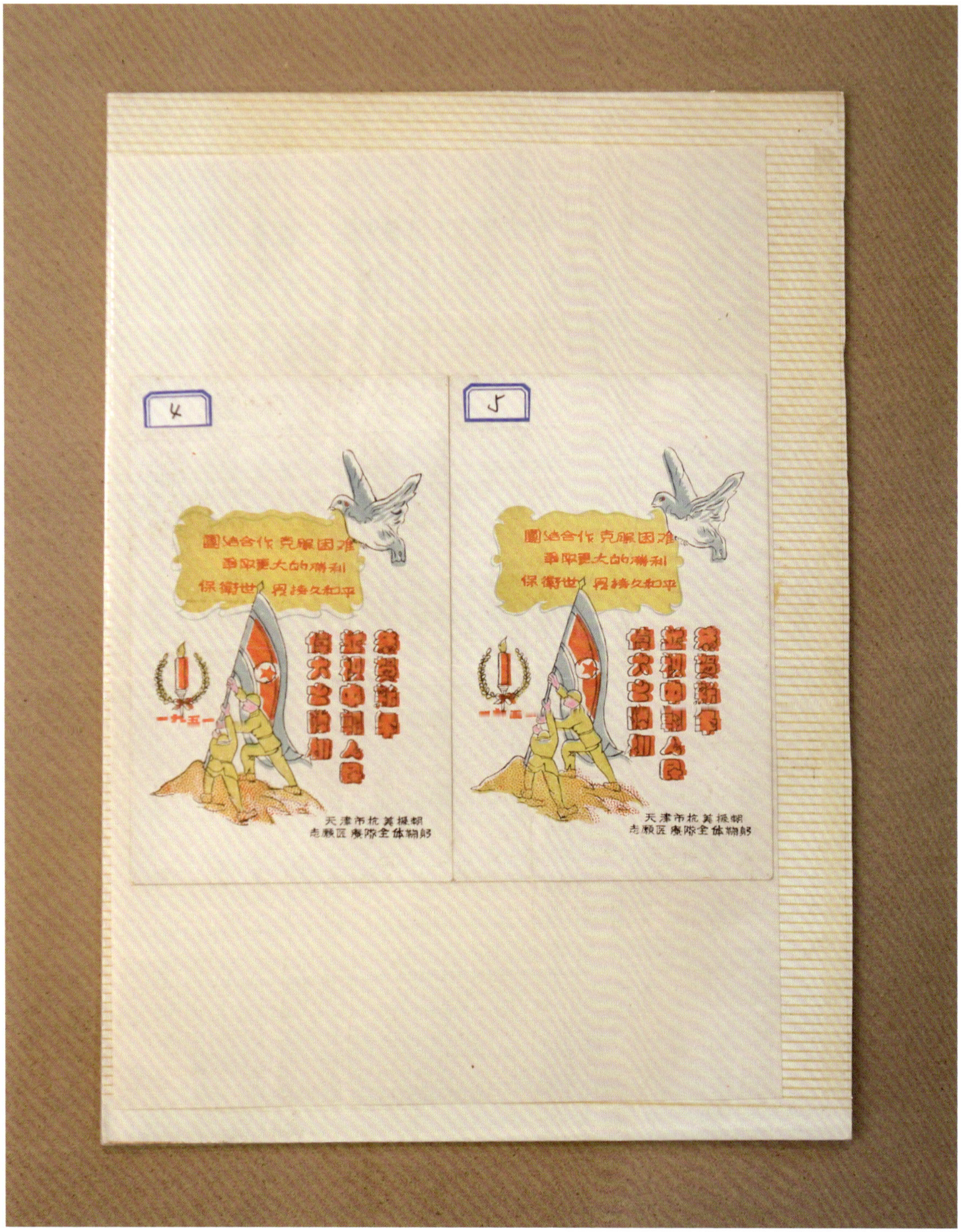

天津市抗美援朝医疗队在洮南工作期间赠予伤病员的贺年卡

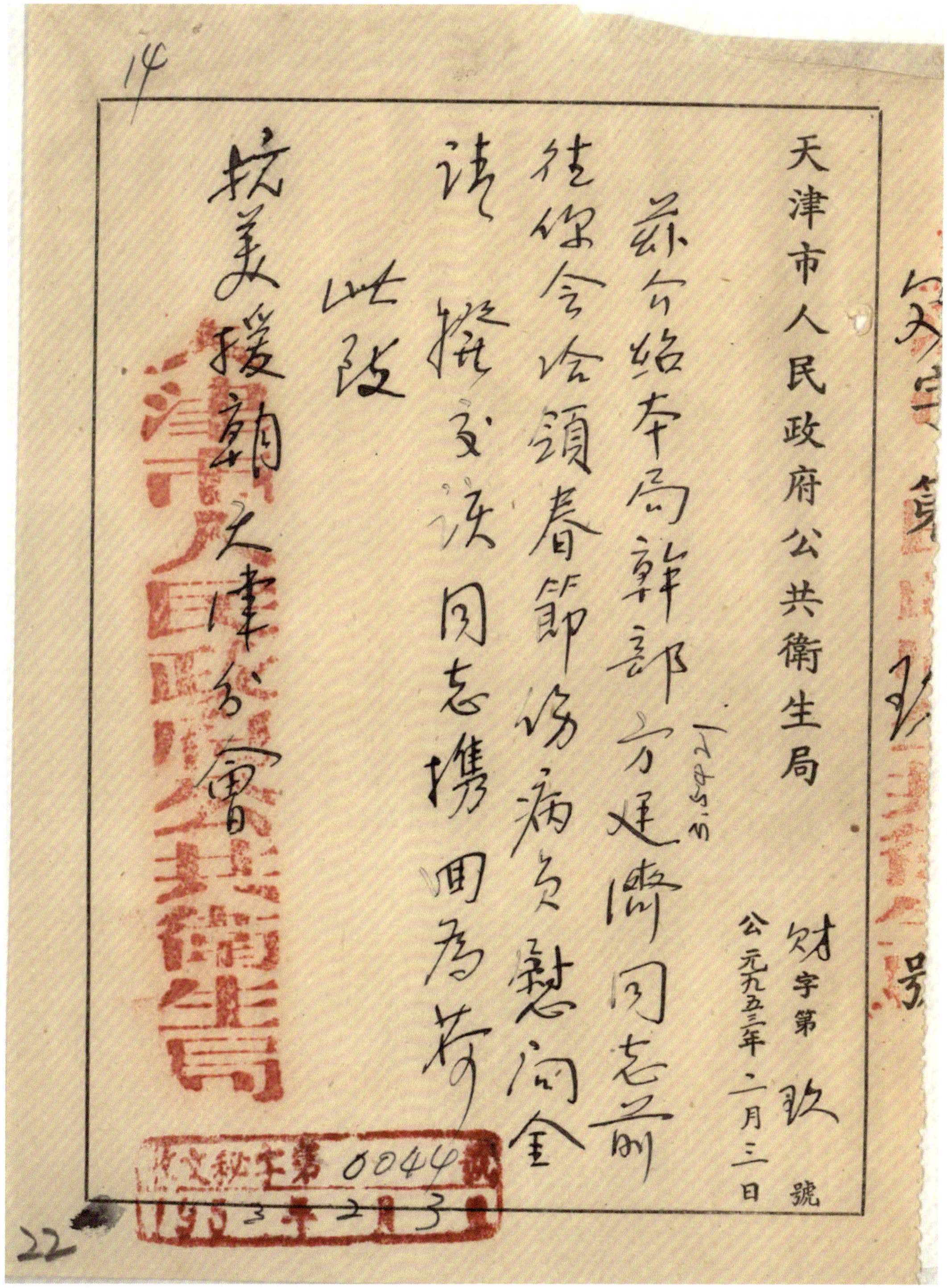
天津市人民政府公共衛生局

茲介紹本局幹部方廷濟同志前往你會洽領春節傷病員慰問金

請 接洽該同志携回為荷

此致

抗美援朝天津分會

財字第 號

公元一九五三年二月三日

文秘字第0044號

1953年2月3日

1953年2月3日，天津市人民政府公共卫生局为向抗美援朝天津分会洽领春节伤病员慰问金的介绍信

四区政府招待烈军属观看抗美援朝纪录片

优抚干部组织烈军属参观抗美援朝图片展

天津社会各界欢送抗美援朝志愿军休养员光荣归队

六、救死扶伤

在朝鲜战场上，中国人民志愿军与朝鲜人民军并肩作战，不断取得胜利。但面对恶劣的自然条件和医疗设备短缺的困难，各部队配备的人数有限的卫生员无法满足战场需要，一些伤病员得不到及时、专业的救治。前线迫切需要补充医务力量，特别是外科医生和护理人员。为此，1950 年 11 月 6 日，中华全国总工会向全国医务工作者发出号召：“组织抗美援朝志愿救护队，去为正在与侵略军进行战斗的中朝军民服务。”

天津医护界响应总工会号召，迅速组织了“抗美援朝救护委员会”，著名内分泌学家朱宪彝担任主任委员，外科专家万福恩担任副主任委员。1950 年 11 月 20 日，该会发出组建志愿医疗队的通知。黄敬市长邀请全市医务界代表 40 余人进行座谈。座谈会后，90% 以上的医务工作者报名参加医疗队。22 日，组建了由 80 人组成的天津市抗美援朝志愿医疗队第一大队，为全国医务界带了一个好头。24 日，天津市各界人士在中国大戏院为第一批志愿医疗队举行了隆重的欢送仪式。为了做好志愿医疗队的工作，还组建了抗美援朝医疗队顾问团，团员有朱宪彝、杨济时、赵以成、方先之等，均为医学界的顶级专家。医疗队于 26 日开赴朝鲜，万福恩担任第一大队队长。队伍中多为知名的医学专家，如骨科专家陈林堂、胸外科专家张天惠、普外专家雷爱德等。第一大队出征之时，黄敬市长亲自到车站欢送。与此同时，在津的 311 名医生组成医疗服务队，承担起志愿医疗队成员的原职工作。

跨过鸭绿江，到志愿军伤病员和朝鲜人民最需要的地方去。这是医疗队员们的共同心愿。1950 年 11 月 30 日，医疗队抵达朝鲜战地医院，12 月 11 日，开始收治伤员。他们在前线的每一天都是血写的日子，每寸土地都经过了“炮耕火犁”。面对身负重伤的年轻战士，医疗队员充满了对敌人的仇恨和对战士们的关爱。在工作环境恶劣、医疗设备简陋、任务艰巨的情况下，他们想尽一切办法、尽最大努力抢救和医治伤病员。他们精湛的医术和认真的态度，赢得了志愿军部队和朝鲜党政部门的高度赞誉。

天津医护界先后派出 15 支医疗队和防疫大队赴朝，他们将祖国的召唤当作自己神圣的使命，把救死扶伤当作义不容辞的责任，临危不惧，逆向而行，用坚强的意志、革命的精神和高超的医术，向祖国交上一份满分的答卷。周恩来总理在天津局级干部会议上，夸赞天津志愿医疗队有“三好”：医疗技术好、医患关系好、内外团结好，堪称全国模范医疗队。

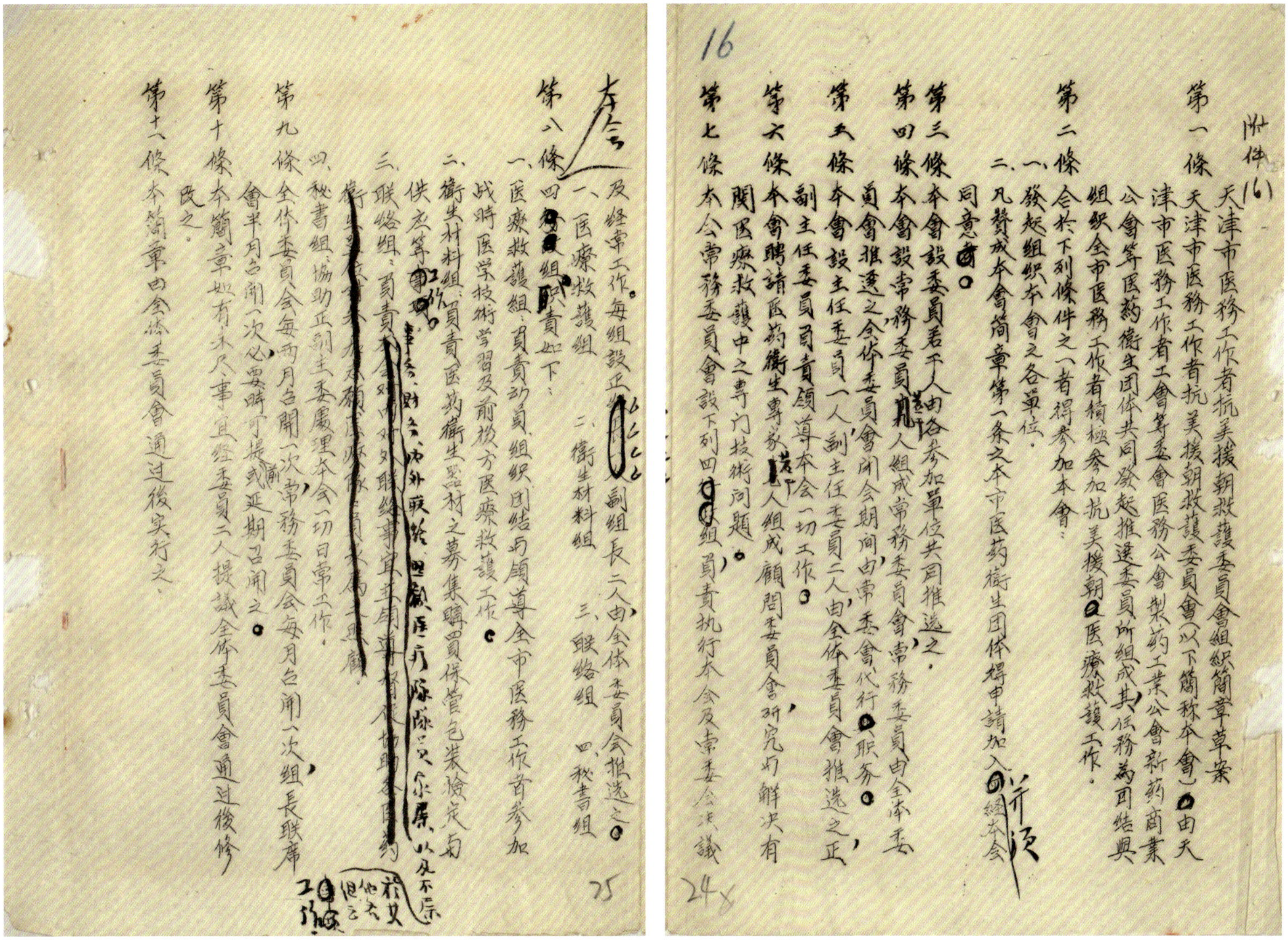

附件(16)

天津市医務工作者抗美援朝救護委員會組織簡章草案

第一條 天津市医務工作者抗美援朝救護委員會（以下簡称本會）由天津市医務工作者工會筹委會、医務公會、製藥工業公會、新藥商業公會等医藥衛生团体共同發起推選委員所組成，其任務為团结與組织全市医務工作者積極參加抗美援朝医療救護工作。

第二條 合於下列條件之一者得參加本會：

一、發起組織本會之各單位。

二、凡贊成本會簡章第一条之本市医藥衛生团体得申請加入經本会同意者。

第三條 本會設委員若干人，由各參加單位共同推選之。

第四條 本會設常務委員會，常務委員由全体委員會推選之。全体委員會閉会期間由常委會代行職务。

第五條 本會設主任委員一人，副主任委員二人，由全体委員會推選之。正副主任委員負責領導本会一切工作。

第六條 本會聘請医藥衛生專家若干人組成顧問委員會，研究與解決有關医療救護中之專门技術問題。

第七條 本会常務委員會設下列四組，負責執行本会及常委会決議及經常工作。每組設正副組長二人，由全体委員会推選之。

一、医療救護組 二、衛生材料組 三、联络組 四、秘書組

第八條 本会四組職責如下：

一、医療救護組，負責动員、組織、团结與領導全市医務工作者參加战時医学技術学習及前後方医療救護工作。

二、衛生材料組，負責医藥衛生器材之募集購買保管包裝檢定與供应等工作。

三、联络組，負責本会对内对外联络事宜……

四、秘書組，協助正副主委處理本会一切日常工作。

第九條 全体委員会每兩月召開一次，常務委員会每月召開一次，組長联席會半月召開一次，必要時可提前或延期召開之。

第十條 本簡章如有未尽事宜，經委員二人提議，全体委員會通过後修改之。

第十一條 本簡章由全体委員會通过後实行之。

天津市医务工作者抗美援朝救护委员会组织简章草案（1950年）

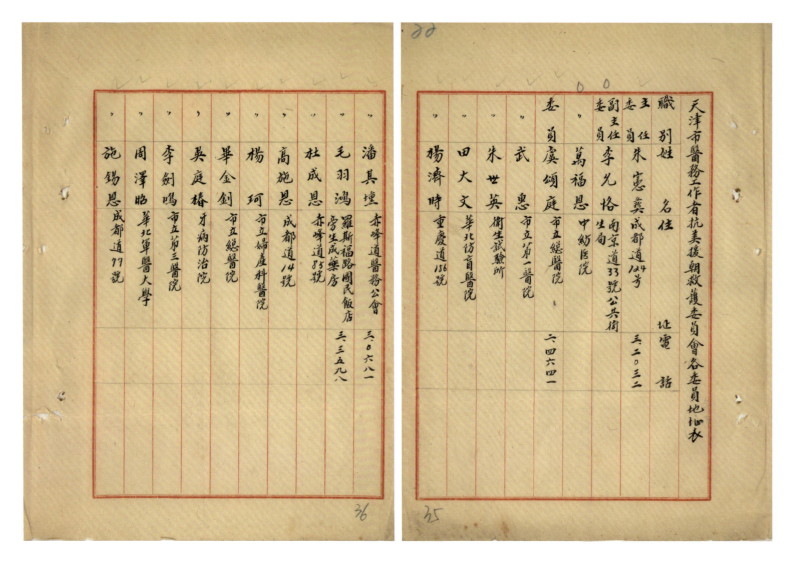

天津市醫務工作者抗美援朝救護委員會各委員地址表

職別	姓名	住址	電話
主任委員	朱憲彝	成都道124号	三二〇三二
副主任委員	李允恪	南京道33號公共衛生局	
〃	萬福恩	中紡医院	
委員	虞頌庭	市立總醫院	六四六四一
〃	武恩	市立第一醫院	
〃	朱世英	衛生試驗所	
〃	田大文	華北防盲醫院	
〃	楊濟時	重慶道186號	
〃	潘其墉	赤峰道醫務公會	三〇六八一
〃	毛羽鴻	羅斯福路國民飯店學生成藥房	三三五九八
〃	杜成恩	赤峰道85號	
〃	高施恩	成都道14號	
〃	楊珂	市立婦產科醫院	
〃	畢金釗	市立總醫院	
〃	吳庭椿	牙病防治院	
〃	李劍鳴	市立第三醫院	
〃	周澤昭	華北軍醫大學	
〃	施錫恩	成都道77號	

天津市医务工作者抗美援朝救护委员会各委员地址表（1950年）

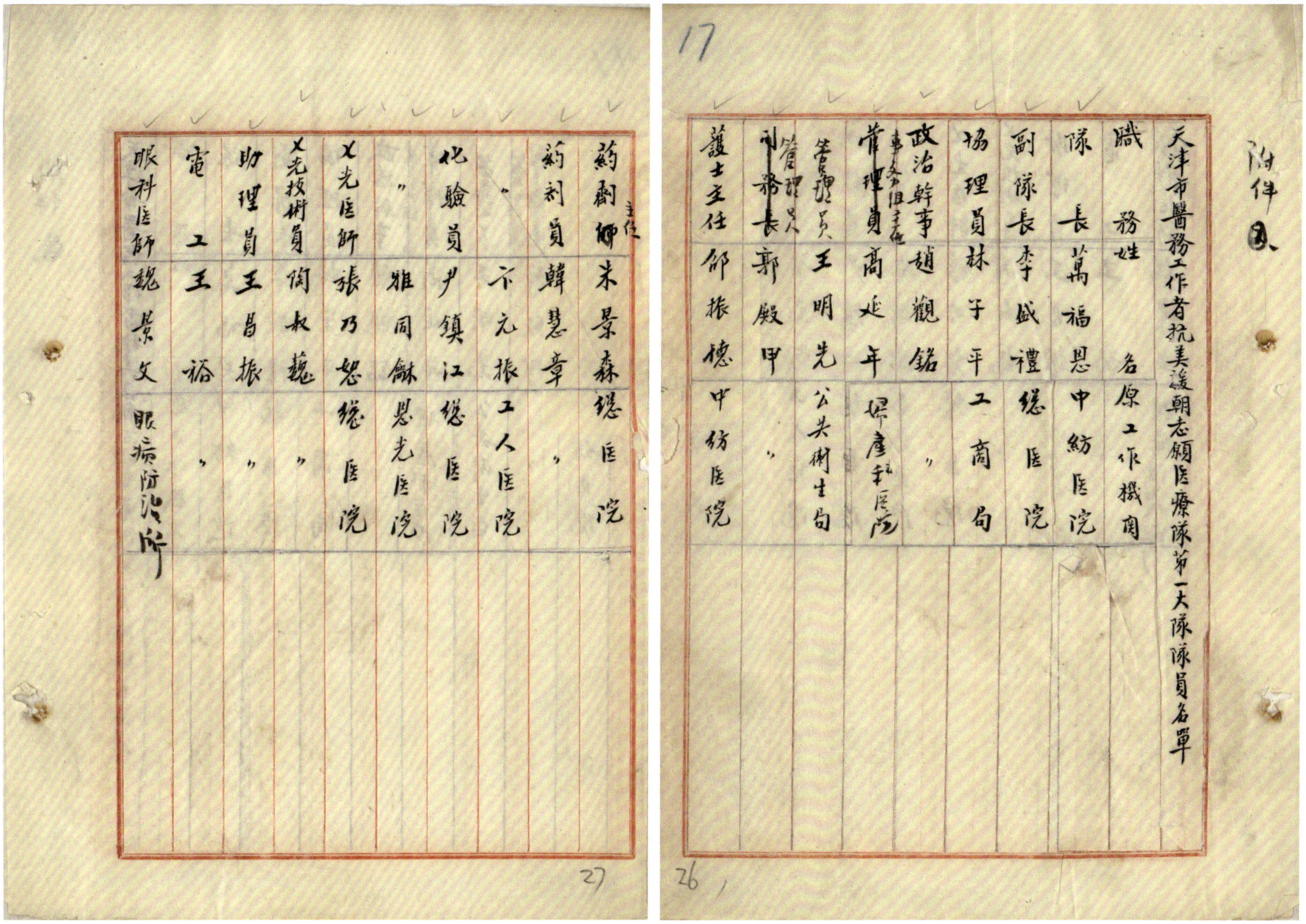

附件（一）

天津市醫務工作者抗美援朝志願醫療隊第一大隊隊員名單

職務	姓名	原工作機關
隊長	萬福恩	中紡醫院
副隊長	李盛禮	總醫院
協理員	林子平	工商局
政治幹事	趙觀銘	〃
~~管理員~~ 事务组主任	高延年	保產私医院
管理员	王明先	公共衛生局
~~剂務長~~ 管理员	郭殿甲	〃
護士主任	邰振德	中紡医院
藥劑師 主任	朱景森	總医院
藥剂員	韓慧章	〃
〃	卞元振	工人医院
化驗員	尹鎮江	總医院
〃	雅同龢	慈光医院
X光医師	張乃恕	總医院
X光技術員	陶叔巍	〃
助理員	王昌振	〃
電工	王裕	〃
眼科医師	魏景文	眼病防治所

天津市医务工作者抗美援朝志愿医疗队第一大队队员名单（1950年）

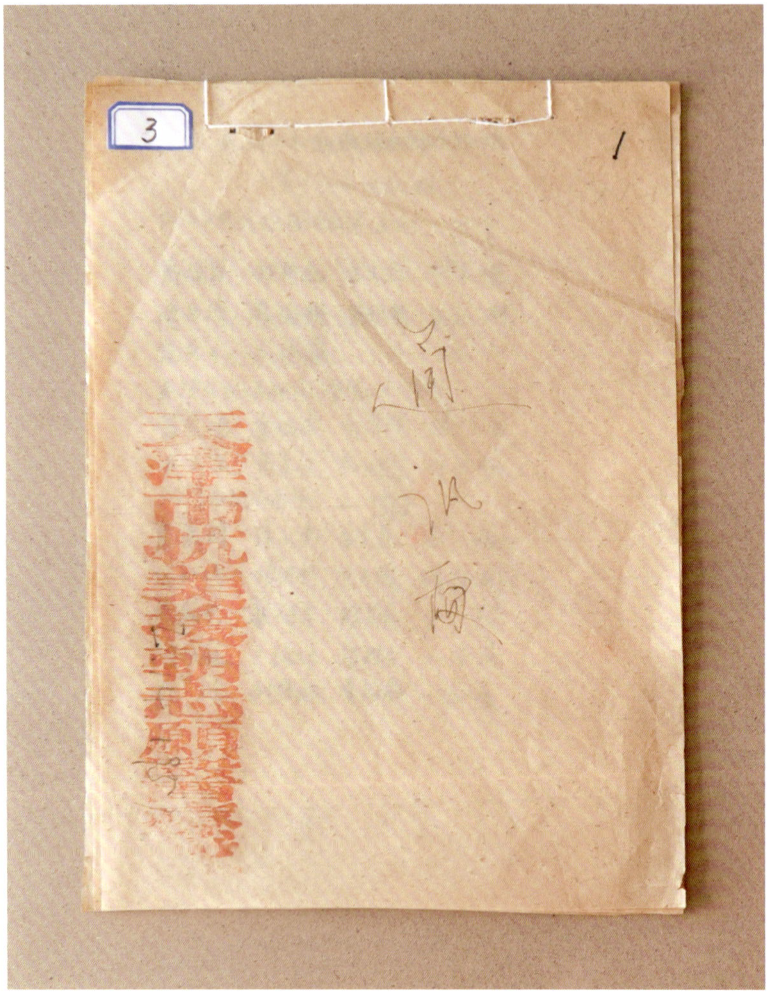

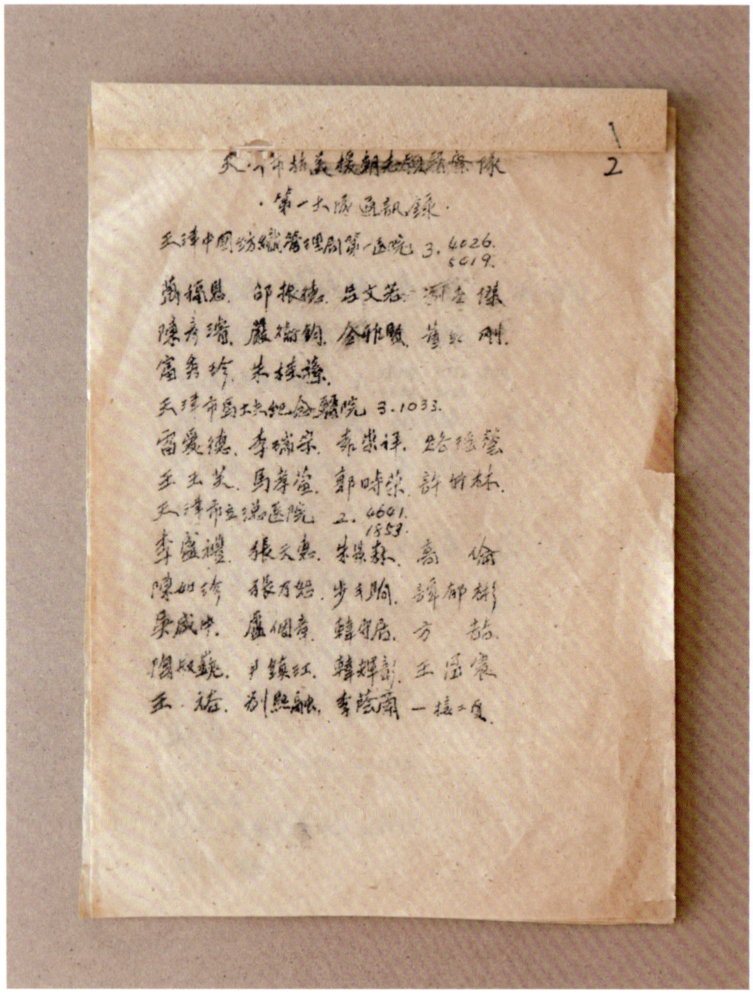

天津市第一批抗美援朝医疗队全体人员通讯录(计79人)

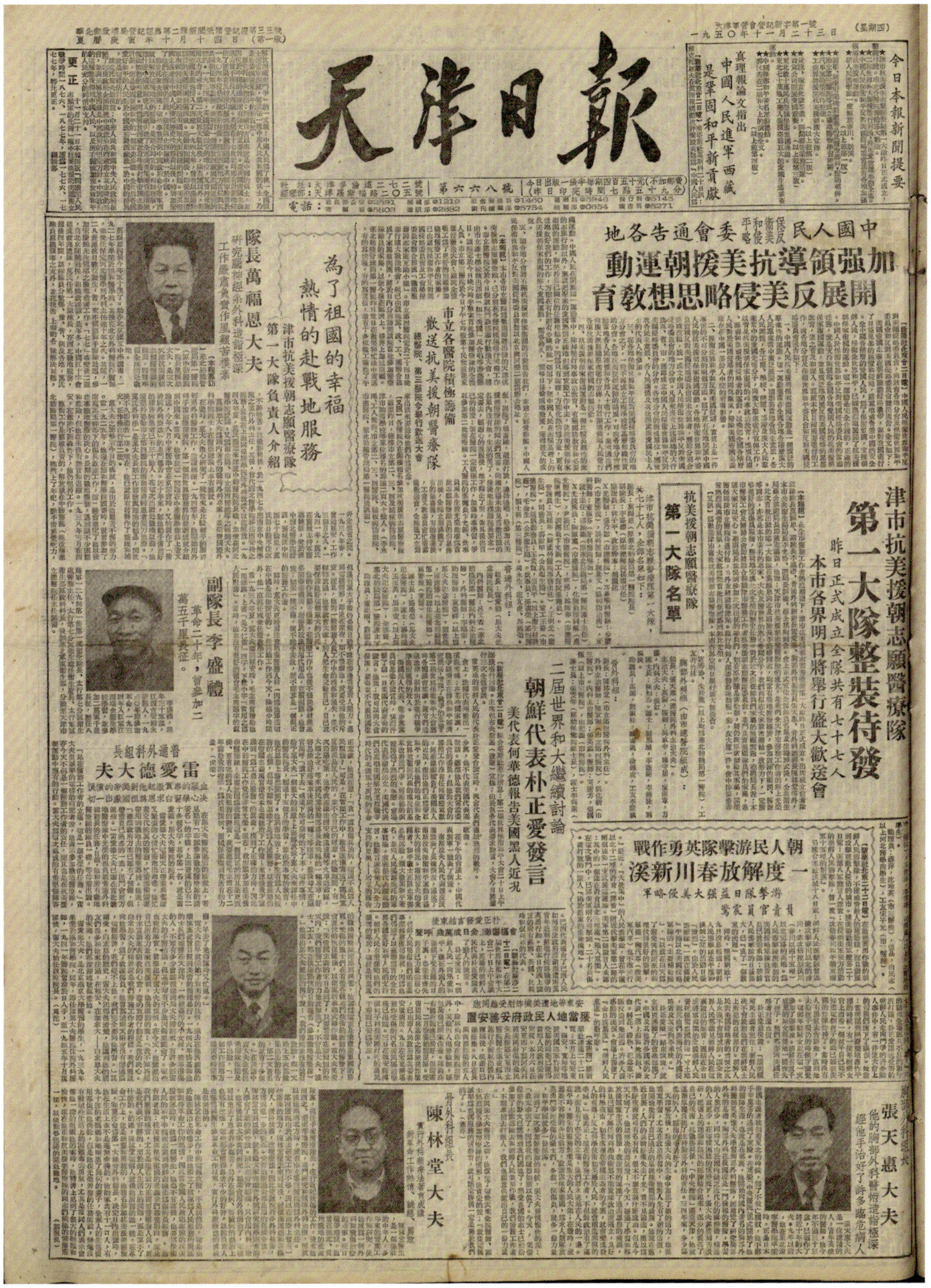

天津日報

中國人民抗美援朝保衛和平委員會通告各地
加強領導抗美援朝運動
開展反美侵略思想教育

津市抗美援朝志願醫療隊
第一大隊整裝待發
昨日正式成立全隊共有七十七人
本市各界明日將舉行盛大歡送會

為了祖國的幸福
熱情的赴戰地服務
津市抗美援朝志願醫療隊第一大隊負責人介紹

隊長萬福恩大夫

副隊長李盛禮

雷愛德大夫

陳林堂大夫

張天惠大夫

抗美援朝志願醫療隊第一大隊名單

市立各醫院積極籌備歡送抗美援朝醫療隊

二屆世界和大繼續討論
朝鮮代表朴正愛發言

朝鮮人民游擊隊英勇作戰
一度解放春川新川溪

天津市抗美援朝志愿医疗队第一大队正式成立及队员简介（1950年11月23日《天津日报》）

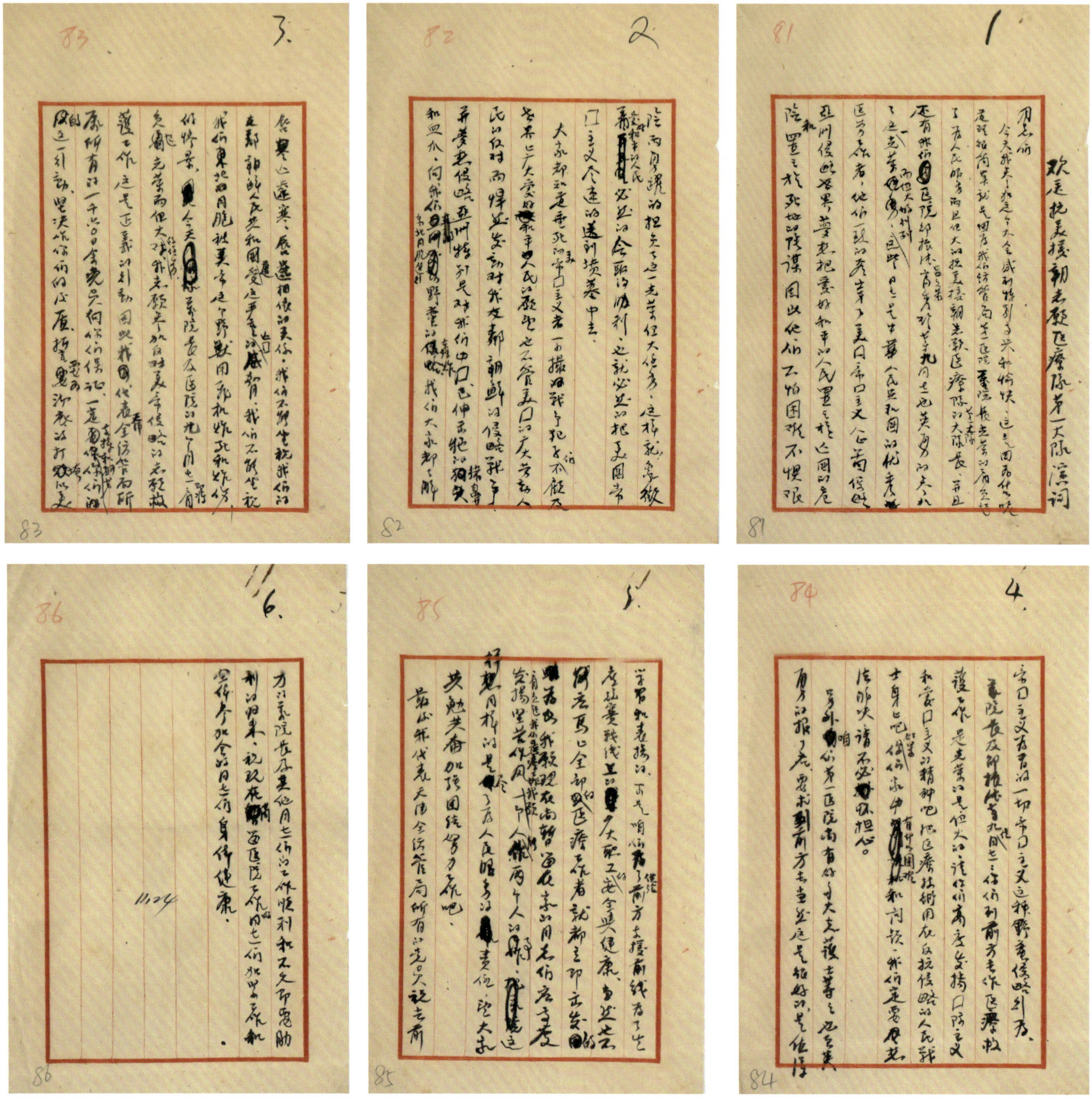

1950 年 11 月 24 日，华北纺织管理局欢送抗美援朝志愿医疗队第一大队的演讲词

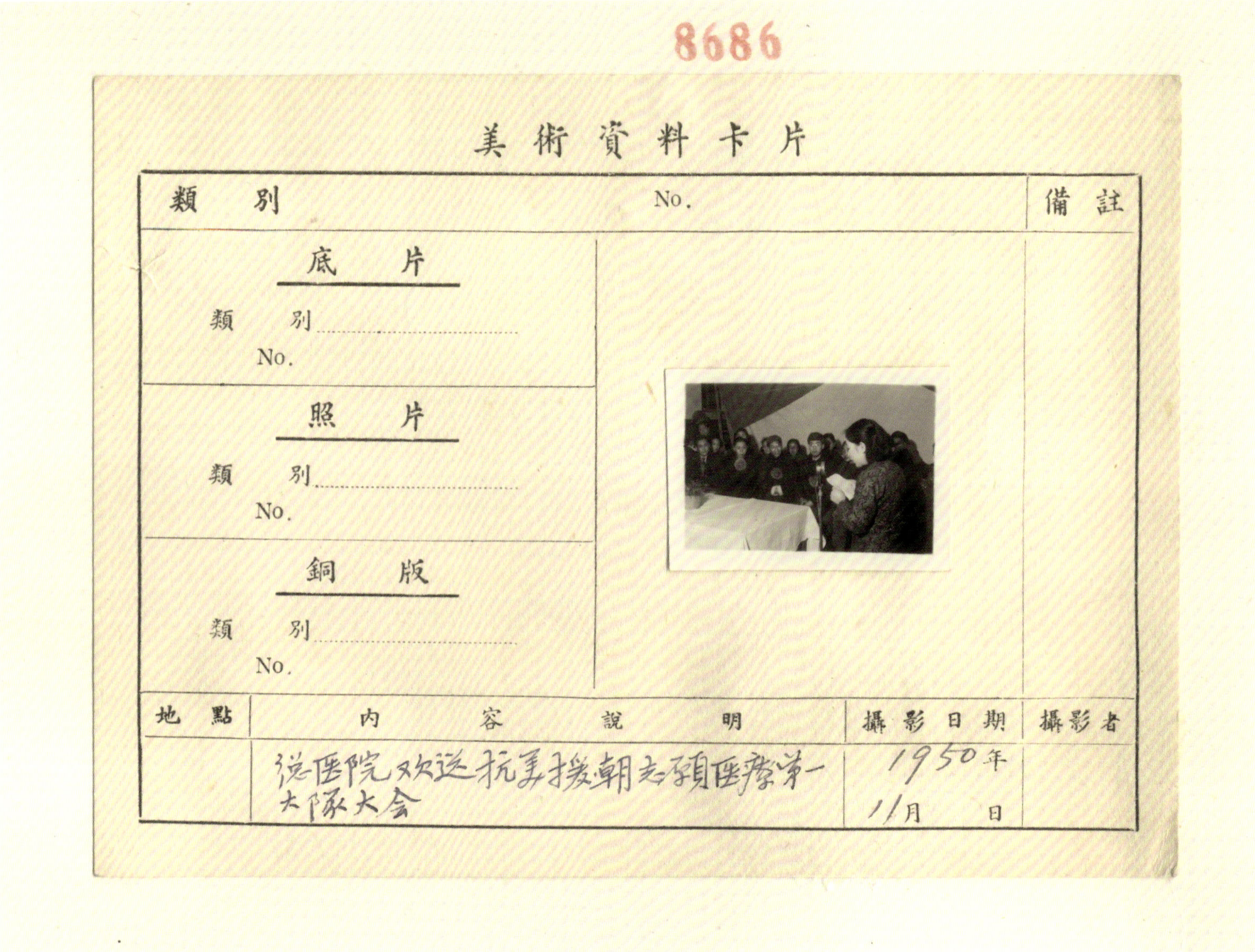

8686

美術資料卡片

類別	No.	備註
底片 類別 No.		
照片 類別 No.		
銅版 類別 No.		

地點	内容說明	攝影日期	攝影者
	総医院欢送抗美援朝志願医療第一大隊大会	1950年 11月 日	

1950 年 11 月，记载总医院欢送抗美援朝志愿医疗第一大队大会的美术资料卡片

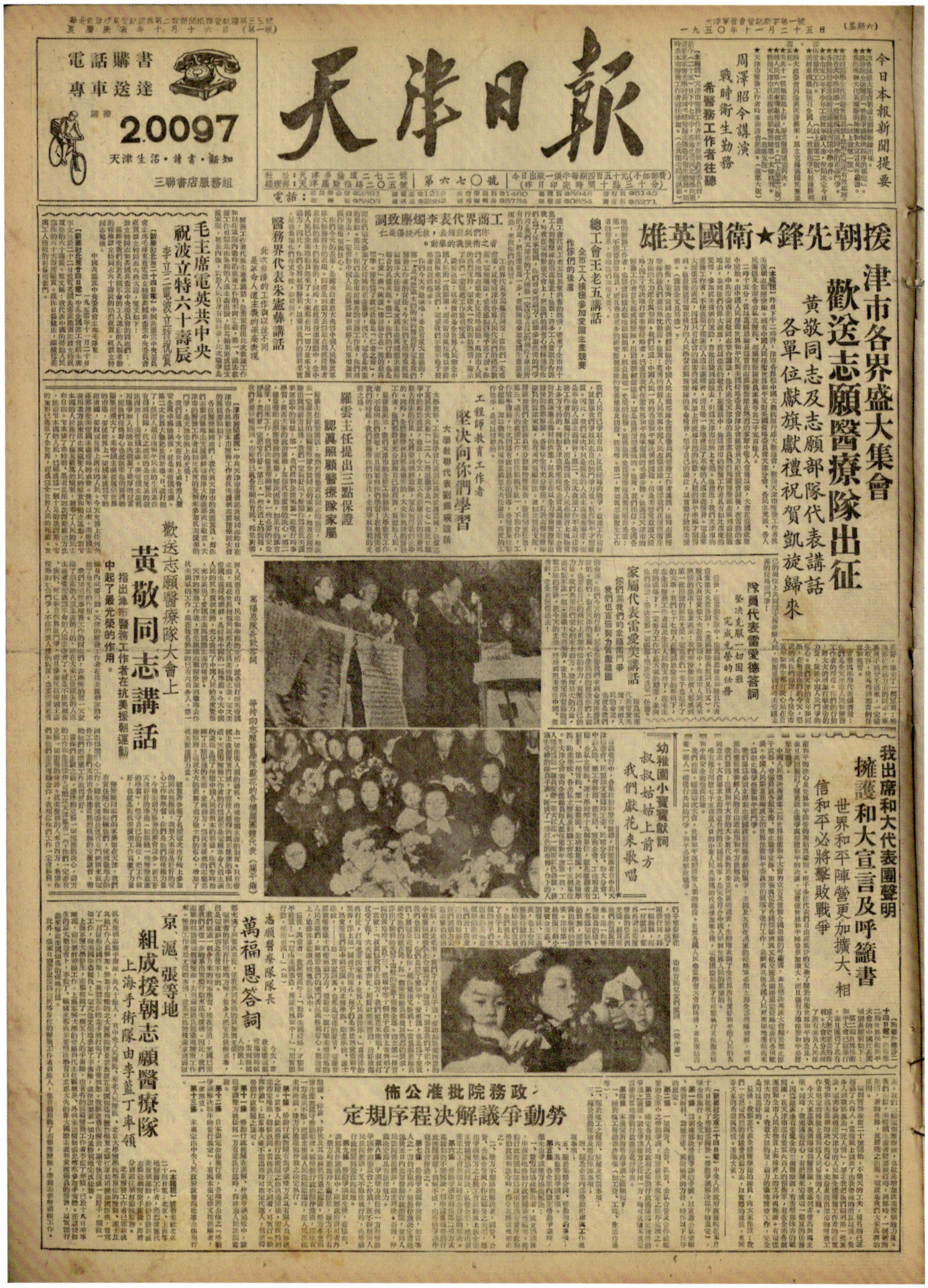

天津日報

一九五〇年十一月二十五日

電話購書 專車送達

2.0097

天津生活·讀書·新知 三聯書店服務部

今日本報新聞提要

周澤昭今講演 戰時衛生勤務 希醫務工作者往聽

援朝先鋒★衛國英雄

津市各界盛大集會 歡送志願醫療隊出征

黃敬同志及志願部隊代表講話 各單位獻旗獻禮祝賀凱旋歸來

總工會王老五講話

工商界代表李燭塵致詞

醫務界代表朱憲彝講話

毛主席電英共中央 祝波立特六十壽辰

工程師教育工作者 堅決向你們學習

羅雲主任提出三點保證 認真照顧醫療隊家屬

歡送志願醫療隊大會上 黃敬同志講話

指出津市醫務工作者在抗美援朝運動中起了最光榮的作用

隊員代表雷愛德答詞

家屬代表雷愛美講話

我出席和大代表團聲明 擁護和大宣言及呼籲書

世界和平陣營更加擴大，相信和平必將擊敗戰爭

幼稚園小寶寶獻詞 叔叔姑姑上前方 我們獻花來歌唱

京、滬、張等地 組成援朝志願醫療隊 上海手術隊由李藍丁率領

志願醫療隊隊長 萬福恩答詞

政務院批准公佈 勞動爭議解決程序規定

1950年11月25日，《天津日报》报道了天津市抗美援朝志愿医疗队第一大队出征朝鲜的消息

1950 年 11 月 25 日，《天津日报》为天津市抗美援朝志愿医疗队第一大队出版的特刊

天津市抗美援朝志愿医疗队第一大队合影

天津市抗美援朝志愿医疗队第一大队从天津站出发

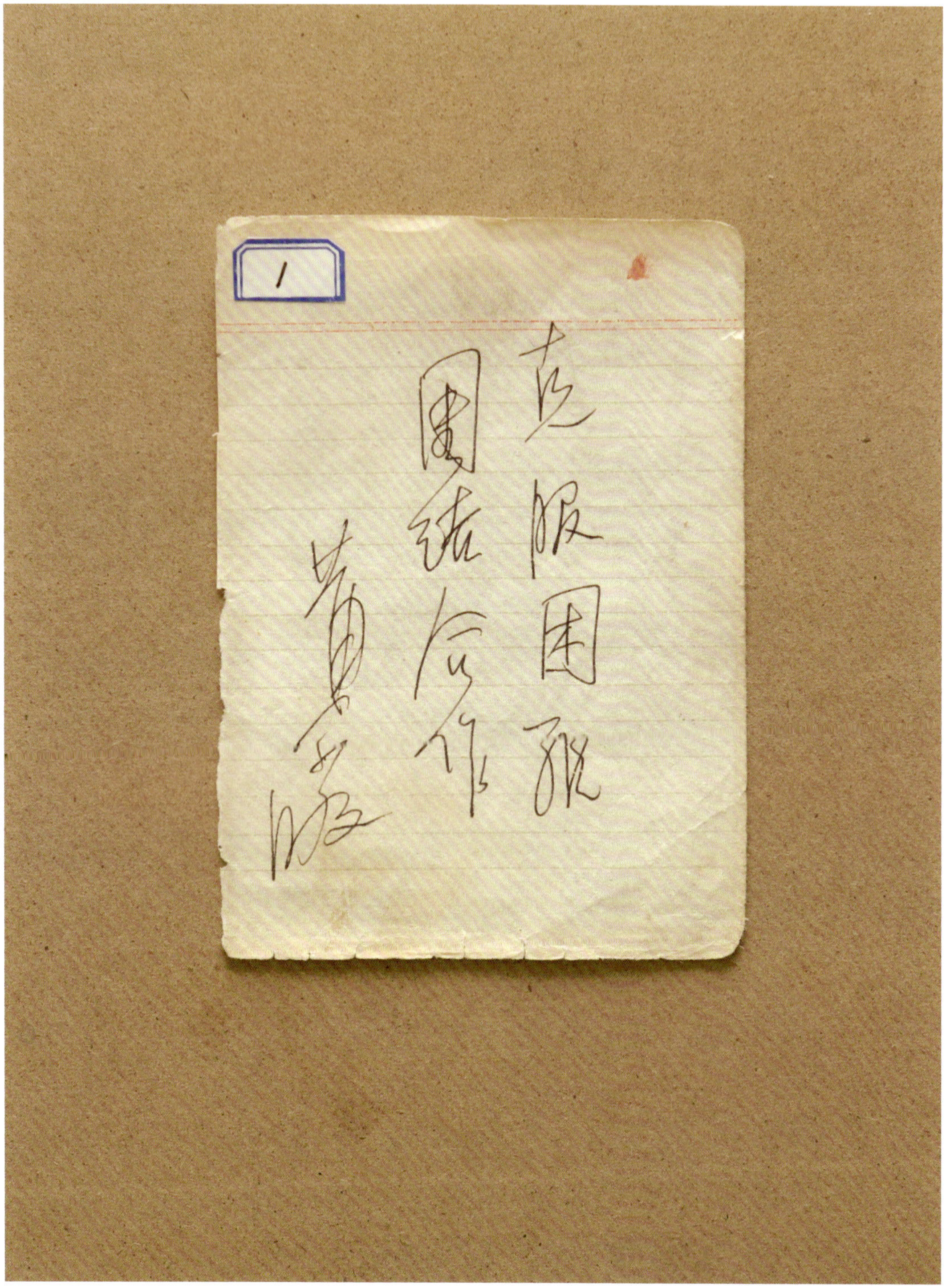

黄敬市长给天津市抗美援朝志愿医疗队第一大队的题词

天津市抗美援朝志愿医疗队二连在沈阳合影

天津市抗美援朝志愿医疗队第一大队全体同志到达驻地时合影

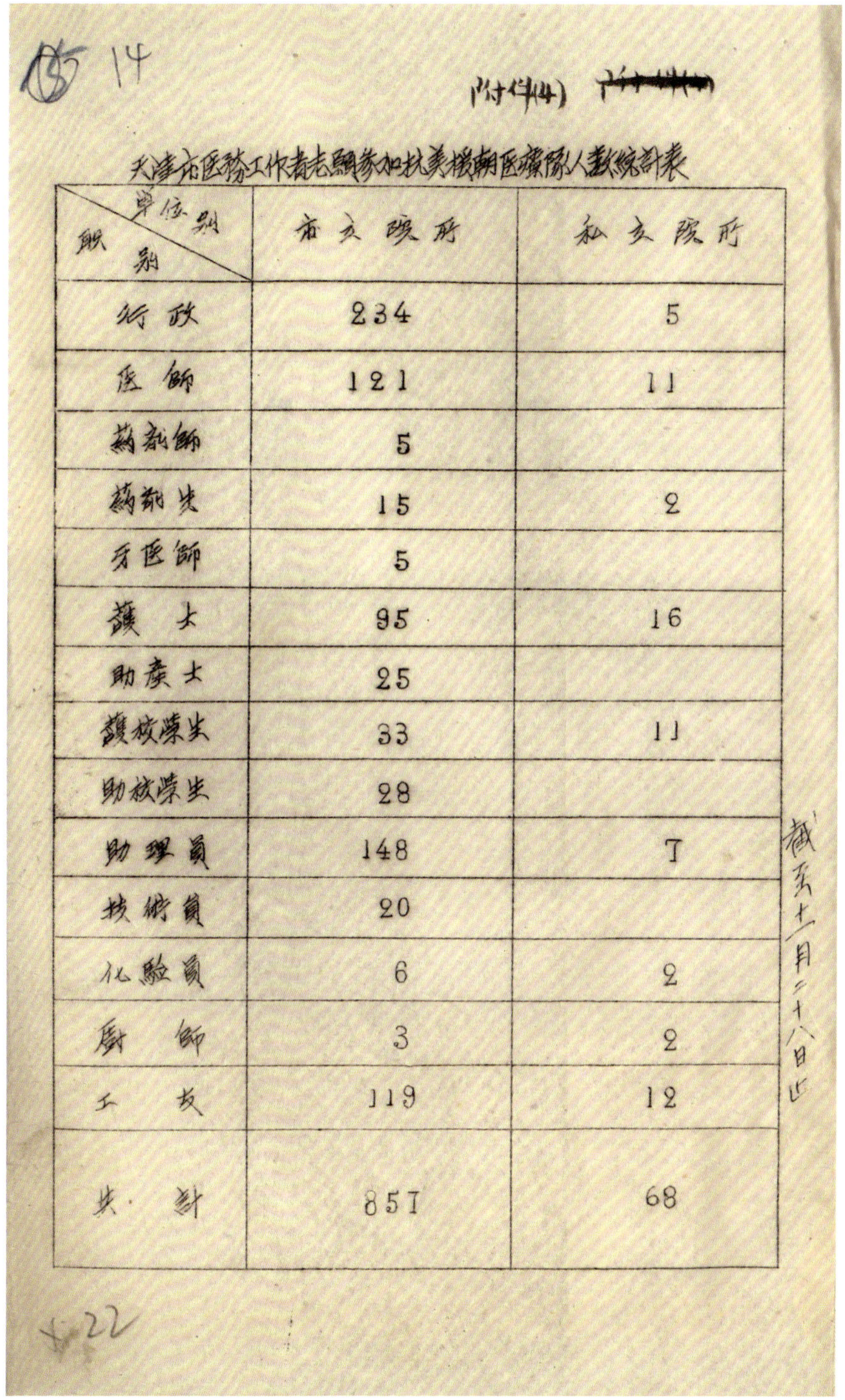

14

附件(14)

天津市医務工作者志願參加抗美援朝医療隊人數統計表

職別＼單位別	市立院所	私立院所
行政	234	5
医師	121	11
藥劑師	5	
藥劑生	15	2
牙医師	5	
護士	95	16
助產士	25	
護校學生	33	11
助校學生	28	
助理員	148	7
技術員	20	
化驗員	6	2
廚師	3	2
工友	119	12
共計	857	68

截至十一月二十八日止

22

天津市医务工作者志愿参加抗美援朝医疗队人数统计表（1950 年）

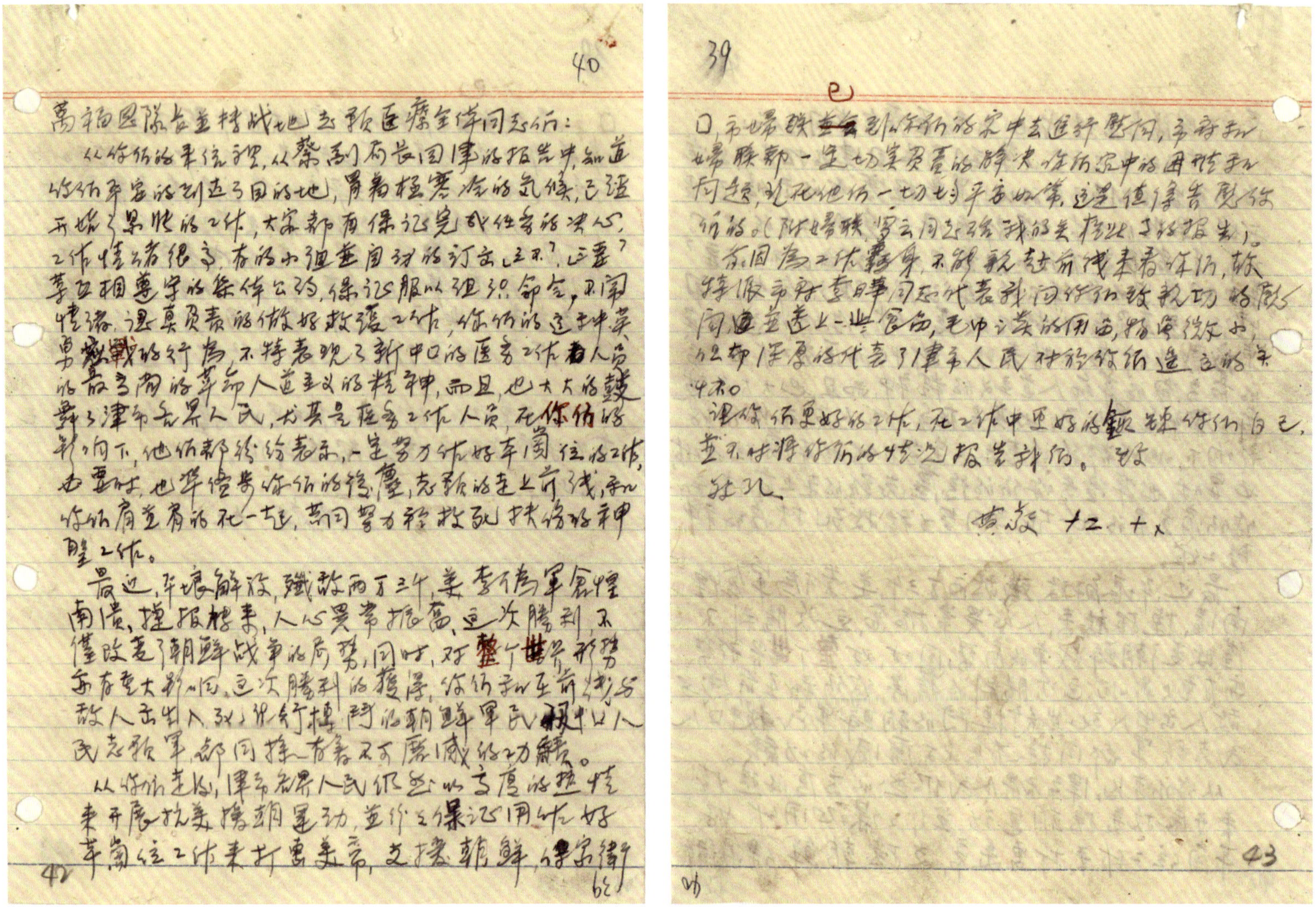

万福恩队长并转战地志愿医疗全体同志们：

从你们的来信里，从蔡副局长回津的报告中，知道你们平安的到达了目的地，冒着极寒冷的气候，已经开始了紧张的工作，大家都有保证完成任务的决心，工作情绪很高，有的小组并自动的订立了“三不”“四要”等互相遵守的条件公约，保证服从组织命令，不闹情绪，认真负责的做好救护工作，你们的这种英勇奋战的行为，不特表现了新中国的医务工作者人员的高尚的革命人道主义的精神，而且也大大的鼓舞了津市各界人民，尤其是医务工作人员，在你们的影响下，他们都纷纷表示，一定努力作好本岗位的工作，必要时，也准备学你们的榜样，志愿的走上前线，和你们肩并肩的在一起，共同努力于救死扶伤的神圣工作。

最近，平壤解放，歼敌两万三千，美李伪军全线南溃，捷报传来，人心异常振奋，这次胜利，不仅改变了朝鲜战争的局势，同时，对整个世界形势亦有重大影响。这次胜利的获得，你们和在前线与敌人出生入死、浴血奋斗的朝鲜军民和中国人民志愿军，都同样有着不可磨灭的功绩。

从你们走后，津市各界人民仍然以高度的热情来开展抗美援朝运动，并纷纷保证用作好本岗位工作来打击美帝，支援朝鲜，保家卫

已

[国]，市妇联已到你们的家中去进行慰问，市府和妇联都一定切实负责的解决你们家中的困难和问题，现在他们一切均平安如常，这是值得告慰你们的。（附妇联李云同志给我的关于慰问工作的报告）。

市因为工作繁忙，不能亲赴前线来看你们，故特派市府李晖同志代表我向你们致亲切的慰问，并送上一些食品、毛巾、袜子等用品，虽系微小，但却深厚的代表了津市人民对于你们这些的关怀。

望你们更好的工作，在工作中更好的锻炼你们自己，并不时将你们的情况报告我们。致

敬礼。

黄敬 十二 十x

1950 年 12 月，黄敬市长给抗美援朝志愿医疗队队长万福恩及全体同志的信

1954 年 2 月，中国人民志愿军司令部、政治部颁发给张化新的三等功喜报

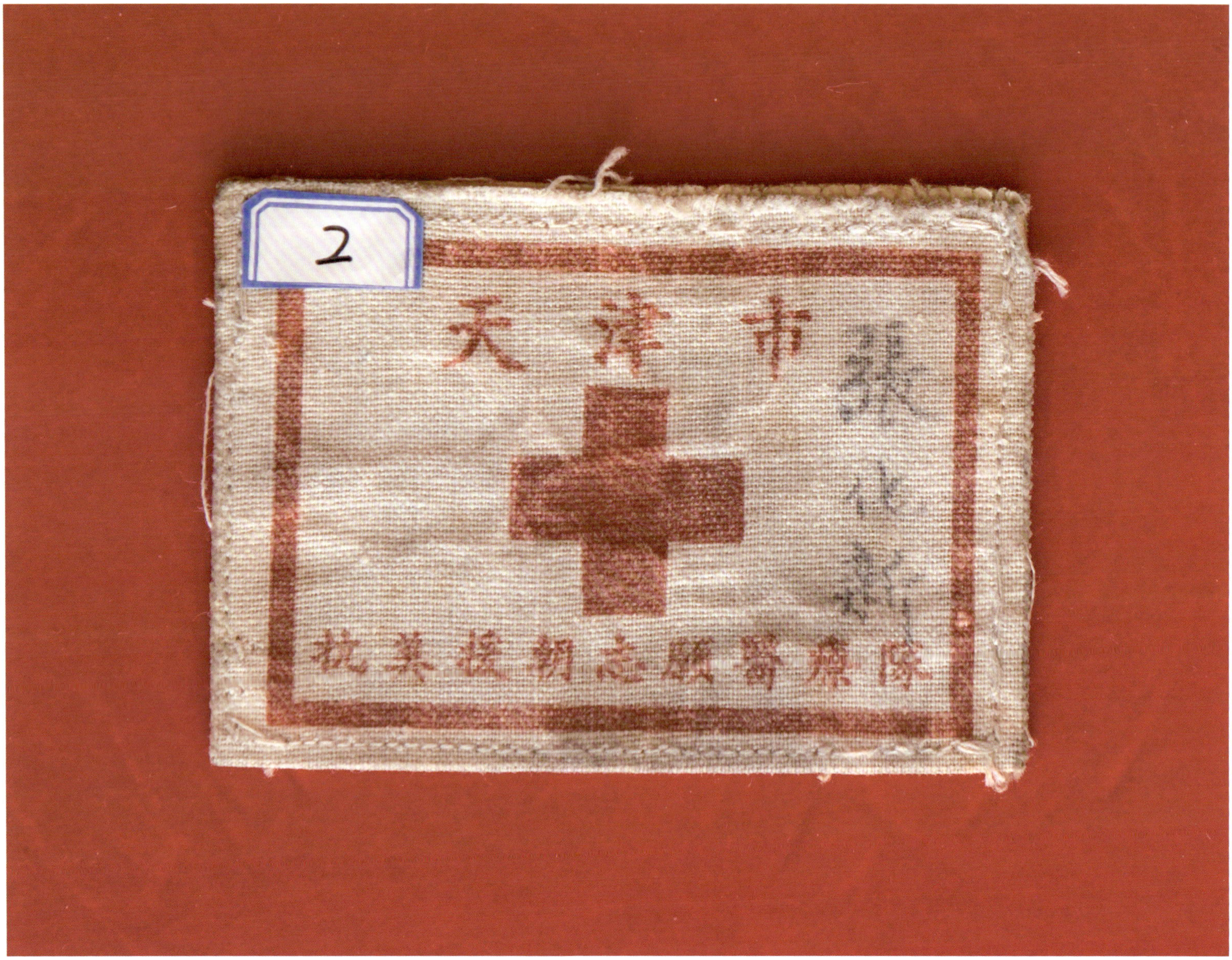

天津市抗美援朝志愿医疗队第一大队队员张化新用过的胸标

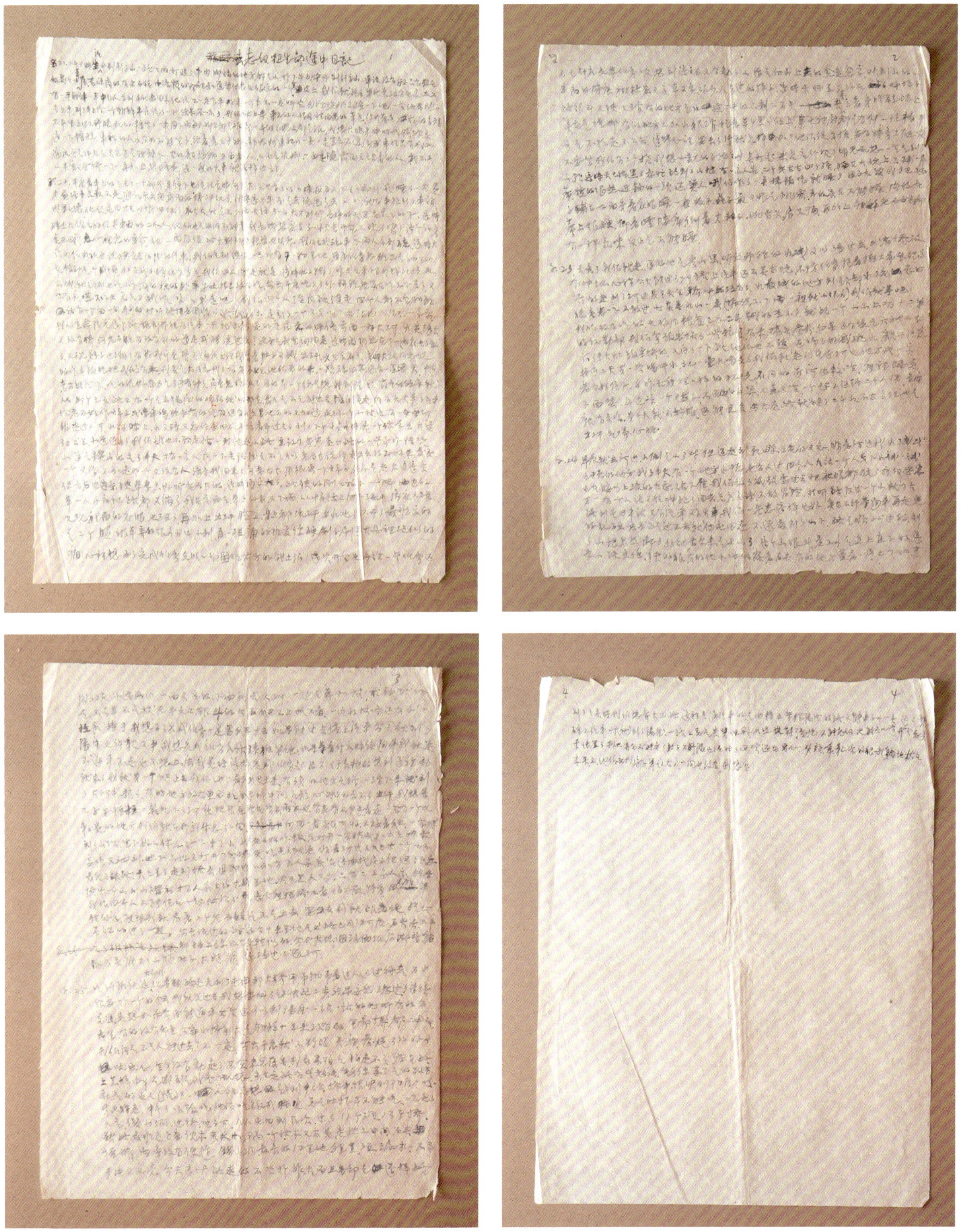

天津市抗美援朝志愿医疗队第一大队队员张化新在朝期间的日记

张化新带领的国际医防十五队在抗美援朝东海岸反击战中荣立集体三等功时个人立功照

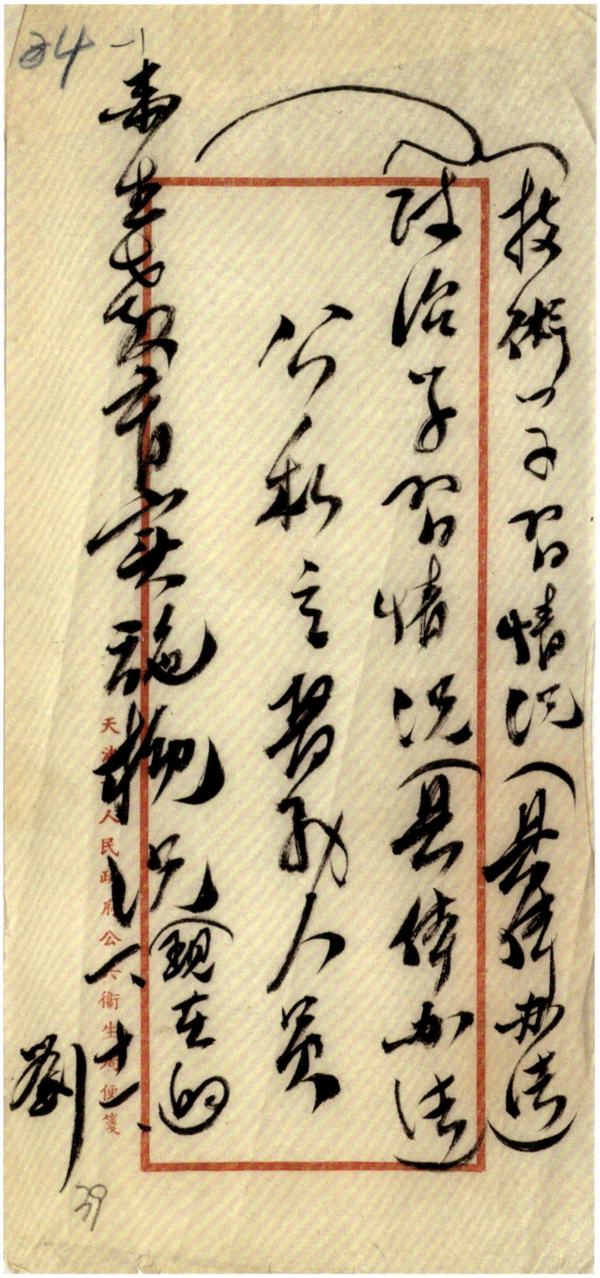

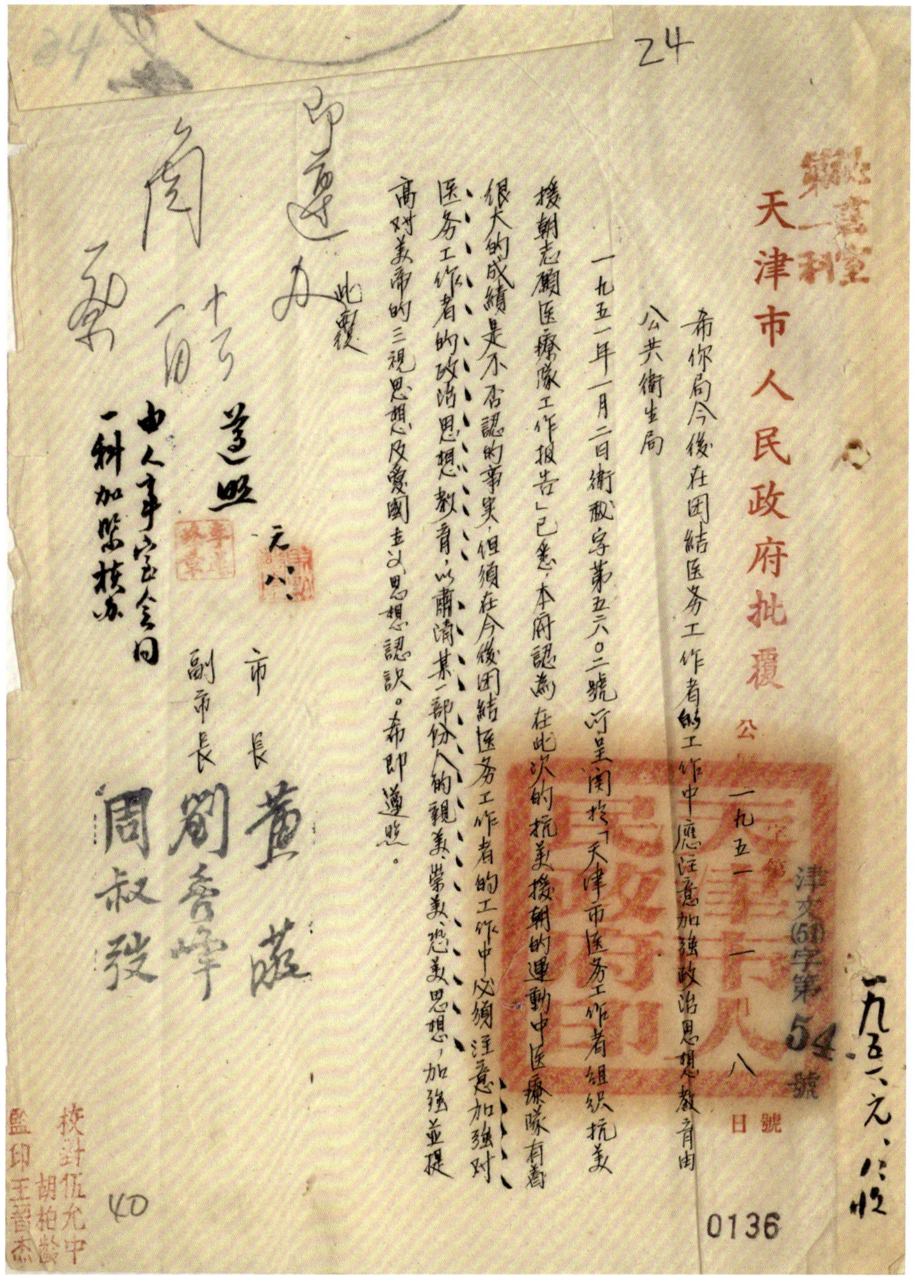

天津市人民政府批覆

津文(51)字第54號

一九五一年一月八日

公共衛生局

希你局今後在團結醫務工作者的工作中應注意加強政治思想教育由

一九五一年一月二日衛秘字第五六〇二號函呈關於「天津市醫務工作者組織抗美援朝志願醫療隊工作報告」已悉，本府認為在此次的抗美援朝的運動中醫療隊有着很大的成績是不否認的事實，但須在今後團結醫務工作者的工作中必須注意加強對醫務工作者的政治思想教育，以肅清某一部份人的親美崇美恐美思想，加強並提高對美帝的三視思想及愛國主義思想認識。希即遵照。

此覆

市長 黃敬

副市長 劉[illegible]峯 周叔弢

1951 年 1 月 8 日，天津市人民政府关于《天津市医务工作者组织抗美援朝志愿医疗队工作报告》给天津市公共卫生局的批复

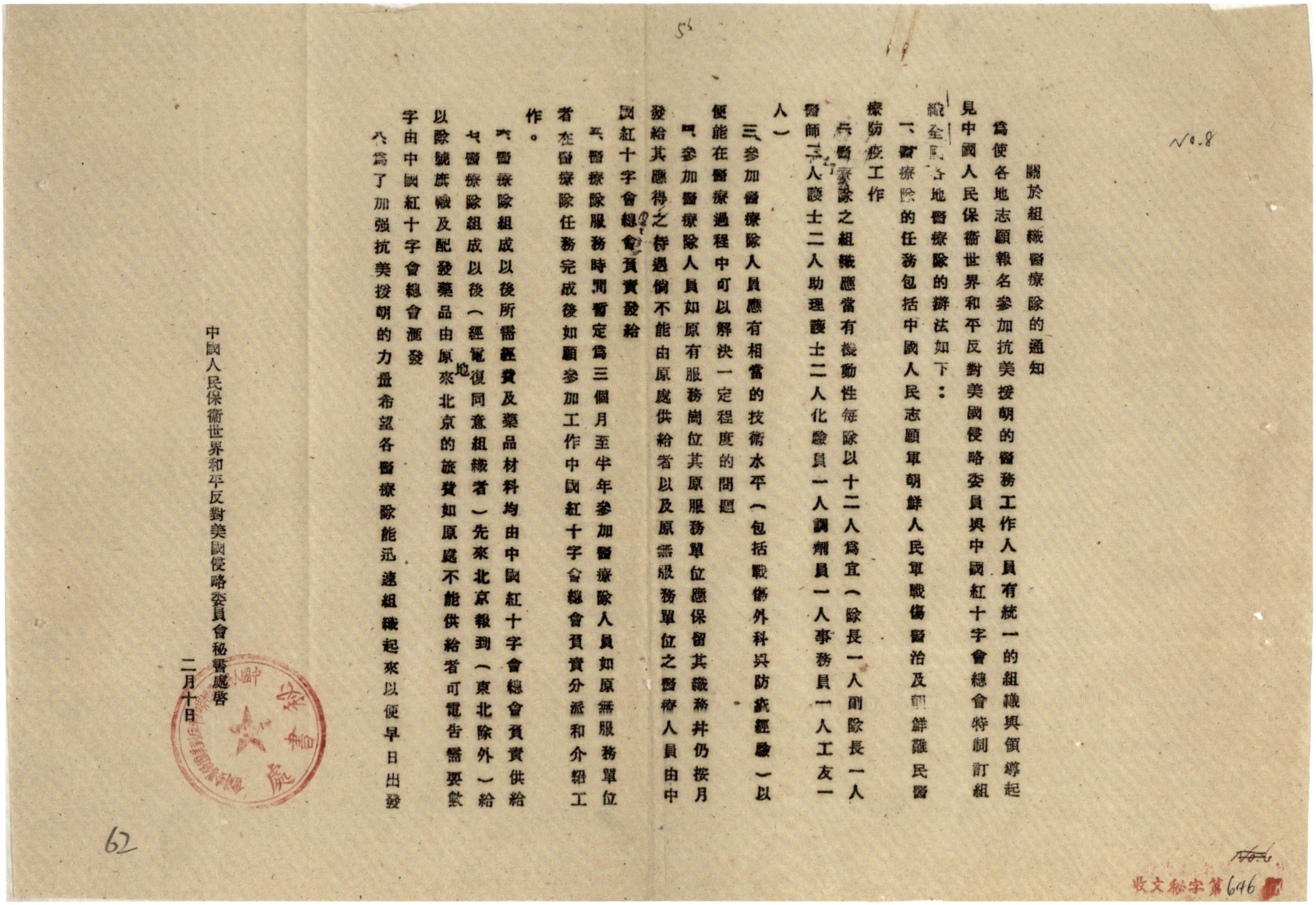

關於組織醫療隊的通知

為使各地志願報名參加抗美援朝的醫務工作人員有統一的組織與領導起見中國人民保衛世界和平反對美國侵略委員會與中國紅十字會總會特制訂組織全國各地醫療隊的辦法如下：

一、醫療隊的任務包括中國人民志願軍朝鮮人民軍戰傷醫治及朝鮮難民醫療防疫工作

二、醫療隊之組織應當有機動性每隊以十二人為宜（隊長一人副隊長一人醫師三人護士二人助理護士二人化驗員一人調劑員一人事務員一人工友一人）

三、參加醫療隊人員應有相當的技術水平（包括戰傷外科與防疫經驗）以便能在醫療過程中可以解決一定程度的問題

四、參加醫療隊人員如原有服務崗位其原服務單位應保留其職務並仍按月發給其應得之待遇倘不能由原處供給者以及原無服務單位之醫療人員由中國紅十字會總會負責發給

五、醫療隊服務時間暫定為三個月至半年參加醫療隊人員如原無服務單位者在醫療隊任務完成後如願參加工作中國紅十字會總會負責分派和介紹工作。

六、醫療隊組成以後所需經費及藥品材料均由中國紅十字會總會負責供給

七、醫療隊組成以後（經電復同意組織者）先來北京報到（東北除外）給以隊號旗幟及配發藥品由原來北京的旅費如原處不能供給者可電告需要款字由中國紅十字會總會匯發

八、為了加強抗美援朝的力量希望各醫療隊能迅速組織起來以便早日出發

中國人民保衛世界和平反對美國侵略委員會秘書處啓

二月十日

收文秘字第646號

1951 年 2 月 10 日，中国人民保卫世界和平反对美国侵略委员会秘书处关于组织医疗队的通知

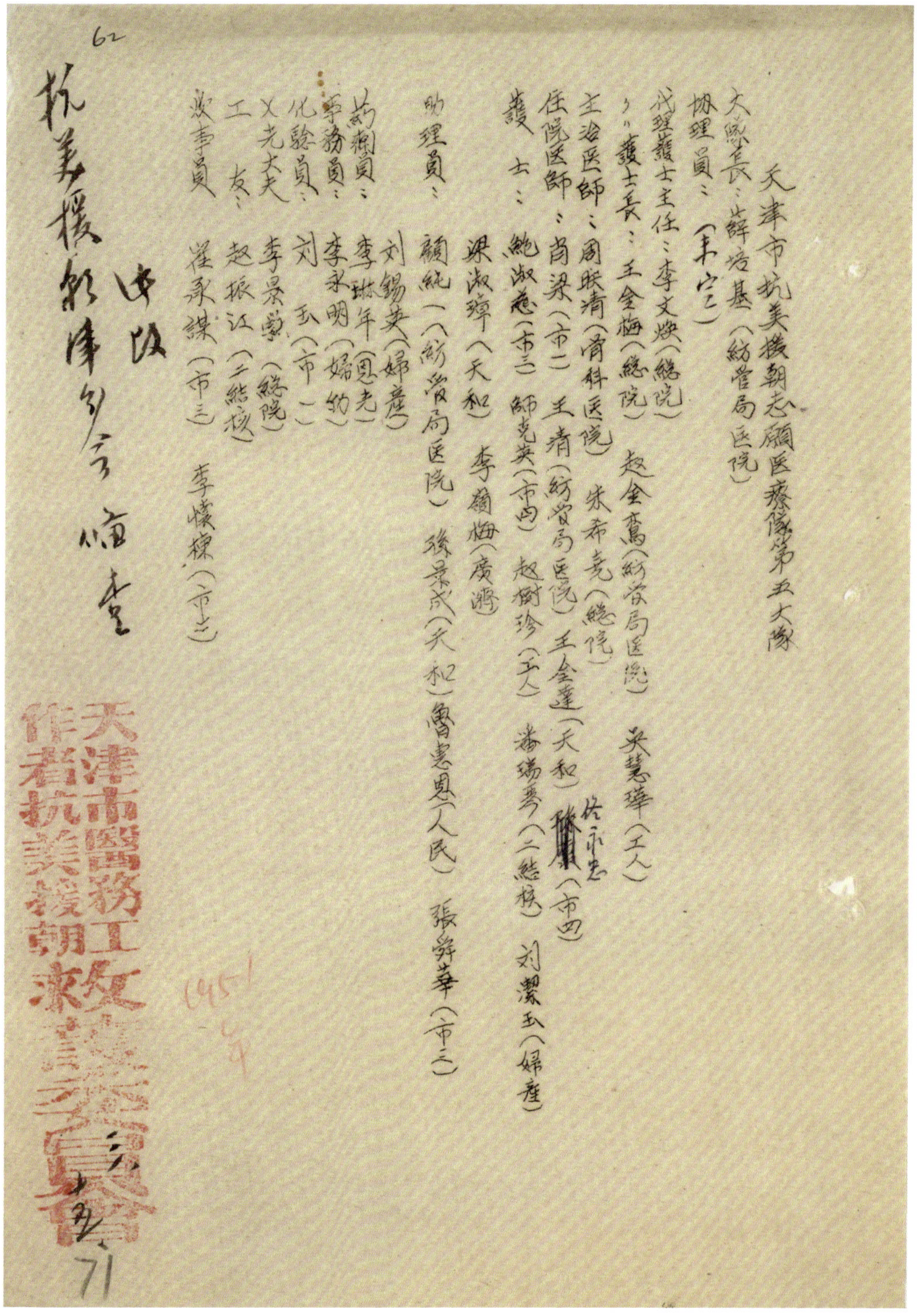

天津市抗美援朝志愿医疗队第五大队

大队长：薛培基（纺管局医院）

协理员：（未定）

代理护士主任：李文焕（总院）

〃〃护士长：王金梅（总院）　赵金凤（纺管局医院）　吴慧华（工人）

主治医师：周联清（骨科医院）　朱希尧（总院）　佟永忠（市四）

住院医师：肖梁（市二）　王清（纺管局医院）　王金达（天和）

护士：鲍淑葱（市三）　师克英（市四）　赵树珍（工人）　潘瑞秀（二结核）　刘洁玉（妇产）

梁淑琼（天和）　李韵梅（广济）

助理员：顾纯一（纺管局医院）　孙景成（天和）　鲁宪恩（人民）　张舜华（市三）

药剂员：刘锡英（妇产）

事务员：李琳年（恩光）

李永明（妇幼）

化验员：刘玉（市一）

X光大夫：李景荣（总院）

工友：赵振江（二结核）

炊事员：崔承谋（市三）　李怀樑（市二）

天津市医务工作者抗美援朝救护委员会

1951年3月15日，天津市抗美援朝志愿医疗队第五大队人员名单

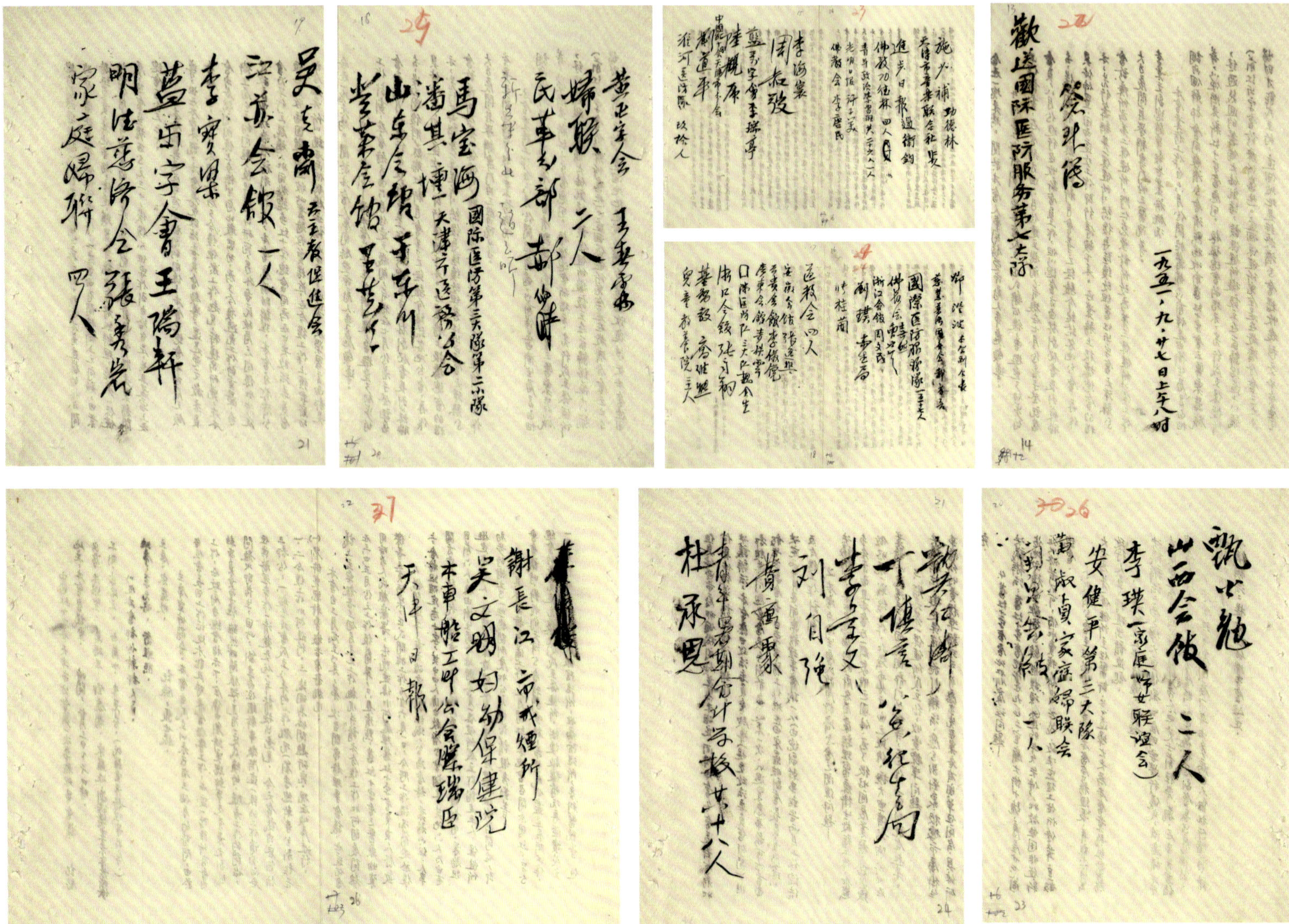

1951 年 9 月 27 日，中国红十字总会国际医防服务队第七大队赴朝欢送大会签到簿

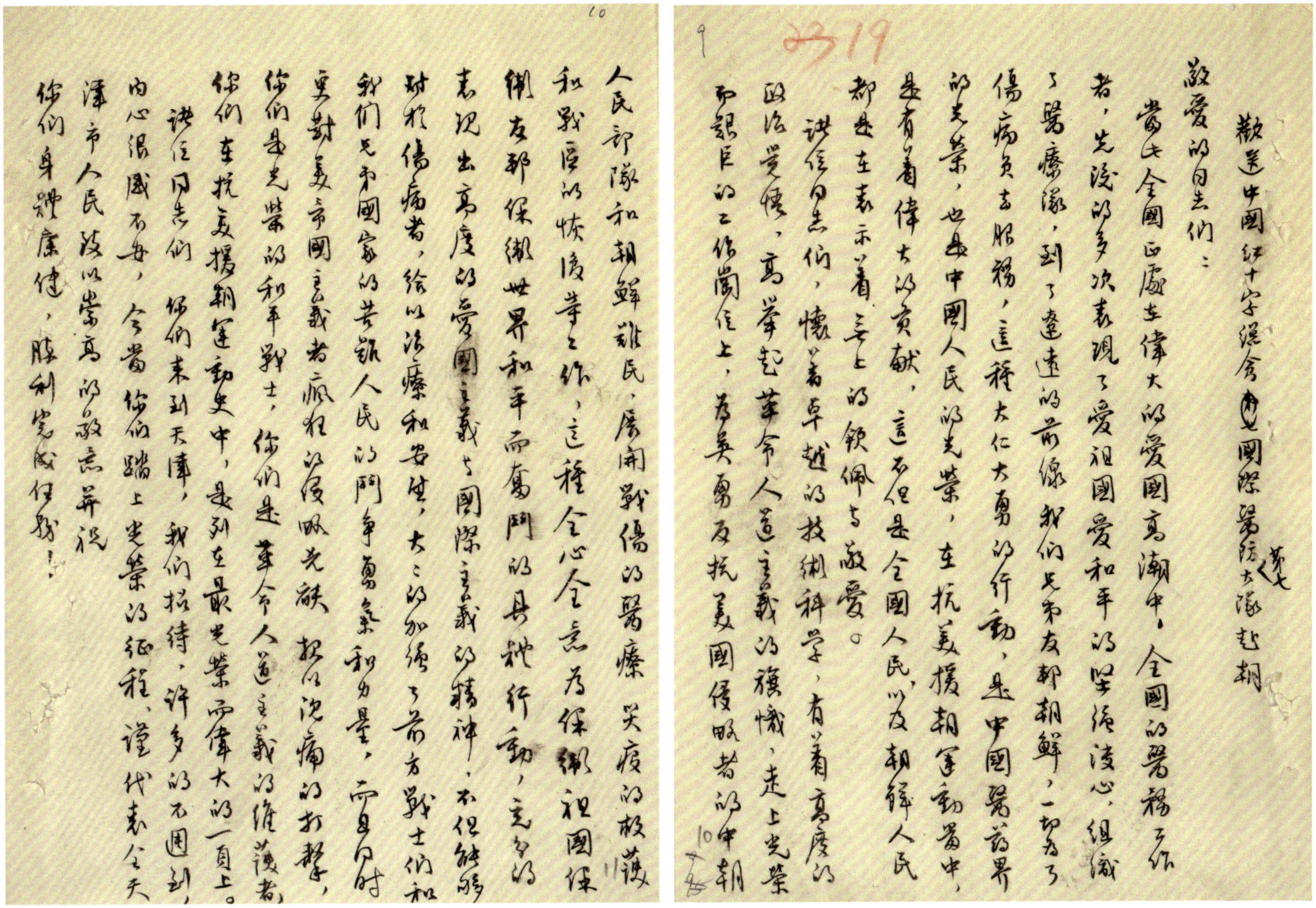

歡送中國紅十字總會國際醫防服務隊第七大隊赴朝

敬愛的同志們：

當在全國正處在偉大的愛國高潮中，全國的醫務工作者，先後的多次表現了愛祖國愛和平的堅強決心，組織了醫療隊，到了遙遠的前線，對我們兄弟友邦朝鮮，一切為了傷病員去服務，這種大仁大勇的行動，是中國醫藥界的光榮，也是中國人民的光榮，在抗美援朝運動當中，是有着偉大的貢獻，這不但是全國人民以及朝鮮人民都是在表示着無上的欽佩與敬愛。

諸位同志們，懷着卓越的技術科學，有着高度的政治覺悟，高舉起革命人道主義的旗幟，走上光榮的服務的工作崗位上，為英勇反抗美國侵略者的中朝人民部隊和朝鮮難民，展開戰傷的醫療、災疫的救護和戰區的恢復等等工作，這種全心全意為保衛祖國保衛友邦保衛世界和平而奮鬥的具體行動，充分的表現出高度的愛國主義與國際主義的精神，不但能夠對於傷病者，給以治療和安慰，大大的加強了前方戰士們和我們兄弟國家的英雄人民的鬥爭勇氣和力量，而且同時更對美帝國主義者瘋狂的侵略屠殺，報以沉痛的打擊，你們是光榮的和平戰士，你們是革命人道主義的保護者，你們在抗美援朝運動史中，是列在最光榮而偉大的一頁上。

諸位同志們　你們來到天津，我們招待，許多的不周到，內心很感不安，今當你們踏上光榮的征程，謹代表全天津市人民致以崇高的敬意并祝

你們身體康健，勝利完成任務！

1951 年 9 月 27 日，欢送中国红十字总会国际医防服务队第七大队赴朝大会的演讲词

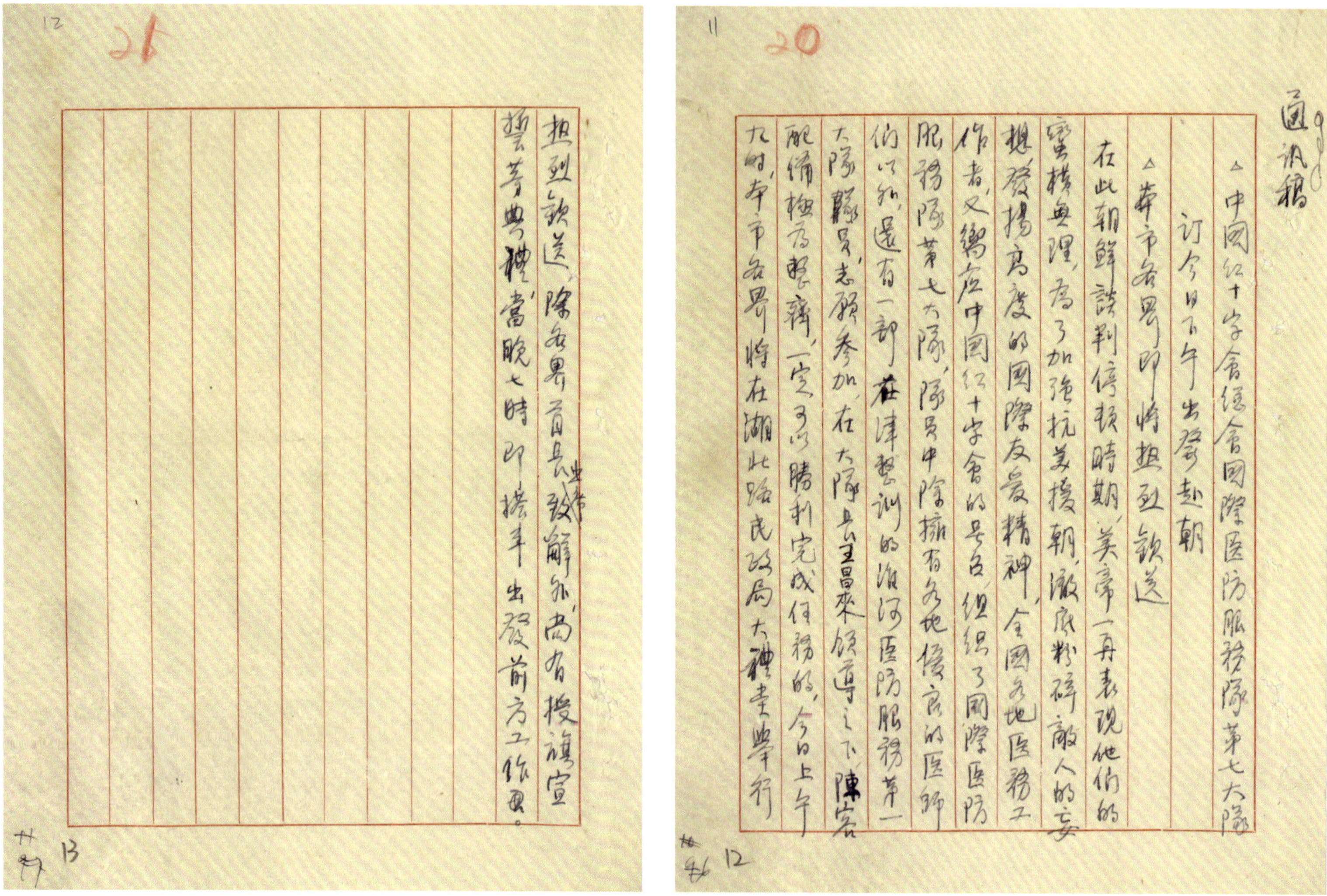
通讯稿

△中国红十字会总会国际医防服务队第七大队

订今日下午出发赴朝

△本市各界即将热烈欢送

在此朝鲜谈判停顿时期，美帝一再表现他们的蛮横无理，为了加强抗美援朝，彻底粉碎敌人的妄想，发扬高度的国际友爱精神，全国各地医务工作者，又响应中国红十字会的号召，组织了国际医防服务队第七大队，队员中除拥有各地优良的医师们以外，还有一部在津整训的海河医防服务第一大队队员，志愿参加，在大队长王昌来领导之下，陈容配备极为整齐，一定可以胜利完成任务的，今日上午九时，本市各界将在湖北路民政局大礼堂举行热烈欢送，除各界首长致辞外，尚有援朝宣誓等典礼，当晚七时即搭车出发前方工作云。

1951 年 9 月 27 日，中国红十字会总会国际医防服务队第七大队赴朝欢送大会通讯稿

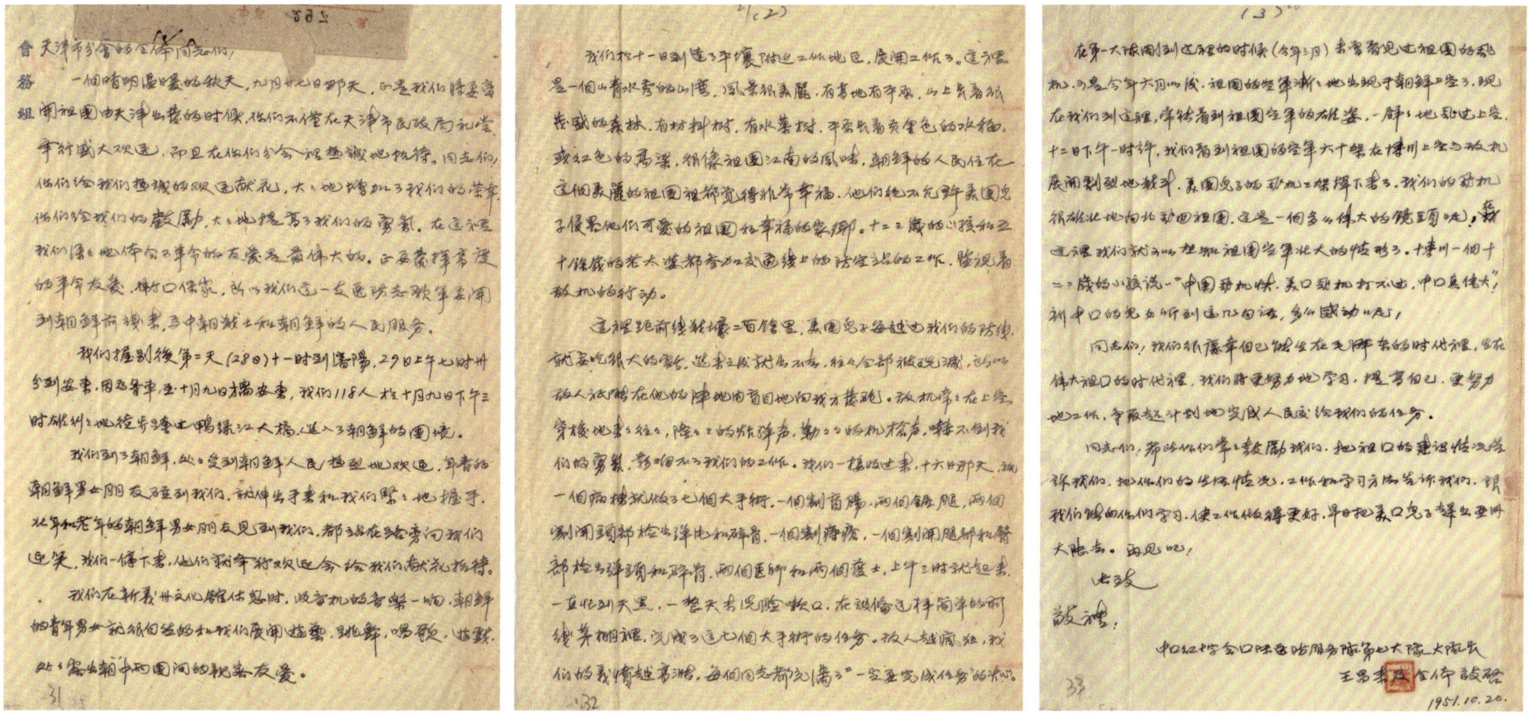

會天津市分會的全体同志们！

務　一個晴明温暖的秋天，九月廿七日那天，正是我们将要离

組　開祖国由天津出發的时候，你们不僅在天津市民政局礼堂举行盛大欢送，而且在你们分会裡热诚地招待。同志们！你们给我们热诚的欢送献花，大大地增加了我们的荣幸，你们给我们的鼓勵，大大地提高了我们的勇氣。在这裡我们深深地体会了革命的友愛是最伟大的。正要发扬高度的革命友爱，捍卫国家，所以我们这一支医防志愿军要开到朝鮮前線去，為中朝戰士和朝鮮的人民服务。

我们握别後第二天（28日）十一时到瀋陽，29日上午七时卅分到安東，因为等車，至十月九日才離安東，我们118人在十月九日下午三时雄纠纠地徒步跨过鸭绿江大橋，進入了朝鮮的国境。

我们到了朝鮮，处处受到朝鮮人民热烈地欢迎，年青的朝鮮男女朋友碰到我们，就伸出手来和我们緊緊地握手，壮年和老年的朝鮮男女朋友見到我们，都站在路旁向我们迎笑，我们一停下来，他们就举行欢迎会给我们献花招待。

我们在新義州文化館休息时，收音机的音樂一响，朝鮮的青年男女就很自然的和我们展開遊藝，跳舞，唱歌，遊戲，处处露出朝中两国间的親密友愛。

（2）

我们於十一日到達了平壤附近工作地區，展開工作了。这裡是一個山青水秀的山灣，風景很美麗，有高地有平原，山上长着很茂盛的森林，有枋楊樹，有水栗樹，平原长着黄金色的水稻，或紅色的高粱，很像祖国江南的風味，朝鮮的人民住在这個美麗的祖国裡都覺得非常幸福，他们绝不允許美国鬼子侵略他们可愛的祖国和幸福的家鄉。十二三歲的小孩和五十餘歲的老太婆都参加了交通線上的防空站的工作，監視着敌机的行动。

这裡距前線約有二百餘里，美国鬼子每越過我们的防線，就要吃很大的虧，逃来之後就出不去，往往全部被殲滅，所以敌人就躲在他的陣地内盲目地向我方轟炸。敌机常常在上空穿梭地来来往往，隆隆的炸弹声，嗡嗡的机槍声，嚇不倒我们的勇氣，影响不了我们的工作。我们一接收伤员，十六日那天，就一個病棟就做了七個大手術，一個割盲腸，兩個鋸腿，兩個割開頭部检出弹片和碎骨，一個割痔瘡，一個割開腿部和臂部检出弹頭和碎骨。兩個医師和兩個護士，上午三时就起来，一直忙到天黑，一整天未吃蛋餅口，在破舊這樣簡单的柯樂英棚裡，完成了這七個大手術的任务。敌人越瘋狂，我们的義憤越高漲，每個同志都充满了"一定要完成任务"的决心。

（3）

在第一大隊剛到這裡的时候（今年三月）未曾看見过祖国的飛机，可是今年六月以後，祖国的空軍渐渐地出现于朝鮮上空了，現在我们到这裡，常能看到祖国空軍的雄姿，一静静地飛过上空。十二日下午一时許，我们看到祖国的空軍六十架在博川上空与敌机展開劇烈地戰斗，美国鬼子的飛机三架掉下来了，我们的飛机很雄壮地向北飛回祖国。这是一個多么伟大的鏡頭呀！在这裡我们就可以想像祖国空軍壮大的情形了。博川一個十二三歲的小孩说："中国飛机快，美国飛机打不过，中国真伟大"！新中国的兒女听到这几句話，多么感动呀！

同志们！我们很慶幸自己能生在毛澤東的时代裡，生在伟大祖国的时代裡，我们将更努力地学习，提高自己，更努力地工作，争取超计划地完成人民交给我们的任务。

同志们，希望你们常常鼓勵我们，把祖国的建設情况告訴我们，把你们的生活情况，工作和学习方法告訴我们，讓我们好向你们学习，使工作做得更好，早日把美国鬼子趕出亚洲大陆去。再見吧！

此致

敬禮！

中国红十字会国際医防服务隊第七大隊大隊長

王昌来　全体敬启

1951.10.20.

1951 年 10 月 20 日，中国红十字总会国际医防服务队第七大队为汇报赴朝工作情况致中国红十字会天津市分会函

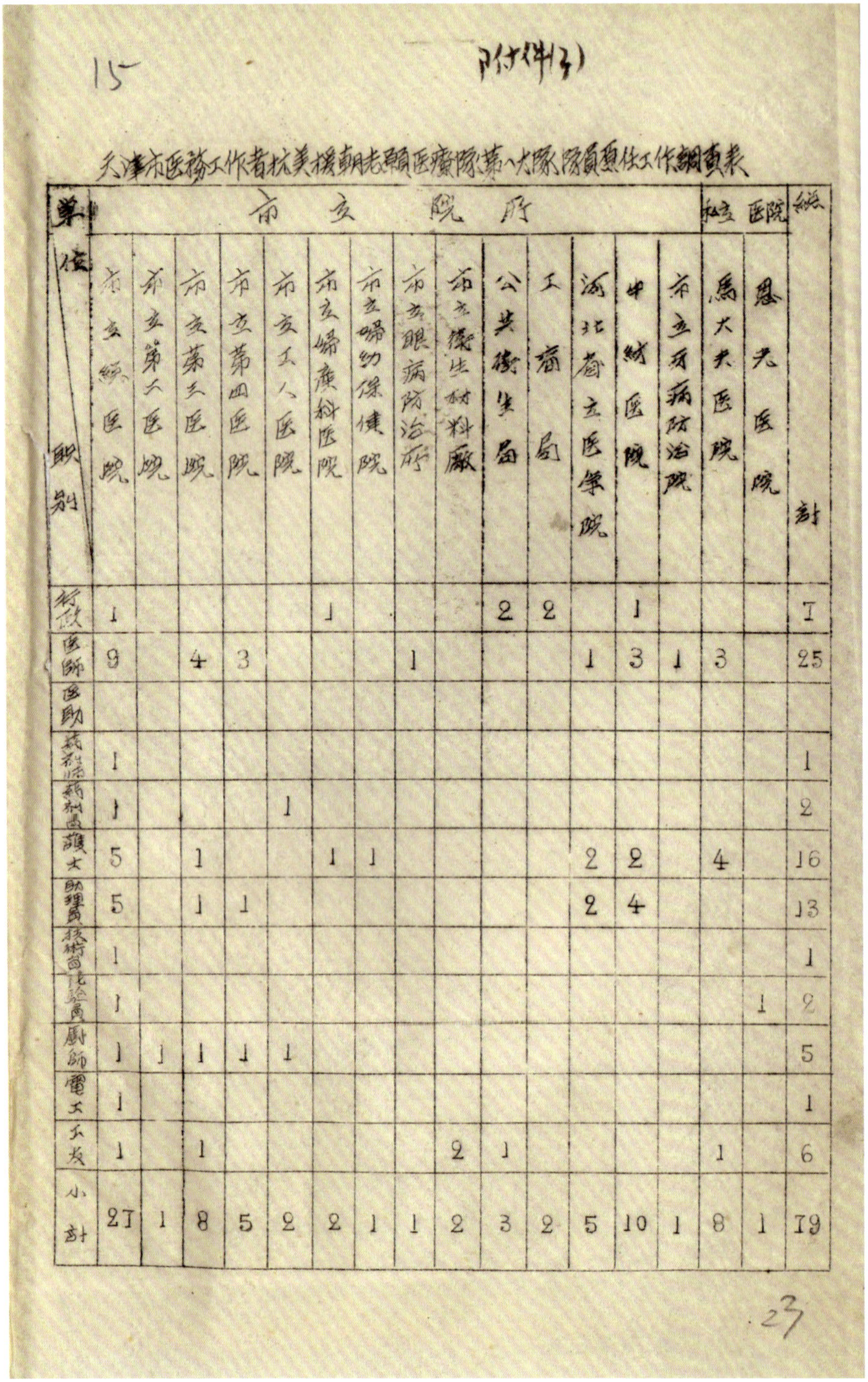

15　　附件(3)

天津市医務工作者抗美援朝志願医療隊第八大隊隊員原任工作調查表

單位 / 職別	市立院所														私立醫院		總計
	市立總醫院	市立第六醫院	市立第三醫院	市立第四醫院	市立工人醫院	市立婦產科醫院	市立婦幼保健院	市立眼病防治所	市立衛生材料廠	公共衛生局	工商局	河北省立醫學院	中紡醫院	市立牙病防治院	馬大夫醫院	恩光醫院	
行政	1					1				2	2		1				7
醫師	9		4	3				1				1	3	1	3		25
醫助																	
藥劑師	1																1
藥劑員	1				1												2
護士	5		1			1	1					2	2		4		16
助理員	5		1	1								2	4				13
技術員	1																1
化驗員	1															1	2
廚師	1	1	1	1	1												5
電工	1																1
工友	1		1						2	1					1		6
小計	27	1	8	5	2	2	1	1	2	3	2	5	10	1	8	1	79

23

天津市医务工作者抗美援朝志愿医疗队第八大队队员原任工作调查表（1951 年）

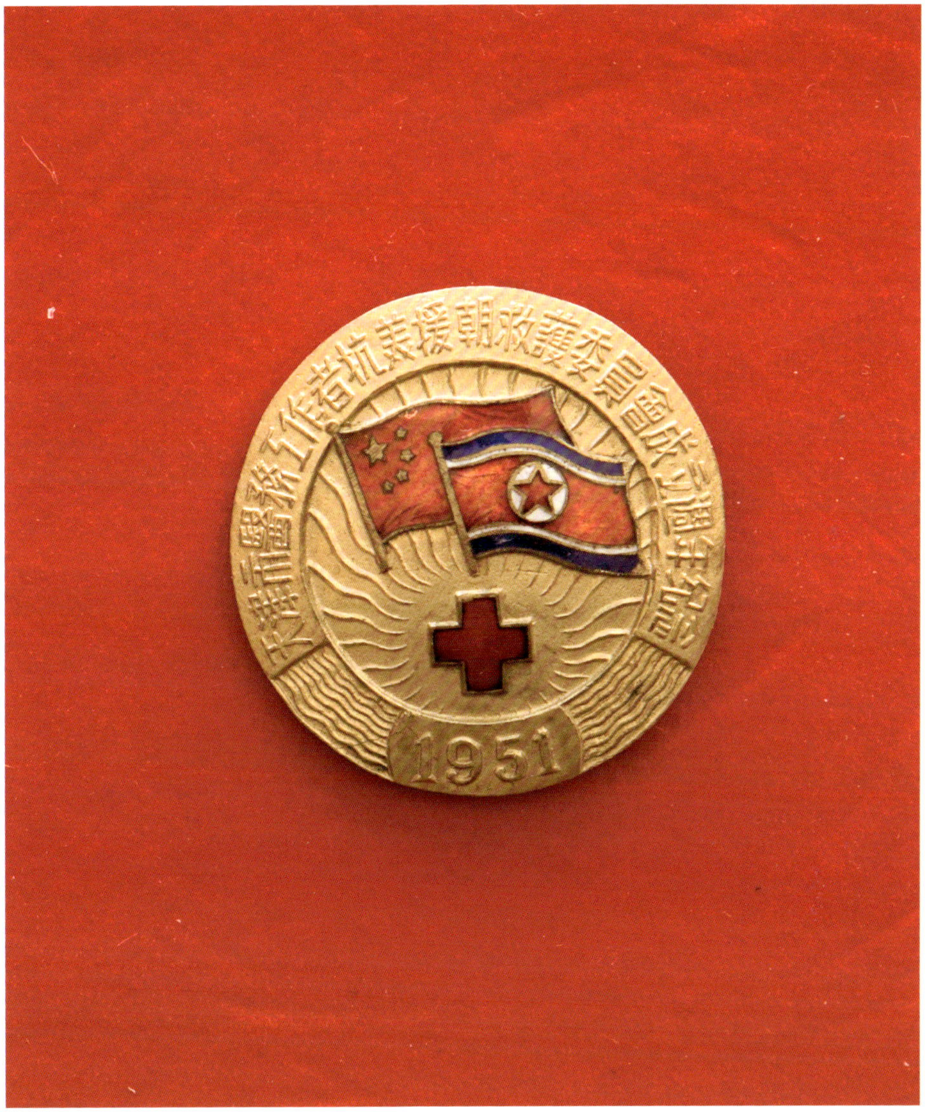

天津市医务工作者抗美援朝救护委员会成立周年纪念章(1951年)

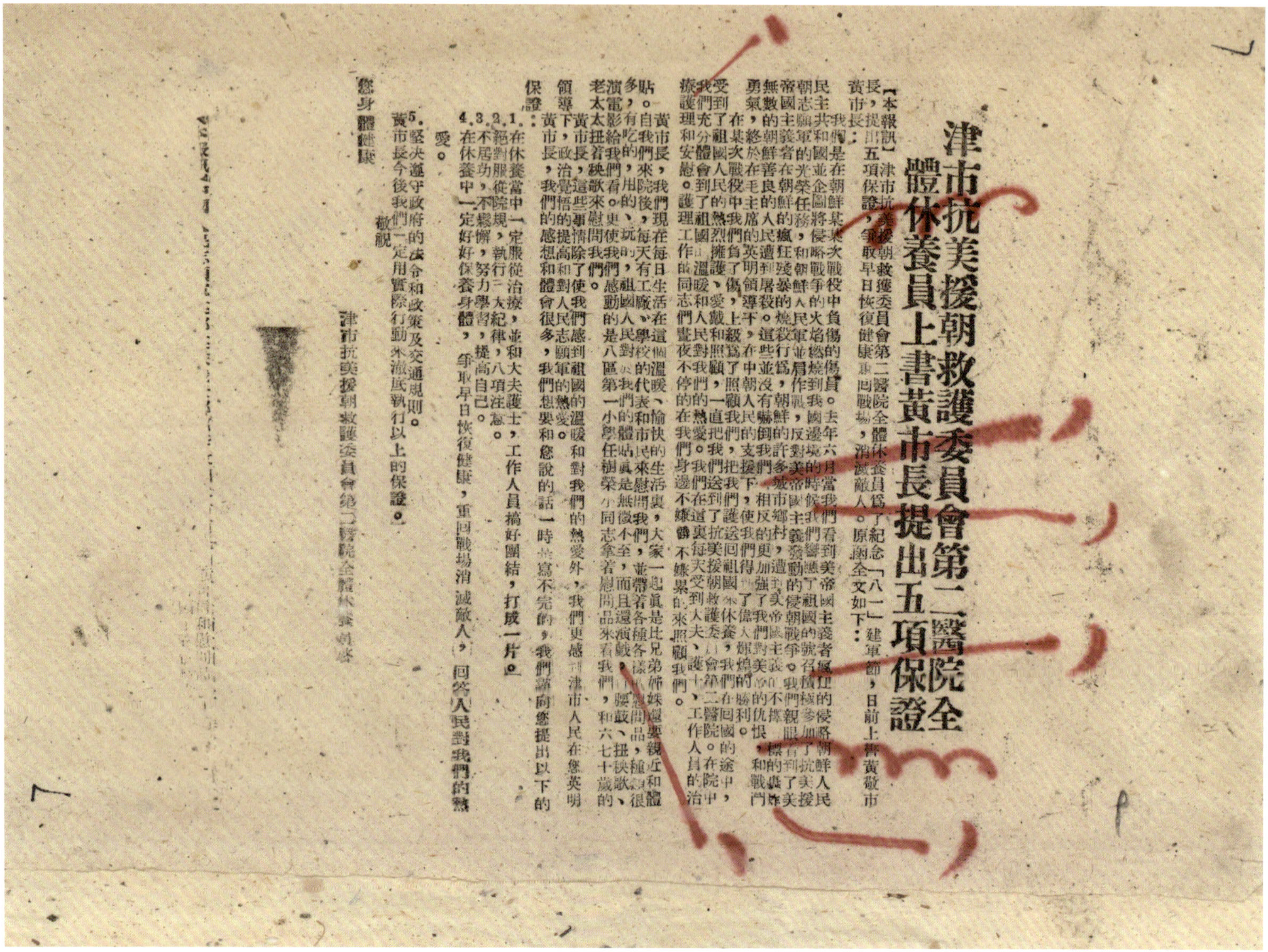

津市抗美援朝救護委員會第二醫院全體休養員上書黃市長提出五項保證

【本報訊】津市抗美援朝救護委員會第二醫院全體休養員爲了紀念「八一」建軍節，日前上書黃敬市長，提出五項保證，爭取早日恢復健康重回戰場，消滅敵人。原函全文如下：

黃市長：

我們是在朝鮮某次戰役中負傷的傷員。去年六月當我們看到美帝國主義者瘋狂的侵略朝鮮人民民主共和國並企圖將侵略戰爭的火焰燃燒到我國邊境的時候，我們響應了祖國的號召，積極參加了抗美援朝志願軍的光榮任務，和朝鮮人民軍並肩作戰，反對美帝國主義發動的侵朝戰爭。我們親眼看到了美帝國主義者在朝鮮的瘋狂殘暴的燒殺行爲，朝鮮的許多城市鄉村，遭到美帝國主義[illegible]不擇[illegible]標的轟炸，無數的朝鮮善良的人民遭到屠殺。這些並沒有嚇倒我們，相反的更加強了我們對美帝的仇恨，和戰鬥勇氣，終於在毛主席的英明領導下，在中朝人民的支援下，使我們得到了偉大輝煌的勝利。在某次戰役中我們負了傷，上級爲了照顧我們，把我們護送回祖國來休養，我們在回國的途中，受到了祖國人民的熱烈擁護、愛戴和照顧，一直把我們送到了抗美援朝救護委員會第二醫院。在院中，我們充分體會到了祖國的溫暖和人民對我們的熱愛。我們在這裏每天受到大夫、護士、工作人員的治療護理和安慰。護理工作的同志們晝夜不停的在我們身邊不嫌煩不嫌累的來照顧我們。

黃市長，我們現在每日生活在這個溫暖、愉快的生活裏，大家一起真是比兄弟姊妹還要親近和體貼。自我們來院後，每天有工廠、學校的代表和市民來慰問我們，並帶着各種各樣的慰問品，種類很多，有吃的，用的、玩的，祖國人民對於我們的體貼真是無微不至，而且還演戲、打腰鼓、扭秧歌、演電影給我們看。更使我們感動的是八區第一小學任桂榮小同志拿着慰問品來看我們，和六七十歲的老太太扭着秧歌來慰問我們。

黃市長，這些事情除了使我們感到祖國的溫暖和對我們的熱愛外，我們更感到津市人民在您英明領導下，政治覺悟的提高和對人民志願軍的熱愛。

黃市長，我們的感想和體會很多，我們想要和您說的話一時也寫不完的，我們謹向您提出以下的保證：

1. 在休養當中一定服從治療，並和大夫護士，工作人員搞好團結，打成一片。
2. 絕對服從院規，執行三大紀律，八項注意。
3. 不居功，不鬆懈，努力學習，提高自己。
4. 在休養中一定好好保養身體，爭取早日恢復健康，重回戰場消滅敵人，回答人民對我們的熱愛。
5. 堅決遵守政府的法令和政策及交通規則。

黃市長今後我們一定用實際行動來徹底執行以上的保證。

敬祝

您身體健康

津市抗美援朝救護委員會第二醫院全體休養員啓

1952 年 6 月，天津市抗美援朝救护委员会第二医院全体休养员上书黄敬市长提出五项保证

1953 年，抗美援朝国际医防十五队全体人员与志愿军总后勤部二分部卫生处长的合影

1953 年 8 月 30 日，抗美援朝国际医疗队队长会议在朝鲜的合影

1953 年 9 月 4 日，抗美援朝国际医防十五队荣立集体三等功在朝鲜的纪念照

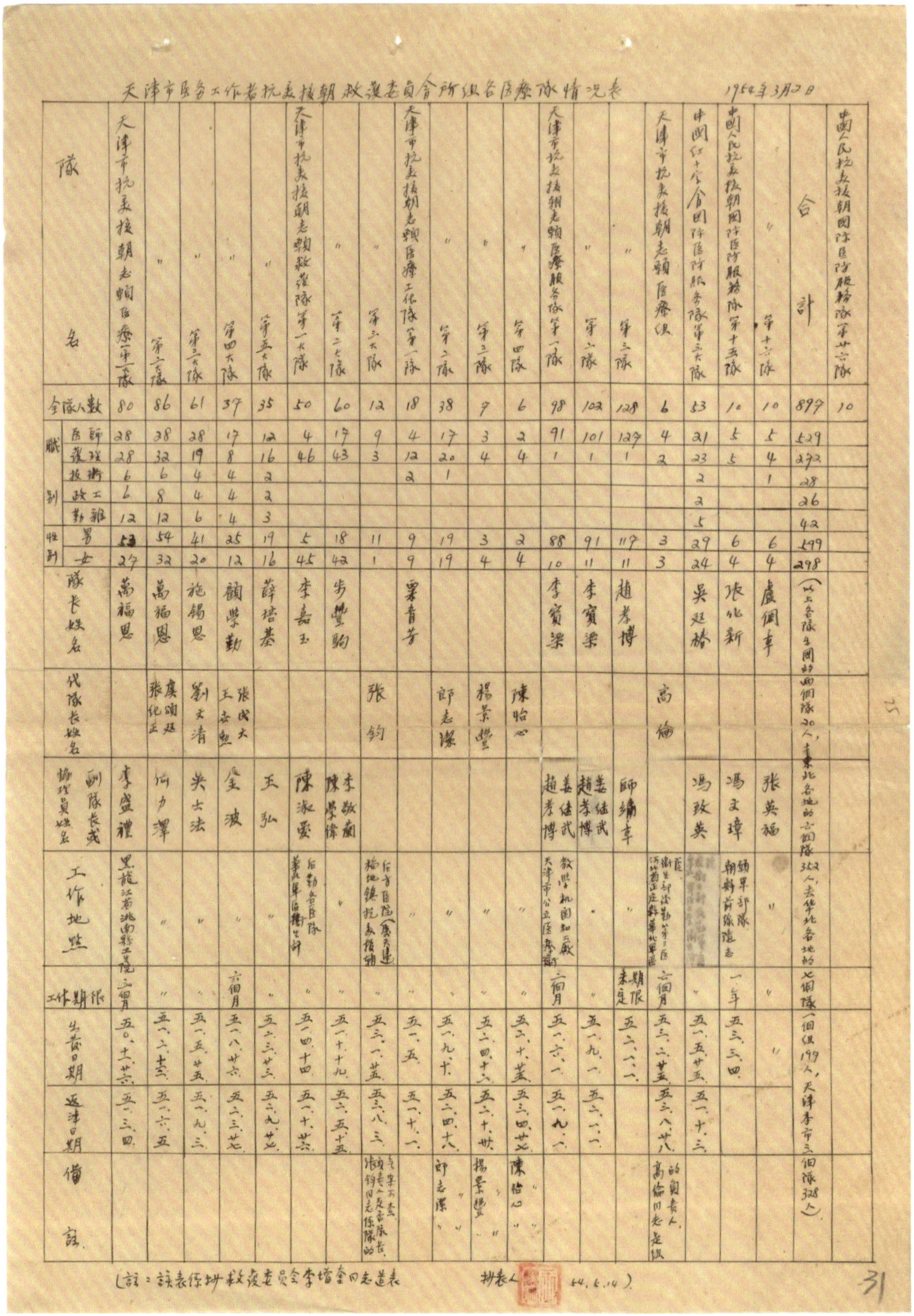

天津市医务工作者抗美援朝救護委員會所組各医療隊情况表　　1954年3月2日

隊名	天津市抗美援朝志願医療第一大隊	〃第二大隊	〃第三大隊	〃第四大隊	〃第五大隊	天津市抗美援朝志願救護隊第一大隊	〃第二大隊	〃第三大隊	天津市抗美援朝志願医療工作隊第一隊	〃第二隊	〃第三隊	〃第四隊	天津市抗美援朝志願医療服務隊第一隊	〃第二隊	〃第三隊	天津市抗美援朝志願医療組	中國紅十字會國際医防服務隊第三大隊	中國人民抗美援朝國際医防服務隊第十五隊	〃第十六隊	合計	中國人民抗美援朝國際医防服務隊第廿六隊
全隊人數	80	86	61	37	35	50	60	12	18	38	9	6	98	102	128	6	53	10	10	897	10
職別 医師	28	28	28	17	12	4	17	9	4	17	3	2	91	101	127	4	21	5	5	529	
職別 護理	28	32	19	8	16	46	43	3	12	20	4	4	1	1	1	2	23	5	4	272	
職別 技術	6	6	4	4	2				2	1							2		1	28	
職別 政工	6	8	4	4	2												2			26	
職別 勤雜	12	12	6	4	3												5			42	
性別 男	53	54	41	25	19	5	18	11	9	19	3	2	88	91	117	3	29	6	6	599	
性別 女	27	32	20	12	16	45	42	1	9	19	4	4	10	11	11	3	24	4	4	298	
隊長姓名	萬福恩	萬福恩	施錫恩	顧學勤	薛培基	李嘉玉	步豐駒		栗青芳				李寶樑	李寶樑	趙孝博		吳廷椿(?)	張作新(?)	盧佩章	(以上各隊出國的兩個隊20人，去東北各地的十一個隊362人，去華北各地的七個隊(一個組)197人，天津本市三個隊328人)	
代隊長姓名		虞頌廷 張化正	劉文清	張成大 王奇魁(?)				張鈞		郎志濂(?)	楊景豐	陳貽心				高倫					
副隊長或協理員姓名	李盛禮	侯力澤(?)	吳士法	金波	王弘	陳淑愛	李敬蘭 陳學儉(?)						姜緒武 趙孝博	姜緒武 趙孝博	師綸章(?)		馮致英	馮文璋	張英福		
工作地點	黑龍江省洮南縣(?)工兵醫院	〃	〃	〃	〃	東北軍區衛生部後勤各醫院	〃	後方醫院(集安(?))撫松鎮抗美援朝	〃	〃	〃	〃	天津市公立醫療機關和工廠	·	〃	河北省正定縣華北軍區衛生部後勤第三醫院	[illegible]	朝鮮前線部隊頓(?)隨志	〃		
工作期限	三個月	〃	〃	六個月	〃	〃	〃	〃	〃	〃	〃	〃	六個月	〃	期限未定	六個月	〃	一年	〃		
出發日期	五〇、十一、廿六	五一、二、十三	五一、五、廿五	五一、八、廿六	五二、三、廿三	五一、四、十四	五一、十、十九	五三、一、廿五	五一、五	五一、九、十	五二、四、十八	五二、十、廿五	五一、六、一	五一、九、一	五二、一、一	五三、二、廿五	五一、五、廿五	五三、三、四	〃		
返津日期	五一、三、四	五一、六、五	五一、九、三	五二、三、廿七	五二、九、廿七	五一、十、廿六	五二、五、十五	五三、八、三	五一、十、一	五二、四、十八	五二、十、卅	五三、四、廿七	五一、九、一	五二、一、一		五三、八、廿八	五一、十、三				
備註								張鈞同志系該隊的負責人不是隊長		郎志濂〃〃	楊景豐〃〃	陳貽心〃〃				高倫同志是組的負責人					

(註：該表係抄救護委員會李增奎同志造表　抄表人 54.6.14)

31

1954年3月2日，天津市医务工作者抗美援朝救护委员会所组各医疗队情况表

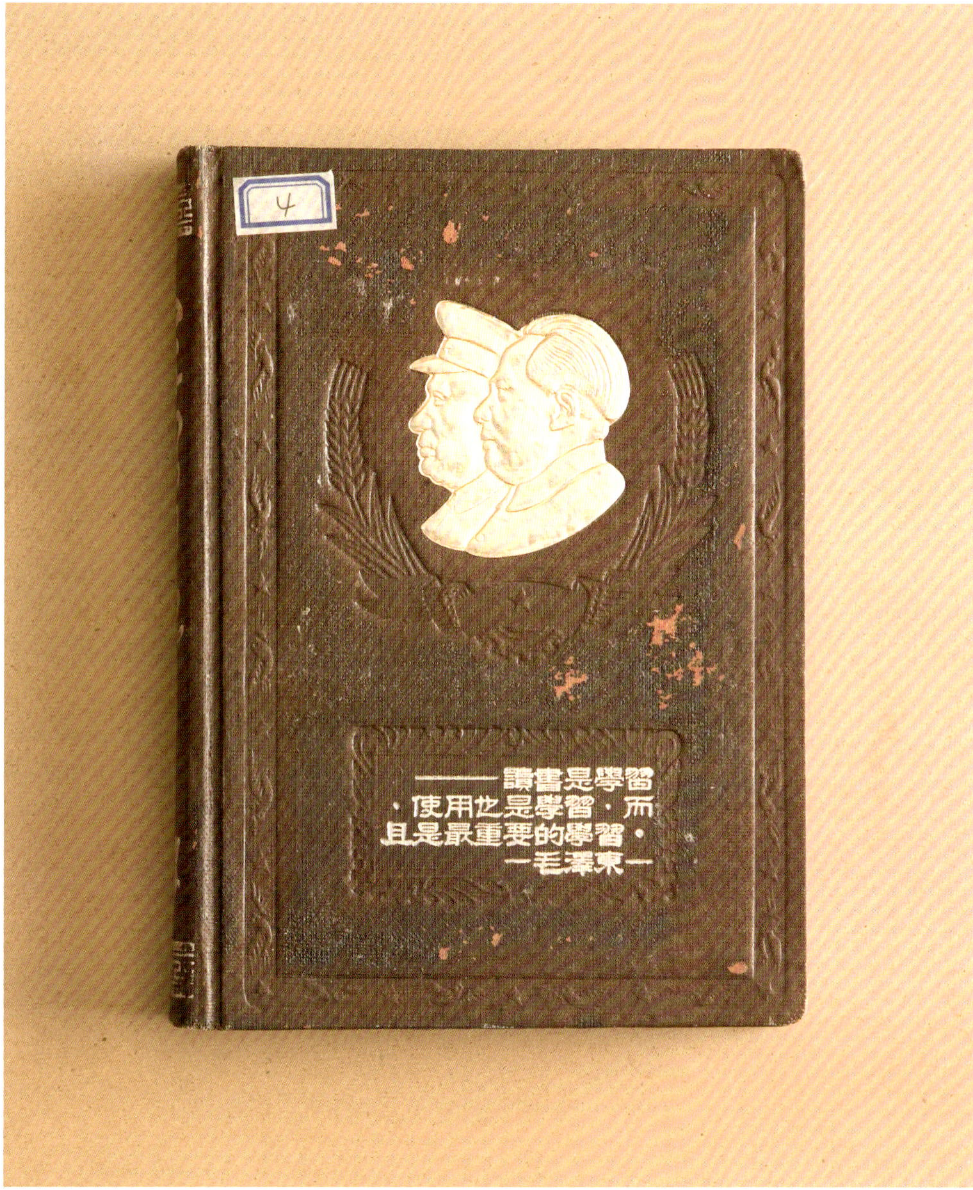

1954 年 7 月，天津市医务工作者抗美援朝救护委员会送给医疗队队员的纪念册

中国人民抗美援朝总会卫生工作委员会国际医防服务队第十五队胸标

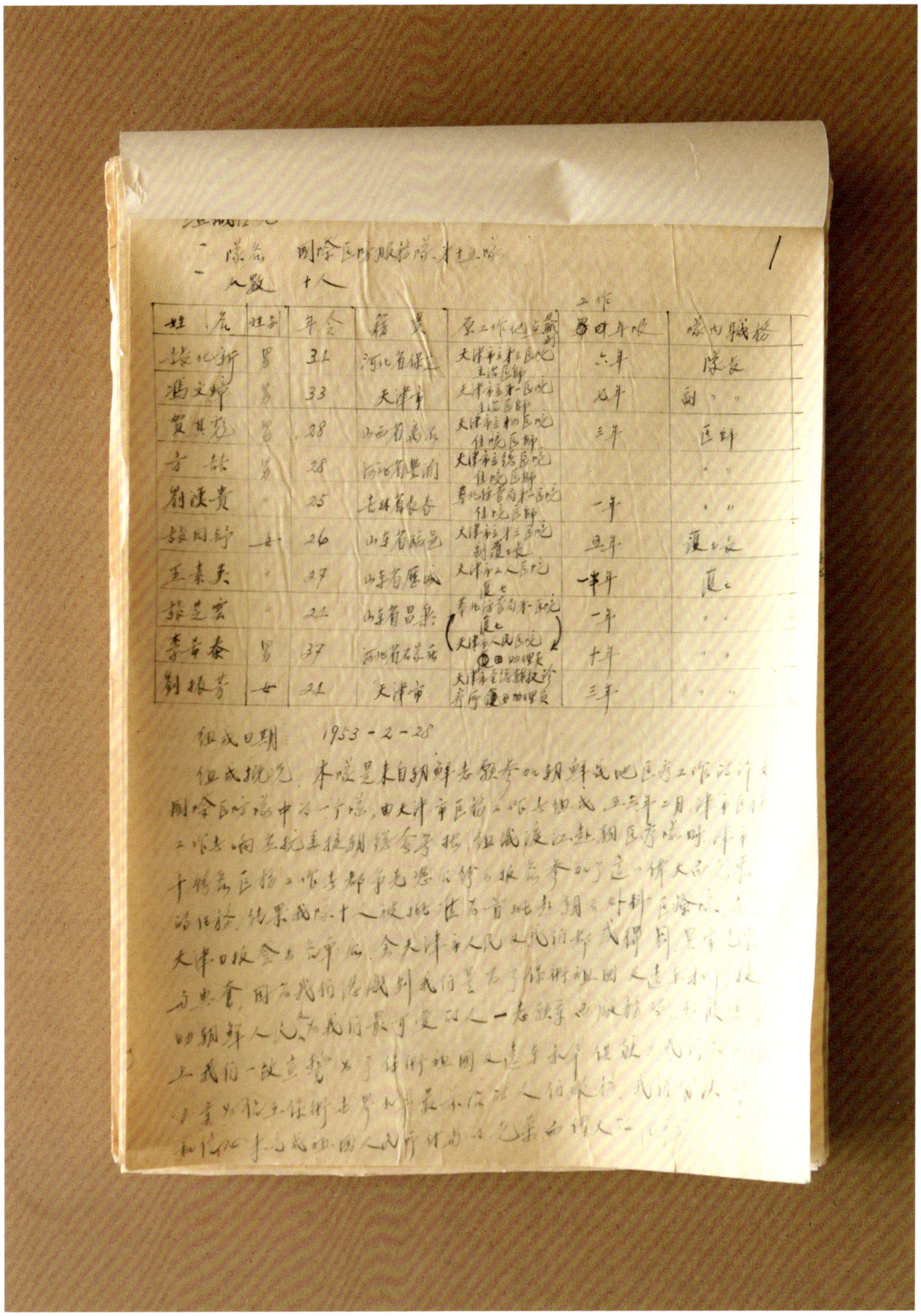

抗美援朝国际医防服务队第十五队在朝工作简报

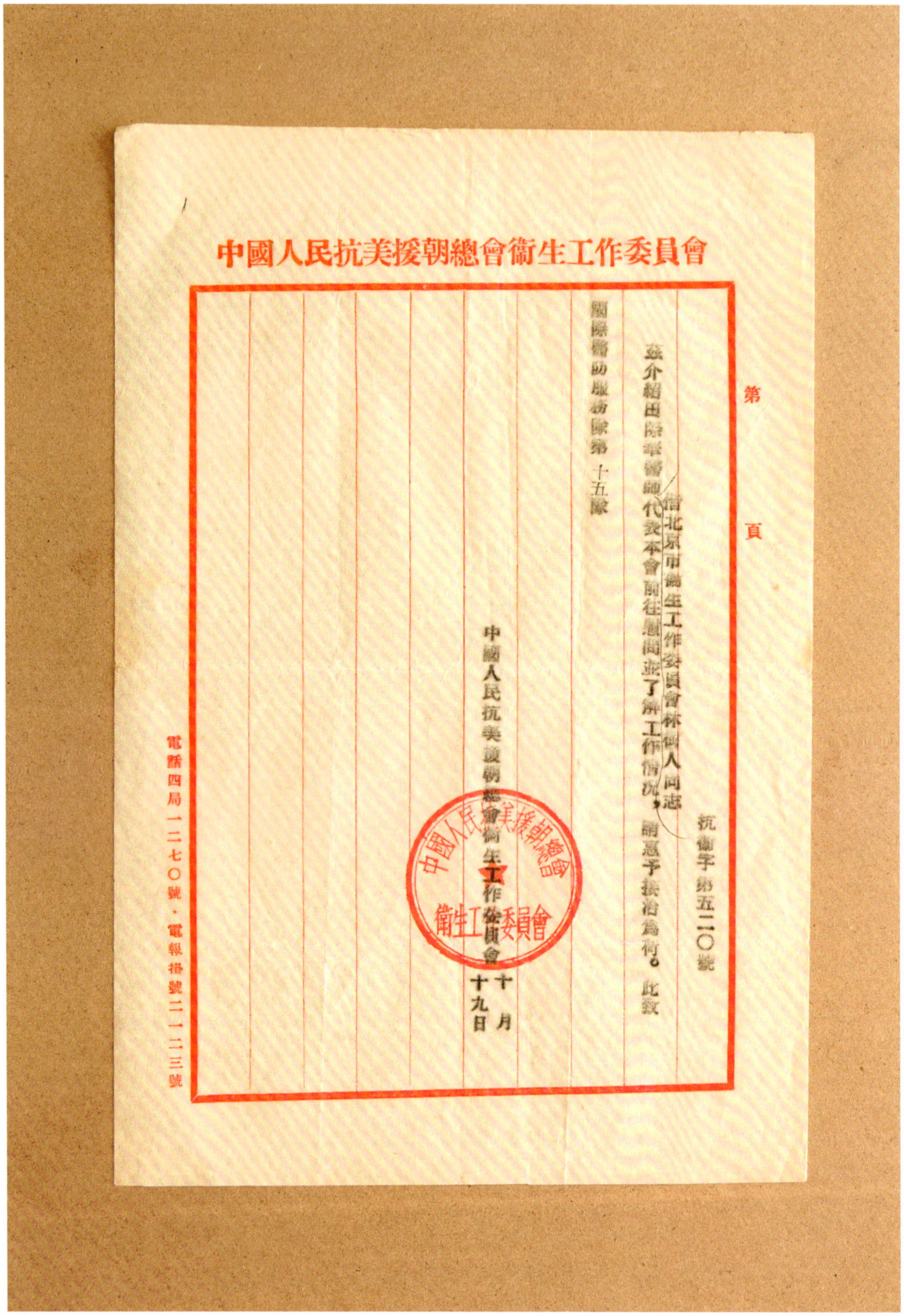
中國人民抗美援朝總會衛生工作委員會

第　頁

抗衛字第五二〇號

茲介紹田除華醫師偕北京市衛生工作委員會林衡人同志代表本會前往慰問並了解工作情況，請惠予接洽為荷。此致

國際醫務服務隊第十五隊

中國人民抗美援朝總會衛生工作委員會
十月十九日

電話四局一二七〇號・電報掛號二一二三號

抗美援朝总会卫生工作委员会介绍医生赴国际医疗服务队第十五队了解情况的介绍信

天津市抗美援朝志愿医疗队队章

天津市抗美援朝志愿医疗队纪念章

抗美援朝国际医防服务队第十五队立功纪念照

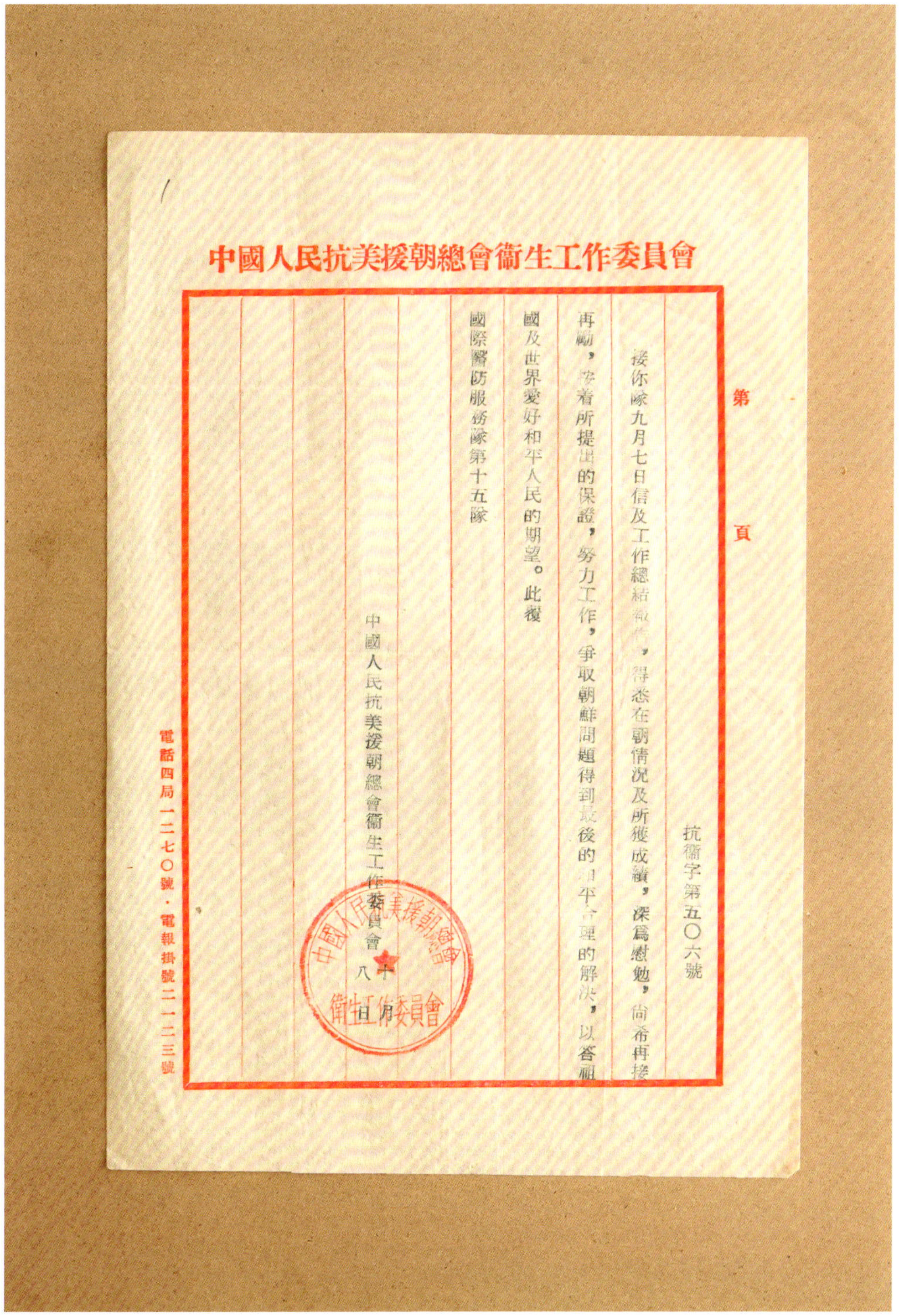

中國人民抗美援朝總會衛生工作委員會

第　頁

抗衛字第五〇六號

接你隊九月七日信及工作總結報告，得悉在朝情況及所獲成績，深為慰勉，尚希再接再勵，本着所提出的保證，努力工作，爭取朝鮮問題得到最後的和平合理的解決，以答祖國及世界愛好和平人民的期望。此覆

國際醫防服務隊第十五隊

中國人民抗美援朝總會衛生工作委員會

八十　月　日

電話四局一二七〇號・電報掛號二一一二三號

抗美援朝总会卫生工作委员会给国际医防服务队第十五队的慰问信

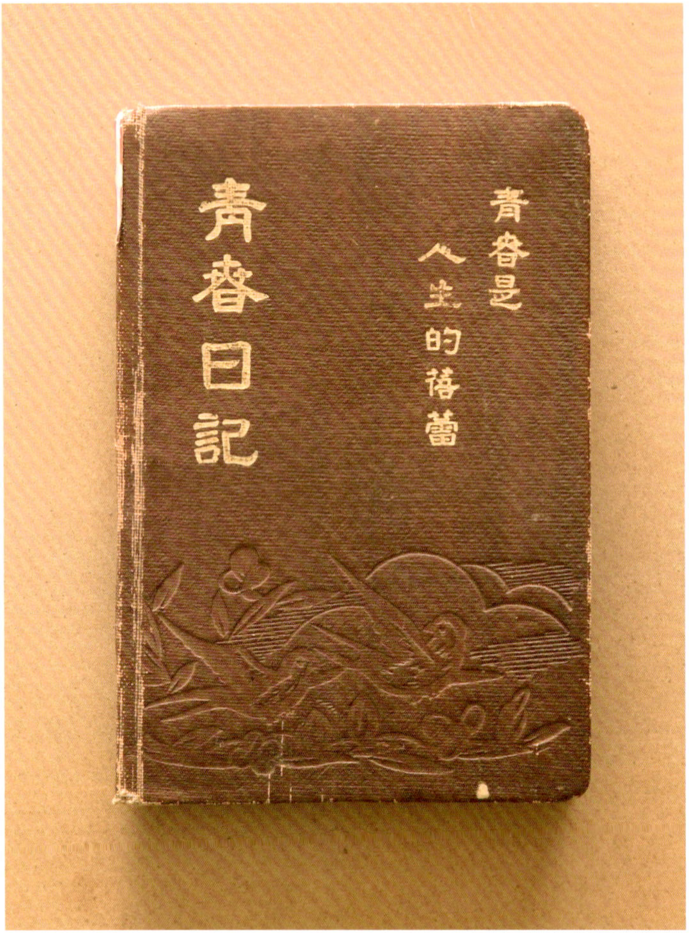

赴朝医疗队队员张道清在抗美援朝期间使用过的笔记本

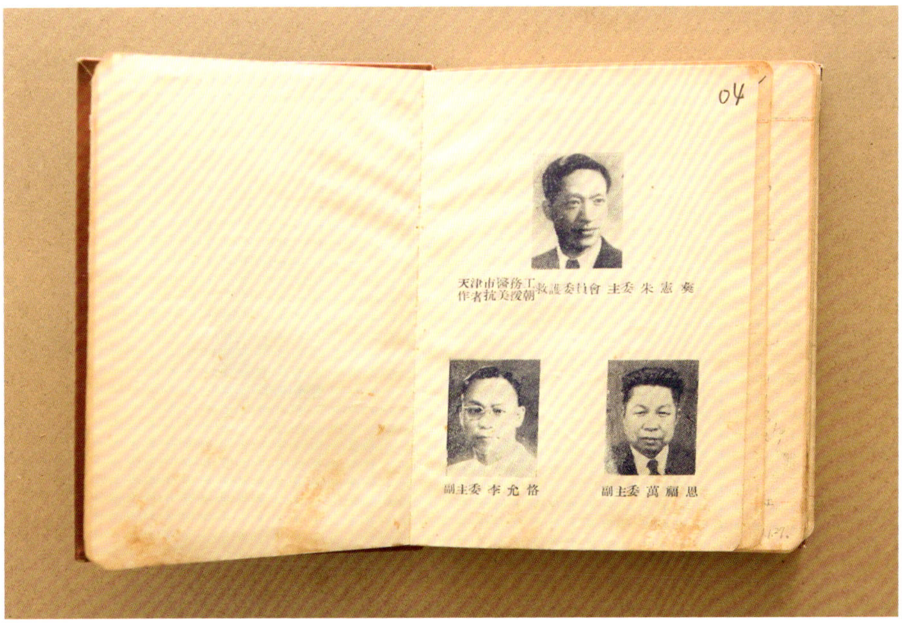

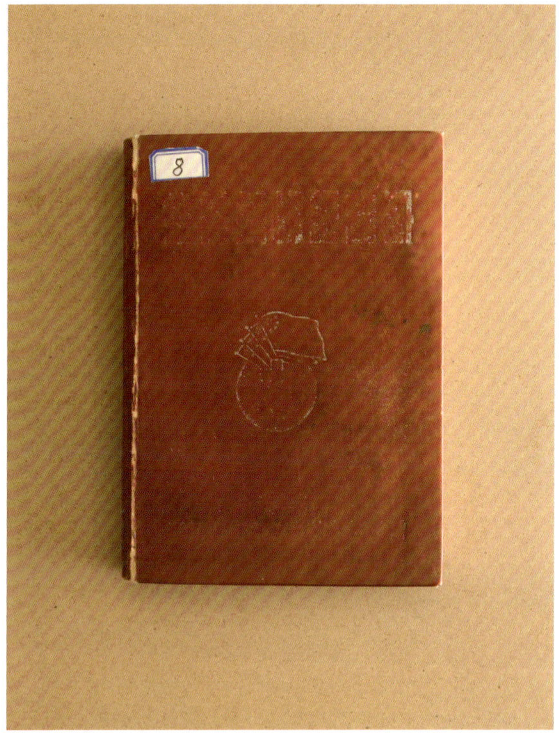

抗美援朝委员会赠送给天津医疗队成员的《抗美援朝纪念册》

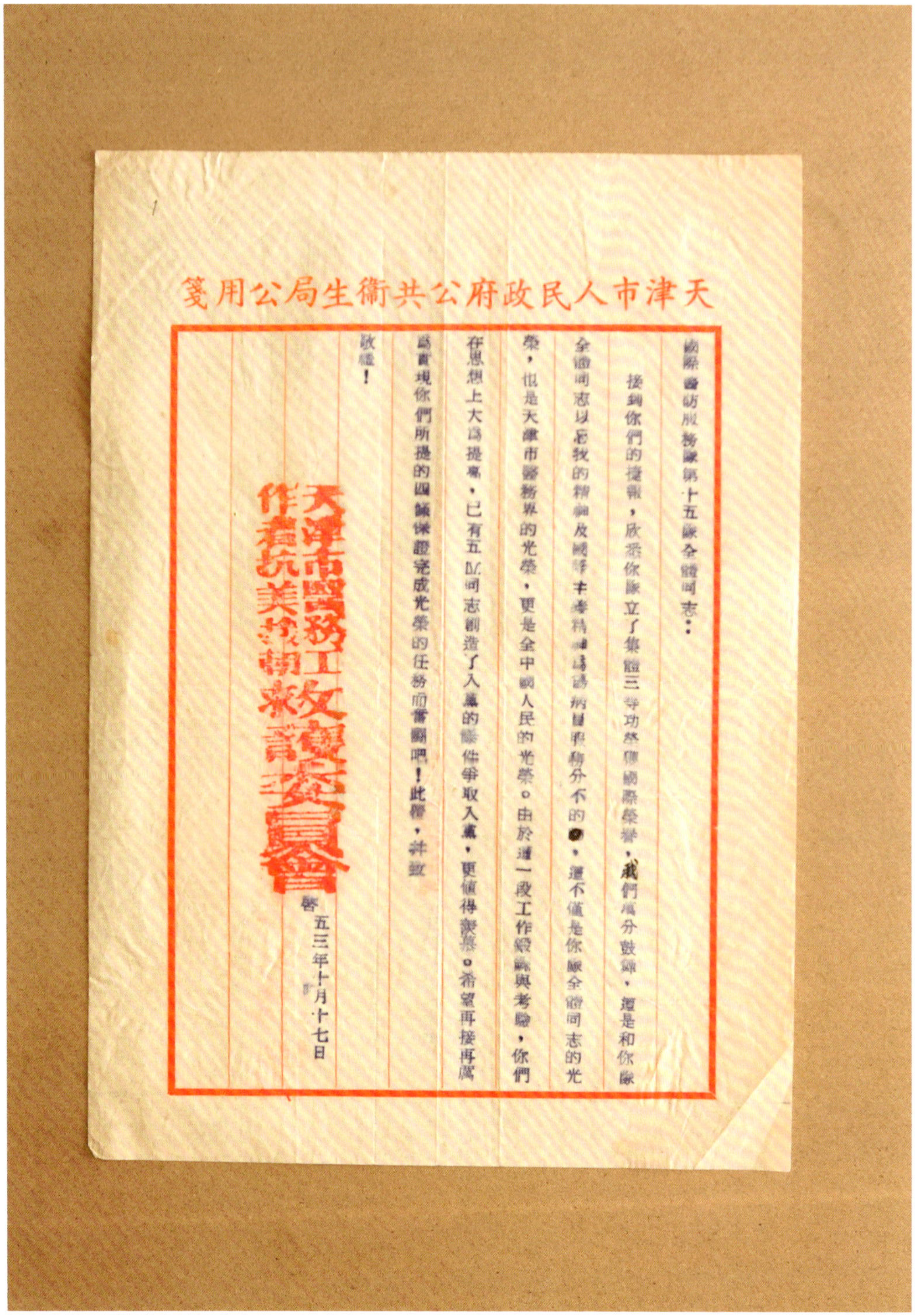

天津市人民政府公共衛生局公用箋

國際醫防服務隊第十五隊全體同志：

接到你們的捷報，欣悉你隊立了集體三等功榮膺國際榮譽，我們萬分歡躍，這是和你隊全體同志以忘我的精神及頑強辛勤精神為傷病員服務分不開的。這不僅是你隊全體同志的光榮，也是天津市醫務界的光榮，更是全中國人民的光榮。由於這一段工作鍛鍊與考驗，你們在思想上大為提高，已有五位同志創造了入黨的條件爭取入黨，更值得慶祝。希望再接再厲為實現你們所提的四個保證完成光榮的任務而奮鬥吧！此復，并致

敬禮！

天津市醫務工作者抗美援朝救護委員會

啓

五三年十月十七日

1953年10月17日，天津市医务工作者抗美援朝救护委员会为国际医防服务队第十五队荣立集体三等功发来的贺信

在天津市第二医院伤愈的志愿军战士向医护人员赠送“救死扶伤”锦旗

七、赴朝慰问

1950年10月，抗美援朝战争正式打响，中国人民志愿军与朝鲜人民军密切配合，取得了一个又一个胜利。为了从精神上鼓舞志愿军战士与朝鲜军民，同时让艺术家们了解和宣传前线将士的英勇事迹，1951年1月22日，中共中央作出《关于组织赴朝慰问团的决定》，要求以中国人民保卫世界和平反对美国侵略委员会的名义，发起组织赴朝慰问团。同年3月，成立了第一届中国人民赴朝慰问团总团曲艺服务大队，全队共有86人，分成4个分队，著名相声演员常宝堃任副大队长兼第四分队队长，曲艺弦师程树棠为该队队员。

1951年4月初慰问团抵达朝鲜后，立即分赴前线和后方进行慰问活动。慰问团将中国人民对志愿军、朝鲜人民军和朝鲜人民的热爱，以及中国人民支持抗美援朝的坚定决心带到了朝鲜。他们所到之处，受到了中国人民志愿军指战员和朝鲜军民的热烈欢迎。第四分队不辞辛苦，不避艰险，在敌机的袭扰下，深入前沿阵地，为前线的志愿军战士作了上百次精彩演出，把祖国人民的温暖送到每个战士的心中。

演出任务圆满结束，第四分队准备启程回国的时候，朝鲜人民热烈欢送，再三挽留，常宝堃说："我们走了，还会有更多的人来。"1951年4月21日，第四分队来到一个小村庄。22日，又在当地作了一次演出。23日下午1点多钟，刚刚吃过午饭，常宝堃和赵佩茹正在研究相声段子《揣骨相》，4架美军飞机轰炸了分队所在的村庄，常宝堃、程树棠光荣牺牲。

消息传来，天津市文艺界化悲痛为力量，加紧抗美援朝的宣传工作。1952年9月、1953年10月，曲艺界又组织了第二、第三届赴朝慰问团，常宝华接替哥哥曲艺队队长的职务，与马三立、骆玉笙等40多名文艺工作者和各界代表勇敢赴朝，践行了烈士常宝堃的遗言。

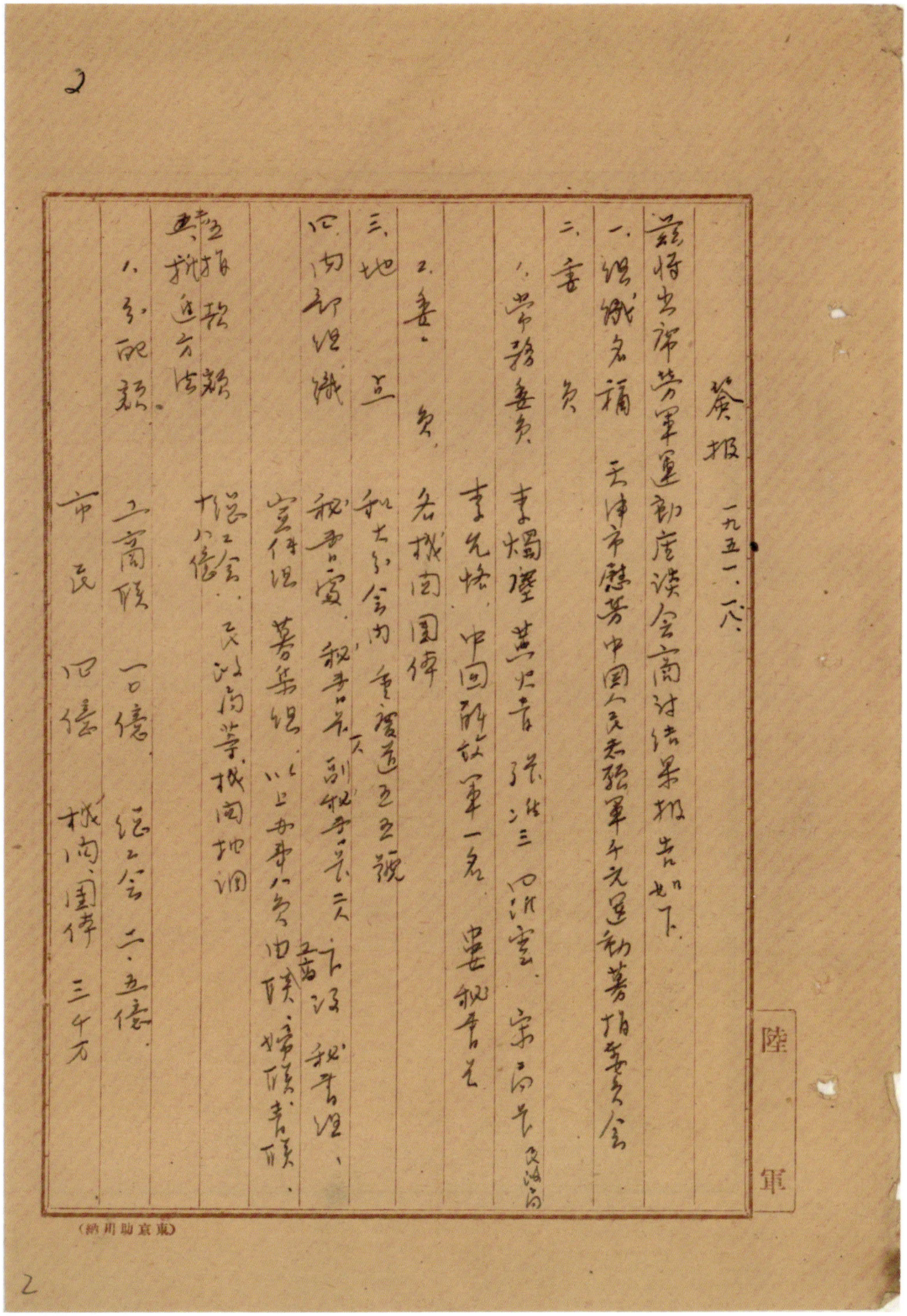

签报　一九五一、一、八

兹将出席劳军运动座谈会商讨结果报告如下

一、组织名称　天津市慰劳中国人民志愿军千元运动募捐委员会

二、委员

1、常务委员　李烛尘　黄火青　张淮三　何沉云、宋局长（民政局）

李先悟、中国解放军一名　吴秘书长

2、委员　各机关团体

三、地点　和平区公会内　重庆道五五號

四、内部组织　秘书处，秘书长一人　副秘书长二人　下设　秘书组、宣传组　募集组，以上各组分别由工商联、总工会、妇联、青联、

五、捐款数目　捐款方法　总工会、民政局等机关协调

1、分配数。　工商联　一亿　总工会　二、五亿

市民　四亿　机关、团体　三千万

（東亞助用紙）

1951 年 1 月 8 日，天津劳军运动座谈会会议签报

1951 年 4 月，常宝堃在朝鲜战场上慰问演出

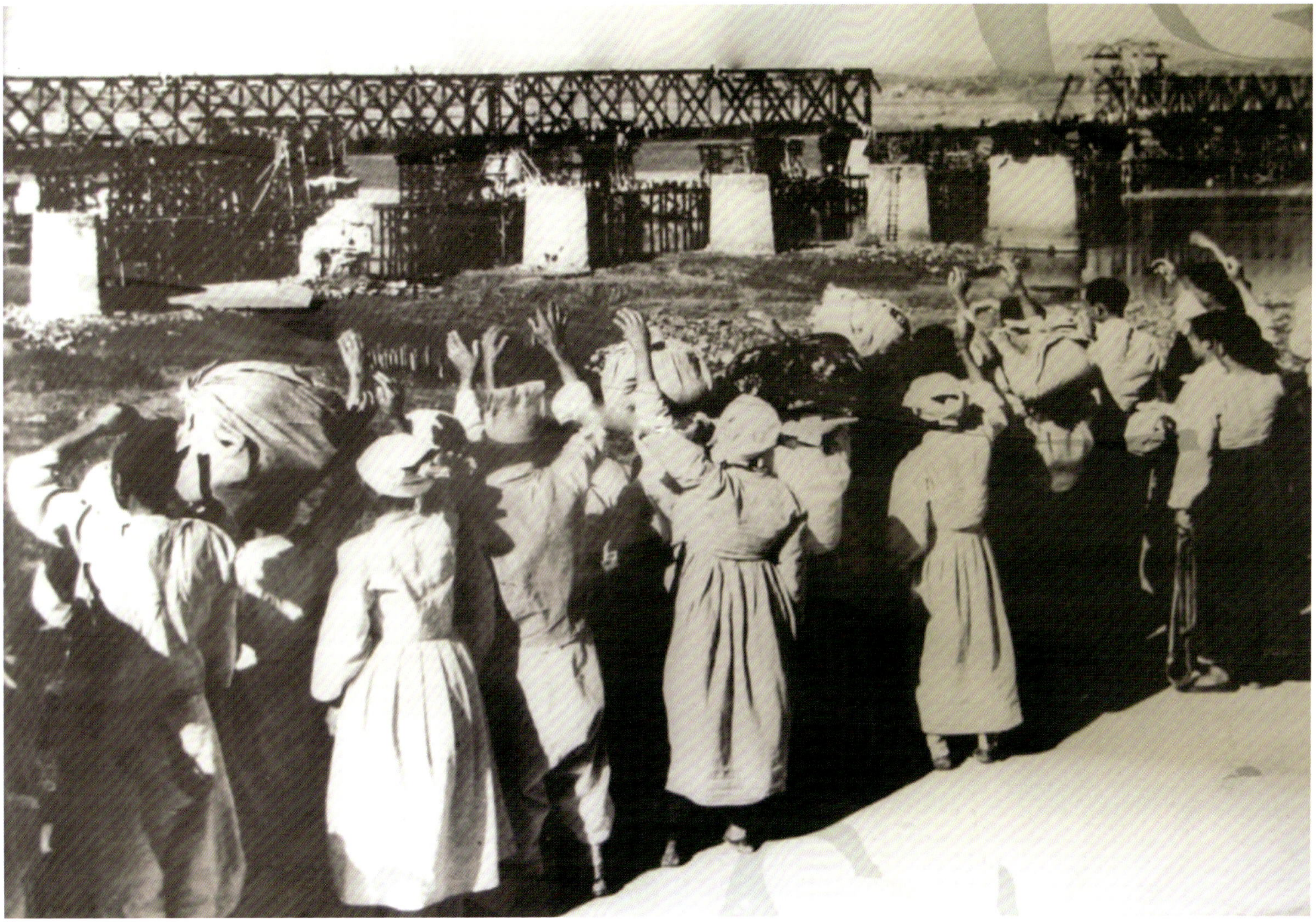

1951 年 8 月底，中国人民志愿军文工团和朝鲜群众欢庆清川江大桥胜利修复（图片由天津市北辰区档案馆提供）

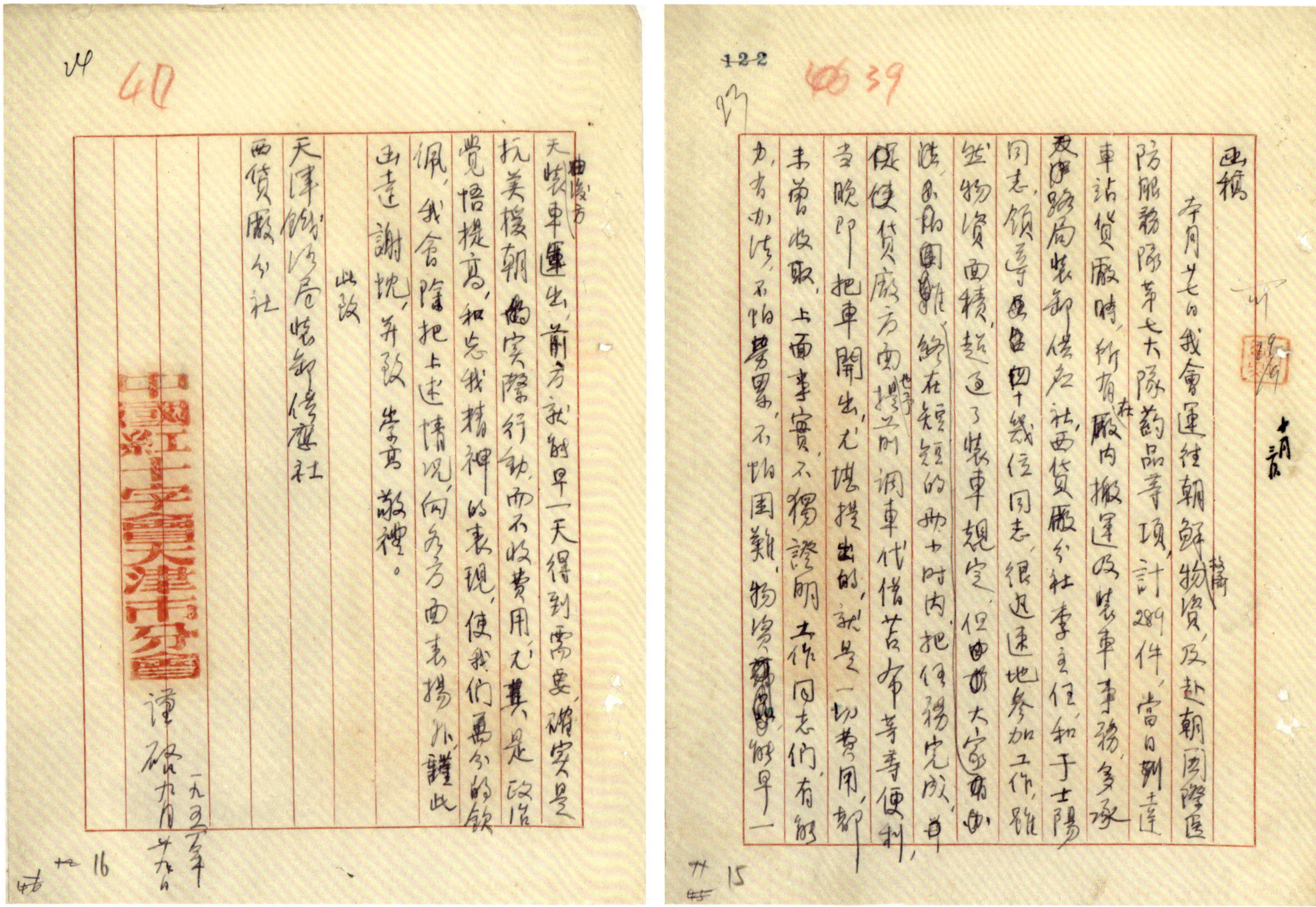

函稿

本月廿七日我會運往朝鮮物資，及赴朝國際醫防服務隊第七大隊藥品等項，計289件，當日到達車站貨廠時，所有廠內搬運及裝車事務，多承天津鐵路局裝卸供應社西貨廠分社李主任，和于士陽同志，領導工友四十幾位同志，很迅速地參加工作，雖然物資面積超過了裝車規定，但由於大家的想辦法，克服困難，終在短短的兩小時內，把任務完成，並促使貨廠方面調車代借苫布等等便利，當晚即把車開出，尤堪提出的，就是一切費用，都未曾收取，上面事實，不獨證明工作同志們，有能力，有辦法，不怕勞累，不怕困難，物資能早一天裝車運出，前方就能早一天得到需要，確實是抗美援朝的實際行動，而不收費用，尤其是政治覺悟提高，和忘我精神的表現，使我們萬分的欽佩，我會除把上述情況，向各方面表揚外，謹此函達謝忱，并致崇高敬禮。

此致

天津鐵路局裝卸供應社

西貨廠分社

中國紅十字會天津市分會 謹啟

一九五一年九月廿九日

1951 年 9 月 29 日，中国红十字会天津市分会为无偿搬运赴朝物资谨表感谢事致天津铁路局装卸供应社西货厂分社函

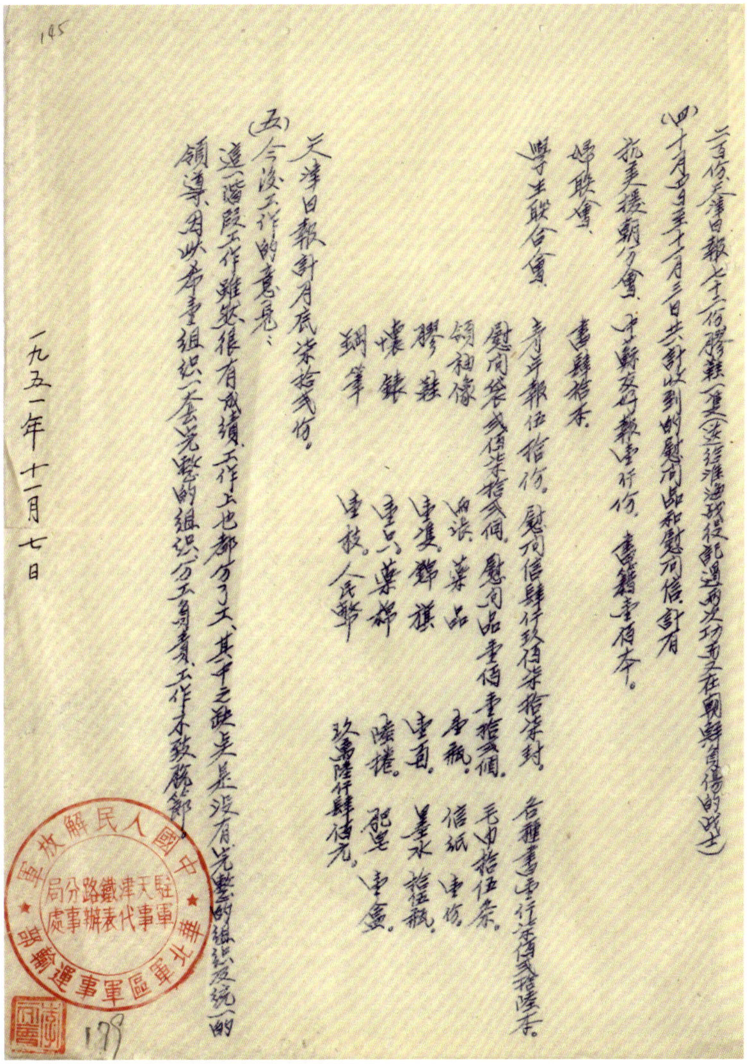

二千份，天津日报七千二百份，胶鞋（慰问淮海战役起过两次功而在朝鲜负伤的战士）
(四)十月五日至十一月三日共计收到的慰问品和慰问信计有：
抗美援朝分会：中苏友好报壹仟份，书籍壹佰本。
妇联会：书籍拾本。
学生联合会：青年报伍拾份，慰问信肆仟玖佰柒拾柒封，各种书壹仟柒佰贰拾陆本，
慰问袋贰佰柒拾贰个，慰问品壹佰壹拾贰个，毛巾拾伍条，
领袖像两张，药品壹瓶，信纸壹份，
胶鞋壹双，锦旗壹面，墨水拾伍瓶，
怀表壹只，药棉壹卷，肥皂壹盒，
钢笔壹枝，人民币玖万陆仟肆佰元。
天津日报对月底[illegible]贰份。
(五)今后工作的意见：
这一阶段工作虽然很有成绩，工作上也都[illegible]大，其中之缺点是没有完整的组织及统一的领导，因此希望组织一套完整的组织，分工负责，工作才不致脱节。
一九五一年十一月七日

十月份天津地区抗美援朝宣传及慰问工作总结
(一)各单位的工作成绩：
1. 分会对这一工作很重视，因此大力支援和组织，并对这一工作详细的计划，因此工作上非常顺利，并且有在过去所没有的成绩。
2. 学联在十月这一段工作中较比是最好的一个单位，方光宇同志主动用电话与军代表办事处联络数次，并捐献了大批慰问品和慰问信，并且开着车将慰问信送到军代表办事处。
3. 妇联方面负责出动两次人员到车站慰问伤员，并且捐献了一批书籍，[illegible]同志亲自用电话联络两次。
4. 市总工会青年部亲自带领干部到站慰问，这种精神是我们每个部门应该学习的。
5. 天津日报社主动每日联络印发报纸份数，并[illegible]同志都是亲自办理。
(二)工作对政治影响及反应：
伤员们对这慰问工作是非常满意和感激，他们提出回到祖国后得到祖国的人民这样热心及真诚的热爱，并且得到各种慰问，他们并提出伤好后重新回到前线，不能回到前线的一定参加生产建设来回答天津市的人民，他们并给慰问者写了回信五封。
前方来的志愿军提出，在行车中收到各种报纸和各种的书籍，使他们在乘车中都能看到当天的报纸和各种书籍及慰问信，使他们的学习更加强了一步，他们说永远也不会忘掉天津市人民对他们的关心热爱和[illegible]的关系，他们提出他们最后只有在前线以打垮美帝国主义来回答天津市民。[illegible]自信给天津市人民，以上两个问题都使部队阶级觉悟提高了，增强了战斗力及爱国热情，他们感觉到只有祖国的人民这样关心和照顾他们。
(三)十月份所作的工作：
本月份妇联和工会前出动两次慰问，共计送到列车上慰问品63件，各种书110本，慰问信169封，中苏友好报

1951 年 11 月 7 日，中国人民解放军华北军区军事运输部驻天津铁路分局军事代表办事处十月份天津地区抗美援朝宣传及慰问工作总结

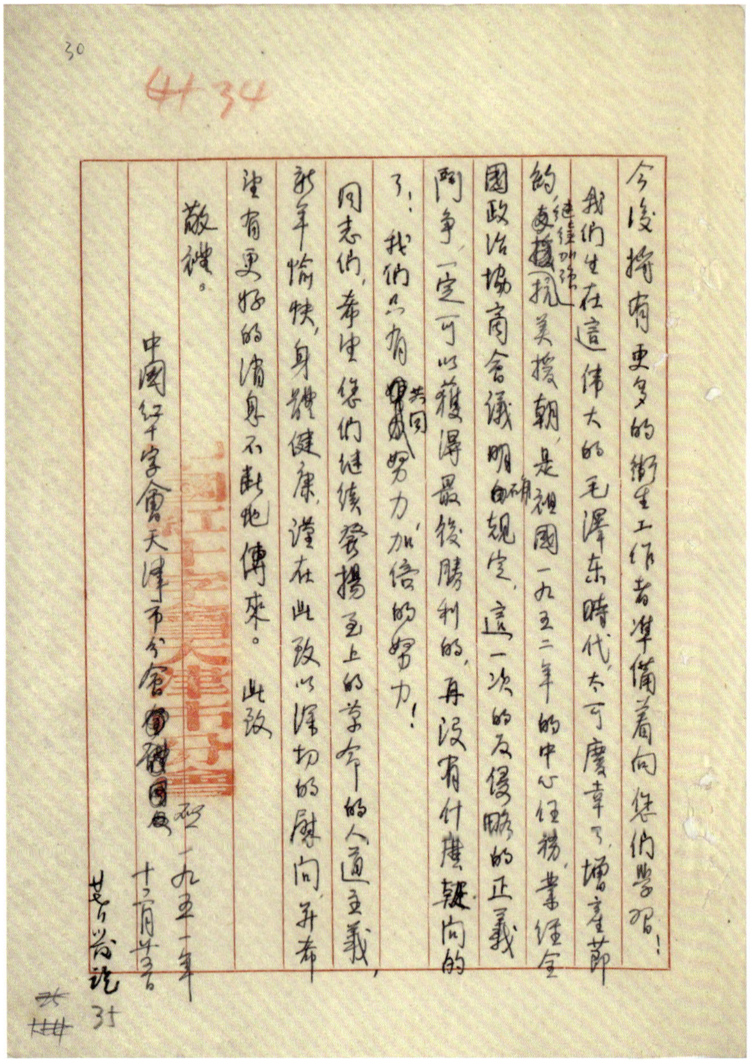

今后将有更多的卫生工作者准备着向您们学习！

我们生在这伟大的毛泽东时代，太可庆幸了，增产节约，继续加强抗美援朝，是祖国一九五二年的中心任务，业经全国政协扩大会议明确规定，这一次的反侵略的正义斗争，一定可以获得最后胜利的，再没有什么疑问的了！我们只有共同努力，加倍的努力！

同志们，希望您们继续发扬至上的革命的人道主义，新年愉快，身体健康，谨在此致以深切的慰问，并希望有更好的消息不断地传来。此致

敬礼。

中国红十字会天津市分会启

一九五一年十二月廿七日

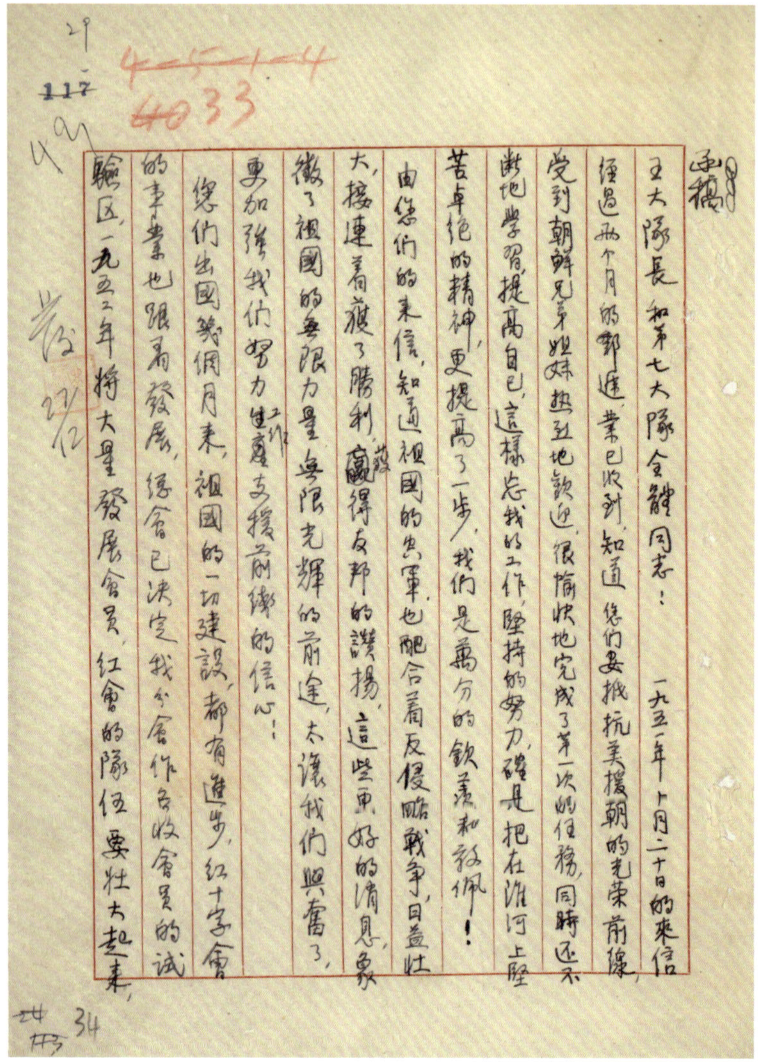

函稿

王大队长和第七大队全体同志：

一九五一年十月二十日的来信经过两个月的邮递，业已收到，知道您们安抵抗美援朝的光荣前线，受到朝鲜兄弟姐妹热烈地欢迎，很愉快地完成了第一次的任务，同时还不断地学习，提高自己，这样忘我的工作，坚持的努力，确是把在淮河上坚苦卓绝的精神，更提高了一步，我们是万分的钦羡和敬佩！

由您们的来信，知道祖国的志愿军也配合着反侵略战争，日益壮大，接连着获了胜利，获得友邦的讚扬，这些更好的消息象征了祖国的无限力量无限光辉的前途，太让我们兴奋了，更加强我们努力生产工作支援前线的信心！

您们出国几个月来，祖国的一切建设，都有进步，红十字会的事业也跟着发展，总会已决定我分会作为收会员的试验区，一九五二年将大量发展会员，红会的队伍要壮大起来，

1951 年 12 月 27 日，中国红十字会天津市分会为致以慰问事复中国红十字总会国际医防服务队第七大队函

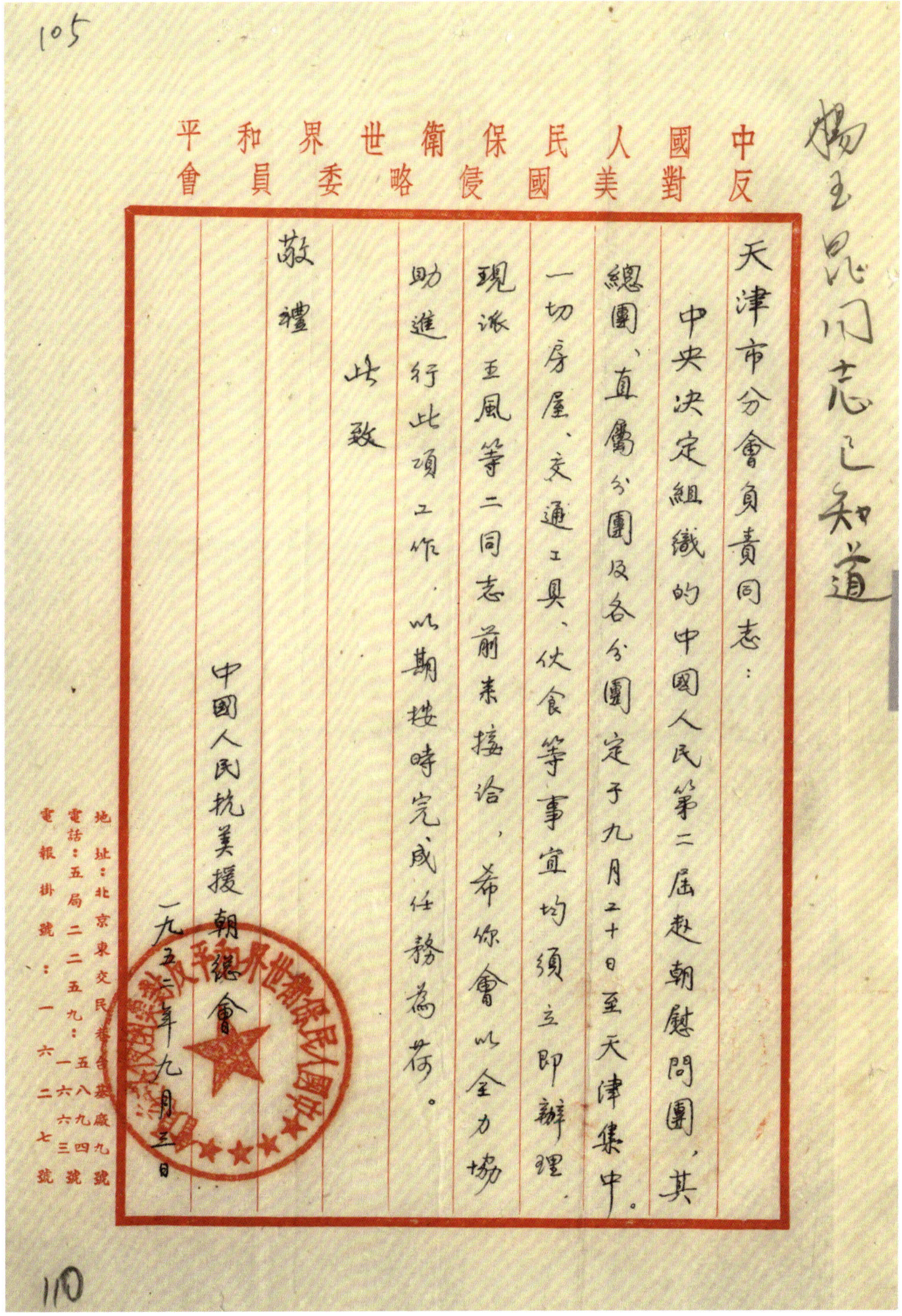

中國人民保衛世界和平反對美國侵略委員會

楊玉昆同志已知道

天津市分會負責同志：

中央決定組織的中國人民第二屆赴朝慰問團，其總團、直屬分團及各分團定于九月二十日至天津集中。一切房屋、交通工具、伙食等事宜均須立即辦理。現派王風等二同志前來接洽，希你會以全力協助進行此項工作，以期按時完成任務為荷。

此致

敬禮

中國人民抗美援朝總會

一九五二年九月三日

地址：北京東交民巷台基廠九號
電話：五局二二五九：五八九四 一六六三號
電報掛號：一六二七號

1952 年 9 月 3 日，中国人民抗美援朝总会为组织接办中国人民第二届赴朝慰问团工作致天津市分会函

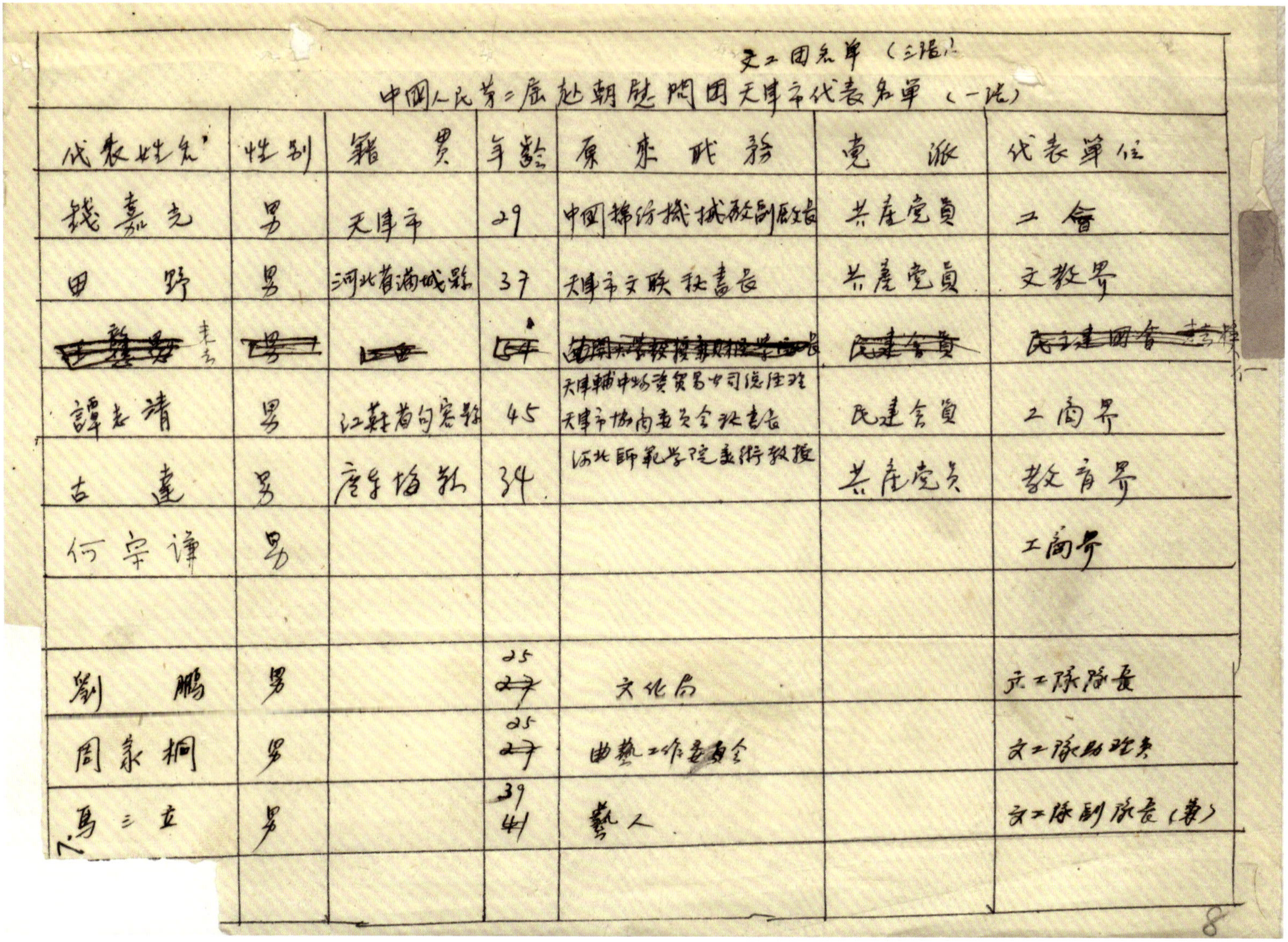

文工團名單（三張）

中國人民第二屆赴朝慰問團天津市代表名單（一張）

代表姓名	性別	籍貫	年齡	原來職務	黨派	代表單位
錢嘉元	男	天津市	29	中國紡織機械廠副廠長	共產黨員	工會
田野	男	河北省滿城縣	37	天津市文聯秘書長	共產黨員	文教界
~~[illegible]~~ 未去	~~男~~	~~[illegible]~~	~~54~~	~~[illegible]~~	~~民建會員~~	~~民主建國會~~ [illegible]
譚志清	男	江蘇省句容縣	45	天津輔中物資貿易公司總經理 天津市協商委員會秘書長	民建會員	工商界
古達	男	廣東梅縣	34	河北師範學院美術教授	共產黨員	教育界
何宗謙	男					工商界
劉鵬	男		~~27~~ 25	文化局		文工隊隊長
周永桐	男		~~27~~ 25	曲藝工作委員會		文工隊助政員
7. 馬三立	男		~~41~~ 39	藝人		文工隊副隊長（兼）

8

1952 年 9 月，中国人民第二届赴朝慰问团天津市代表名单

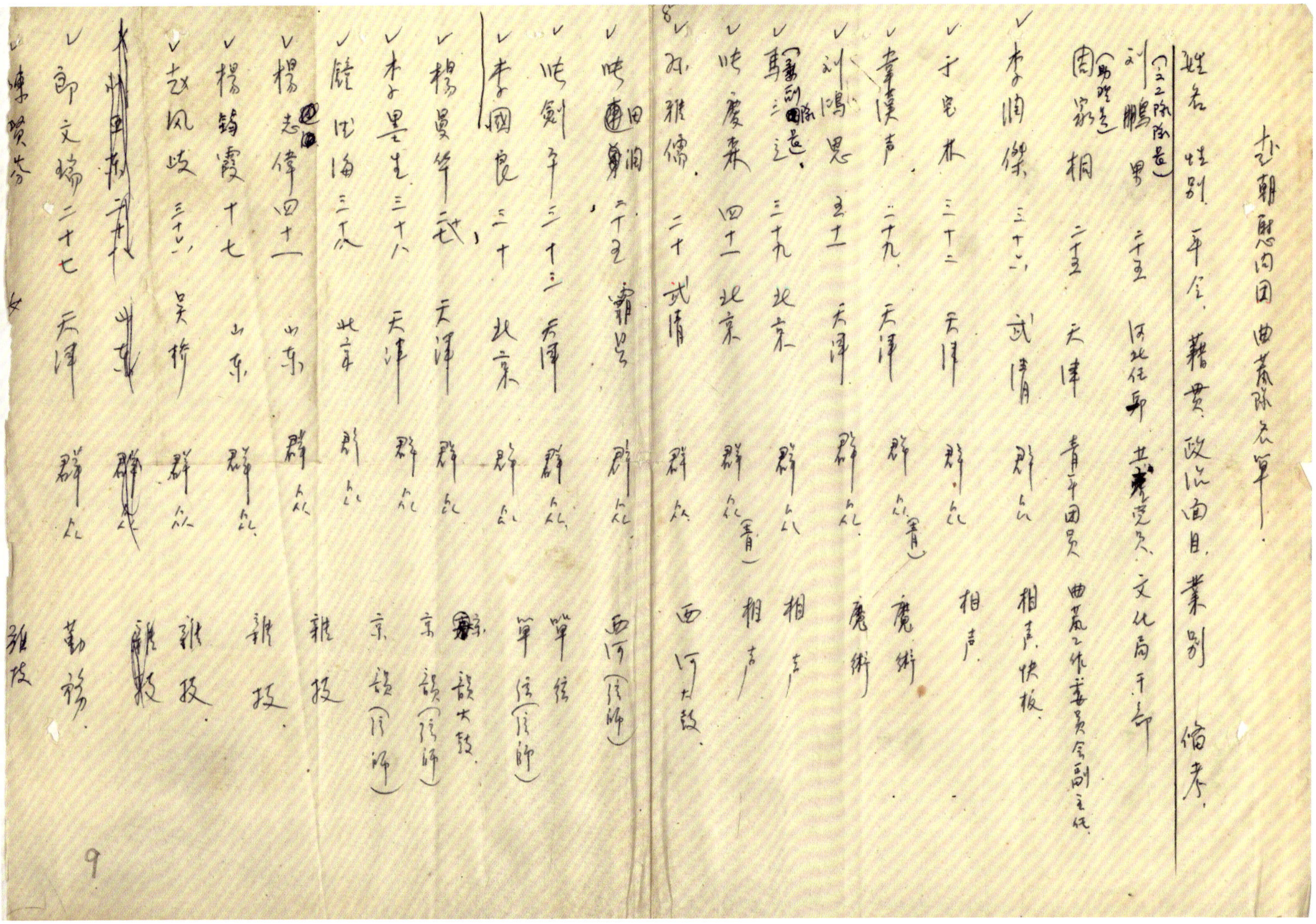

1952 年 9 月，第二届赴朝慰问团曲艺队名单

中国人民抗美援朝总会主席郭沫若（右一）在欢送第二届赴朝慰问团宴会上讲话

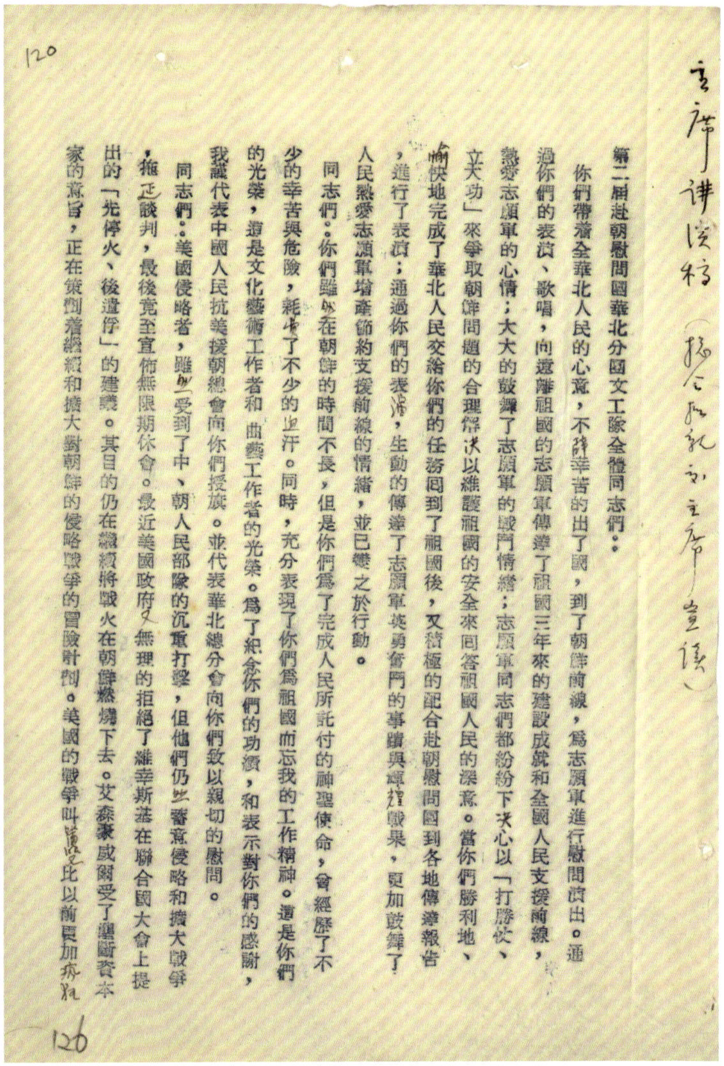

主席讲演稿

第二屆赴朝慰問團華北分團文工隊全體同志們：

你們帶着全華北人民的心意，不辭辛苦的出了國，到了朝鮮前線，為志願軍進行慰問演出。通過你們的表演、歌唱，向遠離祖國的志願軍傳達了祖國三年來的建設成就和全國人民支援前線，熱愛志願軍的心情；大大的鼓舞了志願軍的戰鬥情緒；志願軍同志們都紛紛下决心以「打勝仗、立大功」來爭取朝鮮問題的合理解決以維護祖國的安全來回答祖國人民的深意。當你們勝利地、愉快地完成了華北人民交給你們的任務回到了祖國後，又積極的配合赴朝慰問團到各地傳達報告，進行了表演；通過你們的表演，生動的傳達了志願軍英勇奮鬥的事蹟與輝煌戰果，更加鼓舞了人民熱愛志願軍增產節約支援前線的情緒，並已變之於行動。

同志們：你們雖然在朝鮮的時間不長，但是你們為了完成人民所託付的神聖使命，曾經歷了不少的辛苦與危險，耗費了不少的血汗。同時，充分表現了你們為祖國而忘我的工作精神。這是你們的光榮，這是文化藝術工作者和曲藝工作者的光榮。為了紀念你們的功績，和表示對你們的感謝，我謹代表中國人民抗美援朝總會向你們授旗。並代表華北總分會向你們致以親切的慰問。

同志們：美國侵略者，雖然受到了中、朝人民部隊的沉重打擊，但他們仍然蓄意侵略和擴大戰爭，拖延談判，最後竟至宣佈無限期休會。最近美國政府又無理的拒絕了維辛斯基在聯合國大會上提出的「先停火、後遣俘」的建議。其目的仍在繼續將戰火在朝鮮燃燒下去。艾森豪威爾受了壟斷資本家的意旨，正在策劃着繼續和擴大對朝鮮的侵略戰爭的冒險計劃。美國的戰爭叫囂更比以前更加瘋狂

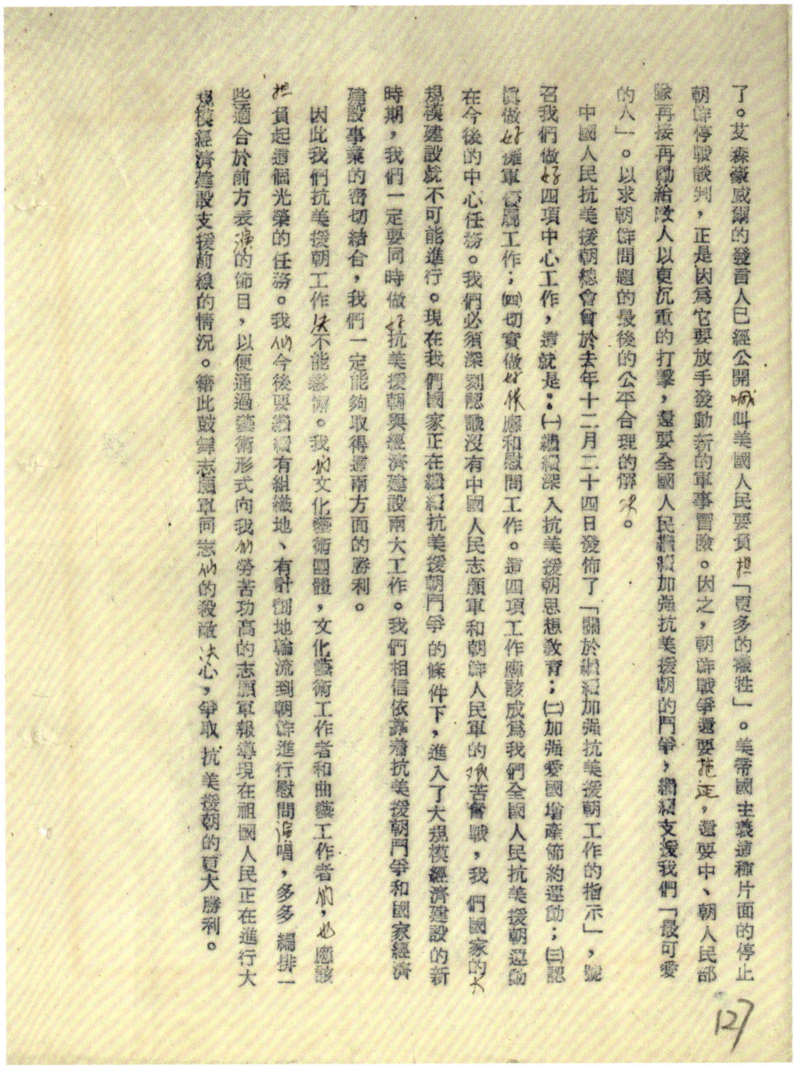

了。艾森豪威爾的發言人已經公開喊叫美國人民要負担「更多的犧牲」。美帝國主義這種片面的停止朝鮮停戰談判，正是因為它要放手發動新的軍事冒險。因之，朝鮮戰爭還要拖延，還要中、朝人民部隊再接再勵給敵人以更沉重的打擊，還要全國人民繼續加強抗美援朝的鬥爭，繼續支援我們「最可愛的人」。以求朝鮮問題的最後的公平合理的解决。

中國人民抗美援朝總會曾於去年十二月二十四日發佈了「關於繼續加強抗美援朝工作的指示」，號召我們做好四項中心工作，這就是：(一)繼續深入抗美援朝思想教育；(二)加強愛國增產節約運動；(三)認真做好擁軍優屬工作；(四)切實做好供應和慰問工作。這四項工作應該成為我們全國人民抗美援朝運動在今後的中心任務。我們必須深刻認識沒有中國人民志願軍和朝鮮人民軍的艱苦奮戰，我們國家的大規模建設就不可能進行。現在我們國家正在繼續抗美援朝鬥爭的條件下，進入了大規模經濟建設的新時期，我們一定要同時做好抗美援朝與經濟建設兩大工作。我們相信依靠着抗美援朝鬥爭和國家經濟建設事業的密切結合，我們一定能夠取得這兩方面的勝利。

因此我們抗美援朝工作决不能鬆懈。我們文化藝術團體，文化藝術工作者和曲藝工作者們，也應該担負起這個光榮的任務。我們今後要繼續有組織地、有計劃地輪流到朝鮮進行慰問演唱，多多編排一些適合於前方表演的節目，以便通過藝術形式向我們勞苦功高的志願軍報導現在祖國人民正在進行大規模經濟建設支援前線的情況。藉此鼓舞志願軍同志們的殺敵決心，爭取抗美援朝的更大勝利。

1952 年 9 月，欢送中国人民第二届赴朝慰问团华北分团文工队讲演稿

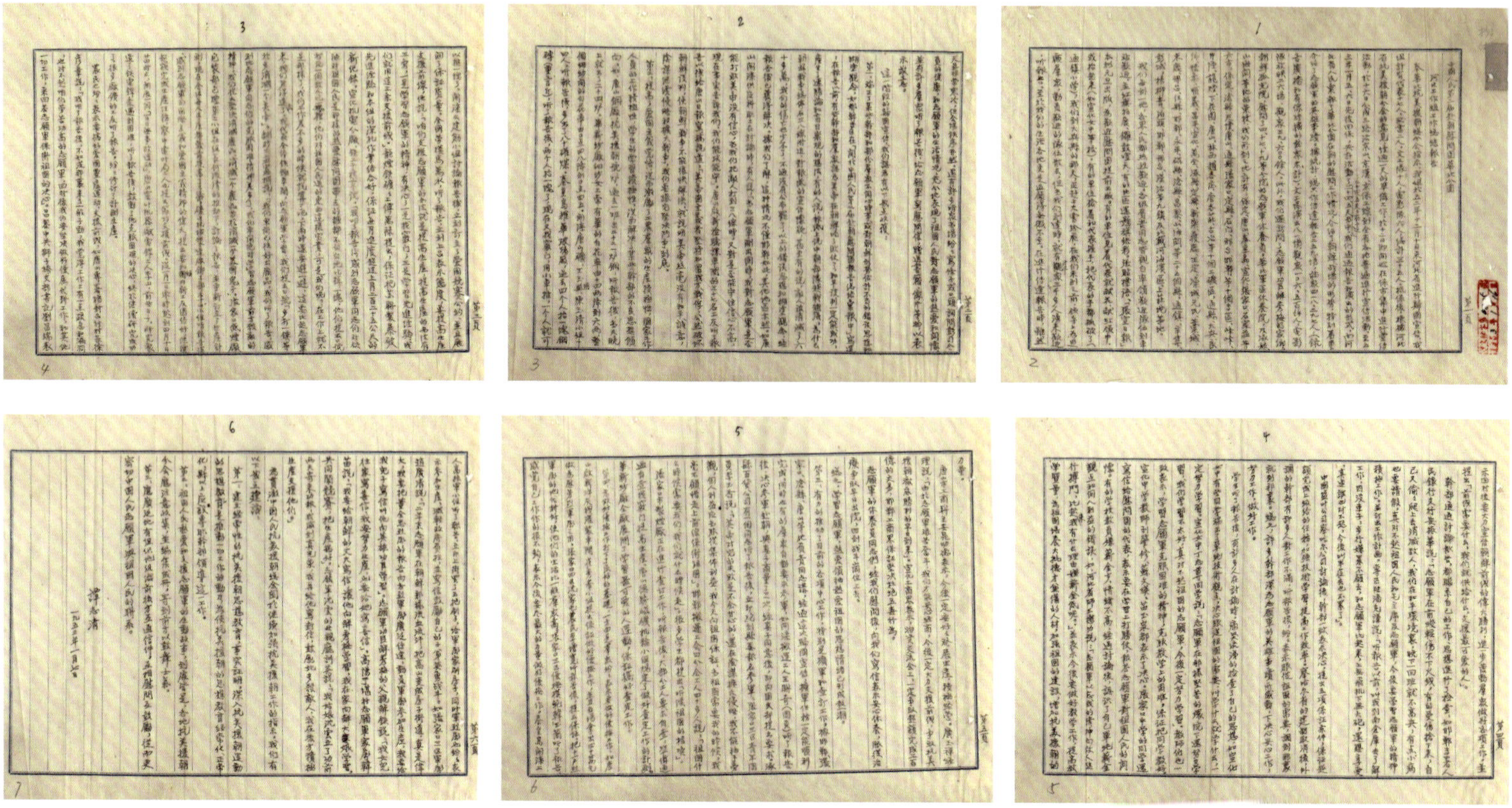

1953 年 1 月 7 日，中国人民第二届赴朝慰问团华北分团河北工作组工作总结报告

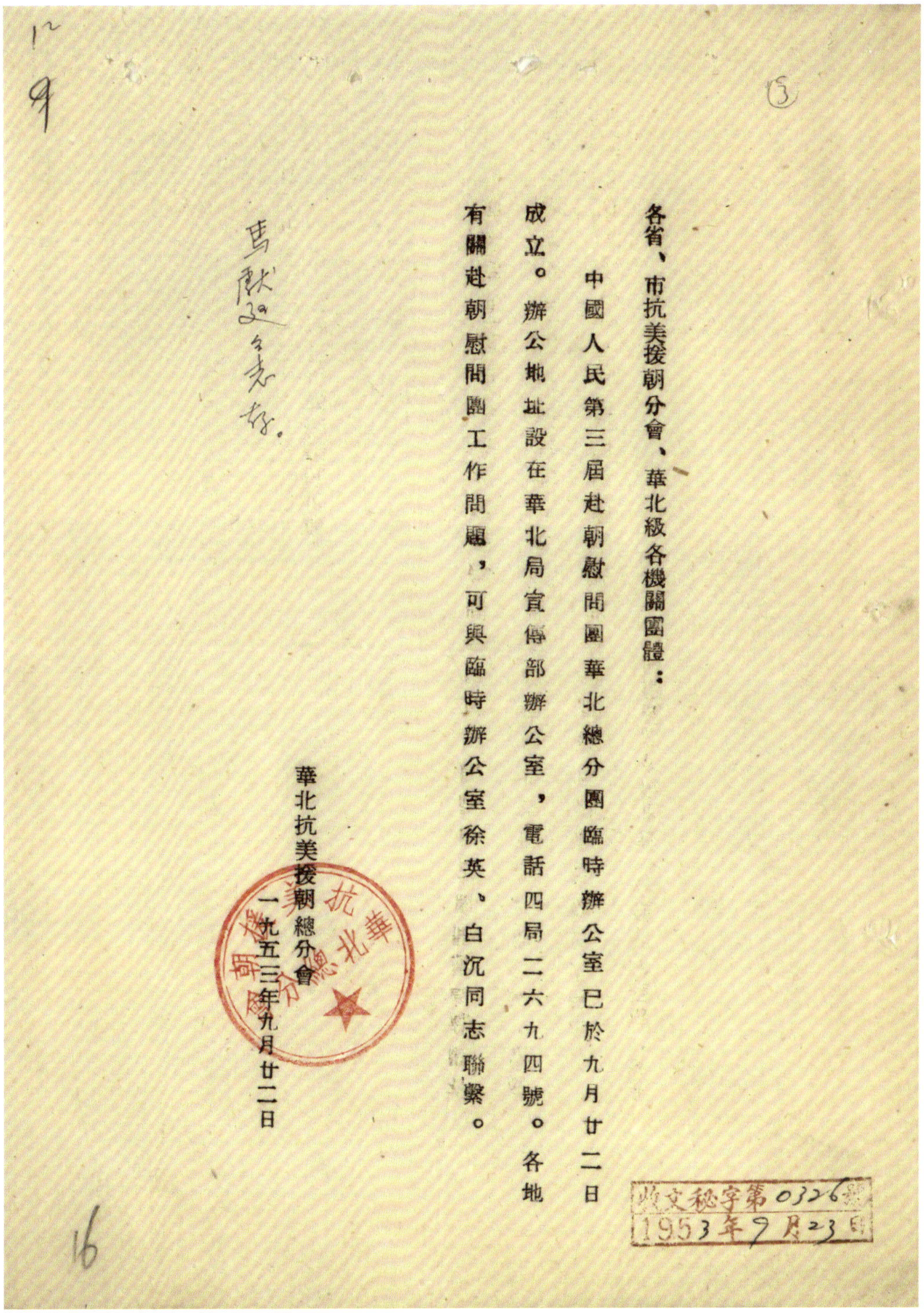

各省、市抗美援朝分會、華北級各機關團體：

中國人民第三屆赴朝慰問團華北總分團臨時辦公室已於九月廿二日成立。辦公地址設在華北局宣傳部辦公室，電話四局二六九四號。各地有關赴朝慰問團工作問題，可與臨時辦公室徐英、白沉同志聯繫。

華北抗美援朝總分會

一九五三年九月廿二日

收文秘字第0326號

1953年9月23日

1953 年 9 月 22 日，抗美援朝华北总分会为通知成立中国人民第三届赴朝慰问团华北总分团临时办公室致各省市抗美援朝分会、华北各级机关团体函

1953 年 12 月 17 日，中国人民赴朝慰问团第六总分团第二分团全体合影

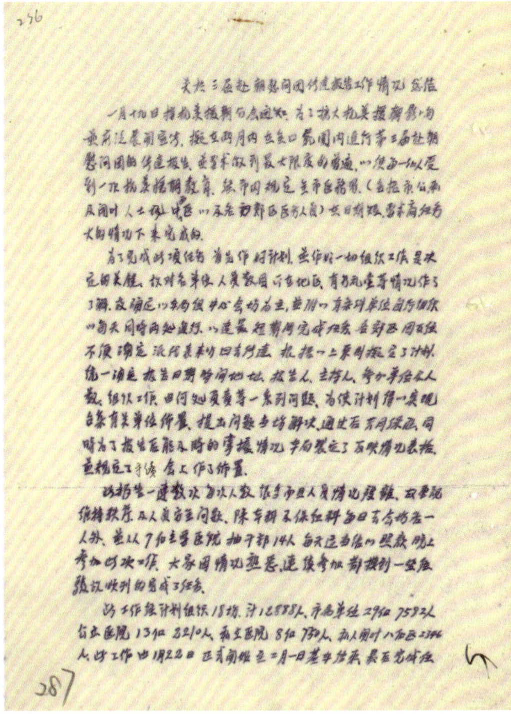

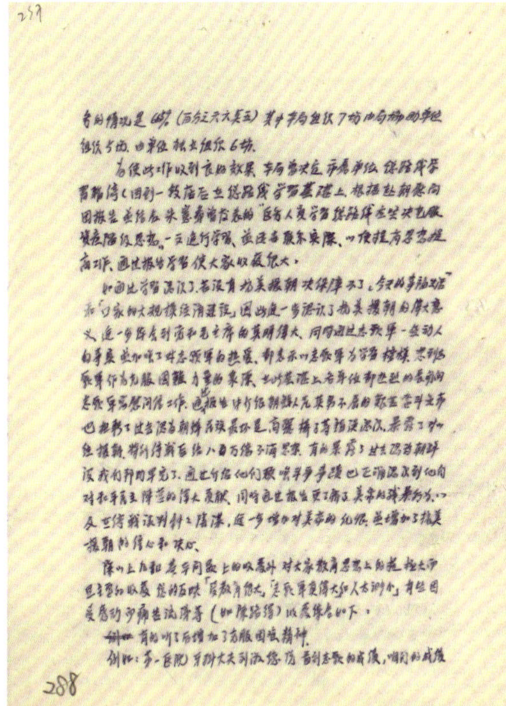

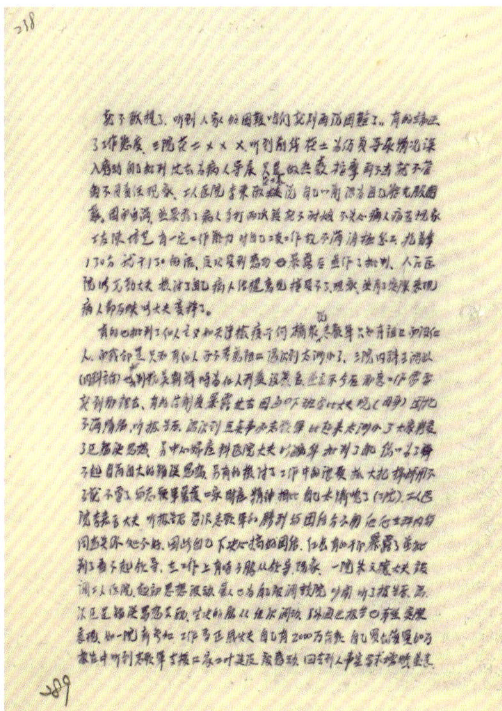

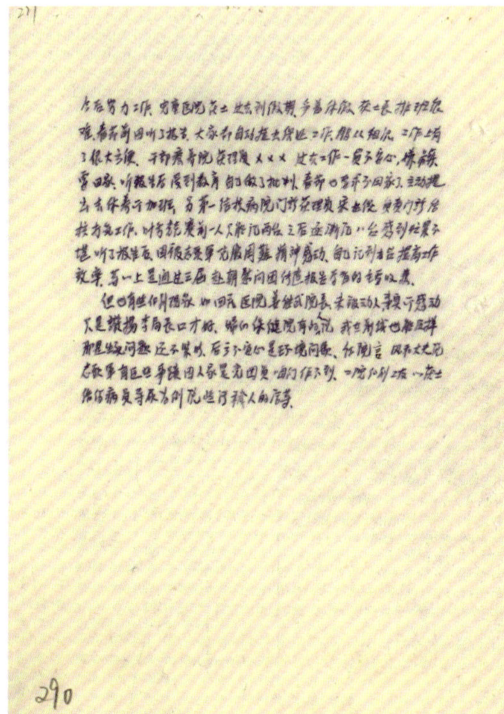

1954 年 2 月，关于第三届赴朝慰问团传达报告工作情况总结

1954 年 3 月，天津籍演员参加的抗美援朝慰问团京剧团全体同志合影

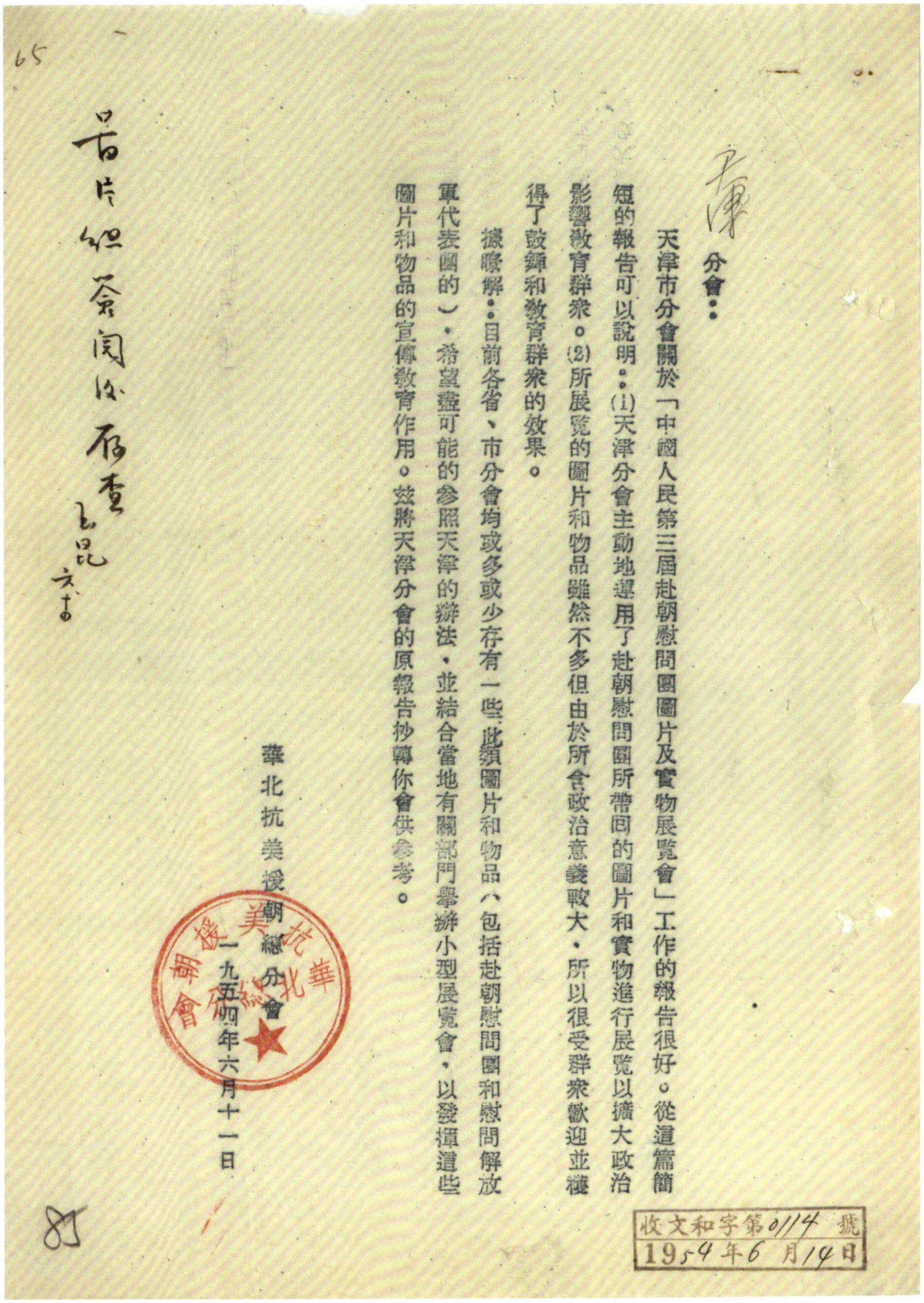

津分會：

天津市分會關於「中國人民第三屆赴朝慰問團圖片及實物展覽會」工作的報告很好。從這篇短的報告可以說明：(1)天津分會主動地運用了赴朝慰問團所帶回的圖片和實物進行展覽以擴大政治影響教育群衆。(2)所展覽的圖片和物品雖然不多但由於所含政治意義較大，所以很受群衆歡迎並獲得了鼓舞和教育群衆的效果。

據瞭解：目前各省、市分會均或多或少存有一些此類圖片和物品（包括赴朝慰問團和慰問解放軍代表團的），希望盡可能的參照天津的辦法，並結合當地有關部門舉辦小型展覽會，以發揮這些圖片和物品的宣傳教育作用。茲將天津分會的原報告抄轉你會供參考。

華北抗美援朝總分會

一九五四年六月十一日

華北抗美援朝總分會

收文和字第0114號
1954年6月14日

1954 年 6 月 11 日，抗美援朝华北总分会为抄转天津分会《中国人民第三届赴朝慰问团图片及实物展览会工作报告》致天津分会函

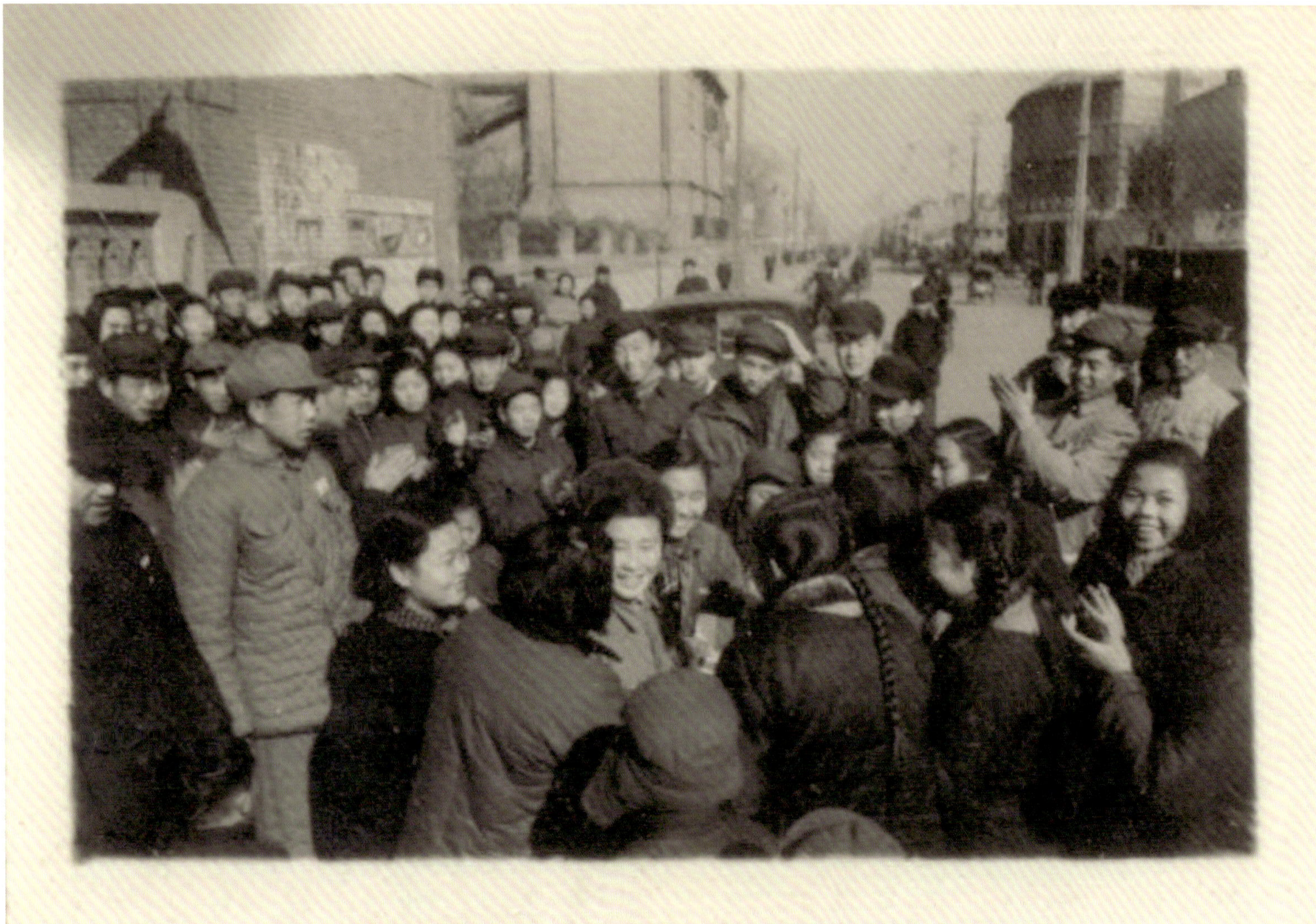

志愿军代表到医院慰问抗美援朝伤员受到热烈欢迎

中国人民赴朝慰问团赠送志愿军战士的手帕

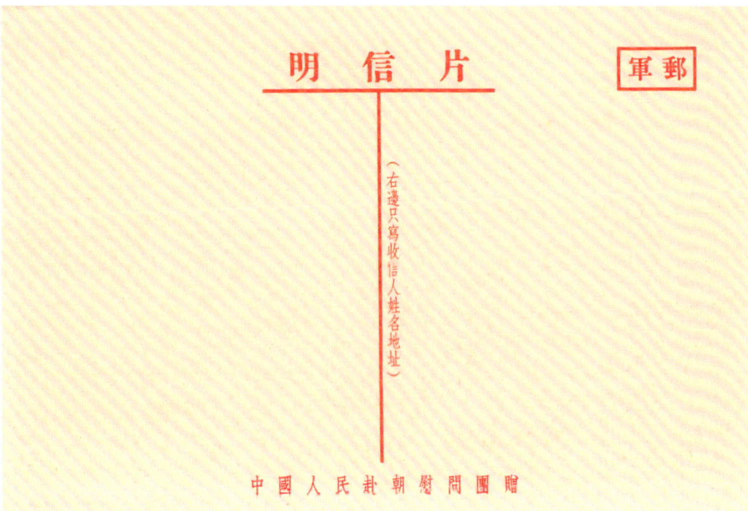

中国人民赴朝慰问团赠送志愿军战士的明信片

八、彪炳史册

在朝鲜战场上，中国人民志愿军以对党对人民的无限忠诚，以英勇顽强的斗志、舍生忘死的精神，赢得了一场以弱胜强、正义而伟大的战争。朝鲜的每座山岭都洒下了中国人民志愿军勇士的鲜血，见证着志愿军的丰功伟绩。在这场战争中，涌现出黄继光、邱少云、杨根思等无数可歌可泣的英雄人物，他们的英雄事迹惊天地泣鬼神。志愿军获得各级英雄模范称号者 418 人，立功者 302,724 人。也有很多天津籍志愿军指战员及相关人员，血洒疆场，为国捐躯。

杨连第，今天津市北辰区北仓镇人，中共党员。1949 年 2 月参加中国人民解放军铁道兵部队。在修复陇海铁路八号桥时，他机智勇敢地攀上 40 多米高的桥墩，提前完成修桥任务，荣获“特等登高英雄”的光荣称号。1950 年 9 月，杨连第光荣地出席了全国战斗英雄、劳动模范代表会议。同年 10 月，杨连第随部队入朝，任铁道兵团第一师第一团第一连副连长。他多次出色完成抢修铁路大桥的任务，有力地支援了朝鲜前线的战斗。1951 年 8 月，他出席了志愿军铁道兵首届庆功大会，9 月作为志愿军战斗英雄国庆观礼团代表归国观礼，并应邀列席政协第一届全国委员会第三次会议。1952 年 5 月 15 日，在朝鲜清川江桥上指挥部队起重钢梁时，他被敌机投下的定时炸弹弹片击中头部，光荣牺牲，年仅 33 岁。中国人民志愿军司令部政治部追授他为一级战斗英雄。朝鲜民主主义人民共和国最高人民会议常委会追授他“朝鲜民主主义人民共和国英雄”称号，并授予金星奖章和一级国旗勋章。

田正贵，今天津市津南区双桥河镇东泥沽村人，中共党员，任志愿军三九七团四连班长，在朝鲜战场上担任一线狙击任务。他怀着保家卫国壮志，刻苦钻研杀敌本领，迅速熟悉武器，观察掌握敌方地形和活动规律，在赴朝后的 11 天内，用 108 发子弹射杀敌军 24 名，荣立三等功一次。他在执行任务时勇敢沉着、胆大心细，不放过任何一次打击敌人的机会。在朝鲜战场 88 天的时间里，田正贵在 250 米～800 米的距离内，以 498 发子弹射杀敌军 164 人，1953 年被授予一等功。他不仅自己表现出色，而且还善于总结经验，为战友讲解射击要领，为我军培养了一批狙击手，在朝鲜战场上屡立奇功。

除了沙场将士，天津还向朝鲜前线输送了大批后勤保障人员。天津市各国营企业单位及政府机构定期抽调选派年富力强、技术过硬的汽车司机支援前线。天津铁路分局天津机务段乘务员赵文秀同志在朝鲜荣立集体大功一次、小功二次。1951 年 3 月，在一次执行运输任务时，遭遇敌机轰炸，赵文秀壮烈牺牲。机务段司炉张连贵同志冒着敌机的猛烈轰炸，英勇地抢救了志愿军的 10 余辆弹药车，荣立特等功。1951 年 4 月 23 日，天津著名相声演员常宝堃、曲艺弦师程树棠在朝鲜完成慰问演出回国前，不幸遭遇美军飞机扫射和轰炸，光荣牺牲。

津沽琴韵成遗响，海河春潮慰英灵。这些优秀的海河儿女怀着对祖国的忠诚热爱和对朝鲜人民无私的国际主义精神，将自己的一腔热血抛洒在异国的土地上，他们的英雄事迹将被人民世代传颂。中国人民志愿军为维护和平和中朝友谊做出的历史贡献将流芳百代，彪炳史册！

登高英雄杨连第（天津市北辰区档案馆提供）

1949年9月4日，杨连第（左上）和18名勇士在陇海铁路八号桥单面脚手云梯上高空作业（天津市北辰区档案馆提供）

八号桥上的单面云梯（天津市北辰区档案馆提供）

潘锡轩中队（营）长代表铁道兵一支队（团）首长为杨连第戴上英雄花和“特等登高英雄”绶带（1949年9月）（天津市北辰区档案馆提供）

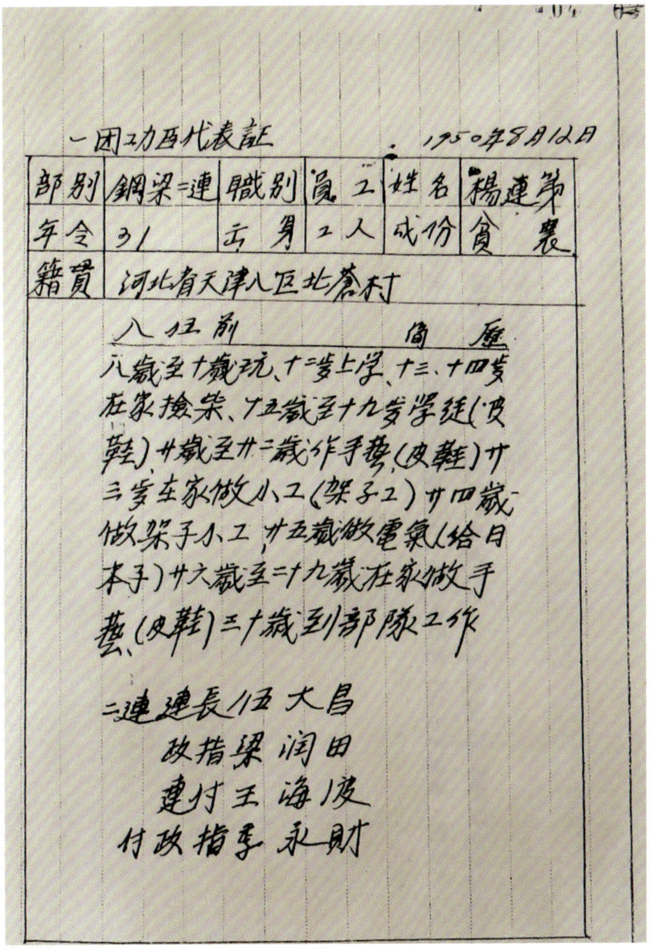

一团功臣代表証　1950年8月12日

部别	鋼梁二連	職别	員工	姓名	楊連第
年令	31	云	男 工人	成份	貧農
籍貫	河北省天津八区北苍村				

入伍前　简歷

八歲至十歲玩、十二岁上学、十三、十四岁在家撿柴、十五歲至十九岁学徒(皮鞋)廿歲至廿二歲作手藝(皮鞋)廿三岁在家做小工(架子工)廿四歲做架子小工，廿五歲做電氣(給日本子)廿六歲至二十九歲在家做手藝(皮鞋)三十歲到部隊工作

二連連長 伍大昌
政指 梁润田
連付 王海波
付政指 李永財

杨连第的一团功臣代表证（1950 年 8 月 12 日）（沈阳抗美援朝烈士陵园所藏《杨连第专卷》档案）

1950 年 9 月参加全国工农劳动模范大会时，杨连第（前排右一）与铁道兵英雄代表合影（天津市北辰区档案馆提供）

1951 年 9 月，杨连第（右三）参加第一次全国铁路系统劳动模范代表大会时，为“粉丝”签名（天津市北辰区档案馆提供）

1952 年 5 月 16 日上午，杨连第烈士的遗体安葬于朝鲜熙川郡南富成里南距一连一排驻地一公里处（天津市北辰区档案馆提供）

1952 年 7 月 25 日，“杨连第连”战友们抬着烈士遗体通过熙川大桥赴桧仓郡烈士墓地安葬（天津市北辰区档案馆提供）

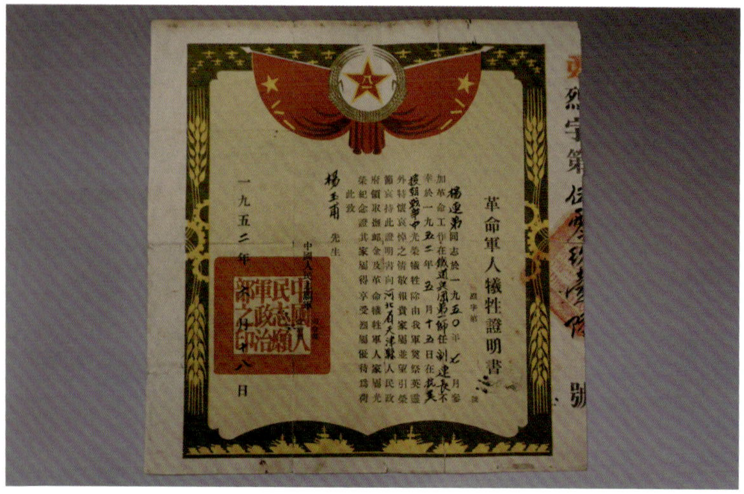

革命軍人犧牲證明書

楊連第同志於一九五〇年七月參加革命工作在鐵道兵團第一師任副連長不幸於一九五二年五月十五日在抗美援朝戰爭中光榮犧牲除由我軍[illegible]祭英靈外特懷哀悼之情敬報貴家屬並望引榮節哀持此證明書向河北省天津縣人民政府領取撫卹金及革命犧牲軍人家屬光榮紀念證其家屬得享受烈屬優待為荷此致

楊玉甫 先生

中國人民志願軍司令部政治部

一九五二年六月十八日

中國人民志願軍政治部之印

1952 年 6 月 18 日，中国人民志愿军司令部政治部签发的杨连第革命军人牺牲证明书（天津博物馆提供）

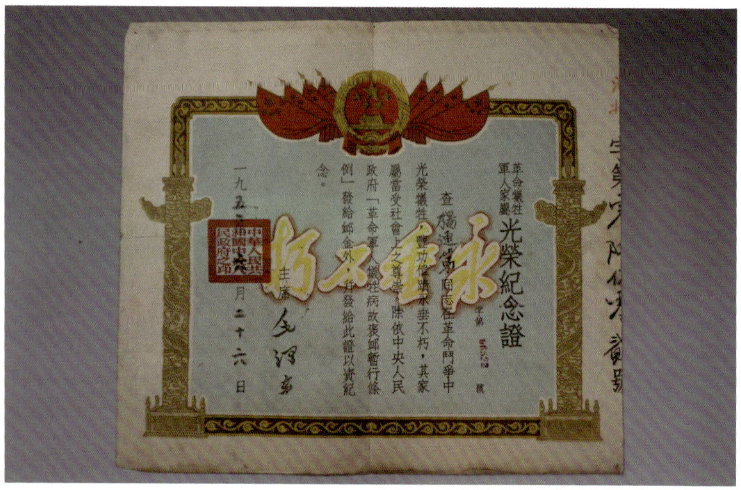

革命犧牲軍人家屬光榮紀念證

字第 [illegible] 號

查楊連第同志在革命鬥爭中光榮犧牲，豐功偉蹟永垂不朽，其家屬當受社會上之尊崇。除依中央人民政府「革命軍人犧牲病故褒卹暫行條例」發給卹金外，並發給此證以資紀念。

永垂不朽

主席 毛澤東

一九五二年六月二十六日

中華人民共和國中央人民政府之印

1952 年 6 月 26 日，毛泽东主席签发的革命牺牲军人家属光荣纪念证（天津博物馆提供）

杨连第烈士的灵堂布满鲜花

1953 年 3 月 16 日，杨连第烈士墓（左二）在沈阳市抗美援朝烈士陵园落成，与杨根思（左一）、黄继光（左三）、邱少云（左四）、罗盛教（左五）烈士墓相邻（天津市北辰区档案馆提供）

1952 年 7 月 27 日，中共天津县委、天津县人民政府在北仓召开 3000 人大会，追悼杨连第烈士（天津市北辰区档案馆提供）

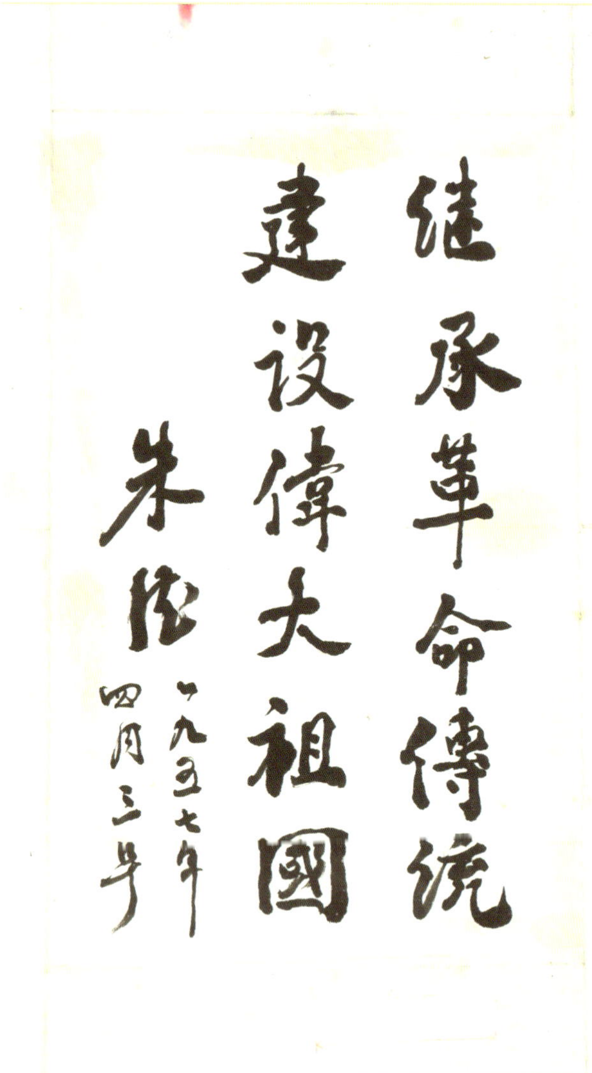

1957 年 4 月 3 日，朱德为杨连第烈士题词

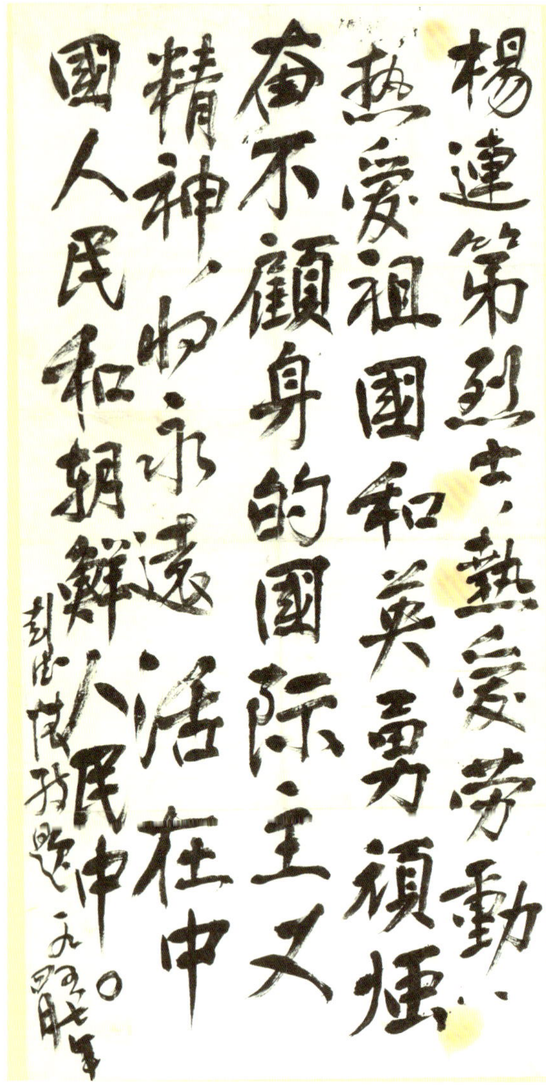

1957 年 4 月，彭德怀为杨连第烈士题词

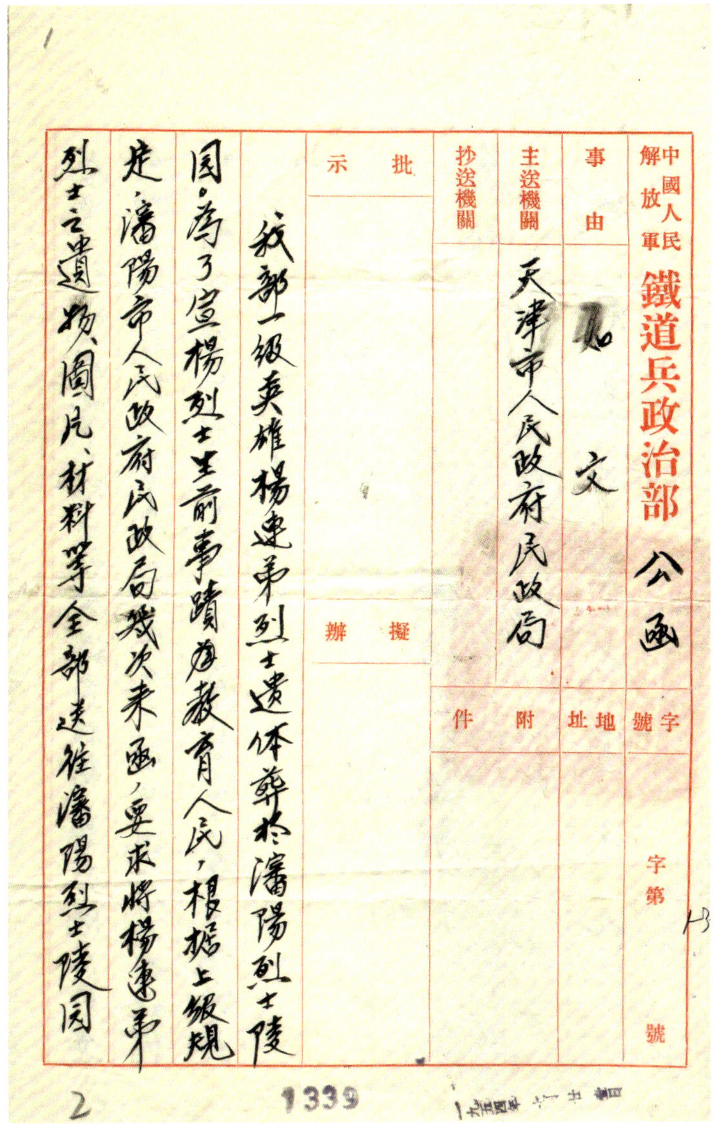

中國人民解放軍鐵道兵政治部 公函

字第 號

事由：如文

主送機關：天津市人民政府民政局

抄送機關：

批示

擬辦

地址

附件

我部一級英雄楊連第烈士遺体葬於瀋陽烈士陵園。為了宣揚烈士生前事蹟教育人民，根據上級規定，瀋陽市人民政府民政局幾次來函，要求將楊連第烈士之遺物、圖片、材料等全部送往瀋陽烈士陵園

2　1339

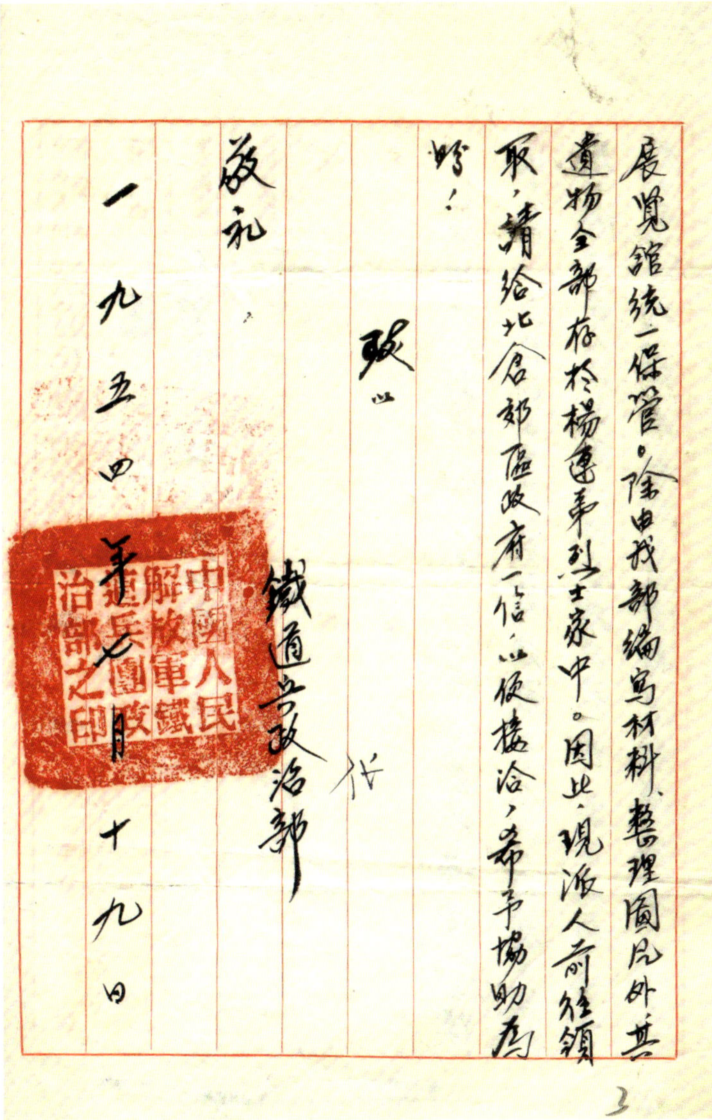

展覽館統一保管。除由我部編寫材料、整理圖片外，其遺物全部存於楊連第烈士家中。因此，現派人前往領取，請給北倉郊區政府一信，以便接洽，希予協助為盼！

此致

敬禮

鐵道兵政治部

中國人民解放軍鐵道兵政治部之印

一九五四年七月十九日

3

1954 年 7 月 19 日，中国人民解放军铁道兵政治部为整理杨连第烈士遗物事致天津市人民政府民政局函

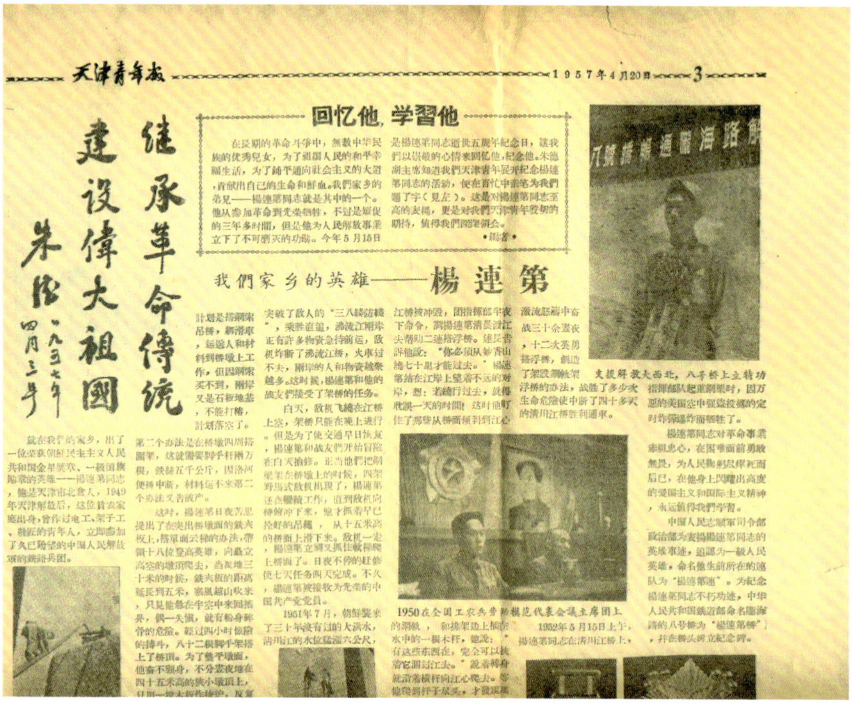

天津青年报　1957年4月20日　3

继承革命传统　建设伟大祖国

朱德　一九五七年四月三日

回忆他，学习他

在長期的革命斗爭中，無數中华民族的优秀兒女，为了祖国人民的和平幸福生活，为了鋪平通向社会主义的大道，貢献出自己的生命和鮮血。我們家乡的弟兄——楊連第同志就是其中的一个。他从参加革命到光荣犧牲，不过是短促的三年多时間，但是他为人民解放事業立下了不可磨灭的功勛。今年5月15日是楊連第同志逝世五周年紀念日，讓我們以崇敬的心情来回忆他，紀念他。朱德副主席知道我們天津青年展开紀念楊連第同志的活动，便在百忙中亲笔为我們題了字（見左）。这是对楊連第同志至高的表揚，更是对我們天津青年殷切的期待，值得我們深深領会。

·編者·

我們家乡的英雄——楊連第

支援解放大西北，八号桥上立特功

1950在全国工农兵劳动模范代表会議主席团上

1952年5月15日上午，楊連第同志在清川江桥上，

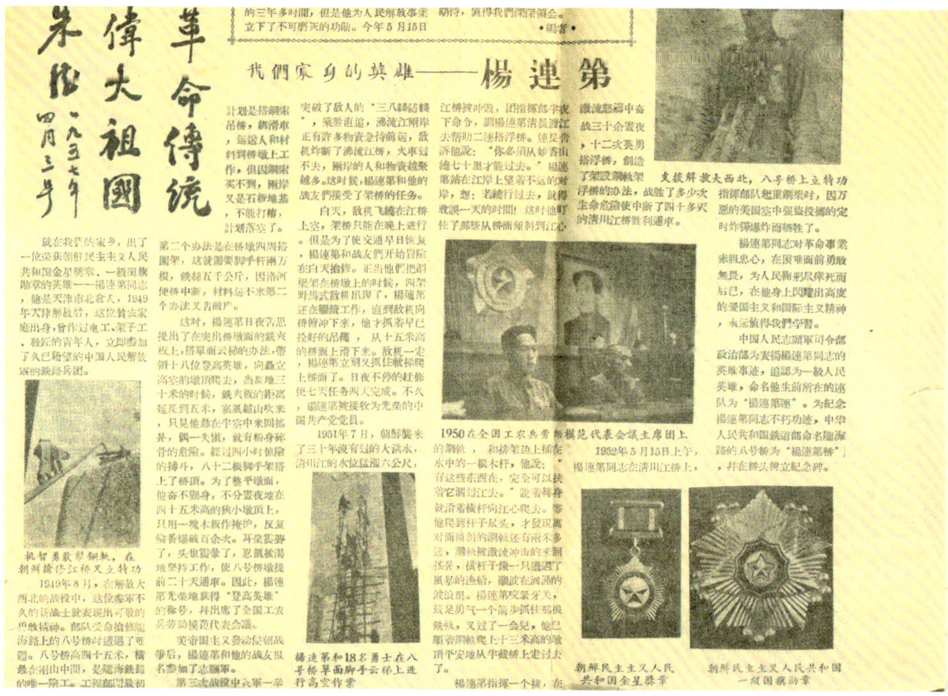

机智勇敢犁铡轨，在朝鲜铁路江桥又立特功

楊連第和18名勇士在八号桥草面脚手架上进行高空作业

朝鮮民主主义人民共和国金星獎章

朝鮮民主主义人民共和国一級国旗勛章

1957年4月20日《天津青年报》报道杨连第烈士事迹

1953 年 8 月，志愿军铁道兵官兵在天津市政府为杨连第家新建住房院里与烈士父亲杨玉璞等合影

重建后的杨连第烈士家

中国人民志愿军一等功臣田正贵曾担任轻机枪教练员。图为他正在讲解枪支的性能和使用方法

1954 年 1 月 10 日，天津市津南郊区人民政府为参加志愿军并获一等功的田正贵召开庆功大会

1954 年 1 月 10 日，田正贵母亲接受津南郊区各界献礼

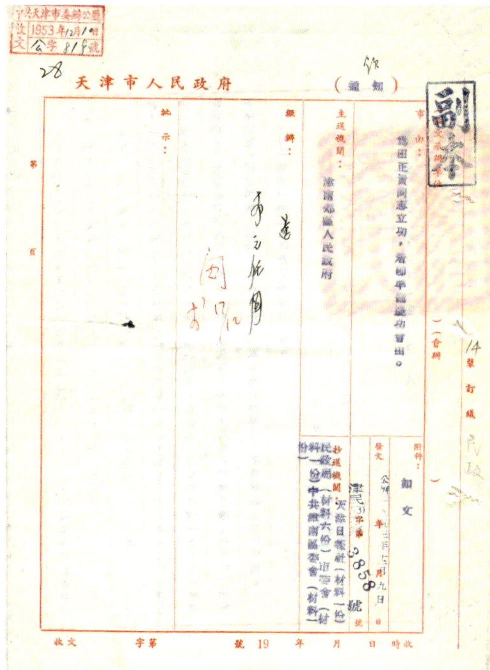

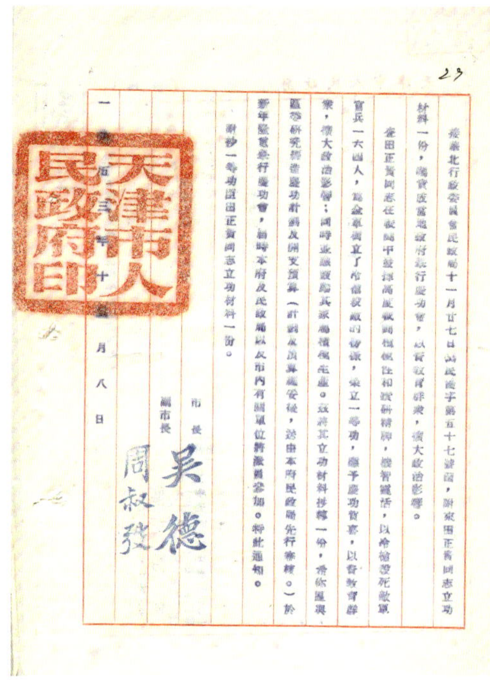

1953年12月8日，天津市人民政府为田正贵同志荣立一等功着即准备庆功会事给津南郊区人民政府的通知

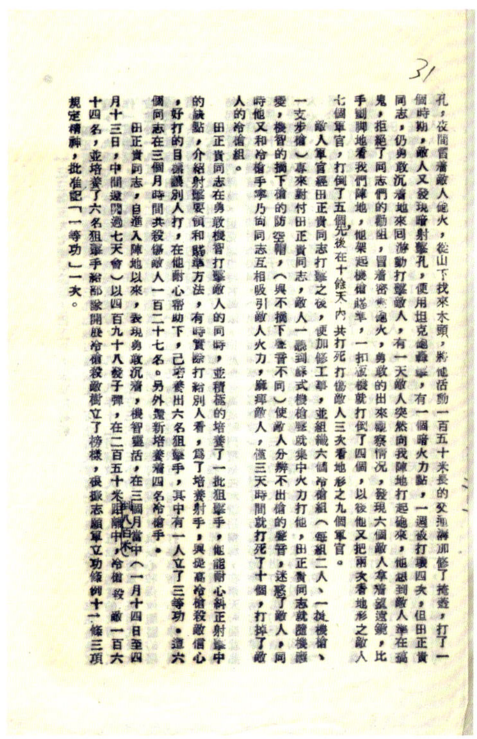

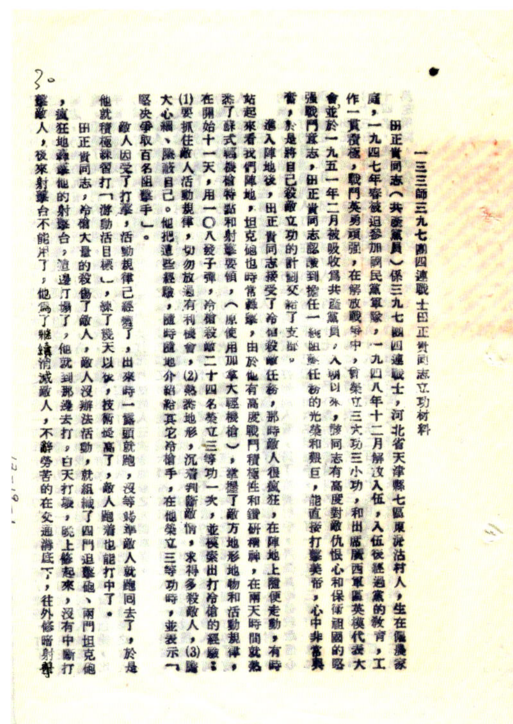

田正贵同志立功材料

时圣存，原名时圣军，曾用名时胜存，山东省单县人，户籍所在地天津市津南区咸水沽镇，2020年10月逝世，享年92岁。1950年赴朝作战，参加过多场战役。在上甘岭战役中英勇战斗，表现出色，荣获集体一等功

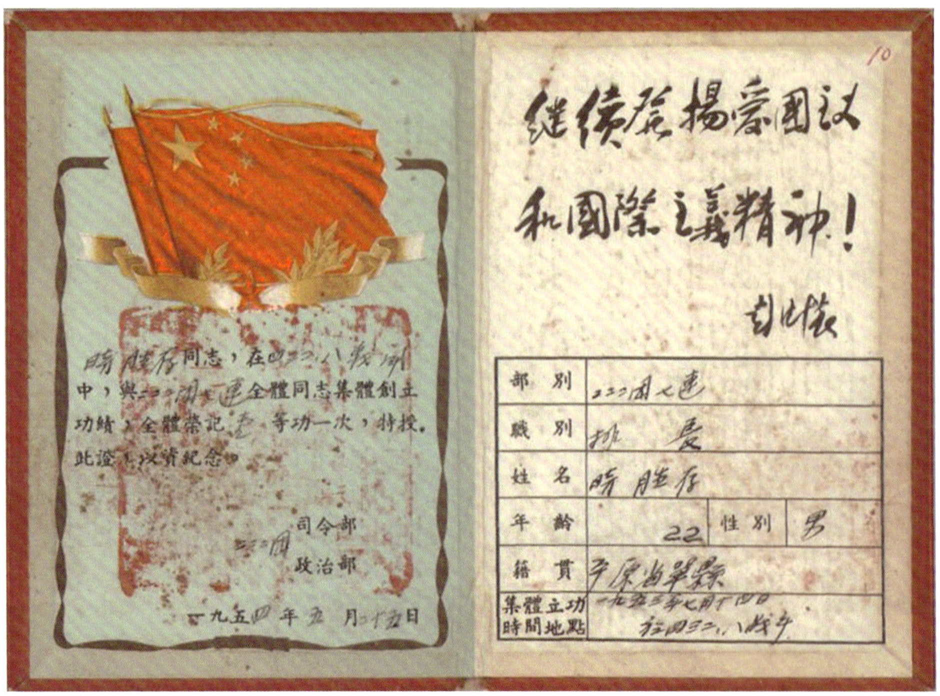

时胜存同志，在四三二八战斗中，與二二二团七连全體同志集體創立功績，全體榮記壹等功一次，特授此證，以資紀念。

司令部
政治部

一九五四年五月二十五日

继续发扬爱国主义和國際主義精神！

部别	二二二团七连		
職别	排长		
姓名	时胜存		
年龄	22	性别	男
籍貫	平原省单县		
集體立功時間地點	一九五三年七月十四日 在四三二八战斗		

1954年5月25日，时圣存荣获集体一等功证书

杨树柏生于1925年6月16日，于2021年5月9日逝世，享年96岁，天津市北辰区双口镇人。1950年赴朝，在横城阻击战中，一人掩护全排安全转移，荣立大功

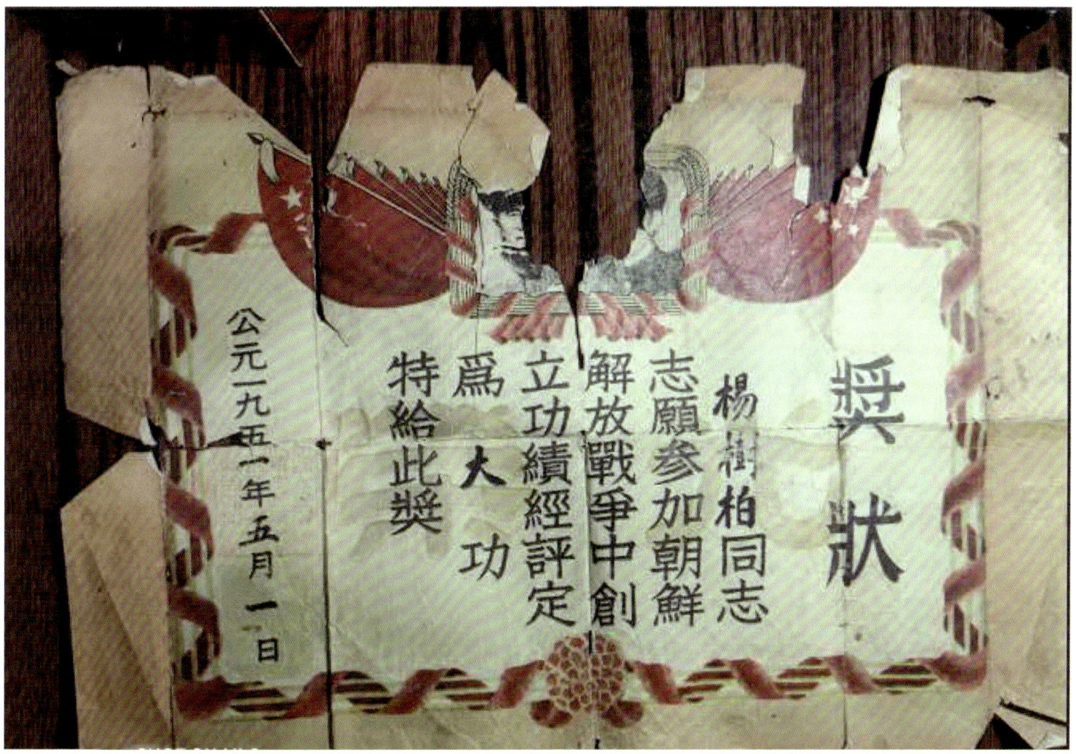

奬狀

楊樹柏同志
志願參加朝鮮
解放戰爭中創
立功績經評定
爲大功
特給此奬

公元一九五一年五月一日

杨树柏荣立大功奖状

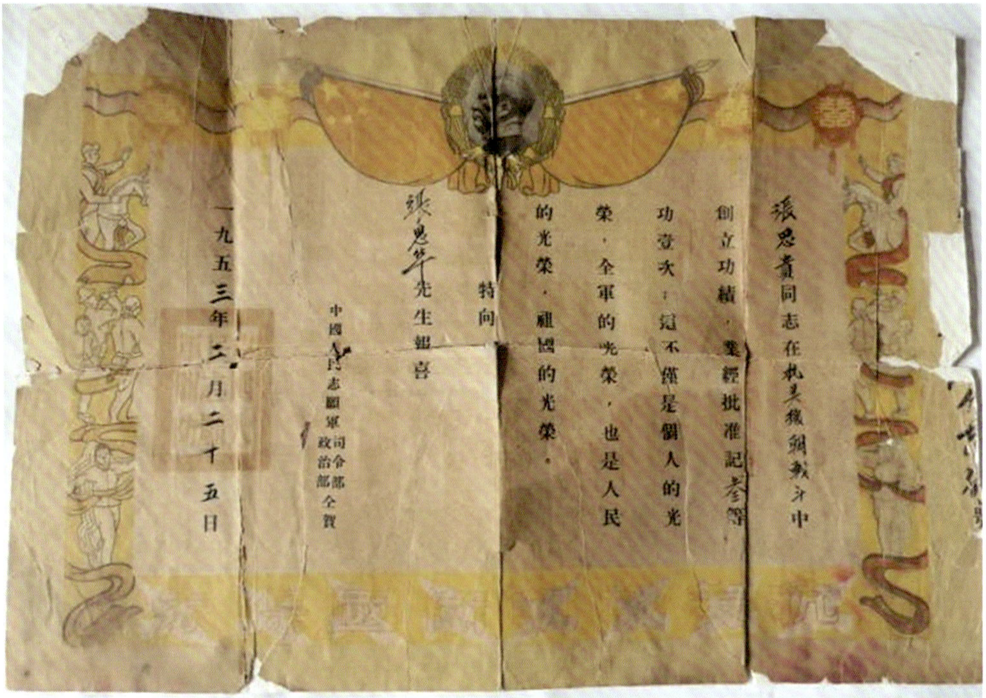

1953 年 2 月 25 日，张恩贵荣获三等功的喜报

张恩贵，天津人，1928 年生人，居住于西青区杨柳青。1950 年赴朝，参加过第一、第二、第三、第四次战役，两次荣立二等功，两次荣立三等功

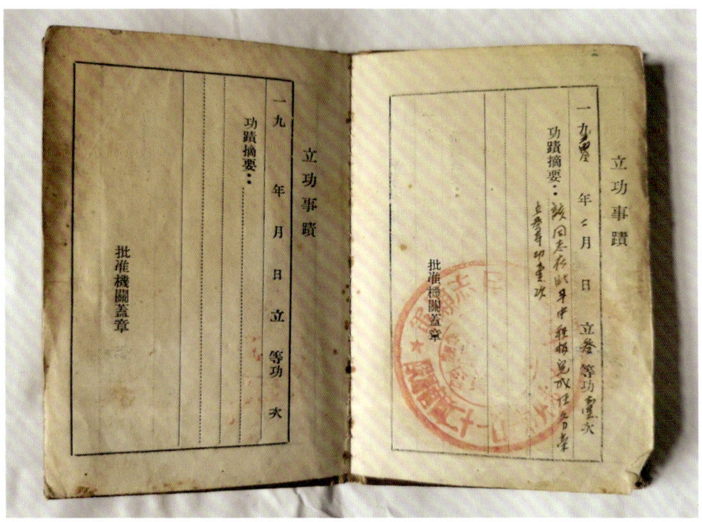

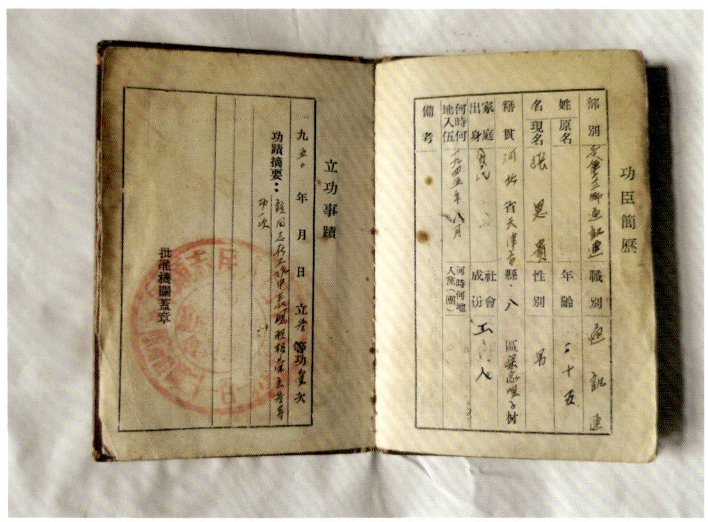

中国人民志愿军政治部颁发给张恩贵的立功证明书

著名相声表演艺术家常宝堃

1951年4月23日，天津著名曲艺弦师程树棠在赴朝慰问归国前夕，遭美机轰炸，不幸牺牲。图为程树棠烈士在前线

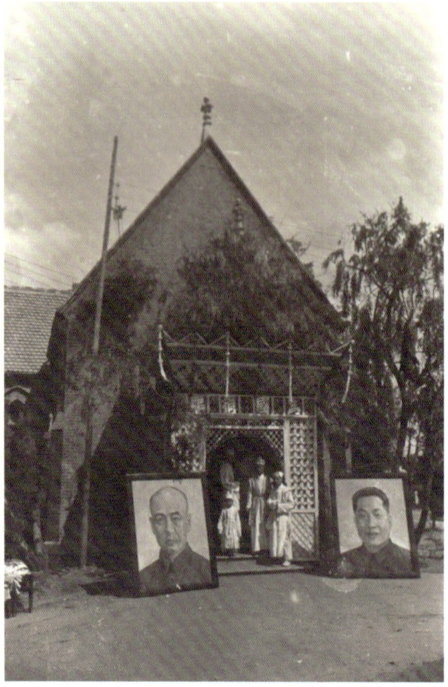

4 1
2
5 3

1. 1951 年 4 月，天津市各界为赴朝鲜牺牲的常宝堃、程树棠两位烈士举行葬礼
2. 中国赴朝慰问代表团团长廖承志敬献花圈
3. 中国赴朝慰问代表团祭悼常宝堃、程树棠两位烈士
4. 常宝堃、程树棠两位烈士的灵堂
5. 常宝堃烈士墓

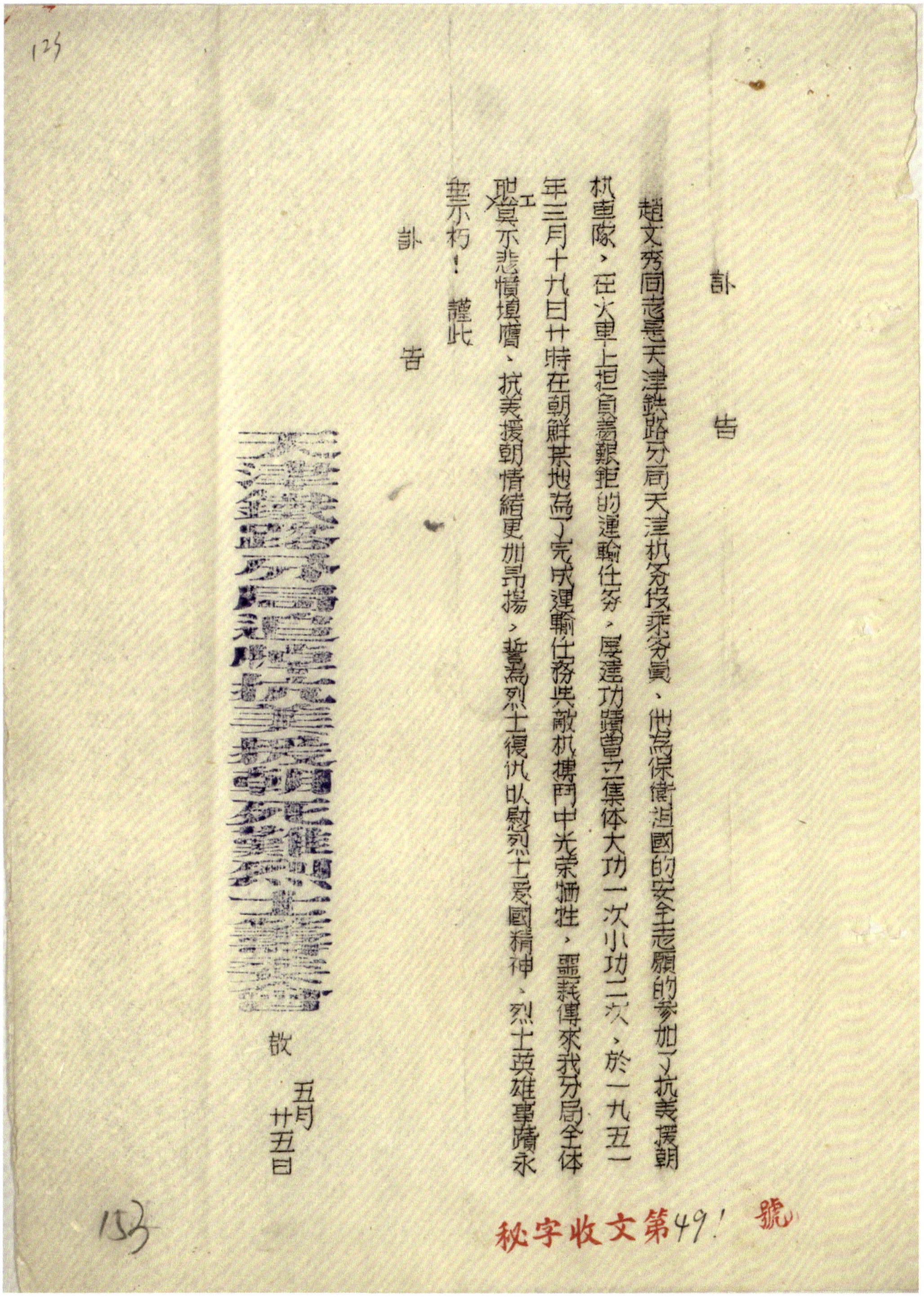

125

訃告

趙文秀同志是天津鐵路分局天津机务段乘务員、他為保衛祖國的安全志願的參加了抗美援朝機車隊，在火車上担負着艱鉅的運輸任务，屡建功績曾立集体大功一次小功二次，於一九五一年三月十九日廿時在朝鮮某地為了完成運輸任務與敵机搏鬥中光榮犧牲，噩耗傳來我分局全体職工莫不悲憤填膺、抗美援朝情緒更加昂揚，誓為烈士復仇以慰烈士愛國精神，烈士英雄事蹟永垂不朽！謹此

訃告

天津鐵路分局追悼抗美援朝死難烈士籌備會　敬

五月廿五日

153

秘字收文第491號

天津铁路工人赵文秀，1951年2月入朝，在1857号英雄机车包乘组任司炉，同年3月19日在执行运输任务行车途中遭敌机轰炸，为抢救列车英勇牺牲

赵文秀烈士讣告

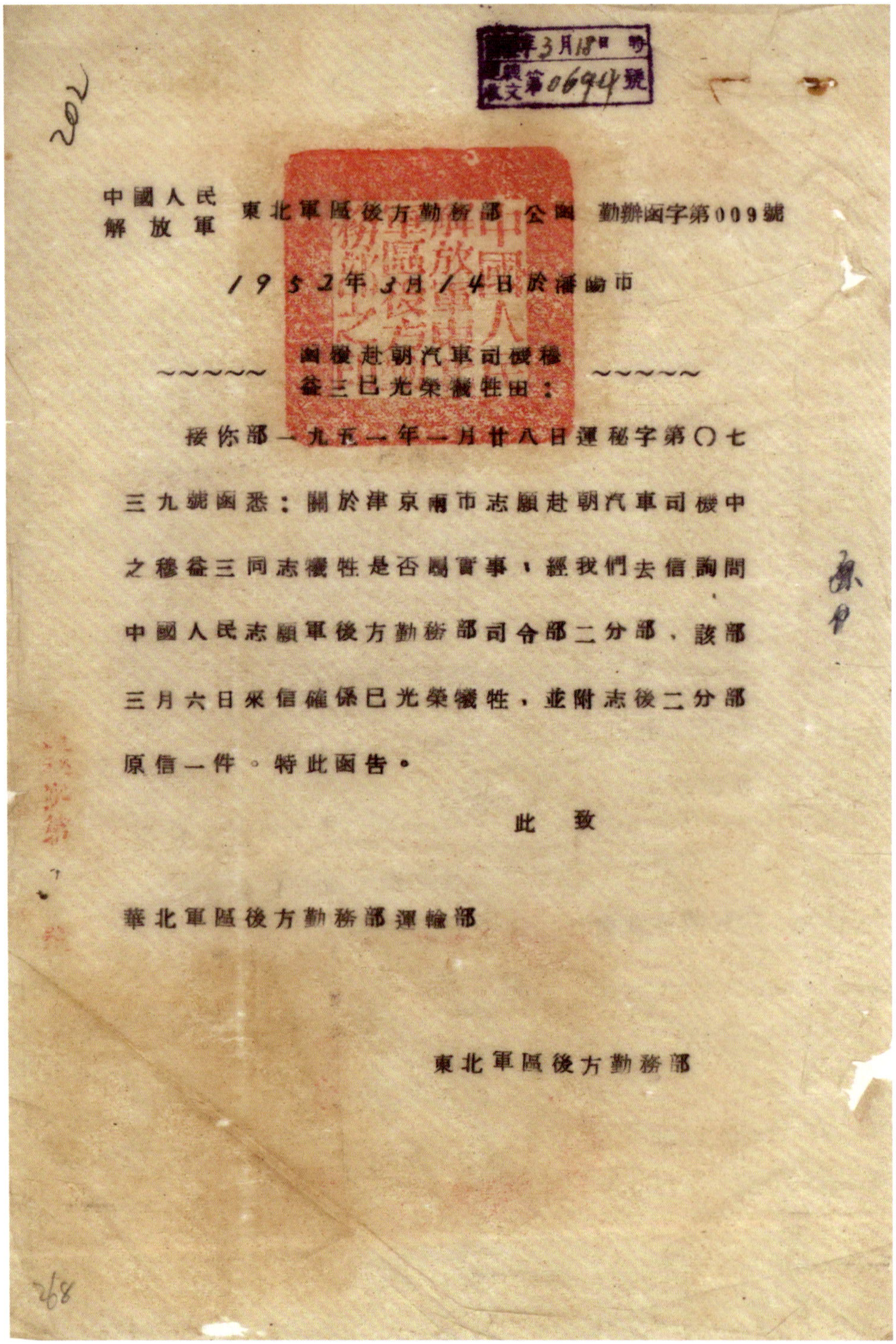

中國人民解放軍 東北軍區後方勤務部 公函 勤辦函字第009號

1952年3月14日於瀋陽市

函復赴朝汽車司機穆益三已光榮犧牲由：

接你部一九五一年一月廿八日運秘字第〇七三九號函悉：關於津京兩市志願赴朝汽車司機中之穆益三同志犧牲是否屬實事，經我們去信詢問中國人民志願軍後方勤務部司令部二分部，該部三月六日來信確係已光榮犧牲，並附志後二分部原信一件。特此函告。

此致

華北軍區後方勤務部運輸部

東北軍區後方勤務部

1952年3月14日，中国人民解放军东北军区后方勤务部为赴朝汽车司机穆益三牺牲事复中国人民解放军华北军区后方勤务部运输部公函

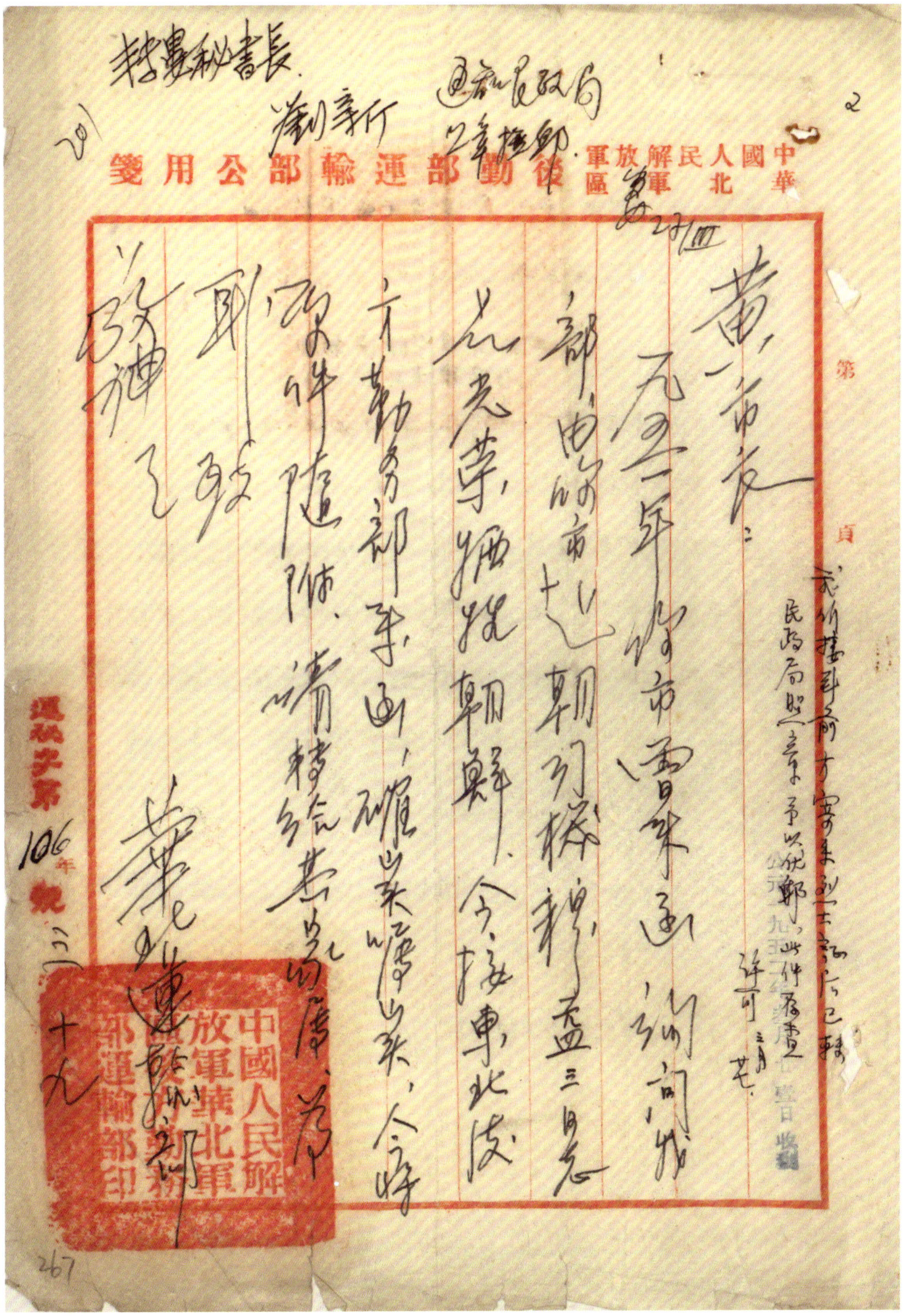
中華人民解放軍華北軍區後勤部運輸部公用箋

黃市長：

運秘字第106號

中國人民解放軍華北軍區後勤部運輸部印

1952 年 3 月 19 日，中国人民解放军华北军区后方勤务部运输部为赴朝汽车司机穆益三牺牲事致黄敬市长函

志愿军二等功臣王俊才带领战士抢修桥梁，以保证军运畅通

何树刚，1919 年 9 月生人，1995 年逝世，享年 76 岁，早年参加革命，1945 年加入中国共产党。1951 年 8 月赴朝参战，负责物资运输工作。冒着枪林弹雨为火线运送给养，数次遭遇险情。战争结束后回国，先后在天津市委工业部、天津市内河航运管理局任职。1984 年离休

1952 年 5 月 4 日，志愿军战士何树刚在朝鲜定州留影

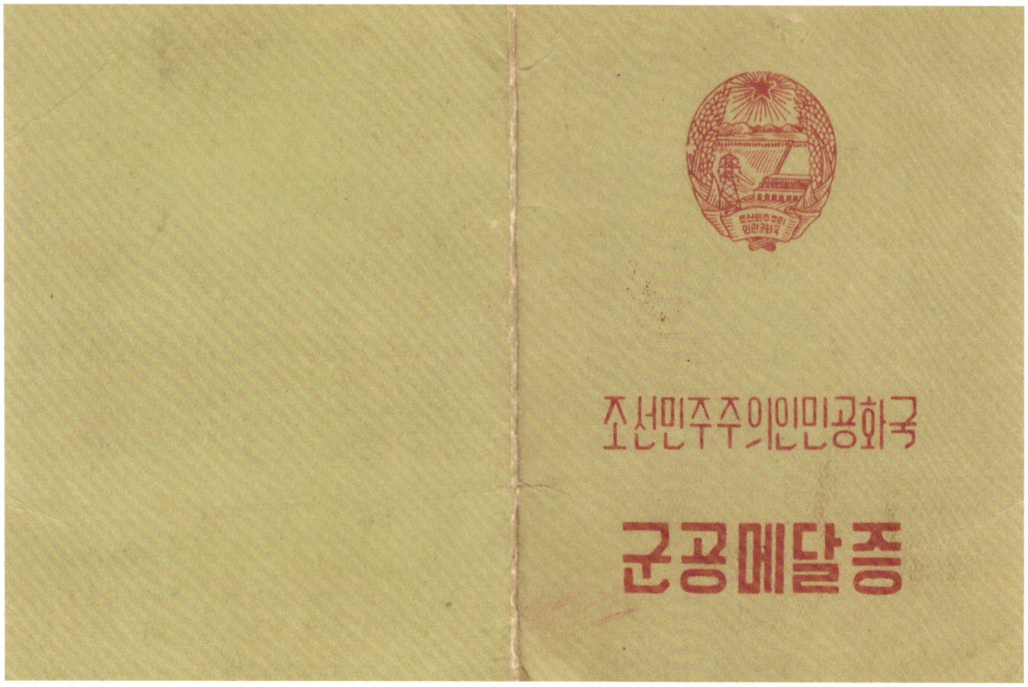

조선민주주의인민공화국

군공메달증

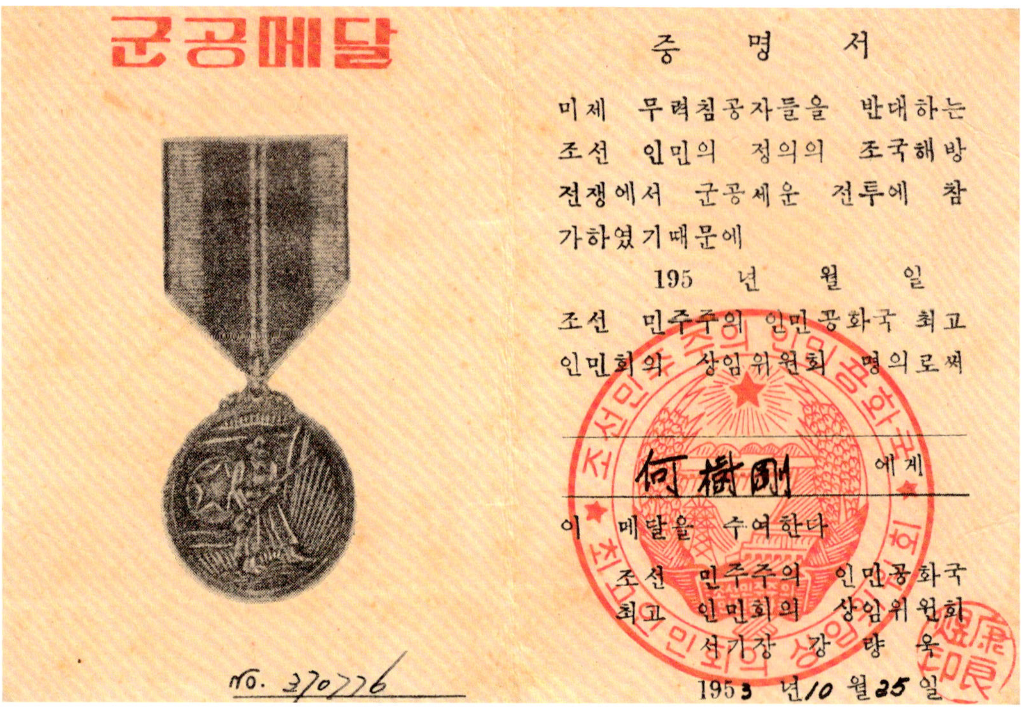

군공메달

증 명 서

미제 무력침공자들을 반대하는 조선 인민의 정의의 조국해방 전쟁에서 군공세운 전투에 참가하였기때문에

195 년 월 일

조선 민주주의 인민공화국 최고 인민회의 상임위원회 명의로써

何樹剛 에게

이 메달을 수여한다

조선 민주주의 인민공화국
최고 인민회의 상임위원회
서기장 강 량 욱

1953 년10 월25 일

NO. 370776

朝鲜民主主义人民共和国最高人民会议常务委员会颁发给志愿军战士何树刚的军功章证书

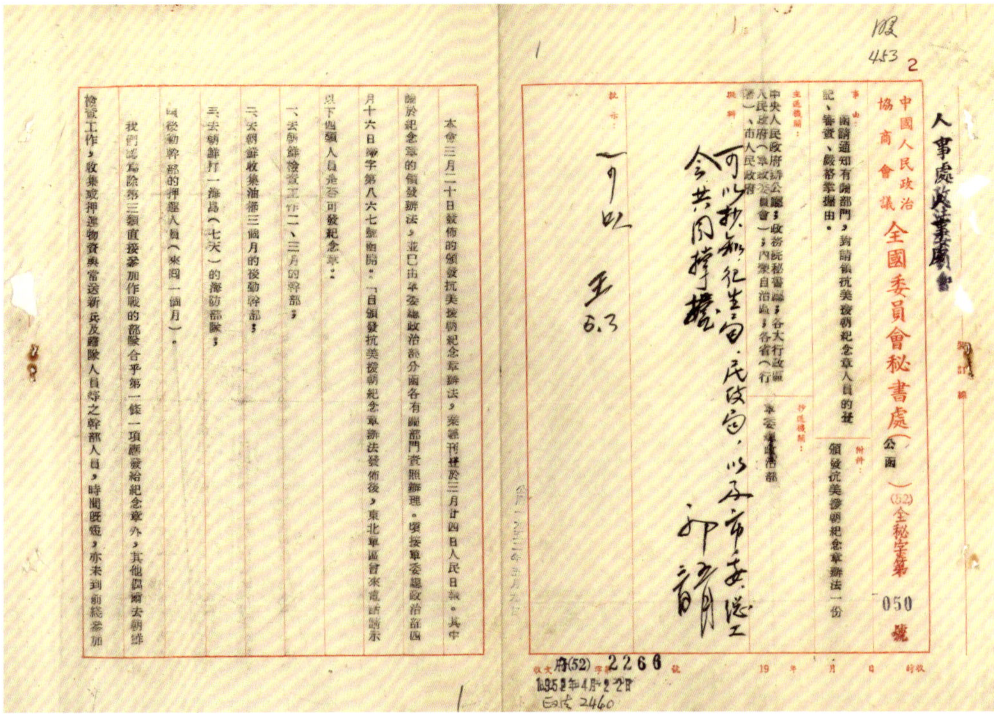

人事處

中國人民政治協商會議全國委員會秘書處（公函）(52)全秘字第050號

事由：函請通知有關部門，對請領抗美援朝紀念章人員的登記、審查、嚴格掌握由。

附件：領發抗美援朝紀念章辦法一份

主送機關：中央人民政府辦公廳；政務院秘書廳；各大行政區人民政府（軍政委員會）；內蒙自治區；各省（行署）、市人民政府

抄送機關：軍委總政治部

本會三月二十日發佈的領發抗美援朝紀念章辦法，業經刊登於三月廿四日人民日報。其中關於紀念章的領發辦法，並已由軍委總政治部分函各有關部門查照辦理。頃接軍委總政治部四月十六日辦字第八六七號函開：「自領發抗美援朝紀念章辦法發佈後，東北軍區曾來電話請示以下四類人員是否可發紀念章：

一、去朝鮮檢查工作一、二月的幹部；

二、去朝鮮收集油料三個月的後勤幹部；

三、去朝鮮打一海島（七天）的海防部隊；

四、後勤幹部的押運人員（來回一個月）。

我們認為除第三類直接參加作戰的部隊合乎第一條一項應發給紀念章外，其他四類去朝鮮檢查工作，收集或押運物資與富送新兵及歸隊人員等之幹部人員，時間既短，亦未到前線參加

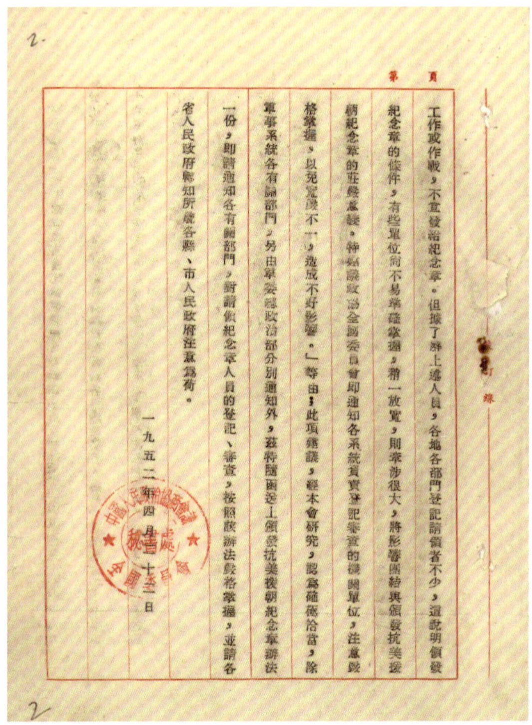

工作或作戰，不宜發給紀念章。但據了解上述人員，各地各部門登記請領者不少，這說明領發紀念章的條件，有些單位尚不易準確掌握，稍一放寬，則牽涉很大，將影響團結與領發抗美援朝紀念章的莊嚴意義。特提議政協全國委員會即通知各系統負責登記審查的機關單位，注意嚴格掌握，以免寬嚴不一，造成不好影響。」等由；此項建議，經本會研究，認為確屬恰當，除軍事系統各有關部門，另由軍委總政治部分別通知外，茲特隨函送上領發抗美援朝紀念章辦法一份，即請通知各有關部門，對請領紀念章人員的登記、審查，按照該辦法嚴格掌握，並請各省人民政府轉知所屬各縣、市人民政府注意爲荷。

一九五二年四月二十二日

1952 年 4 月 22 日，中国人民政治协商会议全国委员会秘书处为严格掌握请领抗美援朝纪念章人员登记审查事致中央人民政府办公厅、政务院秘书厅函

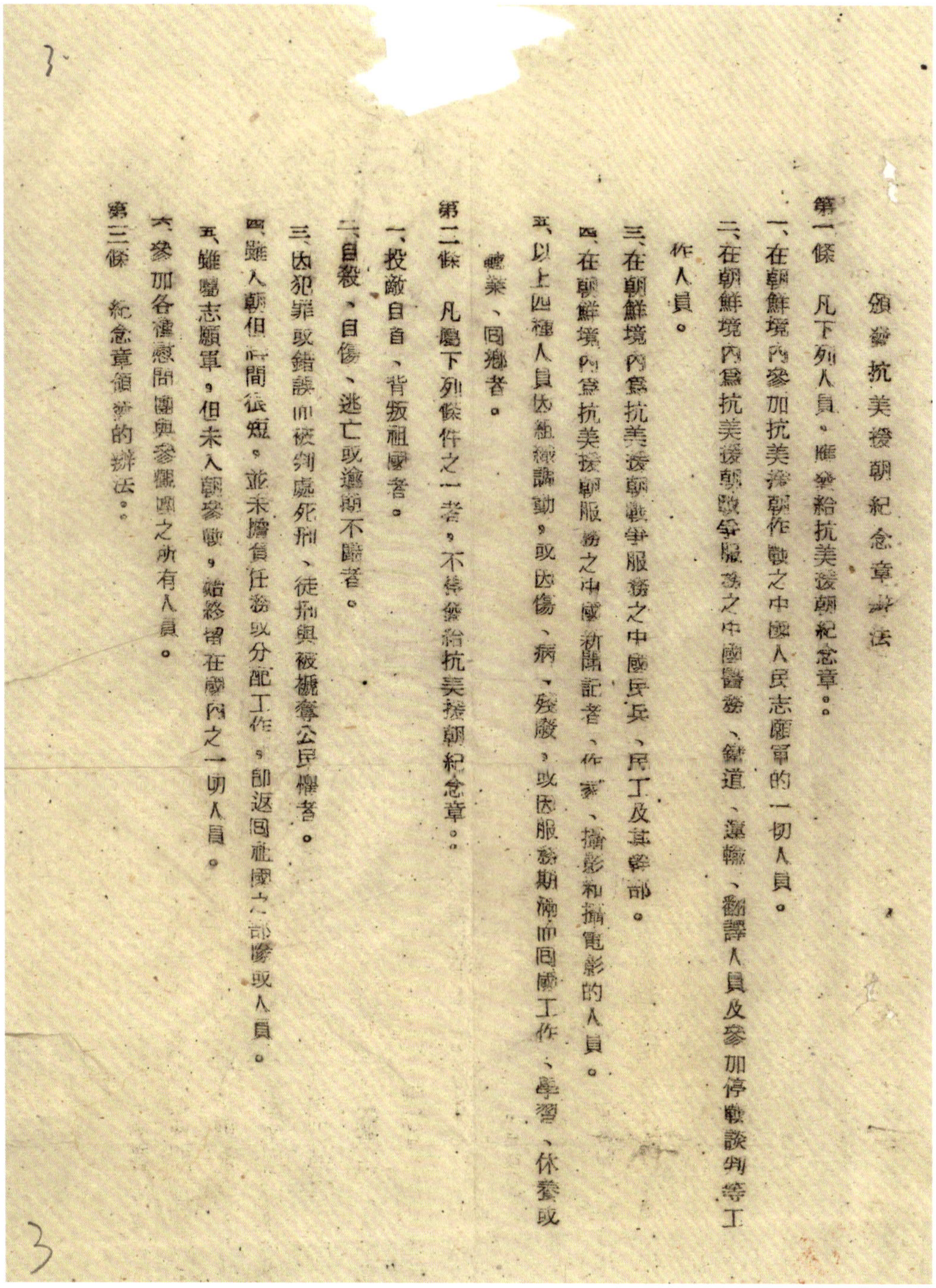

頒發抗美援朝紀念章辦法

第一條　凡下列人員，應頒發給抗美援朝紀念章。。

一、在朝鮮境內參加抗美援朝作戰之中國人民志願軍的一切人員。

二、在朝鮮境內爲抗美援朝戰爭服務之中國醫務、鐵道、運輸、翻譯人員及參加停戰談判等工作人員。

三、在朝鮮境內爲抗美援朝戰爭服務之中國民兵、民工及其幹部。

四、在朝鮮境內爲抗美援朝服務之中國新聞記者、作家、攝影和攝電影的人員。

五、以上四種人員因組織調動，或因傷、病、殘廢，或因服務期滿而回國工作、學習、休養或轉業、回鄉者。

第二條　凡屬下列條件之一者，不得頒給抗美援朝紀念章。。

一、投敵自首、背叛祖國者。

二、自殺，自傷、逃亡或逾期不歸者。

三、因犯罪或錯誤而被判處死刑、徒刑與被褫奪公民權者。

四、雖入朝但在期間很短，並未擔負任務或分配工作，即返回祖國之部隊或人員。

五、雖屬志願軍，但未入朝參戰，始終留在國內之一切人員。

六、參加各種慰問團與參觀團之所有人員。

第三條　紀念章頒發的辦法。。

1952 年 4 月 22 日，颁发抗美援朝纪念章办法

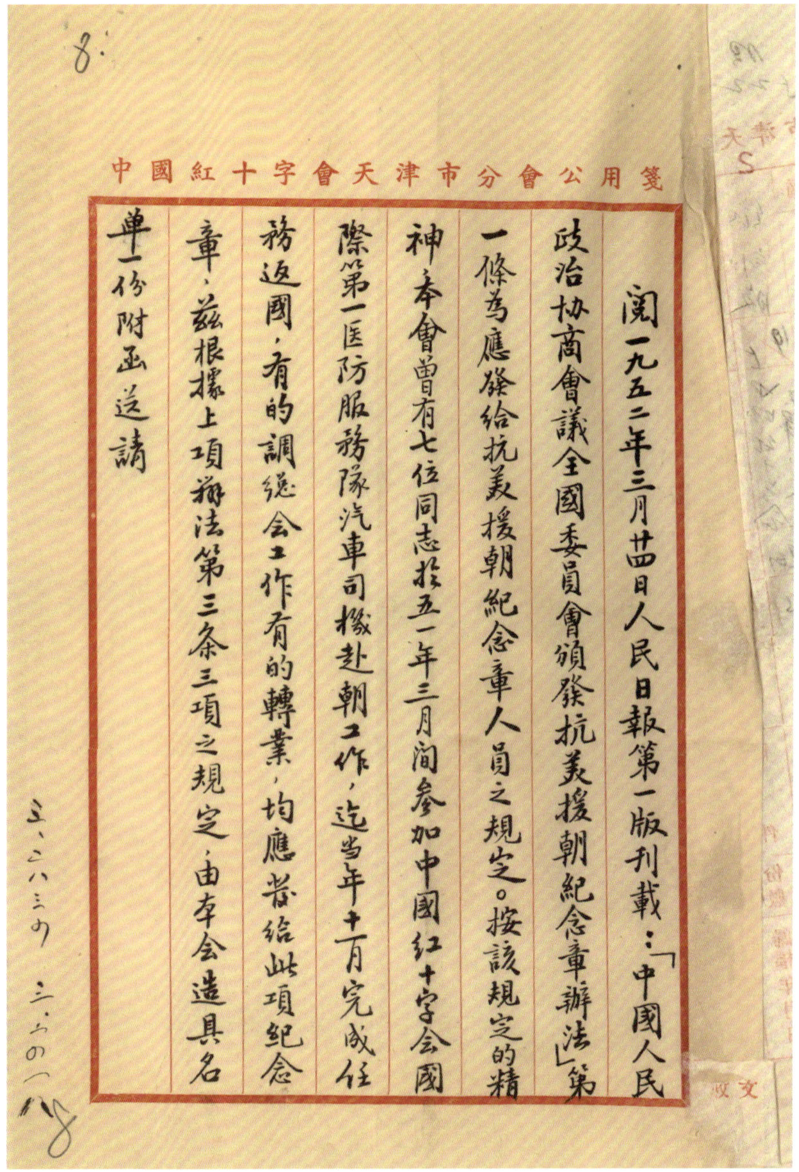

中國紅十字會天津市分會公用箋

閱一九五二年三月廿四日人民日報第一版刊載：「中國人民政治協商會議全國委員會頒發抗美援朝紀念章辦法」第一條為應發給抗美援朝紀念章人員之規定。按該規定的精神本會曾有七位同志於五一年三月間參加中國紅十字会國際第一医防服務隊汽車司機赴朝工作，迄当年十月完成任務返國，有的調總会工作，有的轉業，均應發給此項紀念章，茲根據上項辦法第三条三項之規定，由本会造具名單一份附函送請

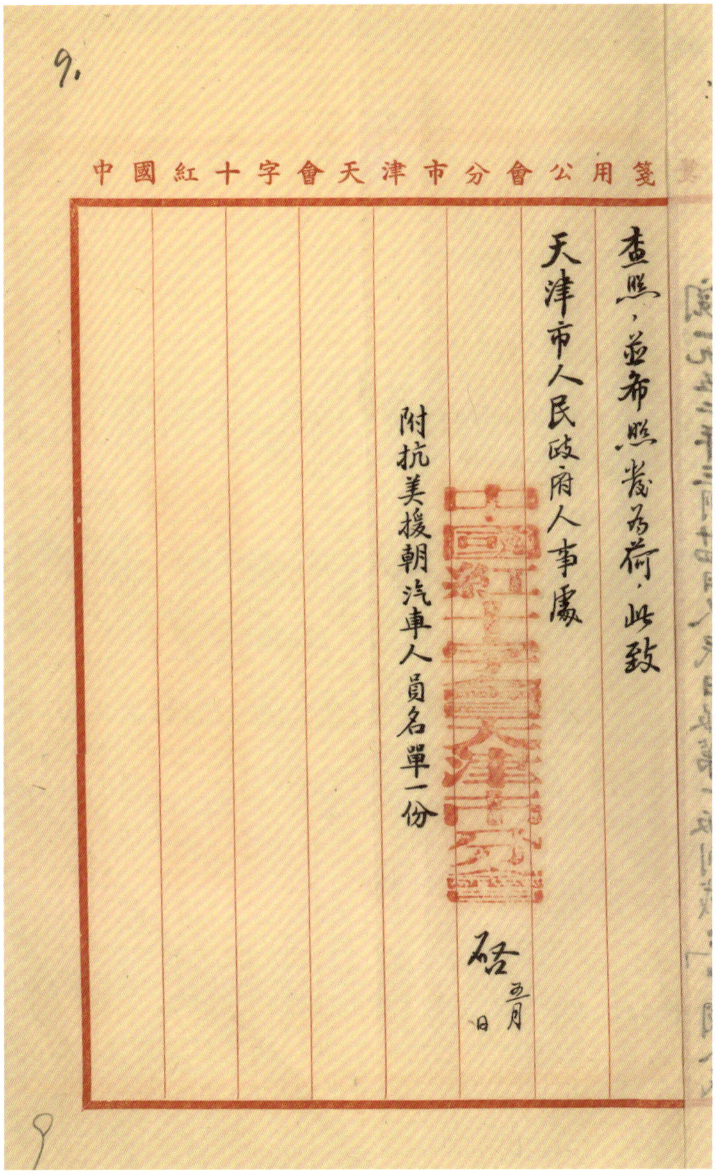

中國紅十字會天津市分會公用箋

查照，並希照發為荷，此致

天津市人民政府人事處

附抗美援朝汽車人員名單一份

啓 五月 日

1952 年 5 月，中国红十字会天津市分会为抗美援朝汽车队人员请领纪念章事致天津市人民政府人事处函

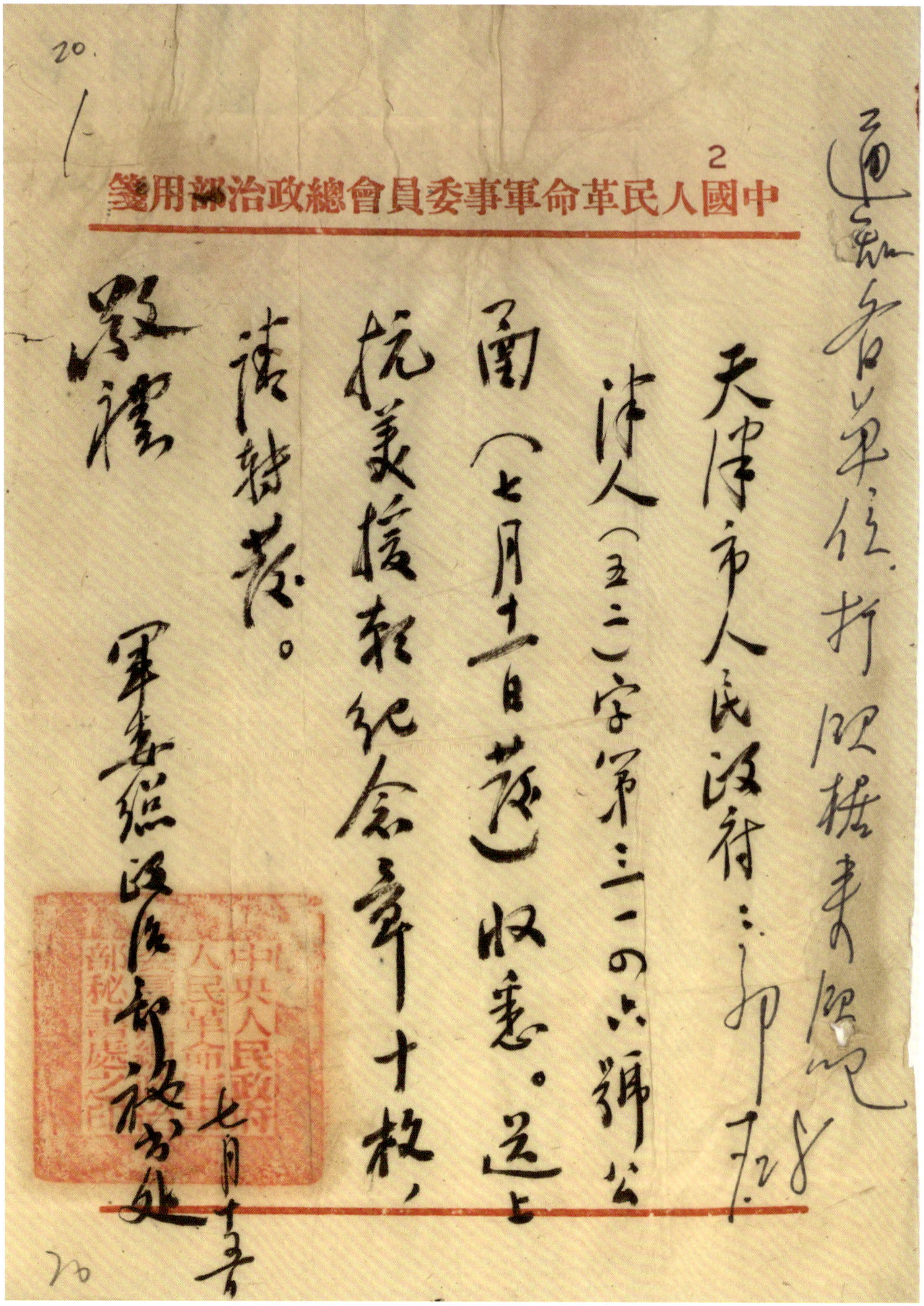

中國人民革命軍事委員會總政治部用箋

天津市人民政府：

津人（五二）字第三一〇六號公函（七月十一日發）收悉。送上抗美援朝紀念章十枚，請轉發。

敬禮

軍委總政治部秘書處

七月十五日

1952年7月15日，中央人民政府人民革命军事委员会总政治部秘书处为送发抗美援朝纪念章事致天津市人民政府函

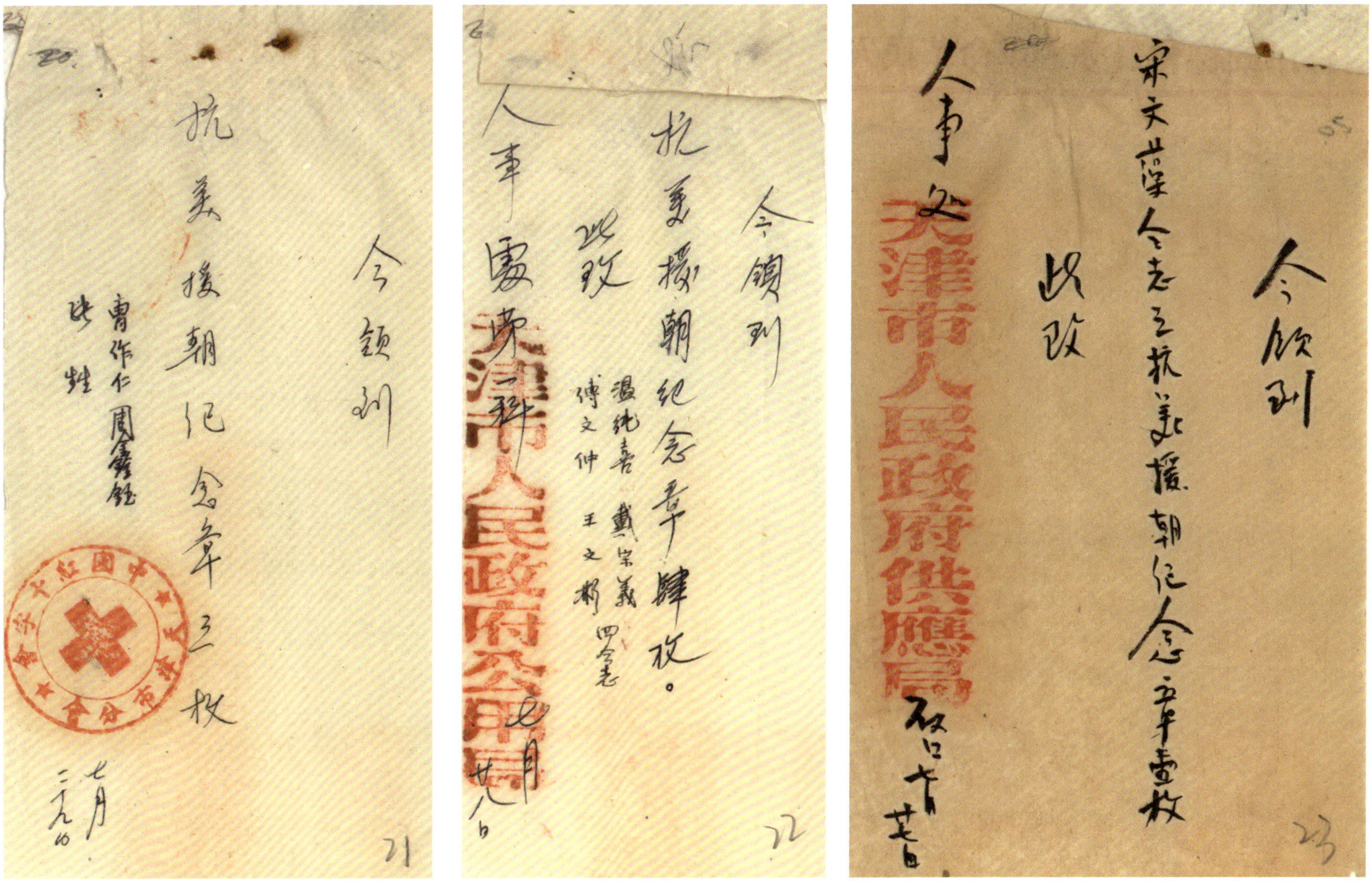

天津市各单位领取抗美援朝纪念章收条（1952 年 7 月 27 日—29 日）

志愿军女战士在朝鲜留影

天津青年代表向赴朝人员献花

抗美援朝二等功军功章

抗美援朝三等功军功章（简章）

1954年，中国人民志愿军司令部、政治部颁发给志愿军战士李东家人的立功喜报

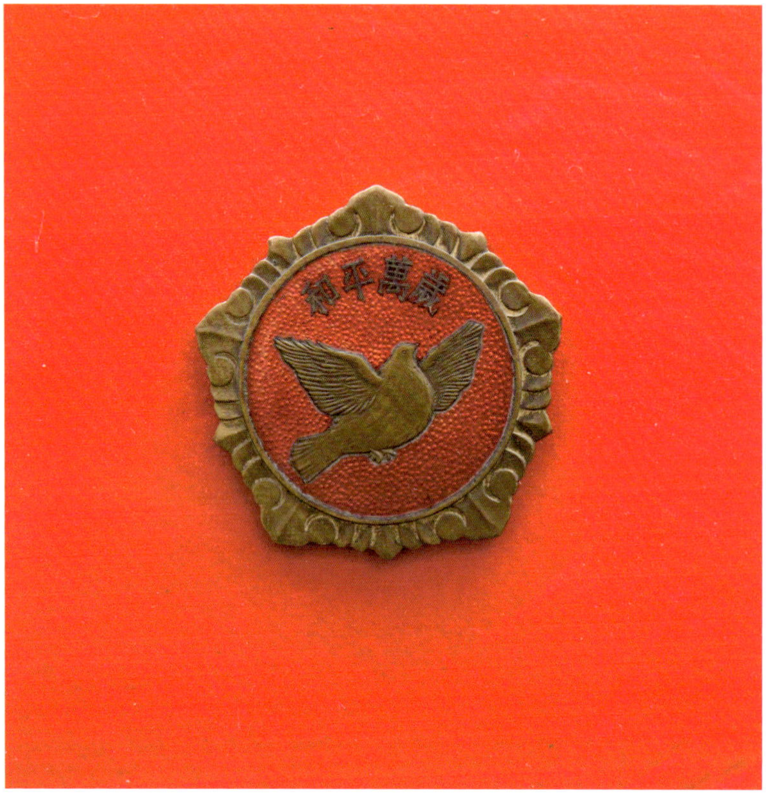

抗美援朝“和平万岁”纪念章

抗美援朝纪念章

中国人民志愿军军装

九、英雄凯旋

中国人民志愿军肩负着国家的重任和人民的期望，高举抗美援朝、保家卫国的旗帜，雄赳赳、气昂昂，跨过鸭绿江，与朝鲜人民并肩作战。至1953年7月27日，迫使美国接受停战，参战双方在板门店签署了朝鲜停战协定，标志着抗美援朝战争胜利结束。1958年10月28日，光荣的中国人民志愿军代表团凯旋回到北京时，周恩来总理和中央机关在京负责人到车站欢迎。

中国人民志愿军与朝鲜人民军以相对劣势的装备，把美国侵略者赶回到三八线。抗美援朝的胜利，稳定了朝鲜半岛的局势，保卫了中国大陆的安全，维护了亚洲及世界的和平，消除了百年来帝国主义侵略造成的亲美、恐美、崇美的思想影响，提高了人们敢于同国际霸权主义势力作斗争的信心，提振了中国人民的士气。事实证明，中国共产党和中国人民是不可战胜的，决定战争胜负的不是武器的优劣，而是人心的向背。

1958年10月28日，天津市政府举行了欢迎志愿军归国大会，褒扬天津人民在抗美援朝运动中做出的贡献和各方面的成功经验。在抗美援朝运动中，天津人民同样受到了深刻的教育，提高了思想觉悟，激发了爱国热情，尤其是促进了工人阶级的生产积极性。随着爱国主义劳动竞赛不断深入开展，天津工业迅速摆脱了对美帝国主义的经济依附，加快了经济独立的步伐。广大职工为粉碎美帝国主义的经济封锁，增加巩固国防的物质力量，充分利用当时的工业设备，发挥能动性和创造性，大胆进行技术革新，仅1951年上半年全市就有技术改进与发明创造30余项，如天津动力机厂成功制造的100马力移动式柴油机与空气压缩机，解决了我国正在发展的矿山与森林工业的动力问题。1951年，天津市工业总产值比1950年增长46.59%，1952年比1950年增长68.5%，有力地支援了抗美援朝运动，为我国第一个五年计划的实施打下了坚实的基础。

伟大的抗美援朝精神成为激励天津人民建设社会主义事业的巨大精神力量和宝贵精神财富。

9 朝鮮人民軍在前綫慶祝朝鮮停戰

朝鲜人民军在前线庆祝朝鲜停战

朝鲜人民庆祝朝鲜停战

1951 年 7 月 20 日，志愿军归国代表团及朝鲜人民访华团华北分团来津，抗美援朝天津市分会副主席李烛尘在车站致欢迎词

127
人民志願軍代表步入會場群众熱烈鼓掌歡迎
127

133
民航局天津辦事處趙副處長介紹人民志願軍代表李維英同志
130

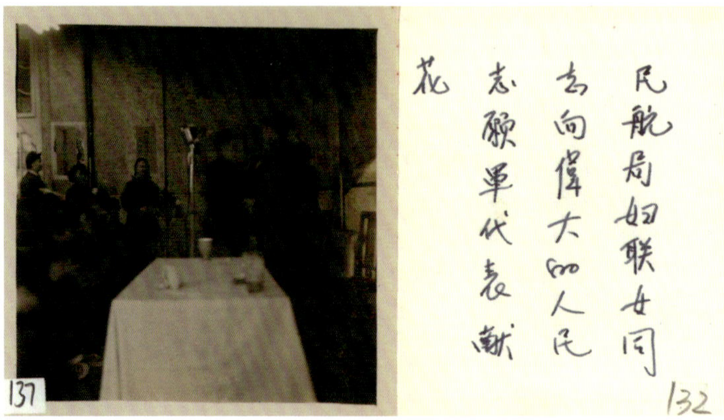
137
民航局妇联女同志向偉大的人民志願軍代表献花
132

139
人民志願軍代表李維英同志在演講
133

129
人民志願軍代表演講後步出會場
128

志愿军归国代表作报告

1951 年 3 月 3 日，志愿军归国代表张甫同志在天津铁路工人文化宫礼堂向 3000 名职工作报告

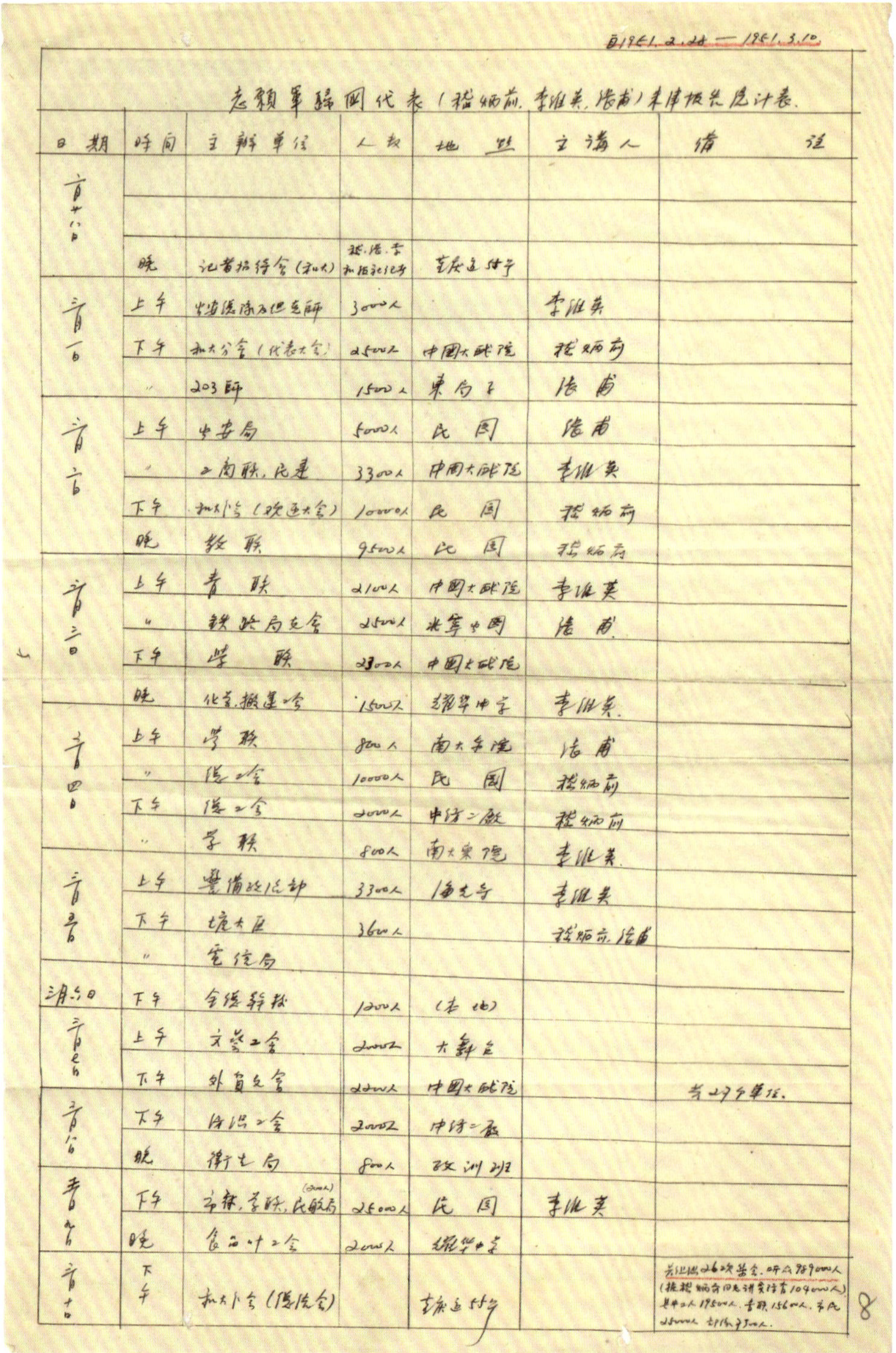

自1951.2.28—1951.3.10

志愿军归国代表（嵇炳前、李维英、张甫）来津报告统计表

日期	时间	主办单位	人数	地址	主讲人	备注
二月廿八日						
	晚	记者招待会（和大）	嵇、张、李和[illegible]	[illegible]		
三月一日	上午	[illegible]	3000人		李维英	
	下午	和大分会（代表大会）	2500人	中国大戏院	嵇炳前	
	〃	203师	1500人	东局子	张甫	
三月二日	上午	公安局	5000人	民园	张甫	
	〃	工商联、民建	3300人	中国大戏院	李维英	
	下午	[illegible]（欢迎大会）	10000人	民园	嵇炳前	
	晚	教联	9500人	民园	嵇炳前	
三月三日	上午	青联	2100人	中国大戏院	李维英	
	〃	铁路局总会	2500人	北宁公园	张甫	
	下午	学联	2300人	中国大戏院		
	晚	化学、搬运工会	1500人	耀华中学	李维英	
三月四日	上午	学联	800人	[illegible]	张甫	
	〃	总工会	10000人	民园	嵇炳前	
	下午	总工会	2000人	中纺二厂	嵇炳前	
	〃	学联	800人	[illegible]	李维英	
三月五日	上午	警备政治部	3300人	海光寺	李维英	
	下午	[illegible]	3600人		嵇炳前、张甫	
	〃	电信局				
三月六日	下午	全总干校	1200人	（本地）		
三月七日	上午	文艺工会	2000人	大舞台		
	下午	外贸总会	2200人	中国大戏院		共27个单位。
三月八日	下午	纺织工会	2000人	中纺二厂		
	晚	卫生局	800人	政训班		
三月九日	下午	市联、学联、民政局（2000人）	25000人	民园	李维英	
	晚	食品工会	2000人	耀华中学		
三月十日	下午	和大小会（总结会）		[illegible]		共组织26次集会，听众98900人（据嵇炳前同志讲共作报告104000人）其中工人19500人，青联1560人，市民25000人，部队[illegible]

8

1951年2月28日—3月10日，志愿军归国代表嵇炳前、李维英、张甫在津报告统计表

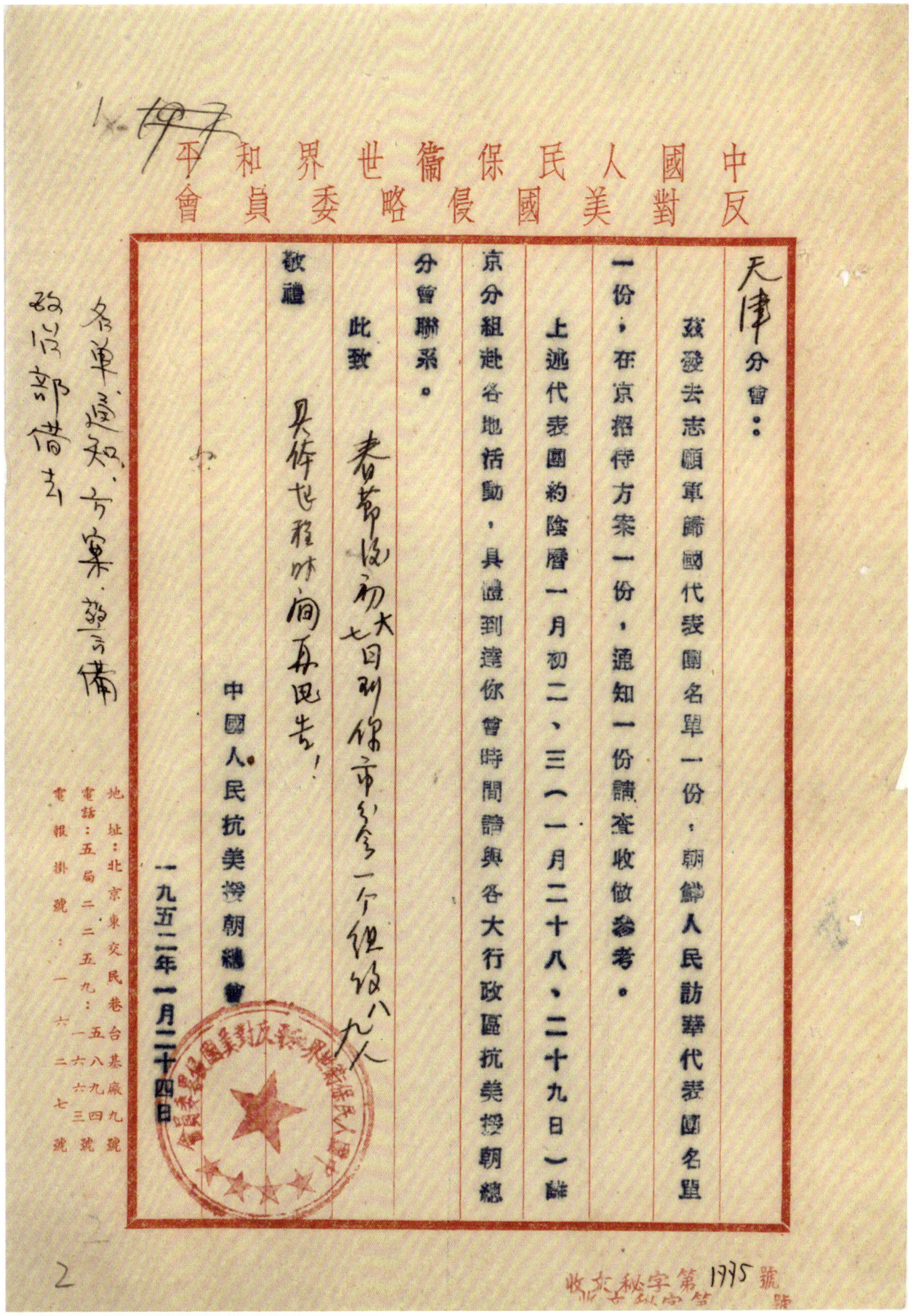

中國人民保衛世界和平
反對美國侵略委員會

天津分會：

茲發去志願軍歸國代表團名單一份，朝鮮人民訪華代表團名單一份，在京招待方案一份，通知一份請查收做參考。

上述代表團約陰曆一月初二、三（一月二十八、二十九日）離京分組赴各地活動，具體到達你會時間請與各大行政區抗美援朝總分會聯系。

此致

春節後初七日到你市，全一個組約八九人

敬禮

具体起程時間再電告！

中國人民抗美援朝總會

一九五二年一月二十四日

地址：北京東交民巷台基廠九號
電話：五局二二五九：五八九四 一六六三號
電報掛號：一六二六七號

名單、通知、方案、[illegible]
政治部借去

收文秘字第1995號

1952 年 1 月 24 日，中国人民抗美援朝总会为函送志愿军归国代表团名单等公文事致天津分会函

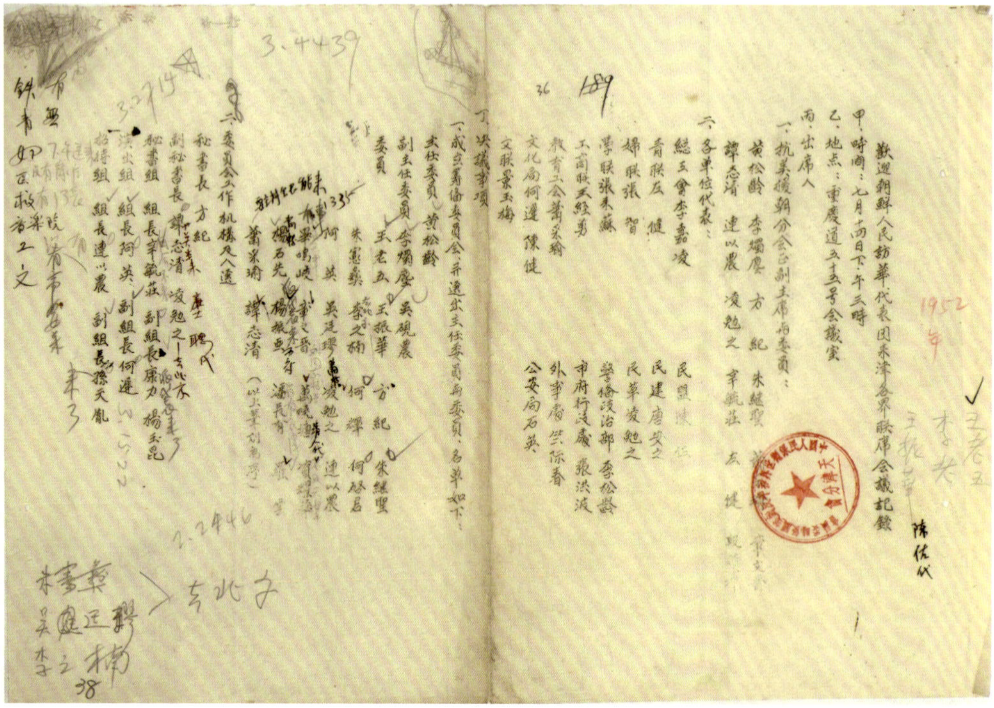

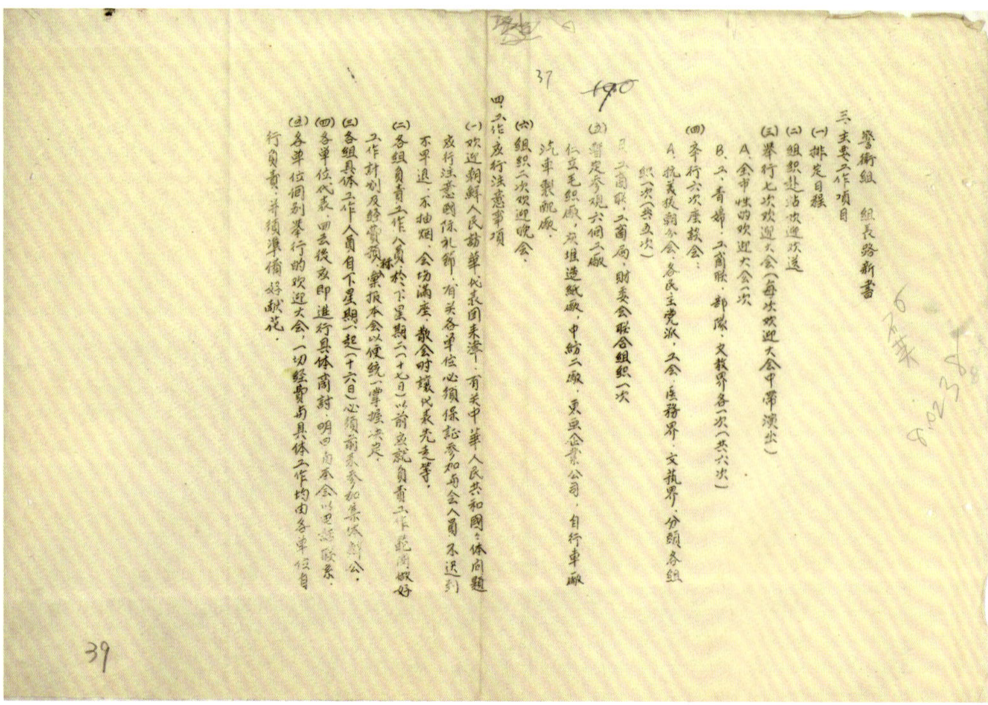

1952 年 7 月 14 日，欢迎朝鲜人民访华代表团来津各界联席会议记录

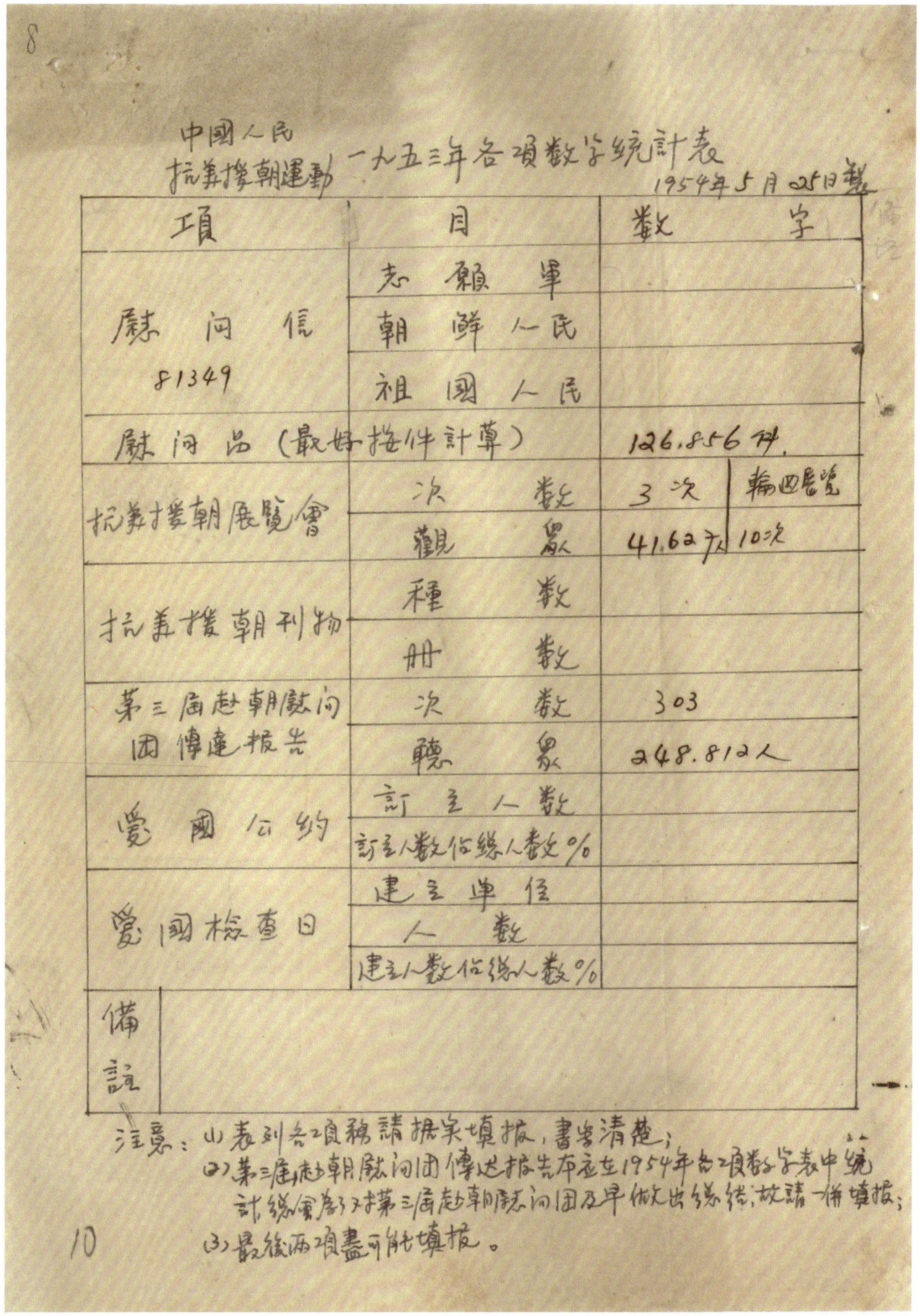

中国人民抗美援朝運動一九五三年各项数字統計表

1954年5月25日製

項	目	数字	
慰问信 81349	志願軍		
	朝鲜人民		
	祖國人民		
慰问品（最好按件計算）		126,856件	
抗美援朝展覧會	次数	3次	輪回展覧
	觀衆	41.62万人	10次
抗美援朝刊物	種数		
	冊数		
第三届赴朝慰问团傳達报告	次数	303	
	聽衆	248,812人	
愛國公约	訂立人数		
	訂立人数佔總人数%		
愛國檢查日	建立单位		
	人数		
	建立人数佔總人数%		
備註			

注意：(1)表列各項務請據实填报，書写清楚；

(2)第三届赴朝慰问团傳達报告本应在1954年各项数字表中統計，総会鉴于对第三届赴朝慰问团及早做出總结，故請一併填报；

(3)最後两項盡可能填报。

1954年5月25日，中国人民抗美援朝运动1953年各项数字统计表

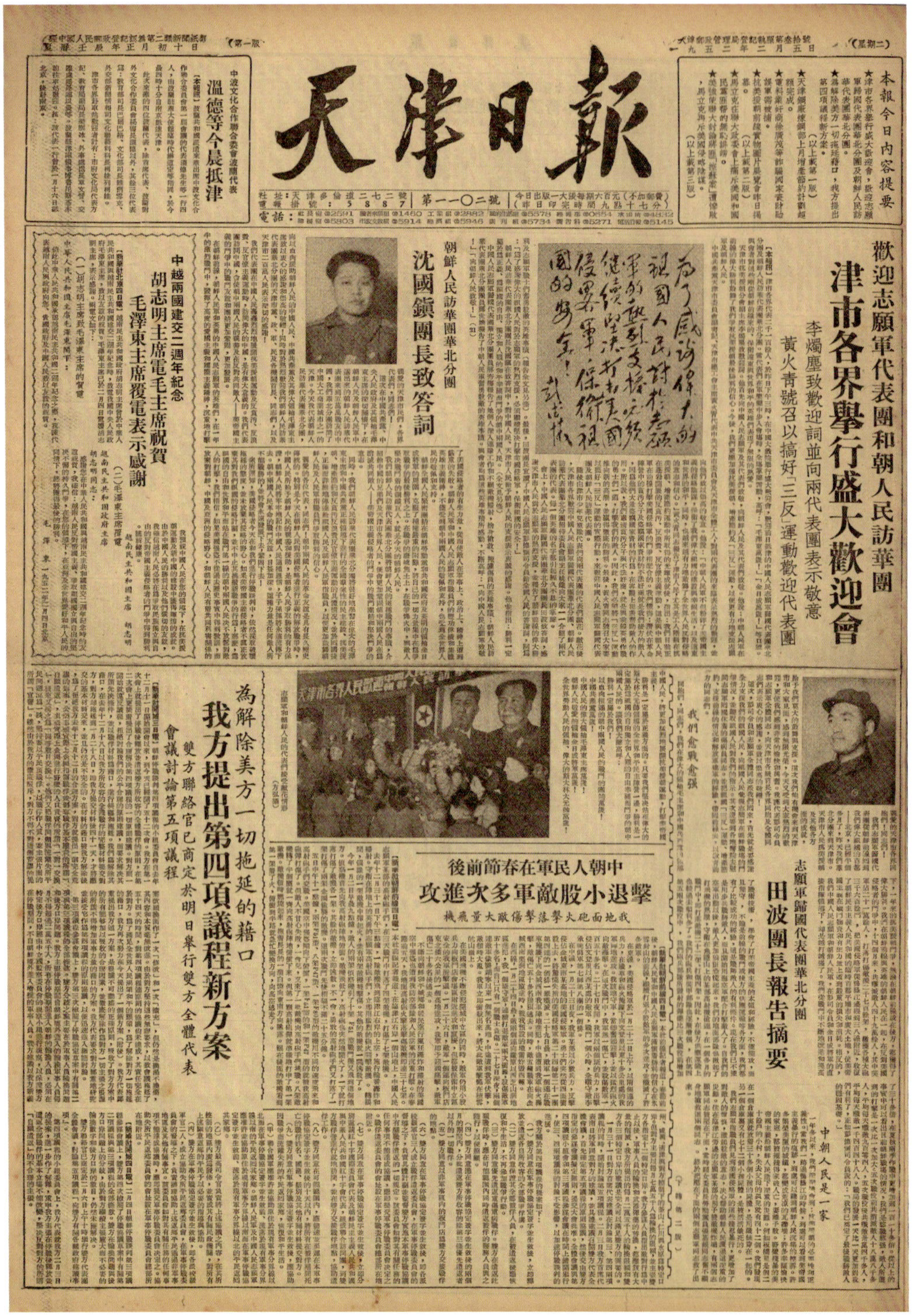

天津日報

本報今日內容提要

溫德等今晨抵津

歡迎志願軍代表團和朝鮮人民訪華團

津市各界舉行盛大歡迎會

李燭塵致歡迎詞並向兩代表團表示敬意

黃火青號召以搞好「三反」運動歡迎代表團

朝鮮人民訪華團華北分團

沈國鎮團長致答詞

中越兩國建交二週年紀念

胡志明主席電毛主席祝賀

毛澤東主席覆電表示感謝

為解除美方一切拖延的藉口

我方提出第四項議程新方案

雙方聯絡官已商定於明日舉行雙方全體代表會議討論第五項議程

中朝人民軍在春節前後

擊退小股敵軍多次進攻

我地面砲火擊落擊傷大量敵飛機

我們愈戰愈強

志願軍歸國代表團華北分團

田波團長報告摘要

天津市各界举行盛大欢迎会欢迎志愿军归国代表团和朝鲜人民访华团的报道（1952 年 2 月 5 日《天津日报》）

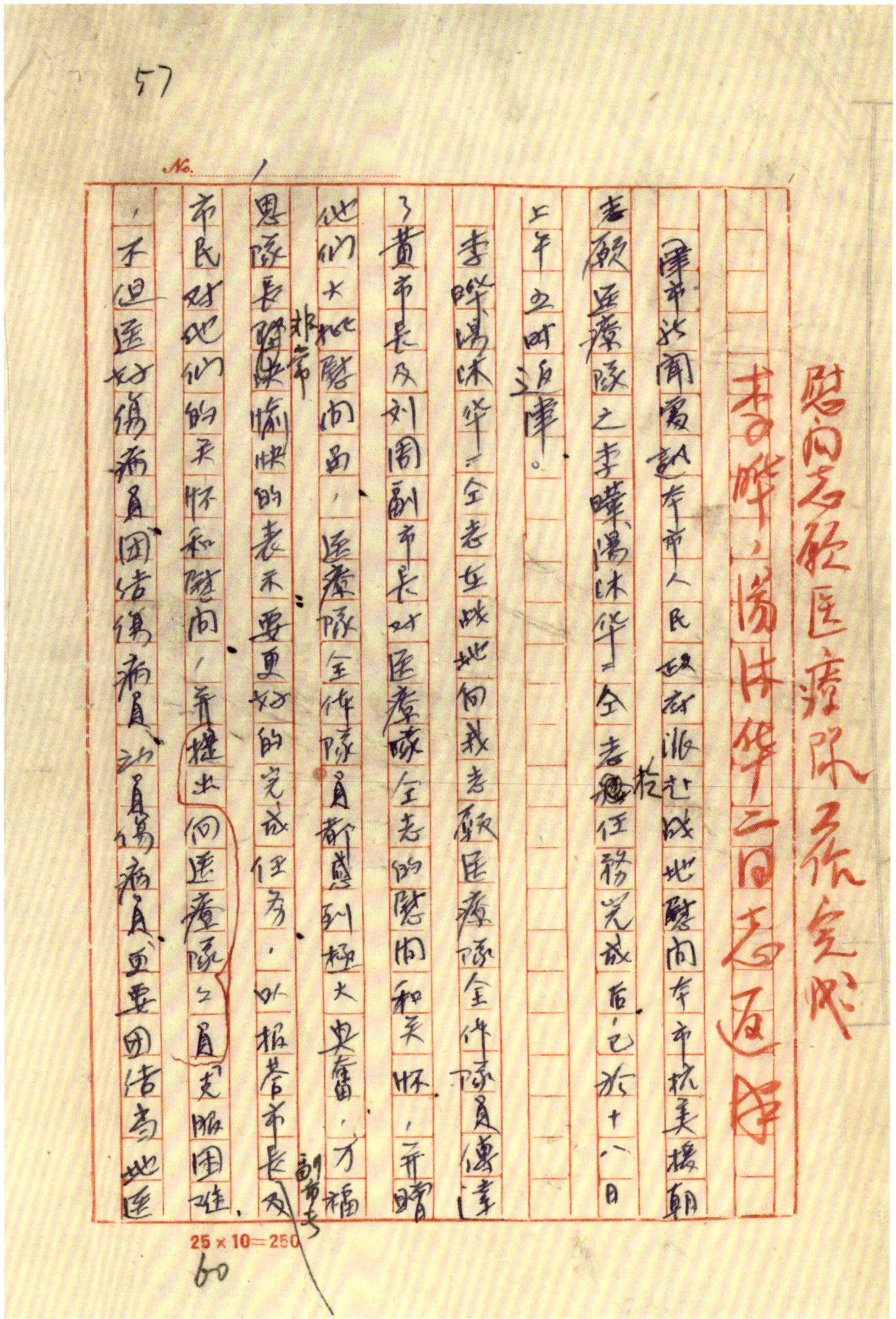
57

No. 1

慰问志愿医疗队完成

李晔、汤沐华二同志返津

津市新闻处讯　本市人民政府派赴战地慰问本市抗美援朝志愿医疗队之李晔、汤沐华二同志于任务完成后，已于十八日上午五时返津。

李晔、汤沐华二全志在战地向我志愿医疗队全体队员传达了黄市长及刘周副市长对医疗队全志的慰问和关怀，并赠他们大批慰问品，医疗队全体队员都感到极大兴奋，方福恩队长非常愉快的表示要更好的完成任务，以报答市长及副市长市民对他们的关怀和慰问，并提出向医疗队之员克服困难，不但医好伤病员，团结伤病员，劝员伤病员，更要团结当地医

25×10＝250

60

天津市政府派赴朝鲜前线慰问天津市医疗队的李晔、汤沐华圆满完成任务顺利返津的新闻稿

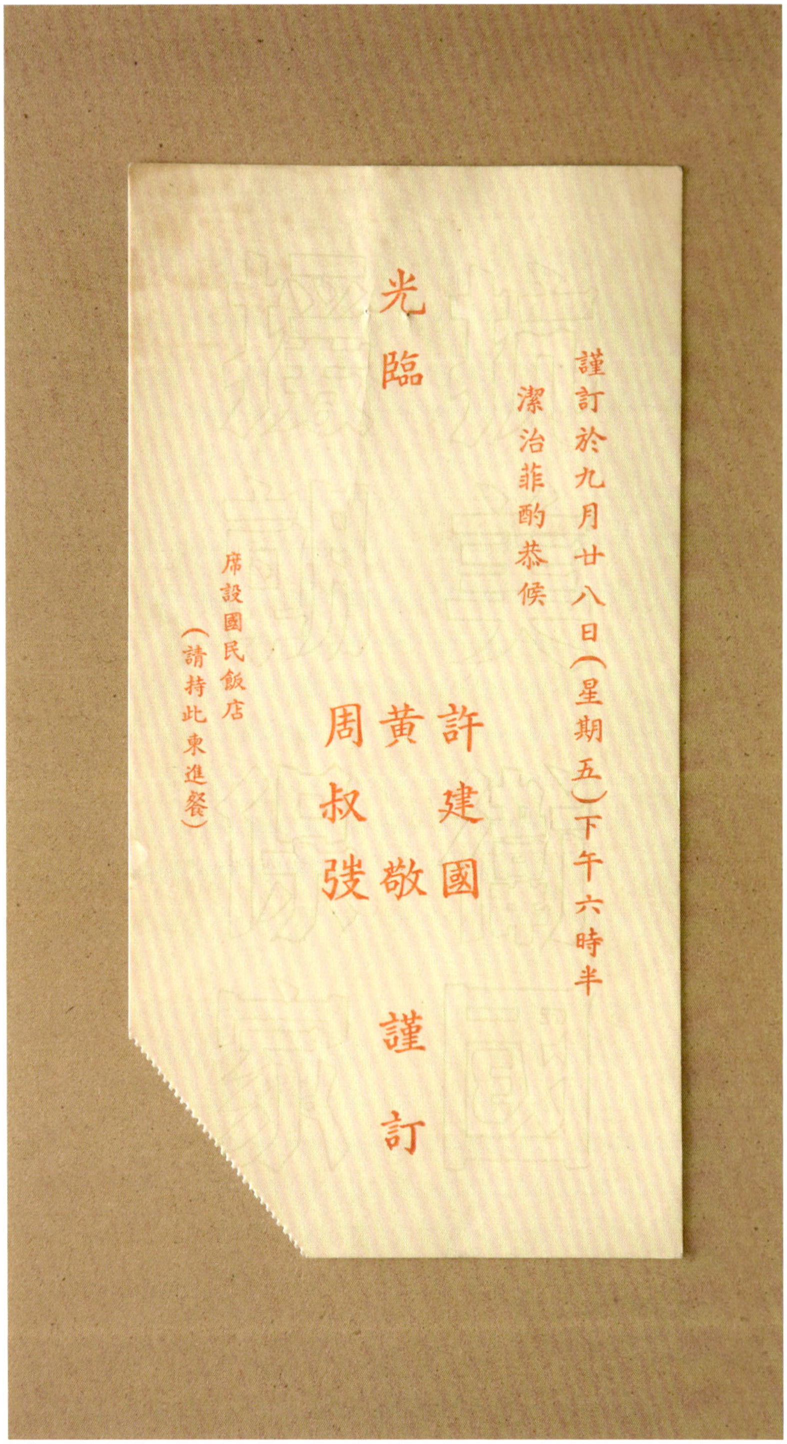

謹訂於九月廿八日（星期五）下午六時半
潔治菲酌恭候
光臨

許建國
黃敬
周叔弢
謹訂

席設國民飯店
（請持此柬進餐）

天津市领导在国民饭店设宴招待赴朝医疗队请柬

在天津各界举行的抗美援朝联欢活动上，市领导向志愿军代表颁发锦旗

朝鲜访华代表团接受锦旗

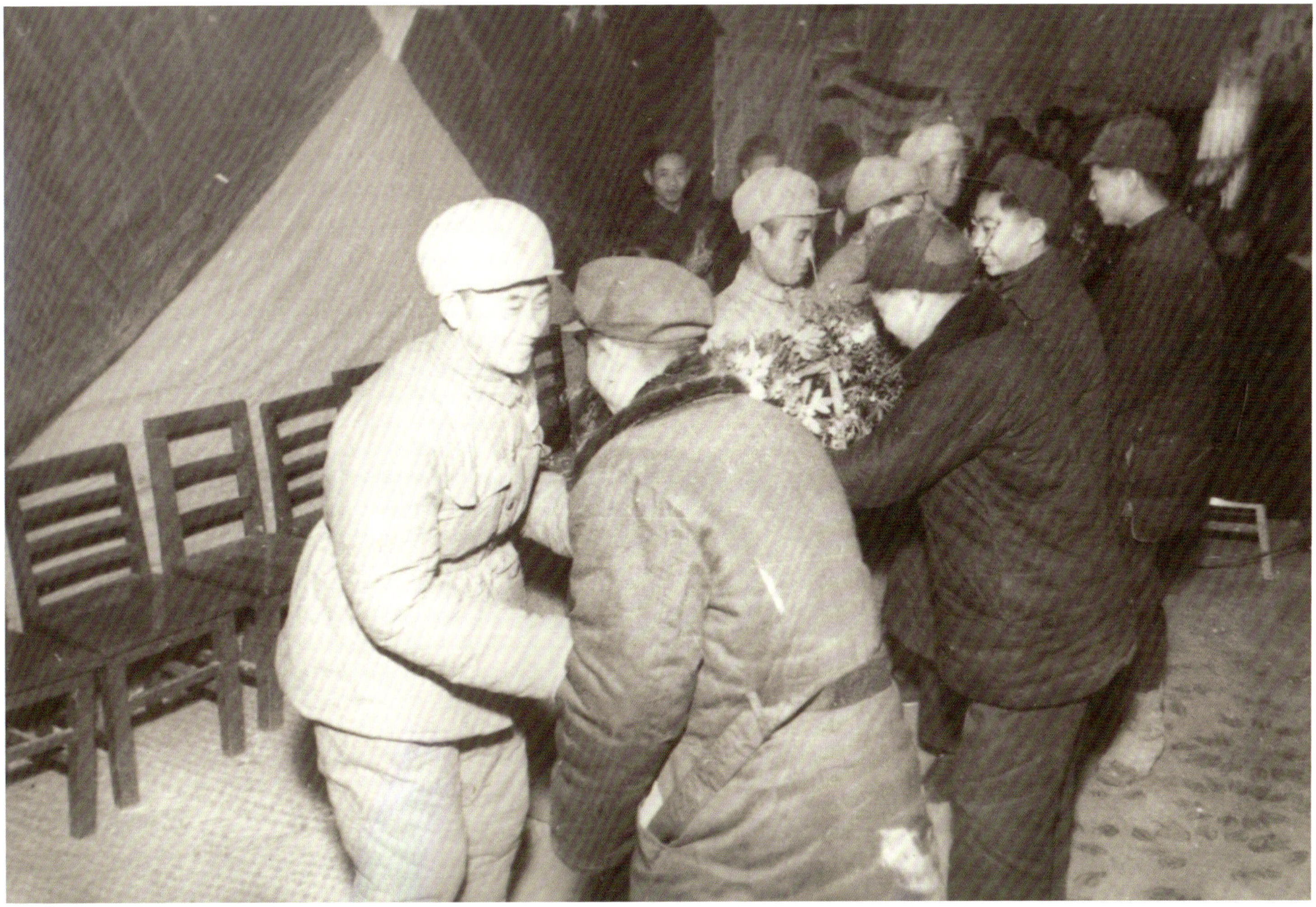

天津市有关领导向归国志愿军代表献花

天津少先队员与朝鲜人民军战士一起参加抗美援朝联欢活动

归国的志愿军代表参加越野赛

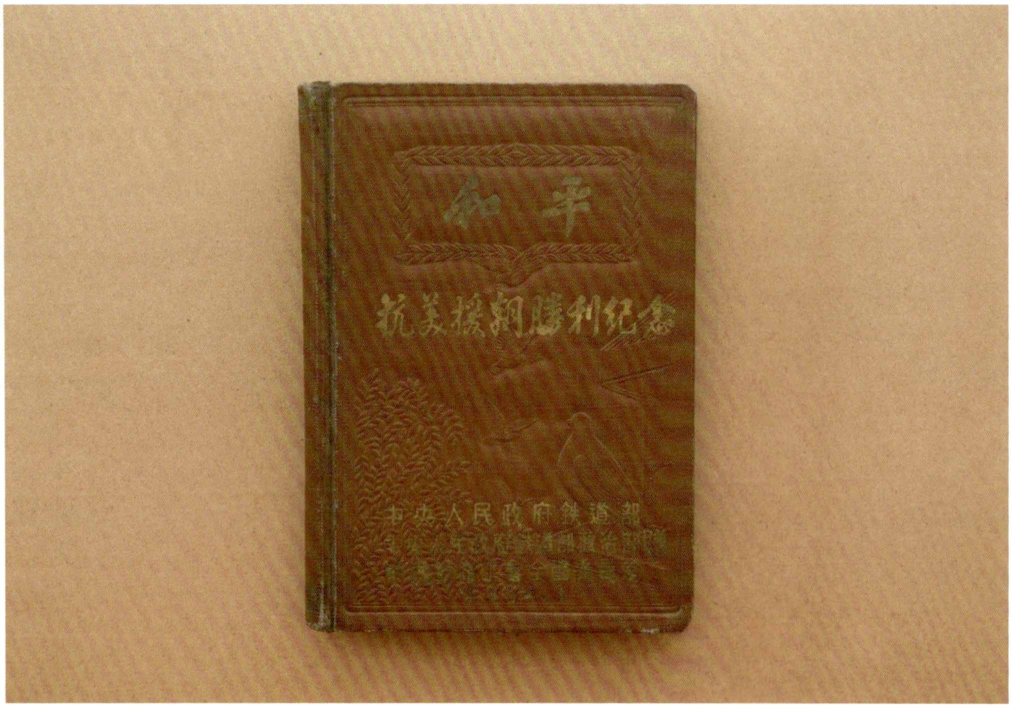

中央人民政府铁道部向志愿军战士颁发的抗美援朝胜利纪念手册

·4· 天津日报 1958年10月25日 星期六

中国人民志願軍抗美援朝八年概述

五战五捷把敌人赶回三八线

积极参加朝鲜北部的恢复建設

强大的夏季进攻作战，迫使敌人在停战协定上签字

光辉的胜利和力量的源泉

为維护朝鲜停战协定而斗争

满载胜利友誼而归

积极防御，为公平合理地和平解决朝鲜問題而斗争

1958 年 10 月 25 日《天津日报》刊发《中国人民志愿军抗美援朝八年概述》

1958 年 10 月 28 日，天津市人民欢迎志愿军归国大会会场

天津日報

TIANJIN RIBAO

1958年10月28日 星期二

金日成首相接受我国政府邀請
将率領政府代表团来我国訪問

向英雄的中国人民志願军致敬！

六亿五千万人民向归国英雄致意！

边城万人盛会欢迎志願軍

志願軍总部官兵离安东开赴祖国内地

社論 最可爱的人回来了！

向党中央和毛主席汇报抗美援朝偉大胜利

志願軍代表团离安东赴北京

沿途受到辽宁省沈阳市錦州市人民热誠欢迎

七十万大軍奋战 小土群大显威风

北京一天炼鋼五千一百吨

新鋼队磚工人辯論"跑火"原因何在

駁倒"条件論"战胜困难有信心

要破技术关 先过思想关

新鋼化鉄工人經过辯論干勁鼓得更足了

短評 活，是人干的！

1958年10月28日《天津日报》刊发的中国人民志愿军凯旋回国的报道

天津日報

TIANJIN RIBAO

1958年10月29日 星期三

人民齐欢呼 英雄凯歌归

首都万人空巷欢腾鼓舞夹道欢迎祖国优秀的儿女

举行盛大集会庆贺抗美援朝胜利向美侵略者示威

发扬志願军的光荣传统和昂扬斗志

中国人民志願軍代表团路过天津

省市人民热烈欢迎最可爱的人

我省人代会会議胜利闭幕

发动全省人民掀起跃进新高潮

大会选出刘子厚为省长 阎达开等十人为副省长 选出省人民委员会委員和省高級、中級人民法院院长 选出出席全国人民代表大会代表

1958年10月29日《天津日报》报道：首都举行盛大集会欢迎凯旋英雄、庆贺抗美援朝胜利以及天津市各界人民热烈欢迎路过的志愿军代表团

后记

为贯彻落实习近平总书记“让历史说话，用史实发言”的重要指示要求，深入开展“党史、新中国史、改革开放史、社会主义发展史”教育，弘扬伟大的抗美援朝精神，天津市档案馆党委组织编写了《抗美援朝天津档案图集》（以下简称《图集》）一书。

从收集资料到编辑成书，凝结着我馆各处室参编人员的辛勤劳动和集体智慧。编研部负责选材、编辑、撰写章前概述和文字说明，保管部负责调阅文书档案、照片档案、实物档案和报纸资料，利用部负责档案的开放鉴定工作，整理部负责档案资料的数字化扫描工作，方志馆负责收集史志资料中的相关照片，办公室、行政处做好出版经费预算和后勤保障工作。因此，这是大家团结一致，各处室通力合作的红色档案编研成果。

《图集》选材于天津市档案馆藏中共天津市委员会、天津市人民政府、市工商业联合会、市红十字会等 11 个全宗的 300 余卷档案。许多珍贵的历史档案为首次向社会公布。张化新、杨德山、张一鸣等 10 余位赴朝志愿军战士，以及医疗队、慰问团、运输队等赴朝人员，向我馆捐赠的数百件相关档案，天津市北辰区档案馆提供了“登高英雄”杨连第珍贵图片资料 20 余张，为《图集》增光添彩。更为可贵的是，首批志愿军战士、年逾九旬的李东、秦征夫妇，参加过上甘岭战役的时圣存同志，在横城阻击战中荣立大功的杨树柏同志，在多场战役中荣获两次二等功、两次三等功的张恩贵同志，已故志愿军战士何树刚之子何继云先生等，获悉编写《图集》之事后，辗转联系到我馆，送来了珍藏数十年的照片、资料和实物，丰富了《图集》内容。原中共天津市委党史研究室副巡视员王凯捷同志为该书审稿把关。在此一并致以深深的谢忱。

《图集》得以顺利出版，要感谢天津人民出版社的领导和编辑，从《图集》的立项、文字把关、排版设计，到出版发行，他们在幕后付出了辛勤的劳动。

由于编者的知识和研究水平的局限，书中难免有疏漏和不妥不处，恭请读者批评指正。

2024 年 8 月